UNGLAUBLICHE BERICHTE ÜBER
DAS LEBEN NACH DEM TOD

CHRIS HENRY HERCUN

UNGLAUBLICHE BERICHTE ÜBER DAS LEBEN NACH DEM TOD

tosa

Originaltitel: LIFE AFTER DEATH,

Umschlag von Beate Dorfinger unter Verwendung von Dias der
Comstock-Fotoagentur und von Pictor International

Druck: Ueberreuter Print und Digimedia
Printed in Austria

INHALT

AN DER TODESTÜR

Wir neigen dazu, unser Leben und den Tod als zwei komplett unterschiedliche Dinge zu betrachten. In diesem Kapitel wird man mit Geschichten von jenen, die zuerst gestorben und dann wieder ins Leben zurückgekehrt waren, von Heiligen, die schon vor langer Zeit verstorben waren und deren Körper nicht zerfielen, und von Yogis, die lange Zeit in einem Grab beigesetzt waren, konfrontiert.

ZURÜCK INS LEBEN

Ein kleines, lebensgefährlich erkranktes Mädchen war eine Viertelstunde lang „tot". Wie es später erzählte, begab es sich in eine neue Welt in den Sternen, traf längst verstorbene Verwandte und sprach mit Gott. Ihr Vater erzählt die erstaunliche Geschichte.

Im Spätherbst des Jahres 1968 war Durdana, die jüngere meiner beiden Töchter, damals zweieinhalb Jahre alt, etwa eine Viertelstunde lang „tot". Ihre Krankheit bestand seit einigen Monaten und hatte sich zunehmend verschlechtert. Es traten Lähmungserscheinungen auf, und später kamen phasenweise Erbrechen und Blindheit hinzu. Ich war damals Militärarzt und bei einer kleinen Einheit hoch oben im Himalaja-Vorgebirge stationiert. Wir brachten Durdana ins einige Kilometer entfernte Militärhospital, doch führten die Untersuchungen zu keinem Ergebnis. Die Ärzte vermuteten, bei den Symptomen könne es sich um Folgeerscheinungen einer Virusenzephalitis handeln, die einige Zeit zuvor vielen Kindern in der Gegend das Leben gekostet hatte. Eines Morgens war ich im Behandlungszimmer beschäftigt, als mein Bursche mir eilig meldete, meine Frau brauche mich dringend, etwas sei mit Durdana geschehen.

Unsere Bleibe war eine große Hütte in der Nähe des Untersuchungsraums. Da es Durdana in der Nacht zuvor sehr schlecht gegangen war und ich das Schlimmste befürchtete, eilte ich sogleich nach Hause. Meine Frau stand reglos im Garten neben Durdanas Bettchen. Ich konnte bei unserer Tochter keinerlei Lebenszeichen mehr feststellen. „Es ist vorbei", sagte ich. Mit einem Ausdruck, der fast an Erleichterung grenzte, denn das Kind hatte zuletzt furchtbar leiden müssen, hob meine Frau den kleinen leblosen Körper aus dem Bettchen und trug ihn ins Haus. Ich folgte ihr. Die Vorschriften der Armee verlangen gewisse Notfallmaßnahmen, und so beeilte sich einer meiner Mitarbeiter, der mir aus der Praxis gefolgt war, alles Notwendige zu holen.

Meine Frau trug das Kind in unser Schlafzimmer und legte es auf mein Bett. Nach einer erneuten Untersuchung begann ich mit den erforderlichen Maßnahmen – eher halbherzig, denn ich wußte, sie würden wohl kaum eine Wirkung zeigen. Währenddessen hörte ich mich selbst wieder und wieder beschwörend murmeln: „Komm zurück, mein Kind, komm zurück."

In ihrer Not träufelte meine Frau Durdana einige Tropfen einer Herzstimulans in den Mund, das wir ihr in der Nacht zuvor gegeben hatten, doch sie rannen wieder heraus über ihre Wange. Voll Trauer schauten wir auf sie nieder, da sahen wir fassungslos, wie sie die Augen aufschlug, das Gesicht verzog und uns so zu verstehen gab, daß die Medizin bitter schmeckte. Dann schloß sie ihre Augen wieder. Ich untersuchte sie sogleich und konnte beobachten, wie sie immer mehr, wenn auch zunächst nur schwache Lebenszeichen von sich gab.

Einige Tage später, als sich Durdana in etwa von ihrem „Tod" erholt und auch meine Frau ihren Schock überwunden hatte, waren beide zusammen im Garten. „Wo ist meine kleine Tochter denn neulich hingegangen?" fragte meine Frau. „Weit, weit weg, zu den Sternen", kam die überraschende Antwort. Durdana war ein intelligentes Kind, das sich klar ausdrücken konnte. Nahm man ihre Worte nicht ernst, wurde sie zornig. „Wirklich", rief meine Frau aus, „und was hat mein Liebling dort gesehen?"

„Gärten", sagte Durdana.

„Und was war in diesen Gärten?"

„Äpfel und Trauben und Granatäpfel."

„Und was noch?"

„Da waren Flüsse; ein weißer Fluß, ein brauner Fluß, ein blauer Fluß und ein grüner Fluß."

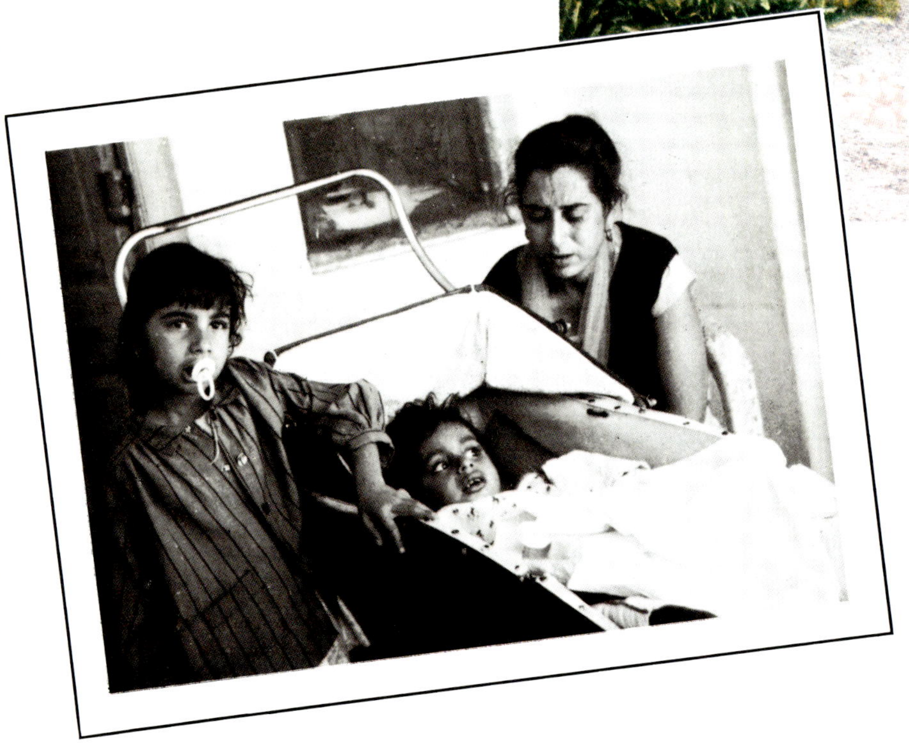

1980 hielt Durdana in diesem Bild (links) fest, was sie während ihres Besuches „auf den Sternen" sah: Sie befand sich in einem Garten mit vier Flüssen – weiß, braun, blau und grün. Offenbar gab es keine Sonne, sondern alles verströmte ein eigenes, feines Leuchten, und die Gegenstände schienen keine feste Substanz zu haben. Durdana malte die Szene auch so, wie sie wohl auf der Erde ausgesehen hätte (unten).

„Und war auch jemand dort?"

„Ja, Großvater war dort und seine Mutter und eine andere Frau, die aussah wie du."

Gespannt fragte meine Frau weiter: „Und was sagten sie?"

„Großvater sagte, er sei froh, mich zu sehen, und seine Mutter nahm mich auf den Schoß und gab mir einen Kuß."

„Und dann?"

„Dann hörte ich, wie Papa mich rief: ‚Komm zurück, mein Kind, komm zurück.' Ich sagte zu Großvater, daß Papa mich rufe und ich jetzt gehen müsse. Er meinte, wir müßten Gott fragen. Dann gingen wir zu Gott, und Großvater sagte ihm, daß ich zurückwollte. ‚Möchtest du zurück?' fragte Gott mich. ‚Ja', sagte ich, ‚ich muß zurück. Mein Papa ruft mich.' ‚Gut', sagte Gott, ‚dann geh!' Und ich kam von den

Gegenüberliegende Seite links: Durdana mit ihrer Mutter und der älteren Schwester. Das Foto wurde aufgenommen, nachdem die Zweieinhalbjährige infolge einer Nervenerkrankung eine Viertelstunde lang „tot" war. Als sie sich so weit erholt hatte, daß sie sprechen konnte, wollten ihre Eltern wissen, wo sie gewesen sei. „Weit, weit weg, bei den Sternen", lautete ihre geheimnisvolle Antwort.

***Links:** Als man sie kurz nach ihrem Erlebnis näher befragte, sagte Durdana, sie habe gehört, wie ihr Vater sie zurückrief, und daraufhin Gott um die Erlaubnis gebeten, auf die Erde zurückzukehren. Auf die Frage, wie Gott aussehe, konnte sie nur „blau" antworten. Später malte sie dieses Bild.*

Sternen nach unten, unten, unten bis auf Papas Bett."

Dies erschien mir äußerst bedeutungsvoll. Durdana war tatsächlich auf meinem Bett „zu sich gekommen", einen für sie ungewöhnlichen Platz, denn die Kinder schliefen oder spielten in ihrem eigenen Bett oder in dem meiner Frau, aber nie in meinem. Und als Durdana wieder zu Bewußtsein kam, war sie nicht imstande zu erkennen, wo sie sich befand. Meine Frau aber interessierte sich mehr für Durdanas Gespräch mit dem Allmächtigen.

„Wie sah Gott aus?" wollte sie wissen.

„Blau", lautete die verblüffende Antwort.

„Aber wie sah er sonst noch aus?"

„Blau."

Sosehr wir uns auch weiter bemühten, wiederholte sie doch immer nur „blau".

Bald danach brachten wir Durdana zur Behandlung nach Karatschi in die Neurochirurgie des „Jinnah Post-Graduate Medical Centre". Nach einer komplizierten Schädeloperation besserte sich ihr Zustand allmählich. Ich nahm meinen Dienst wieder auf, und meine Frau blieb während der Genesungszeit bei Durdana. Bevor sie nach Hause zurückkehrten, besuchten sie noch einige Verwandte und Freunde in Karatschi. Als sie sich bei einem meiner Onkel aufhielten, ging Durdana, während die anderen Tee tranken, im Zimmer umher. Sie mußte sich an den Möbeln festhalten, denn sie war noch sehr kraftlos. Plötzlich rief sie nach meiner Frau und zeigte aufgeregt auf ein altes Foto auf einem Beistelltisch. „Das ist die Mutter von Großpapa. Ich habe sie auf den Sternen getroffen. Sie nahm mich auf den Schoß und gab mir einen Kuß."

Durdana hatte völlig recht. Allerdings starb meine Großmutter lange vor Durdanas Geburt. Es gibt nur zwei Fotos von ihr, und beide sind im Besitz meines Onkels. Durdana war zum ersten Mal in seinem Haus und konnte das Foto unmöglich zuvor gesehen haben.

Später zogen wir nach London, wo die Medien auf Durdanas Geschichte aufmerksam wurden. 1980 stellte die BBC sie in einer Sendung über Nahtod-Erfahrungen vor. Vor Beginn der Dreharbeiten besuchte uns Angela Tilby, die Produzentin, und bewunderte einige Bilder Durdanas, die bei uns an den Wänden hingen. Durdana hatte eine Begabung für Landschaftsmalerei und schon etliche Preise und Auszeichnungen gewonnen. Mrs. Tilby machte den interessanten Vorschlag, Durdana solle doch versuchen das zu malen, was sie bei ihrem Besuch auf den Sternen gesehen habe.

Später trat Durdana in einer weiteren BBC-Sendung auf, bei der ihre Bilder von den Sternen gezeigt und ausgiebig besprochen wurden. Am Tag nach der Sendung rief mich eine meiner Patientinnen an, Mrs. Goldsmith, eine sehr intelligente und belesene Jüdin deutscher Abstammung. Sie hatte Durdana am Tag zuvor im Fernsehen gesehen und wollte sie gerne persönlich kennenlernen und ihre Bilder noch einmal sehen. Es stellte sich heraus, daß Mrs. Goldsmith eine ähnliche Nahtod-Erfahrung wie unsere Tochter erlebt hatte. „Es riß mich beinahe aus dem Stuhl, als dieses Bild im Fernsehen gezeigt wurde“, sagte sie über eines der Gemälde. ‚Mein Gott‘, rief ich, ‚ich kenne diesen Ort …‘“ Mir kam sie zunächst etwas exaltiert vor, bis mir klar wurde, daß sie nicht meinte, ganz ähnliche Gärten selbst schon gesehen zu haben, sondern uns begreiflich machen wollte, daß sie genau an der Stelle gewesen sei, die Durdana gemalt hatte. Anscheinend wußte sie mehr über den Ort als unsere Tochter – ich hatte sie zu früh zurückgerufen! Mrs. Goldsmith erkannte alle Einzelheiten auf dem Bild und beschrieb auch Dinge, die nicht abgebildet waren. Die beiden saßen da und unterhielten sich darüber, wie es hinter der Biegung des Flusses aussah, den Durdana gemalt hatte, und wo die anderen Flüsse verliefen, die Durdana meiner Frau beschrieben hatte.

Durdana und ihr Vater (unten) neben einem der Bilder, in denen sie die Eindrücke während ihres anscheinenden „Todes“ festhielt. Eine Patientin von Durdanas Vater, Mrs. Goldsmith (oben rechts), sah die Bilder in einer BBC-Sendung und erkannte sogleich die Landschaft wieder, die auch sie während einer Nahtod-Erfahrung gesehen hatte.

Neue Freiheit

Wie aber steht es mit Durdanas Gefühlen während ihres Erlebnisses? Sie ähneln verblüffend dem, was Mrs. Goldsmith und viele andere, die solche Nahtod-Erfahrungen machten, berichteten. Sie war sehr glücklich auf den Sternen und kehrte nur aus Gehorsam, weil ich sie rief, zurück. Sie hatte ein Gefühl von Freiheit, das Empfinden, überall zugleich zu sein und alles erreichen zu können, was sie wollte. Es gab keine Lichtquelle und daher auch keine Schatten, sondern alles strahlte aus sich selbst heraus. Auch gab es keine Geräusche und keine Tiere, oder zumindest sah sie keine. Gegenstände schienen keine Materie, kein Gewicht zu haben, sondern waren rein ätherische Erscheinungen. Sie hatte das Gefühl, sie kenne alles und jeden.

Ich habe Durdanas Geschichte so einfach wie möglich erzählt, so, wie sie geschah. Aber was steckt dahinter? Wo verbrachte Durdana die Viertelstunde, in der sie „tot“ war?

Sie selbst meint, daß ihr Erlebnis irgendwie ihre eigenen Erwartungen widerspiegele: „Als Marsmensch wäre ich vielleicht zu einer Kopie vom Mars geschickt worden. Dort wäre Gott mir vielleicht rot erschienen.“ Dennoch muß Durdanas Erlebnis mehr sein als nur eine Dramatisierung ihrer übersteigerten Phantasie, da Mrs. Goldsmith den Ort sofort wiedererkannte.

AN DER SCHWELLE DES TODES

Viele Menschen, die starben und dann wiederbelebt wurden, berichten von einem Dasein im Jenseits. Hier beschreibt Shirley Wood, was sie nach ihrem Tod erlebte.

Den 17. Mai 1987 werde ich niemals vergessen. Dieser Sonntag hat mein Leben völlig verändert. Es war der Tag, an dem ich „starb".

Eigentlich beginnt die Geschichte bereits drei Monate vorher. Eines Nachts gegen Ende Februar war ich schlafen gegangen und hatte das Licht ausgeknipst. Ich lag auf der linken Seite und war kurz vor dem Einschlafen, als etwas Merkwürdiges geschah: Ich konnte plötzlich durch mein fest geschlossenes rechtes Auge hindurchsehen.

Ich erblickte allerdings nicht mein Schlafzimmer, sondern einen unbekannten Raum, in dem ich frei umherschwebte. Dann fiel mir etwas auf, und ich bewegte mich darauf zu. Es war ein leerer Sarg vor zwei Goldbrokat-Vorhängen. Der Deckel war halb aufgeklappt. Mit einem Schaudern wurde mir klar, daß ich mich in einem Krematorium befand. In dem Moment verschwand der Raum, und ich befand mich wieder in meinem stockdunklen Schlafzimmer.

Ich weckte meinen Mann auf und erzählte ihm davon. Er hielt es für eine Todesahnung, und wir überlegten, wer wohl demnächst sterben würde. Ich dachte, er wäre es, denn 1981 hatte er eine schwere Krankheit gehabt, und ich fürchtete, daß sie wieder aufflackern könnte. Er versicherte mir jedoch, daß er sich sehr wohl fühlte. Dann dachten wir an meinen Vater, der schon über 80 und nicht sehr gesund war. Damals machten wir uns sehr große Sorgen, aber es sollte ganz anders kommen.

Ein paar Monate später, im Mai, stand ich eines Sonntags in der Küche und bereitete das Mittagessen zu. Ich erinnere mich genau, wann mein Erlebnis begann, denn in diesem Moment setzte ich die Kartoffeln auf und schaute deshalb auf die Uhr. Es war 12.20 Uhr, als ich unterhalb meiner linken Brust jäh einen stechenden Schmerz verspürte. Mein Mann hörte mich aufschreien und kam in die Küche geeilt. Ich hielt meine Brust und rang um Luft. Er half mir ins Wohnzimmer, und ich setzte mich aufs Sofa. Als meine Kinder mich in diesem Zustand sahen, gerieten sie in hellste Aufregung. Selbst unser Hund war völlig außer sich.

Ich bekam immer weniger Luft, und mir wurde schwarz vor Augen, obwohl ich bei Bewußtsein war. Plötzlich verschwand der Schmerz, und ich empfand ein Gefühl von Glück und Frieden. Dann befand ich mich auf einmal außerhalb meines Körpers und schwebte leicht wie eine Feder in ein schwarzes Loch. „Nun, jetzt ist es also soweit. Ich sterbe! Das ist der Tod ...", sagte ich laut.

Meine Stimme klang ganz klar. Ich hatte keine Angst, obwohl es um mich herum stockfinster war. Irgendwie hörte ich dann auf, nach unten zu fallen, und begann aus dem Loch emporzutauchen. Ich spürte in der Nähe meinen Körper, konnte ihn aber nicht sehen. Auf einmal erschien links neben mir eine graue, menschenähnliche Gestalt. Sie war etwas größer als ich, und wir waren miteinander verbunden, so, als ob wir uns an den Händen hielten.

Gemeinsam entfernten wir uns nun von meiner kraftlosen Körperhülle und schwebten geradeaus. Die Dunkelheit umhüllte uns wie ein Nebel bis zur Hüfte hinauf. Das Wesen erklärte mir telepathisch, daß wir beim Verlassen unseres irdischen Körpers alle körperlichen und geistigen Schmerzen hinter uns lassen. Auch die „Zeit" hat im Jenseits keine Bedeutung mehr: Hundert Jahre können in einer Minute ablaufen, oder eine Minute auf hundert Jahre ausgedehnt werden. Unser alltäglicher Zeitbegriff verliert alle seine Gültigkeit.

Nachdem wir eine Weile unterwegs waren, wurde das Wesen plötzlich ganz aufgeregt, und ich bemerkte, wie es tanzte und herumhüpfte. Ich hörte auch Gelächter und Singen. Das Wesen war so unbeschreiblich glücklich, daß ich sein Hochgefühl beinahe körperlich empfand. Nie hatte ich im Leben etwas Derartiges erlebt. Dann teilte es mir mit, daß wir auf dem Weg zum Himmel wären. Dort würden sich bei unserer Ankunft die Pforten öffnen, ein wunderbares, helles Licht würde dahinter hervorquellen und uns wie eine Umarmung umfangen.

Ich lief nun immer schneller. Obwohl ich meine Familie innig liebe, habe ich keinen Moment an sie gedacht. Mein Geist war nur von einem Gedanken erfüllt. Die Wogen des Glücksgefühls, die von dem Wesen ausgingen, übertrugen sich auch auf mich.

Endlich erreichten wir die Himmelspforte. Mich beschlich ein ehrfürchtiges Gefühl. Ich wußte, sobald sich die Tore öffneten, würde die Dunkelheit wie ein schwerer Vorhang beiseite gezogen, und dieses wunderbare, warme Licht würde hervorströmen. Es würde uns umhüllen, und die Pforten würden sich hinter uns schließen. Ich stand und wartete auf den ersten winzigen Lichtstrahl, der das Öffnen der Pforten ankündigen würde. Aber je länger wir warteten, desto mehr verwandelte sich unser Glücksgefühl in Enttäuschung. Die Pforten blieben geschlossen! Mein Begleiter war sehr aufgeregt und sagte zum ersten Mal laut und deutlich hörbar: „Das Licht ist nicht da!"

Nun konnte ich auch sein Antlitz deutlicher erkennen. Das Wesen hatte sehr tiefliegende Augen, und sein Gesicht zeigte alle Graubastufungen von weiß bis schwarz. Es zögerte einen Moment und schien zu überlegen, was nun zu tun sei. Dann legte es einen Arm um meine Taille, und wir flogen mit hoher Geschwindigkeit wieder zurück. Das Glücksgefühl war wie zerstoben, und ich hörte mich sagen: „Ich kann noch nicht sterben – meine Familie braucht mich!"

Ich hörte noch das pfeifende Geräusch unseres schnellen Fluges, und dann trat ich wie ein Blitzstrahl durch die Stirn wieder in meinen Körper ein. Im gleichen Augenblick tauchte ich aus der Dunkelheit heraus und hörte mich nach Luft schnappen. Ich war gerettet. Die Uhr vor mir zeigte 12.40 Uhr an – das ganze Erlebnis hatte also nur 20 Minuten gedauert.

Der Arzt sagte, daß mein Anfall auf einem Eisenmangel im Blut beruhte, der einen Sauerstoffmangel ausgelöst hatte. Bei dem Versuch, Sauerstoff ins Gehirn zu pumpen, hatte ich einen Herzkrampf erlitten.

Meine Reise ins Jenseits hatte nichts mit einem Traum gemein. Das Wesen, das mich bis zur Himmelspforte begleitete, hat es wirklich gegeben. Aber Gott hatte offenbar entschieden, daß meine Zeit auf der Erde noch nicht abgelaufen war. Aus irgendeinem Grund war es mir vergönnt, meinen eigenen Tod zu erfahren und ins Leben zurückzukehren. Heute bin ich davon überzeugt, daß der Tod kein Ende, sondern ein Neubeginn ist.

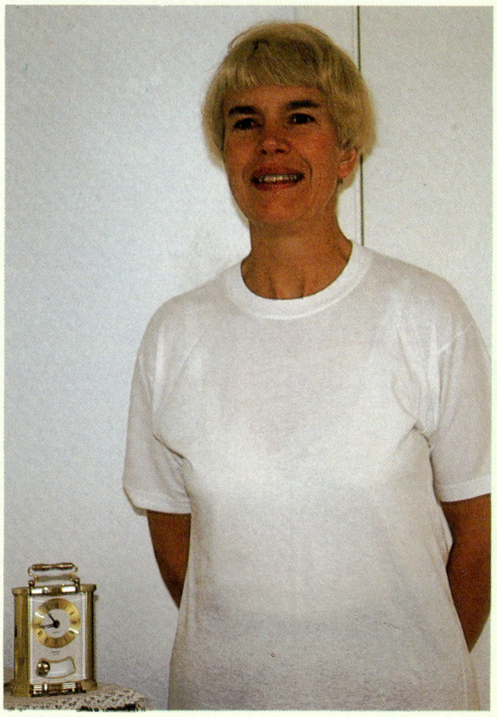

Shirley Wood neben der Uhr, auf der sie ablesen konnte, wie lange ihre Jenseitserfahrung gedauert hatte.

„PLÖTZLICH VERSCHWAND DER SCHMERZ, UND ICH EMPFAND EIN GEFÜHL VON GLÜCK UND FRIEDEN."

Was ist das für ein Gefühl, wenn man plötzlich außerhalb seines Körpers existiert und von einer losgelösten höheren Warte das Geschehen auf der Erde verfolgt?

ASTRALKÖRPER

Einen Bruchteil einer Sekunde lang sah ich mein eigenes Gesicht wie in einem Spiegel. Es war ein graues, vor Angst verzerrtes Geistergesicht. Ich versuchte, die Augen abzuwenden, doch eine unsichtbare Kraft hielt meinen Kopf fest, wollte, daß ich dieses Zimmer und was sich darin befand, sah."

Mit diesen Worten beschrieb Shirley Wood ihre Erfahrung mit dem Phänomen der Todesnähe am 17. Mai 1987. Erlebnisse solcher Art, sogenannte OOBEs („Out-of-Body Experience"), unterscheiden sich zum Teil ganz erheblich voneinander. Der häufigste Auslöser dafür scheint Streß zu sein. Der Zustand der Körperlosigkeit kann z. B. während einer Operation auftreten, bei Unfällen oder einer schweren Krankheit, aber auch in ganz alltäglichen Situationen wie beim Einkaufen oder der Gartenarbeit, oder auch im Schlaf. Berichten zufolge fühlen sich die Betroffenen zu Beginn einer OOBE-Erfahrung nicht anders als sonst, außer daß sie sehr viel Energie zu haben scheinen und es ihnen rundum sehr gut geht. Es gibt auch Fälle, wo der Astralleib durch eine dünne Schnur mit seinem tatsächlichen Körper verbunden bleibt; diese Schnur ermöglicht es den „Seelen", in den Normalzustand zurückzukehren.

Astralprojektionen

Mit dem Begriff „astral" bezeichnet man jenen Körper oder Leib, der sich in unserem eigentlichen Körper befindet. Der Astralleib ist eine exakte Kopie seiner aus Fleisch und Blut bestehenden Version, besteht jedoch aus feinerem „Material" und hat ein leuchtendes Aussehen. Er kann sich vom materiellen Körper lösen und frei bewegen und selbst feste Gegenstände durchdringen. Der Astralleib existiert auf der sogenannten Astralebene, zu der auch un-

Dieses Foto aus einer Serie des Fotografen Duane Michals stellt eine ganz typische OOBE-Erfahrung dar, wenn sich die Seele vom Körper löst und ihn verläßt.

„JEDER VON UNS HAT DIE ERFAHRUNG EINES ASTRALREISENDEN GEMACHT, DER AUS DEM REICH DES TODES ZURÜCKKEHRT – DIE ERFAHRUNG ZU FLIEGEN UND VON DER DUNKELHEIT IN GLEIßENDES LICHT VORZUDRINGEN … DIE GEBURT …“

AN DER SCHWELLE DES TODES

Viele Menschen haben ihre erste OOBE-Erfahrung während eines schweren Unfalls gemacht. David Taylor und ein Freund hatten z. B. in den letzten Wochen ihrer Ostafrika-Tour, die sie in den Norden von Tansania führte, einen Zusammenstoß mit einem LKW. David: „Wir hatten das Wildschutzgebiet hinter uns gelassen und waren in die Hauptstraße nach Moshi eingebogen. Die Dämmerung war hereingebrochen, und ich saß halb schlafend auf dem Beifahrersitz. Ich wurde aus meinem Schlummer geweckt, als mein Freund Freudenrufe ausstieß, da wir seit sechs Stunden das erste Fahrzeug sahen; es kam auf uns zu. Wahrscheinlich waren mein Freund oder der Fahrer des LKWs ebenfalls eingenickt, denn innerhalb weniger Sekunden prallten die zwei Fahrzeuge frontal zusammen.

Im Moment des Zusammenstoßes fand ich mich plötzlich ein paar Meter über den Fahrzeugen in der Luft, von wo aus ich den ganzen Vorfall beobachtete. Ich sah, wie unser Landrover mit dem LKW zusammenstieß und wie ich aus dem Auto geschleudert wurde. Mein Freund, der unverletzt war, stieg aus und untersuchte meinen Körper. Ich sah auch, wie der LKW davonfuhr. Ich erinnere mich daran, daß mir durch den Kopf ging, daß ich fürchterlich zugerichtet und vielleicht sogar tot war. Als nächstes erinnere ich mich daran, wie ich im Krankenhaus von Moshi zu mir kam. Ich hatte schwere Verletzungen und war zwei Tage bewußtlos gewesen. Ich erzählte meinem Freund, was ich erlebt hatte, und er bestätigte, daß wir tatsächlich mit einem LKW zusammengestoßen waren, dessen Fahrer dann Fahrerflucht begangen hatte. Meine Rettung verdanke ich einem anderen Auto, daß kurz danach an der Unfallstelle vorbeigekommen war und mich ins Krankenhaus gebracht hatte. Dieses Erlebnis liegt nun schon Jahre zurück, doch es hat mir die Angst vor dem Tod genommen.“

sere Alltagswelt gehört; die Astralebene reicht jedoch über die uns bekannte Welt hinaus. Der Astralleib kann angeblich auch den Tod überwinden.

In den Schriften des Altertums findet man zahlreiche Hinweise auf den Astralleib, wie z. B. in indischen, die von acht „Siddhis“ sprechen, d. h. von übernatürlichen Kräften, die man sich durch Meditation aneignen kann. Das sechste Siddhi „fliegt am Himmel“, vermutlich ein Hinweis auf die Astralprojektion. In einigen Indianerkulturen herrscht der religiöse Glaube vor, daß ein Schamane seinen Körper willentlich verlassen kann, um die Seele eines Verstorbenen ins Land seiner Stammesväter zu begleiten.

Das „Wunder“ von Limoges

Unser heutiger Aberglaube, man dürfte einen Schlafwandler nicht aufwecken, könnte auf den Glauben zurückgehen, daß die Seele oder der Astralleib dann nicht mehr in den Körper zurückkehren kann. Für die Einwohner von Haiti gibt es noch einen erschreckenderen Gedanken – daß die Seele von bösen Geistern geraubt und der Tote versklavt wird. Zombies z. B. sind nach dem Volksglauben auf Haiti seelenlose Körper.

1978 veröffentlichte Dean Shiels, außerordentlicher Professor an der Universität von Wisconsin, USA, die Ergebnisse seiner OOBE-Studie, für die er in rund 70 nichtwestlichen Kulturen Material gesammelt hatte. Seine Studie ergab, daß in fast allen diesen Ländern (95 %) der Glaube an OOBE erhalten ist. Professor Shiels, sich durchaus bewußt, daß er weitere Nachforschungen anstellen mußte, um seine Theorie zu beweisen, stellte dennoch fest, daß „die fast universelle Verbreitung des Glaubens an OOBE und die Übereinstimmung zwischen den einzelnen Glaubensformen bemerkenswert sind“.
Aber auch in den westlichen Kulturen hat der Glaube an OOBE eine lange Tradition. Der heilige Anto-

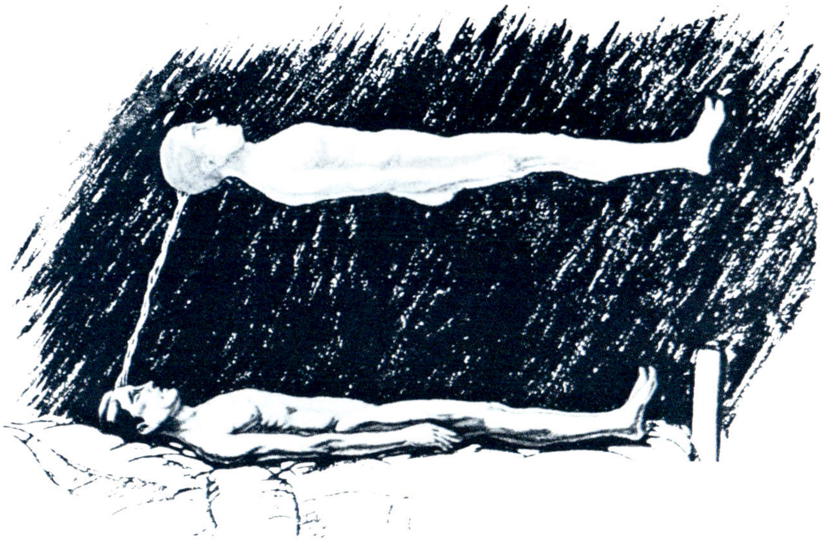

nius von Padua (1195–1231), ein aus Portugal stammender Franziskanermönch, der in Frankreich und Italien als Priester große Berühmtheit erlangte, gehört zu den wenigen Menschen, dessen Fähigkeit als Astralreisender von der römisch-katholischen Kirche anerkannt wurde. Heute gilt er als Schutzheiliger der Armen und wird oft zu Hilfe gerufen, wenn man etwas verloren hat oder wenn einem etwas gestohlen wurde.

Als der heilige Antonius 1126 in der Kirche zu Limoges eine Predigt hielt, fiel ihm plötzlich ein, daß er in einer anderen Kirche am entgegengesetzten Ende der Stadt ebenfalls predigen sollte. Er hielt mit der Predigt inne, zog seine Kapuze tief ins Gesicht und verharrte kniend einige Minuten, ohne etwas zu sagen. Genau zu dem Zeitpunkt erschien er in der anderen Kapelle, hielt seine Predigt und verschwand wieder. Er war in seinen Körper zurückgekehrt und setzte seine Predigt fort, ohne eine Erklärung für sein Schweigen abzugeben. Viele namhafte Schriftsteller haben in den vergangenen Jahrhunderten von ihren eigenen Astralerfahrungen oder denen von Kollegen berichtet, darunter Walter de la Mare, T. E. Lawrence, Jack London und Guy de Maupassant.

Das OOBE-Phänomen stellt Philosophen und Psychologen vor einige Probleme. Skeptiker halten daran fest, daß es sich bei OOBE-Erfahrungen um nichts anderes als Halluzinationen oder Wahnvorstellungen handelt. Diejenigen jedoch, die eine solche Erfahrung gemacht haben, betonen, daß es ein tatsächlicher und nicht ein imaginärer Vorgang war. Selbst wenn sie zur fraglichen Zeit bewußtlos waren, konnten die Betroffenen später erstaunlich detailliert von den Vorgängen berichten, die von Augenzeugen bestätigt wurden. Auch sind sich die Betroffenen bewußt, was mit ihnen passiert.

***Ganz oben:* Die alten Ägypter stellten sich den Astralleib bzw. „Ba“ als einen Vogel mit Menschenkopf vor. Starb ein Mensch, verließ Ba den Körper, schwebte aber dicht neben ihm.**
***Oben:* Am Anfang einer OOBE-Erfahrung schwebt der Astralleib über dem Körper. Manche Betroffene erwähnten eine „Nabelschnur“, die den Astralleib mit dem Körper verbindet. Sie ermöglicht die Rückkehr in den Normalzustand.**
***Gegenüber:* Der englische Dichter und Maler William Blake, der eine mystische Weltanschauung hatte, stellte in seiner Illustration von Robert Blairs Gedicht The Grave (Das Grab) die Wiedervereinigung von Körper und Seele (Astralleib) dar.**

Frei von Todesangst

Viele Menschen, die während einer Operation oder nach einem schweren Unfall vorübergehend ihren Körper verlassen, haben dadurch eine völlig neue Einstellung zum Leben erhalten und wurden von ihren Todesängsten befreit. Carl Sagan, Direktor des Laboratory for Planetary Studies (Labor für Planetarische Studien) in New York, hat eine interessante Theorie zu dieser Erfahrung mit der Todesnähe entwickelt. Laut Dr. Sagan ist sie uns allen gemein, wir haben sie nur vergessen:

„Jeder von uns hat die Erfahrung eines Astralreisenden gemacht, der aus dem Reich des Todes zurückkehrt – die Erfahrung zu fliegen und von der Dunkelheit in gleißendes Licht vorzudringen, in der der Held, umgeben von Ruhm und Glanz, nur verschwommen wahrgenommen wird. Es gibt nur eine universelle Erfahrung, die auf diese Beschreibung zutrifft: die Geburt.“

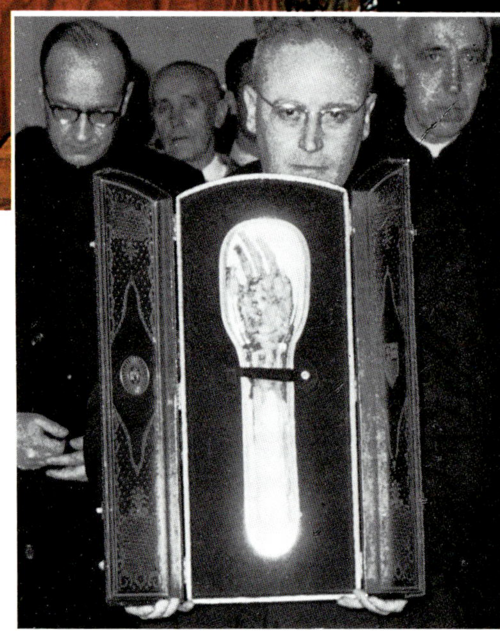

Von den vielen Wundern, die man mit Heiligen in Verbindung bringt, ist keines rätselhafter als das der nichtverwesten Toten. Immer wieder stoßen wir auf Berichte, die von Leichen handeln, die nicht dem natürlichen Verfallsprozeß unterworfen zu sein scheinen. Gibt es eine natürliche Erklärung?

DIE „UNVERDERBLICHEN"

***Ganz oben:** Tiefe Verehrung genießt der Reliquienschrein des heiligen Franz Xaver in der Kathedrale von Goa. Der „Apostel Indiens", der sein Leben der Missionierung Indiens, Chinas und Japans widmete, starb 1552 und wurde sofort in Ätzkalk gelegt. Trotzdem blieb sein Körper erhalten und sieht selbst heute noch erstaunlich lebendig aus.*

***Oben:** Der Arm des heiligen Franz Xaver befindet sich seit 1615 in Rom. Im Jahre 1622 wurde der bedeutende Jesuit heiliggesprochen. Seither wird er als Patron der Seefahrer und Missionare verehrt.*

Immer wieder trifft man auf die Überzeugung, daß Heilige die Macht hätten, die physische Zersetzung ihrer Körper nach dem Tod zu verhindern. Nach den Worten des frühchristlichen heiligen Cyril von Jerusalem etwa sollen den Körpern der Heiligen, selbst wenn die Seele gegangen ist, Kraft und Tugend erhalten bleiben. Doch schon eine oberflächliche Überprüfung ergibt, daß die große Mehrheit der christlichen Heiligen nicht dieses zeichen „göttlicher Gnade" erhielt, während es bei einer Reihe von Menschen, die nicht selig- oder heiliggesprochen wurden, der Fall war. Für fromme

Menschen stellte sich diese Art der Verewigung manchmal sogar als schreckliche Drohung dar, so daß sie die Fassung verloren.

So wird von der sterbenden Thérèse von Lisieux erzählt, daß sie, als eine Novizin anmerkte, Gott würde ihren Körper sicherlich vor der Verwesung bewahren, erwiderte: „O nein. Nicht dieses Wunder …“ Gott erhörte ihren Wunsch.

Als Wunder bezeichnete die sterbende Thérèse das interessante Phänomen der „Unverderblichen“. Eine befriedigende Erklärung dafür hat die Wissenschaft bisher nicht gefunden. Ja, sie hat diese rätselhafte Erscheinung nicht einmal einer gründlichen Untersuchung gewürdigt, obwohl zahlreiche Berichte von Exhumierungen vorliegen, die fast immer vor vielen Zeugen, Ärzte und medizinische Sachverständige eingeschlossen, durchgeführt wurden.

Herbert Thurston, ein Geistlicher, der sich im späten 19. Jahrhundert mit dem Thema auseinandersetzte und Heiligenbiographien und Legenden auswertete, beschrieb sechs Faktoren des Phänomens, die jedoch nicht in jedem Fall gemeinsam auftreten. Sehr häufig wird von einem anhaltenden Duft des toten Körpers und vom Fehlen der Leichenstarre berichtet. Die Fäulnis kann ausbleiben, und gelegentlich kommt es lange nach dem Tod noch zu Blutungen, etwa aus Wunden eines Martyriums oder aus heiligen Stigmata. In einigen Fällen fühlt sich der Körper noch lange nach dem Tod warm an, und sogar Bewegungen der Glieder, die nicht auf bloße Muskelzuckungen zurückgeführt werden können, wurden schon beobachtet. Für Leichname, die solche und ähnliche Phänomene aufweisen, hat man den Begriff „Unverderbliche“ eingeführt.

Vielfach offenbart sich den Entdeckern der Ort eines lang vergessenen Heiligengrabs durch einen Traum oder eine Vision. Manchmal ist die erste Bestattung auch von ungewöhnlichen Erscheinungen begleitet, wie den seltsamen Lichtern am Grab des Antoniters Scharbel Makhluf. Zuweilen kommt es vor, daß sie noch lange nach dem Tod ein duftendes, klares Öl absondern, dessen Herkunft und Zusammensetzung unerforscht ist.

Ein solches Wunder schreibt man den Gebeinen der heiligen Walburga zu, die im Jahre 779 starb und im bayerischen Eichstätt begraben ist. Diesen außergewöhnlichen Absonderungen werden, wie auch den Gebeinen, dem Blut und der Kleidung von Heiligen, große Heilkräfte zugeschrieben, deren Erfolge in zahllosen uns bekannten Mirakelbüchern aufgelistet sind.

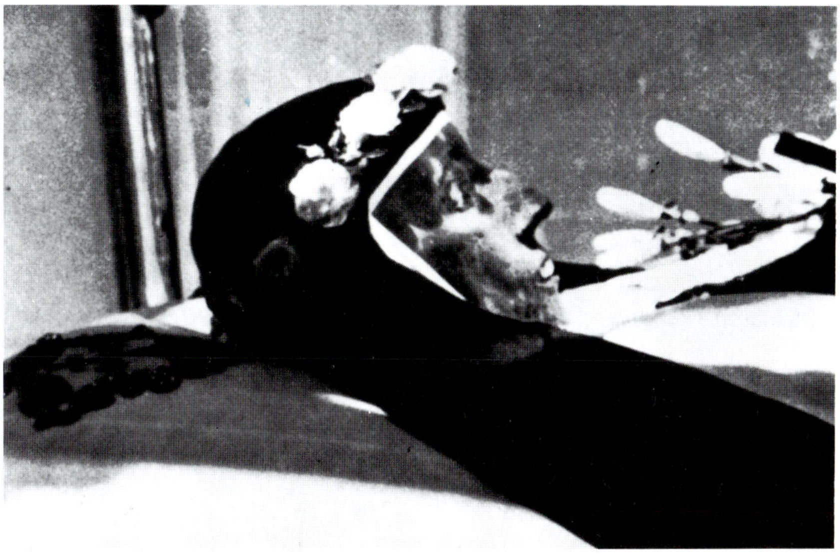

Oben: Die heilige Theresa Margareta, die 1770 starb, wie sie heute in ihrem Glassarg in Florenz zu sehen ist. Obwohl der Körper etwas ausgetrocknet und verfärbt ist, trat keine Fäulnis auf. Dies ist um so bemerkenswerter, als sie an einem sogenannten feuchten Brand, bei dem sich auf den abgestorbenen Gewebeteilen Eiter- und Fäulnisbakterien ansiedeln, gestorben war. Zwei Tage nach ihrem Tod jedoch strahlte auch sie die Schönheit und den Duft der „Unverderblichen“ aus.

Unten: Die heilige Bernadette von Lourdes sieht noch genauso jung und natürlich aus wie bei ihrem Tod im Jahre 1879. Ihr Gesicht ist mit einer dünnen Wachsschicht überzogen, um eine Verfärbung zu verhindern.

Greifbare Beweise

Bisher wurden 102 Fälle von „Unverderblichkeit“ von der katholischen Kirche anerkannt. Daneben kann es noch viele andere unverweste Leichname geben, die unentdeckt in ihren Gräbern ruhen oder zu denen Informationen in den geheimen Archiven des Vatikans verborgen sind. Höchst erstaunlich lesen sich die offiziellen Untersuchungsberichte, und man fragt sich, warum es bis dato noch kein Naturwissenschaftler unternommen hat, diesem absolut ungewöhnlichen Phänomen auf die Spur zu kommen. Was uns zur Verfügung steht, sind die Feststellungen der Gelehrten, die bei den Obduktionen anwesend waren.

Im folgenden geht es um den unverwesten Leichnam der Maria Anna Ladroni, die 1624 in Madrid starb. 107 Jahre später wurde sie von einer kirchlichen Kommission im Rahmen ihrer Seligsprechung untersucht. Hier ein Ausschnitt ihrer offiziellen Biographie:

„Nicht weniger als elf Professoren der Medizin und Chirurgie, die alle zu den besten und berühmtesten am Hof und der Stadt von Madrid zählten, nahmen an dem Verfahren teil und machten Zeugenaussagen. Sie holten ihre Instrumente aus den Taschen und führten einige lange und tiefe Einschnitte in das Fleisch aus, andere öffneten die Brust, andere untersuchten die dadurch dem Blick zugänglichen Körperhöhlen, weitere erforschten sämtliche Öffnungen, durch die es möglich gewesen wäre, Konservierungsmittel gegen die Fäulnis einzubringen. Tatsächlich führten die gemeinsamen Anstrengungen zu einer … vollständigen Sezierung dieses unschuldigen Körpers … Die inneren Organe, die Eingeweide und das Fleisch waren sämtlich erhalten, unversehrt, feucht und kräftig. Die Flüssigkeit, die man aus dem Körper austreten sah, hatte das ganze Körperinnere und die Fleischsubstanz durchdrungen. Je tiefer die Einschnitte gingen … desto süßer war der davon ausgehende Duft …“

Einer der erstaunlichen Aspekte dieser Art von Mumifizierung ist, daß sie häufig gerade unter solchen Bedingungen auftritt, die normalerweise den Prozeß der Zersetzung fördern würden: Einige, wie der selige Scharbel Makhluf, die heilige Katarina von Bologna und der heilige Pacificius von San Severino wurden in die nackte Erde gelegt. Andere Leichname überdauerten die Bestattung in feuchter Umgebung – die Kleidung faulte, die Körper blieben erhalten, wie es bei der heiligen Theresa von Avila und der heiligen Katharina von Genua geschah. Der Sarg der heiligen Katharina von Siena stand sogar einige Zeit im Regen, bevor er bestattet wurde. Und als man den Leichnam der Mystikerin Catherine Labouré 1933, 56 Jahre nach ihrem Tod, in Paris exhumierte, fand man ihn unversehrt, obwohl die Feuchtigkeit ihren Sarg angegriffen hatte.

Unsichtbare Stigmata

Eine Reihe dieser Heiligen waren zu Lebzeiten Stigmatiker gewesen, und teilweise blieben die rätselhaften Wunden bis über den Tod hinaus bestehen. Die heilige Katharina von Siena glaubte, sie trüge die Zeichen der Leiden Christi unsichtbar an ihrem Körper. Bei ihrem Tod erschienen die Wunden an den Händen, den Füßen und an der Seite. Als man ihren Körper untersuchte und Teile als Reliquien abtrennte, war noch 217 Jahre nach ihrem Tod eine solche Wunde an ihrem vollkommen erhaltenen linken Fuß zu sehen. Bei der heiligen Osanna von Mantua, die 1830 starb und deren unversehrter Körper noch heute dreimal im Jahr in der Kathedrale von Mantua zu sehen ist, zeigten sich die Stigmata nach dem Tod stärker als am lebendigen Leib. Bei der Besichtigung von 1965 beschrieb man ihren Körper als getrocknet, gebräunt und geschrumpft, jedoch ohne Zeichen von Verwesung.

Ein weiteres bemerkenswertes Beispiel ist der Antonitermönch Scharbel Makhluf, der 1898 in Beirut starb. Gemäß dem Brauch seines Ordens wurde er – wie viele andere „Unverderbliche" auch – ohne Sarg beerdigt. Mehrere Wochen lang konnte man seltsame Lichter um sein Grab herum sehen – wie beim heiligen Johannes vom Kreuz, der 1591 starb und dessen Körper 1955 bei der letzten öffentlichen Besichtigung in Segovia, Spanien, noch beweglich und nicht ausgetrocknet, wenn auch etwas verfärbt war. Wegen der ungewöhnlichen Lichter um Scharbel Makhlufs Grab wurde eine Exhumierung angeordnet und 45 Tage später das Grab ordnungsgemäß geöffnet. Der Anblick ließ die Beteiligten erschaudern:

Der tote Körper war trotz Regen und Überschwemmung, die das Grab zu einer Schlammgrube gemacht hatten, vollkommen unversehrt. Man wusch und kleidete den Leichnam und legte ihn in einen hölzernen Sarg in die Kapelle des libanesischen Klosters Mar Maroun Annaya. Nach kurzer Zeit trat eine solche Menge öliger Flüssigkeit – angeblich Blut und Schweiß – aus den Poren, daß die Kleidung des Toten zweimal wöchentlich gewechselt werden mußte. Diese Kleidungsstücke sollen viele Menschen geheilt haben. Der Körper blieb dort bis zum Jahre 1927 und wurde nach einer medizinischen Untersuchung in einen mit Holz ausgekleideten Zinksarg gebettet. Die Berichte von Ärzten und Zeugen versiegelte man in einer Zinkröhre und legte sie zu seinen Füßen, und dann wurde der Sarg in die Mauer des Klosters eingemauert. 23 Jahre später stellten Pilger fest, daß eine Flüssigkeit durch die Mauern sickerte, und der Sarg wurde geöffnet. Wieder fanden die kirchlichen und medizinischen Autoritäten den Leichnam wie im Leben und ohne Starre vor. Seine teilweise verrottete Kleidung war von einer öligen Flüssigkeit durchtränkt, von der sich eine große Menge im Sarg verfestigt hatte. Die Zinkumhüllung war stark korrodiert, der Körper selbst jedoch unversehrt. Seitdem ist sein Sarg jedes Jahr für eine Untersuchung geöffnet worden. Jedesmal erscheint der Leichnam frisch und gut erhalten, und die öligen Ausscheidungen werden abgelassen und an die Kranken verteilt.

Auch England kennt Heilige, die nicht verwesten. Am berühmtesten ist möglicherweise die angelsächsische Gründerin des Klosters Ely, die heilige Etheldreda (Edeltrud), die 679 starb. 16 Jahre später wurde das Grab geöffnet, weil man den sterblichen

Links: Dieses Gemälde von Il Sodoma (1477–1549) zeigt die religiöse Ekstase der heiligen Katharina von Siena. Zu Lebzeiten glaubte sie, die Wunden der Leiden Christi unsichtbar zu tragen, und litt große Schmerzen. Erst nach ihrem Tod im Jahre 1380 wurden die Stigmata deutlich sichtbar und blieben es auch für über 200 Jahre.

Gegenüberliegende Seite ganz oben: Einer der hochverehrten „Unverderblichen" ist der sogenannte Pfarrer von Ars, einem Dorf in Frankreich, der 1859 starb und 1925 seliggesprochen wurde. Kurz nach seinem Tod stellte man fest, daß er nicht verweste.

Gegenüberliegende Seite Mitte: Um eine Verfärbung zu verhindern, wurde das Gesicht des heiligen Pfarrers von Ars mit einer wächsernen Totenmaske geschützt. Sein Körper soll auf wunderbare Weise erhalten bleiben.

Links: Der libanesische Mönch Scharbel Makhluf starb 1898 im Alter von 70 Jahren und wird bis heute von Christen wie auch Moslems verehrt. Viele Wochen lang umgaben rätselhafte Lichter sein Grab. Man nahm dies als göttliches Zeichen, exhumierte seinen Körper und fand ihn vollkommen unversehrt. Die Flüssigkeit, die der Leichnam absonderte, nannten Zeugen eine Mischung aus frischem Blut und Schweiß. 1977 wurde Scharbel seliggesprochen. Eine solche Absonderung ist auch das sogenannte Walburgisöl. Die Gebeine der heiligen Walburga, die im 9. Jahrhundert nach Eichstätt überführt wurden, sollen es noch heute hervorbringen.

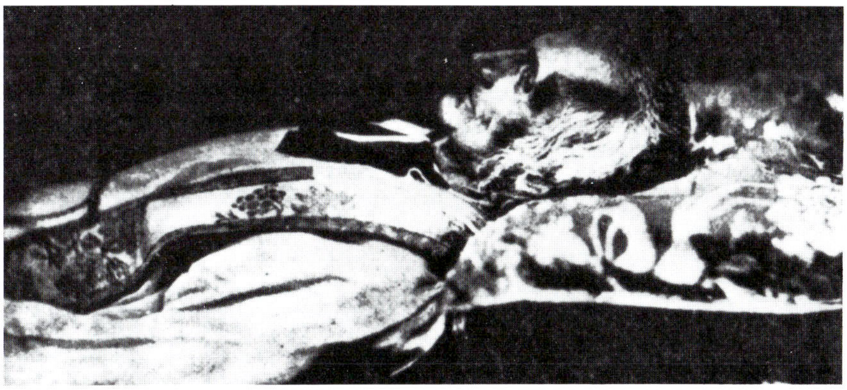

Nach ihrem Tod wurde ihr Körper in feine Gewänder gehüllt und in der Katakombe des heiligen Callistus bestattet, in derselben Körperhaltung, in der sie auch gestorben war. Ihre Grabstätte wurde vergessen, doch im Jahre 822 erfuhr Papst Paschalis I. in einer Vision davon und gab ihrem Leichnam unter dem Altar der ihr geweihten Basilika eine neue Ruhestätte. Wiederentdeckt wurde er 777 Jahre später während der Restaurierung der Basilika. Eine große Menschenmenge war Zeuge, als man 1599 den Sarg öffnete und den unverwesten Körper der heiligen Caecilia in eben der Haltung fand, in der sie gestorben war. Einen Monat lang konnten die Gläubigen den Leichnam mit der noch gut sichtbaren Halswunde besichtigen, bevor er wieder unter dem Altar beigesetzt wurde.

Ein höchst erstaunlicher Fall ist der polnische Jesuit Andreas Bobola, der 1657 von den Kosaken getötet wurde. Nachdem man ihn brutal zusammengeschlagen hatte, wurde er mit Pferden von einer Stadt zur anderen geschleift, ganze Hautpartien wurden ihm vom Leibe gezogen und Teile des Gesichts und der Glieder grausam abgerissen, bevor man ihn mit einem Säbel zerteilte. Überstürzt begrub man ihn auf einem Friedhof in Pinsk. 40 Jahre später entdeckte man seinen Körper unversehrt, die Wunden des Martyriums waren deutlich zu erkennen. Seither ist der Leichnam mehrmals medizinisch untersucht worden. 1917 konnte man ihn besichtigen, und er soll noch immer gut erhalten gewesen sein. Fünf Jahre danach umzingelten Truppen der Roten Armee, die von der Legende gehört hatten, die Kirche bei Pinsk und brachen den Sarg auf. Nachdem sie den Leichnam herausgezogen und ihre Neugierde befriedigt hatten, ließen sie ihn liegen. Er wurde nach Moskau gebracht und kehrte erst Jahre später auf Bitte von Papst Pius XI. zurück. Jetzt befindet er sich wieder in Polen in der Kirche vom heiligen Andreas Bobola in Warschau.

Viele Menschen würden solche Geschichten wohl als das Resultat eines übertriebenen Glaubens abtun und die Erscheinungen der Phantasie eines unaufgeklärten Geistes zuschreiben. Und auch die katholische Amtskirche steht heute solch unerklärlichen Phänomenen eher skeptisch gegenüber. Im Volksglauben jedoch genießen „Unverderbliche“ höchste Verehrung – haben sie doch anscheinend die vergängliche Natur des Menschen überwunden und symbolisieren so etwas wie Ewigkeit.

Überresten der Heiligen einen würdigen Platz in der Kirche geben wollte. Einer der Zeugen der Exhuminierung war der Arzt namens Cynefrid, der nur drei Tage vor Etheldredas Tod ein Geschwür aus ihrem Kiefer entfernt hatte. Später berichtete er dem großen Kirchenlehrer Beda Veneralilis von den wundersamen Begebenheiten bei der Exhumierung.

Die Brüder des Ordens hatten sich auf der einen, die Schwestern auf der anderen Seite des kleinen Gebäudes versammelt, das sich über dem Grab der Etheldreda erhob. Nachdem die Äbtissin mit wenigen Helfern hineingegangen war, um die Gebeine zu waschen, hörten die Außenstehenden plötzlich laute Schreie. Kurz danach wurde Cynefrid hineingerufen. Er betrat die Gruft und sah den Körper da liegen, unversehrt, wie schlafend.

Zu seinem Erstaunen stellte Cynefrid fest, daß an der Stelle, wo sich nach der Entfernung des Geschwürs die große Wunde an Etheldredas Kiefer befunden hatte, jetzt nur eine, wie er es nannte, „außerordentlich schwache Narbe“ zu sehen war. Selbst die Kleidung war vollkommen erhalten. Daraufhin wurde die neue Ruhestätte der heiligen Etheldreda zu einem der bekanntesten Wallfahrtsorte Englands, bis König Heinrich VIII. die Zerstörung der Kirche und die Zerstreuung ihrer Reliquien befahl.

Stümperhafte Hinrichtung

Ein besonders denkwürdiges Beispiel ist die heilige Caecilia. Sie stammte aus einer edlen römischen Familie und starb 177 den Märtyrertod – so jedenfalls berichtet die Legende. Ein unerfahrener Henker köpfte sie stümperhaft, so daß sie ganze drei Tage lang mit halbdurchtrenntem Hals zu Hause bei ihrer Familie lag, die Hände zum Gebet gekreuzt, mit dem Gesicht nach unten auf dem Fußboden.

Oben: Die Skulptur der frühchristlichen Märtyrerin Caecilia schmückt den Sarkophag der Heiligen. Man sagt, daß es sich um eine genaue Nachbildung ihres Körpers handelt, wie er 1599, über 1400 Jahre nach ihrem Tod im Jahre 177, gefunden wurde. Deutlich zu sehen ist die tiefe Halswunde, die ihr ein unerfahrener Henker geschlagen hatte. Drei Tage lang soll sie in dieser Körperhaltung gelitten haben, bis sie der Tod erlöste.

LEBENDIG BEGRABEN

Links: In Dahomey, Westafrika, setzt man Stammesangehörige unter Drogen, wickelt sie in ein Laken und begräbt sie für längere Zeit. Man glaubt, daß sie während dieser Zeit mit magischen oder archetypischen Kräften in Verbindung treten, die dem ganzen Stamm Nutzen bringen.

Unten: Im Dezember 1953 versetzte sich der Yogi Graf Ostoja in Trance, um sich bei lebendigem Leib begraben zu lassen: Er überlebte.

Wie ist es möglich, daß ein Mensch – und sei es auch ein meisterhaft geübter indischer Yogi – seine Körperfunktionen soweit kontrolliert stillegen kann, daß er in einen todesähnlichen Zustand verfällt?

Es erscheint einem Bewohner der westlichen Welt beinahe unmöglich, daß Menschen sich bewußt in einen totenähnlichen Zustand versetzen können. Dabei regulieren sie ihre autonomen Körperfunktionen. Stunden, Tage oder, so geht das Gerücht, sogar Jahre bleiben sie unter dem Erdboden begraben, um dann lebend wieder hervorzukommen. Seit Jahrhunderten wird berichtet, daß indische Fakire oder Yogis schon oft solche unglaublichen Leistungen vollbracht haben. Warum aber nehmen diese Menschen eine solch extreme Form der Selbstkasteiung auf sich?

Der Yogi entwickelt solche Übungen, um innere und äußere Ablenkungen in seinem Streben nach höherem Bewußtsein – „Samadhi" (Erleuchtung) – auszuschalten. Der indische Fakir versucht dagegen lediglich seinen Körper zu beherrschen. Für ihn bedeutet das lebendig Begrabenwerden den absoluten Beweis seiner Herrschaft über Körper und Geist. Laut Andrija Puharich, einem Wissenschaftler und Autor, gehört es zu den Zielen eines Fakirs, die vollständige Kontrolle über vier Zustände zu erhalten: über das Wachen, Schlafen, Träumen und den „Scheintod", den biologischen Stillstand bei einer Katalepsie (Muskelstarre), die der Fakir oft selbst herbeiführt. Während der Zeit im Grab befindet er sich in einem Zustand tiefer Meditation.

Wie und warum diese Übung entstanden ist, weiß man heute nicht mehr. Der Arzt James Braid zitiert in seinem Buch *Observations of trance, of human hibernation* (Berichte von Trance und menschlichem Winterschlaf) einen Abschnitt aus dem *Dabistan*, einem persischen Klassiker über die indische Religion: „Es ist bei den Yogis fester Brauch, sich selbst zu begraben, wenn eine Krankheit sie heimsucht." Dies legt nahe, daß das Selbstbegräbnis ursprünglich als Behandlungsform bei Krankheiten entstanden ist.

Unter anderen Berichten von todesähnlichen Zuständen aus Afrika sind die „Unterwassergänger" hervorzuheben, auf die Ivan Sanderson zuerst 1932 von N. H. Cleverley, dem englischen Gouverneur in Calabar, Kamerun, aufmerksam gemacht wurde. Cleverley hatte einen Beamten aus der Verwaltung und einen Wachtmeister der einheimischen Buschpolizei ausgeschickt, um zu erkunden, warum sich mehrere Dörfer im Gebiet des Ibibio-Stammes weigerten, ihre Steuern zu zahlen. Die Dorfbewohner waren auf ihren großen, sumpfumsäumten Inseln nirgends zu entdecken, bis der einheimische Wachtmeister seine Uniform ablegte und „getarnt" auf Suche ging. Dabei machte er eine verblüffende Entdeckung.

Als der Polizist über eine knapp zwei Meter hohe Uferböschung spähte, sah er „die gesamte Gemeinde (über 100 Seelen: Männer, Frauen, Kinder und ihre Haustiere, die in durchbrochenen Körben eingeschlossen waren und zu schlafen schienen) reglos am Grund des Gewässers mit dem Rücken zum Ufer sitzen". Der Anblick des vor Angst zitternden Wachtmeisters und die Aussichtslosigkeit, die Dorfbewohner in zweieinhalb Meter Tiefe „aufzuwekken", waren zuviel für den europäischen Beamten, der den Polizisten begleitet hatte, und er kehrte schleunigst nach Calabar zurück. Eine zweite, erfahrenere Mannschaft wurde auf den Weg geschickt, doch als sie im Dorf ankam, nahm das Leben dort längst wieder seinen normalen Gang, und der Wachtmeister hatte die Steuern eingetrieben.

Diese Geschichte hat einen deutlichen Bezug zu den lebendig begrabenen Fakiren. Entweder konnten die afrikanischen Dorfbewohner spontan ihre Körperfunktionen stillegen, oder sie hatten die Dienste eines Schamanen in Anspruch genommen, der eine der Hypnose ähnliche Technik beherrschte. Von Dr. R. J. Vakil stammt ein Bericht in der Zeitschrift *Lancet* über einen Yogi, der am 15. Februar 1950 in Bombay ein sehr ähnliches Phänomen durch einen reinen Willensakt vorführte. Vor einer großen Zuschauermenge und unter Aufsicht von Dr. Vakil wurde ein ausgemergelter Sadhu mittleren Alters namens Shri Ramdasji für 56 Stunden in eine

Wo immer die Ursprünge auch liegen mögen, so treten ähnliche Fälle auch in anderen Ländern auf. Sie könnten mit ritualisierter Trance gleichgesetzt werden, wie sie Mircea Eliade in *Schamanismus* beschreibt. In *More Things* (Mehr Dinge) berichtet Ivan Sanderson von einem Fakir, der sich 24 Stunden lang unter zwei Lastwagenladungen nasser Erde begraben ließ, unter Aufsicht von fünf Ärzten, darunter einem englischen Oberstabsarzt.

Der Fastentod

In Japan gab es einen merkwürdigen Kult der Selbstmumifizierung, den Carmen Blackers in *The Catalpa Bow* (Der Catalpa-Bogen) schildert. Offenbar gelobten einige Buddhisten, eine Fastenzeit von bis zu 4.000 Tagen einzuhalten. Sie begannen mit einer streng eingeschränkten Diät und nahmen dann überhaupt keine Nahrung mehr zu sich, um bewußt ihren Tod herbeizuführen. Von zumindest zwei Mitgliedern dieser „höchst interessanten, aber jetzt ausgestorbenen" Gruppe weiß man, daß sie lebend in ihre Gräber stiegen.

Nach einem Bericht der südafrikanischen *Pretoria News* wurde Ende 1974 ein togolesischer Schamane namens Togbui Siza Aziza in Accra für drei Stunden in einem gewöhnlichen Sarg begraben, der von Steinplatten und einer Mörtelschicht bedeckt war. Nach zwei Stunden geriet die Menge in Panik und beschwor Aziza, dessen gedämpfte Stimme man immer noch schwach hören konnte, aufzugeben. Schließlich bebte die Erde, und Aziza brach durch den Mörtel, indem er die Platten mühelos beiseite schob. Der Sarg aber war noch zugenagelt. Interessanterweise erklärte Aziza, er erlange seine magischen Kräfte durch Meditation unter der Erde: Dazu gehörten die Fähigkeit der Krankenheilung, das Verstehen der Tiersprache und die Unempfindlichkeit gegen Schmerz.

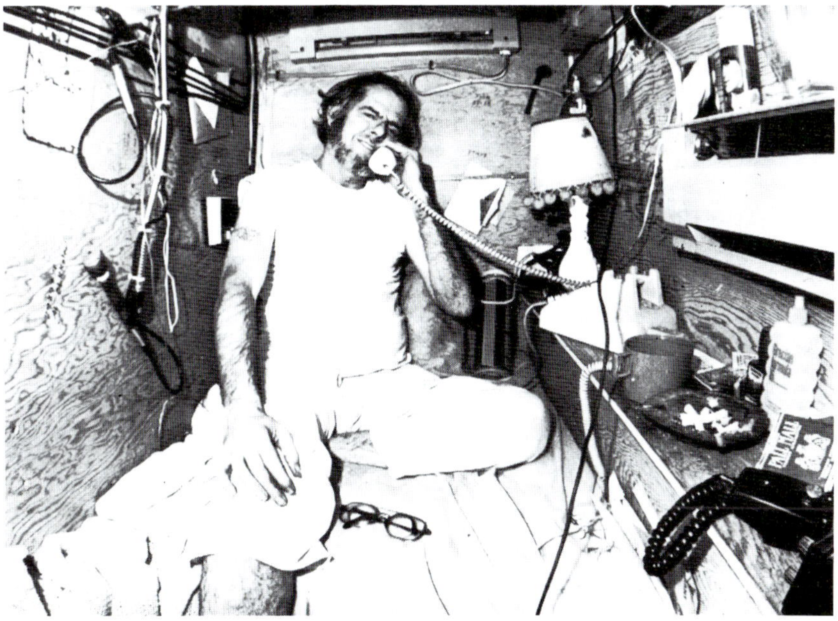

***Ganz oben:** 1974 vergrub ein indischer Yogi seinen Kopf viele Minuten lang in der Erde und überlebte bei einer Pulsfrequenz von zwei Schlägen pro Minute.*

***Oben:** Der amerikanische Stuntman Bill White machte von sich reden, als er 1978 134 Tage, zwei Stunden und fünf Minuten unter der Erde verbrachte und sich die Zeit vertrieb, indem er mit Presseleuten telefonierte, so mit dem Werbeleiter des Guinness Buch der Rekorde, in das er aufgenommen wurde.*

Zu den legendären Wunderleistungen der heiligen Männer in Indien gehörte auch, sich mit aus dem Boden ragenden Armen begraben zu lassen.

kleine unterirdische Kabine eingeschlossen. Die Kammer maß 1,5 mal 2,5 Meter, sie war aus Beton gefertigt, mit großen Nägeln gespickt und mit einem Betondeckel verschlossen. Nach Ablauf der Zeit bohrte man ein Loch in den Deckel, pumpte mit einem Schlauch 6.400 Liter Wasser hinein und versiegelte das Loch erneut. Das Wassergrab wurde erst nach fast sieben Stunden aufgebrochen. Der Sadhu lag unter Wasser, aber er hatte überlebt.

15 Jahre lang versuchte Sanderson mehr über den Ibibio-Stamm herauszufinden, jedoch vergeblich. „Das Problem ist", schrieb er, „daß ich niemanden auf unserer Welt finden kann, der über die Sache vernünftig mit mir diskutieren will ..."

TOT ODER VORZEITIG BESTATTET?

In Stephen Piles Buch-Bestseller *Book of Heroic Failures* (Buch der heldenhaften Mißerfolge) finden wir *Die mißlungenste öffentliche Aufbahrung* und *Das Begräbnis, das den Toten weckte.* Die erstgenannte Geschichte handelt vom Bischof von Lesbos, der 1896, nachdem er zwei Tage lang aufgebahrt lag, sich plötzlich aufrichtete und wissen wollte, warum die Trauernden ihn so anstarrten. In der zweiten geht es um einen Missionar namens Schwartz, der um 1890 in Neu Delhi „starb", aber während seiner Beerdigung aus dem Sarg heraus in das Trauerlied mit einstimmte. In Piles Buch nehmen sich beide Geschichten sehr lustig aus, doch ein vorzeitiges Begräbnis war und ist eine makabre Angelegenheit. Zu Zeiten, als die Ärzte nur den Puls fühlten oder mit einem Spiegel überprüften, ob der Betroffene noch atmete, liefen kateleptische Patienten Gefahr, für tot erklärt und ordnungsgemäß beerdigt zu werden – bei lebendigem Leibe! In rückständigen Gegenden dürfte man dann Klopfzeichen aus einem frisch zugeschütteten Grab für Geistererscheinungen gehalten und daher ignoriert haben. Doch trotz des heutigen medizinischen Fortschritts ist der tatsächliche Zeitpunkt des Todes noch immer Gegenstand kontroverser und hitziger Debatten. Nach wie vor gibt es in den Fachkreisen keine eindeutige Antwort: Sind wir „tot", wenn unser Herz aufhört zu schlagen, oder erst dann, wenn unsere Gehirnzellen keine elektrischen Ströme mehr aussenden?

WAS PASSIERT ALS NÄCHSTES?

Wenn es ein Leben nach dem Tod gibt, in welcher Form gibt es das? Was ist es, was überlebt? In diesem Kapitel werden die Antworten zu diesen Fragen, die von Religion und Philosophie gestellt werden, untersucht, in Zusammenhang mit einer Aussage eines bemerkenswerten Mannes, der regelmäßig die Welt der Toten besuchte.

SEELEN-WANDERUNG

„Leben" die Seelen der Verstorbenen weiter? Gelangen sie in den Himmel, in die Hölle oder ins Fegefeuer – oder auf andere unbekannte Existenzebenen? Wie können wir etwas über ihre Daseinsformen erfahren?

Selbst wer in irgendeiner Form an ein Leben nach dem Tode glaubt, steht angeblichen Botschaften aus dem Jenseits häufig skeptisch gegenüber – vielleicht, weil man solche Dinge allzu leicht auf Wunschdenken, falsche Hoffnungen und Ängste zurückführen kann. Dabei gibt es eine enorme Fülle von Berichten, in denen Menschen ihr „Leben" im Jenseits schildern. Wenn wir für einen Moment unsere Skepsis beiseite lassen, dann finden wir nicht nur eine ganze Menge von Anhaltspunkten für ein Leben nach dem Tode, darüber hinaus weisen die Beschreibungen auch verblüffende Übereinstimmungen auf.

Natürlich entziehen sich diese Schilderungen jeglicher Überprüfung, und es fällt schwer, sich unvoreingenommen damit auseinanderzusetzen. Die grundlegende Frage lautet: Wer sind diese Wesen, und wer sind die Vermittler ihrer Botschaften?

Ein sehr begabtes Medium war Mrs. Winifred Coombe-Tennant, in parapsychologischen Kreisen als Mrs. Willett bekannt. Sie war Friedensrichterin und Delegierte des Völkerbundes, also kein Berufsmedium. Allerdings nahm sie an den berühmten Kreuz-Korrespondenzen der SPR teil. Später empfing das Medium Geraldine Cummings auf dem Wege des automatischen Schreibens eine Fülle von Informationen, die angeblich von der verstorbenen Mrs. Coombe-Tennant stammten. Vieles davon handelte von dem Dasein, in das sie nach ihrem Tode übergegangen war. Zu dem Problem der „mehreren Ichs" sagte sie:

„Ein Mensch besteht aus verschiedenen Ichs oder Aspekten sowie einem primären Ich, das deren Gesamtsumme darstellt ... Erst auf der höheren Ebene erfolgt die geistige Verschmelzung."

Der Tod ist nicht das Ende, das die meisten so fürchten. Es scheint danach lediglich ein anderer Bewußtseinszustand einzutreten, in dem man sich allerdings nicht einfach von seinem irdischen Selbst lossagen kann: Alle persönlichen Unzulänglichkeiten bleiben bestehen, bis wir sie bewältigt haben. Der Tod selbst verändert uns also nicht, vielmehr eröffnet er eine neue Chance, an uns zu arbeiten.

In spiritistischen Botschaften wird das Leben nach dem Tode häufig als ein Fortschreiten durch sieben Sphären beschrieben, von denen jede geistig höherstehend und anspruchsvoller ist als die vorangegangene. Diese sieben Sphären stehen im Grunde für verschiedene Bewußtseinsebenen, und jede davon kann erst dann erreicht werden, wenn eine Öffnung und Vertiefung der seelisch-geistigen Aspekte erfolgt ist. Dabei helfen uns Lehrer, die bereits eine höhere Bewußtseinsebene erreicht und den Horizont der „Neuankömmlinge" weit hinter sich gelassen haben. Um sich verständlich zu machen, passen sie sich jedoch vorübergehend deren niedrigerem Niveau an.

Das große Erwachen

Zumeist wird das Sterben als friedlicher, schmerzfreier Übergang beschrieben – selbst wenn der Betreffende in seinen letzten Stunden sichtbar große Schmerzen gelitten hatte. Das Sterben sei ein allmählicher Prozeß des Zurückziehens, mit dem abwechselnd Phasen von Schlaf und Bewußtlosigkeit einhergehen; der Schmerz wird dann gar nicht wahrgenommen. Danach kommt das „Aufwachen" und die Begrüßung durch nahestehende, kürzlich verstorbene Menschen. Auch andere Verstorbene kommen herbei – keine Engel, die zum Jüngsten Gericht zusammenkommen, sondern bereits höher entwickelte Seelenwesen.

Die Erfahrungen decken sich natürlich nicht hundertprozentig und hängen zum Teil auch von alten Denk- und Verhaltensmustern ab. Diese erste Erfahrungsebene stellt immer genau das dar, was man sich persönlich darunter vorstellt. Überhaupt ist das Vorstellungsvermögen von großer Bedeutung: Kaum denkt man an etwas, ist es bereits da. Man spricht daher manchmal auch von einer „ideoplastischen" Ebene – einer Schöpfung allein aufgrund der Kraft der Gedanken. Manche bauen um sich herum ihre irdische Umgebung und ihre Besitztümer auf, von denen sie sich nicht lösen können. Auf dieser Bewußtseinsebene gilt es zu begreifen, daß die Materie nun von feinstofflicher Struktur und stark den Gedanken unterworfen ist. So mancher, der nie an ein Weiterleben im Jenseits glaubte, merkte zunächst gar nicht, daß ihn der Tod ereilt hat.

Wer den Willen dazu mitbringt, kann in diesem Reich – im „Sommerland", wie Frederic Myers es nannte – endlich das vollbringen, was ihm in seinem irdischen Leben versagt geblieben ist. Aber, so betonen bereits erleuchtete Seelen, dies sei mitnichten das sogenannte Himmelreich. Im „Sommerland"

Links: In seinem berühmten Gemälde Garten der Lüste *stellte Hieronymus Bosch die Welt des Menschen dar, die uns hier – ins Furchterregende übersteigert – so ganz und gar körperlich-materiell begegnet.*

Unten: Das Jüngste Gericht – hier in der meisterhaften Darstellung des italienischen Malers Fra Angelico – ist nach der christlichen Lehre der Tag der Wiederkunft Christi und der Auferstehung der Toten.

Ganz unten: Lawrence von Arabien, ein brillanter Geist und ein höchst vielschichtiger Mensch. Er mußte nach seinem Tode einige unangenehme Wesenszüge an sich erkennen, bevor er zu höheren Bewußtseinsebenen aufsteigen konnte.

stellt sich vielmehr schrittweise heraus, daß unsere Vorstellungen vom Jenseits letztendlich doch nicht weise oder vergeistigt, sondern immer noch selbstsüchtig und materialistisch sind. Und schließlich erkennen wir, daß wir nach nichts anderem als einer Art ewigem Sommerurlaub gestrebt haben. Wie aus dem Jenseits verlautet, besteht der Zweck des „Sommerlandes" darin, den Menschen vor Augen zu führen, daß viele Unterfangen, die sie für bedeutsam hielten, im Grunde wertlos sind.

In was für einer Welt finden sich jene wieder, die auf der Erde selbstsüchtig, gewalttätig oder verbrecherisch waren? Auch hier spiegelt sich deren irdische Umgebung wider, und ihre seelische Verarmung wird zur gnadenlosen Realität. Viele beschreiben Dunkelheit, öde Landschaften und trostlose Räume. Das ist dann das „Winterland".

Das eigennützige Denken des Betreffenden dauert fort, und er ist über sein Los häufig entrüstet und zornig. In dieser kalten Sphäre hilft keiner dem anderen, und alle sind nur auf ihren eigenen Vorteil bedacht. Leider ist es auch so, daß die Betreffenden jenen, die aus höheren Ebenen kommen und ihnen helfen wollen, nur mit Verachtung begegnen.

Da es jedoch kaum jemanden gibt, der wirklich durch und durch verdorben ist, muß derjenige, der ins „Winterland" geraten ist, nur so lange dort bleiben, wie er sich weigert, auf die Stimme seines höheren, inneren Ichs zu hören.

Wer die einzelnen Stufen des „Sommerlandes" durchlaufen hat, gelangt angeblich in das erste Himmelreich. Hier können gemeinsam mit anderen erleuchteten Seelen selbstlose Ideale verwirklicht werden. Solche Freuden sind jedoch nicht nur altruistischer Natur, sondern dienen der geistig-seelischen Weiterentwicklung.

Dieser Prozeß wird meistens als „Urteil" bezeichnet, das – so betonen die Botschaften aus dem Jenseits – allerdings nicht von einem Gott verkündet, sondern auf gewisse Weise selbst gefällt wird. Sich selbst zu erkennen und sich dann zu beurteilen ist schmerzhaft, vor allem, da man nun viele Makel bemerkt, die einem vorher gänzlich unbewußt waren. T. E. Lawrence (Lawrence von Arabien) zum Beispiel soll sich posthum als den „mönchisch-selbstgefälligen Moralapostel" erkannt haben, der er zu Lebzeiten war. Das Urteil führt einem vor Augen, was man aus sich hätte machen können – eine oftmals alles andere als angenehme Erfahrung. Wer dies aber erkannt hat, vermag über sich selbst hinauszuwachsen und ein neues, besseres Selbst zu entwickeln.

Obwohl man selbst das Urteil über sich fällt, stehen einem andere zur Seite, die einen unterstützen und in die rechte Richtung lenken. Persönliche Beweggründe sind von großer Bedeutung. Die eigenen Handlungen wirken sich gnadenlos so aus, wie sie sind – nicht, wie man sie gerne hätte. Jede Freude, aber auch jedes Leid, das man anderen zufügt, wird von einem selbst nacherlebt und empfunden. Dies können recht schmerzhafte Erfahrungen sein – vergleichbar mit Gefühlen wie Angst oder Ekel, die in Träumen ganz besonders intensiv empfunden, bei Tage jedoch durch die Ablenkungen der Außenwelt gemildert werden. Auf dieser Bewußtseinsebene jedoch gibt es kein „Außen" mehr – alles spielt sich im Inneren ab.

Aufgrund all dieser Informationen kann man annehmen, daß wir nach dem Tode verschiedene Stufen durchlaufen. Meistens folgen diese nacheinander, manchmal kann eine Seele aber auch mehrere Aufgaben gleichzeitig haben oder zwischen den Stufen wechseln. Es scheint keinen festen Plan der Stufenfolge zu geben, und wie im irdischen Leben haben die Menschen auch im Jenseits individuelle Bedürfnisse, denen Rechnung getragen wird.

Es fällt schwer, sich vorzustellen, was genau auf diesen Ebenen erlernt wird. Es wird wohl kaum mechanischer oder praktischer Natur sein, denn materielle Objekte existieren ja nicht mehr. Unter den gegebenen Umständen ist es auch unwahrscheinlich, daß philosophische Überlegungen über die „Natur des Lebens" angestellt werden. Der Lernprozeß wird vermutlich eher moralische beziehungsweise geistige Lektionen umfassen, wie viele Berichterstatter aus dem Jenseits bestätigen. Dieser Lernprozeß beginnt jedoch erst dann, wenn der Betreffende innerlich motiviert und bereit dazu ist.

Jede nächste Stufe ist uns verschlossen, bis wir reif genug sind, ihren Wert zu erkennen. Vielleicht gelangen viele niemals über das „Sommerland" hinaus. Wahrscheinlicher ist jedoch, daß jeder irgendwann eine höhere Ebene erreicht.

Diese Phasen – das Dasein im „Sommerland" beziehungsweise im „Winterland", das erste Himmelreich und die Urteilsfindung – bilden die astrale Welt des Bewußtseins. Jeder von uns beginnt zu lernen, daß er sich von Vergangenem lösen muß, um die Freiheit zu erlangen, sich den geistigen Aspekten seines Ichs zu widmen.

Die Erfahrung, die uns daraufhin erwartet, ist der sogenannte „zweite Tod". Nun muß jeder allmählich bereit sein, alles bisher Errungene abzustreifen, so, wie er vormals seine Körperhülle auf der Erde zurückließ. Wir erkennen, daß unsere Wünsche in der Astralwelt – sosehr sie auf Kameradschaft, Güte und selbstlose Liebe ausgerichtet waren – größtenteils doch nur wieder auf eigennützigen Motiven beruhten: Wenn wir anderen Liebe entgegenbrachten, so taten wir dies letztlich zu unserem eigenen Besten. Bei unserem „zweiten Tod" müssen wir daher alle Werte aufgeben, die wir für ehedem edel erachtet haben.

Aus dem Jenseits beschrieb Conan Doyle diese Phase als „furchtbar und wundervoll zugleich" und fügt hinzu, daß man „nach dem zweiten Tod nichts Überflüssiges mehr mit sich herumträgt". Dieses traumatische Erlebnis bereitet die lernende Seele, die alle eitlen Anmaßungen endgültig über Bord werfen mußte, auf die nächste Stufe vor. Nun endlich kann man beginnen, sein „wahres Selbst" zu finden und das vollkommene Wesen zu werden, das man schon immer sein wollte.

Unten: Dieses persische Gemälde aus dem 16. Jahrhundert zeigt den Propheten Mohammed auf seiner Reise durch die sieben Himmelreiche. Die Vorstellung, daß das Leben im Jenseits einen Entwicklungsprozeß darstellt, bei dem die Seele vor der endgültigen Erleuchtung verschiedene Bewußtseinsebenen durchläuft, findet sich in vielen Religionen.

„WENN ICH [WILLIAM STEAD] DARAN DENKE, WELCHE VORSTELLUNGEN ICH MIR SEINERZEIT VON DEM DASEIN GEMACHT HATTE, DAS ICH NUN FÜHRE, BIN ICH BESTÜRZT, WIE WENIG ES DAMIT ZU TUN HAT. DIE REALITÄT IST VIEL, VIEL ERHÖHTER, ALS ICH SIE MIR JEMALS ERTRÄUMT HATTE."

Estelle Stead, My Father (Mein Vater)

Zum Leben eines jeden Menschen gehört der Tod. Aber nur wenige Menschen machen sich über diese unanzweifelbare Gewißheit Gedanken oder bereiten sich gar auf den Tod vor.

Was erwartet uns nach dem Tode? Das endlose Nichts? Die ewige Glückseligkeit – das immerwährende Leben? Oder eine unbestimmte, nichtmaterielle Existenz? Für Atheisten und Materialisten ist das Leben ein rein biologischer Ablauf – wenn der Körper stirbt, vergeht auch die Persönlichkeit. Sie verneinen ein Leben nach dem Tode.

Rationalisten weisen häufig darauf hin, daß der Glaube an ein Weiterleben nach dem Tode lediglich die menschliche Furcht vor dem Sterben und die Angst vor dem Vergessenwerden widerspiegelt. Im Verlauf der Geschichte wurde das Undenkbare von den Menschen entweder tabuisiert oder mit Ritualen und naivem Optimismus umgeben. Materialisten bezeichnen ein solches Verhalten als feige: Jeder vernünftige Mensch müsse zugeben, daß die einzige wirklich sichere Tatsache in diesem Leben die ist, daß wir alle einmal sterben werden. Man muß lernen, diese Tatsache zu akzeptieren und das Leben mit dem Tod als beendet anzusehen.

Nahezu alle Religionen verkünden jedoch, daß wir den physischen Tod in der einen oder anderen Form überleben. Wenn die Materialisten recht haben, erübrigt sich jedes weitere Hinterfragen. Sollte jedoch stimmen, was die Religionen verbreiten, obliegt es jedem einzelnen, sich beizeiten um seine Erlösung zu kümmern. Jeglicher Glaube an ein Leben nach dem Tode beruht auf einer höchsteigenen Überzeugung, und erst im Moment des Todes werden wir vielleicht erfahren, ob sie sich bewahrheitet.

Wenn nun aber keines dieser starren Konzepte zutrifft? Was wäre, wenn irgendein „Etwas" – eine Art

WAS PASSIERT NACH DEM TODE?

***Unten:** In seinem Gemälde* **The Plains of Heaven** *(Die Himmelsebenen) vermittelt der englische Maler John Martin eine Vorstellung vom Leben nach dem Tode, in dem sich die Seelen der Erlösten in einer wildromantischen Landschaft wiederfinden, wie sie die Dichter des Viktorianischen Zeitalters geschildert haben. Die Engel im Zentrum des Bildes, einige von ihnen mit Flügeln, spielen auf der Harfe.*

Links außen: Bei diesem Gebäude handelt es sich um eine Nachbildung des historischen Hauses der Fox-Familie. Es steht in Hydesville im Staat New York – dem Geburtsort der spiritistischen Bewegung.

Links: Die seltsamen Klopfzeichen und Tischbewegungen, die in Anwesenheit der Fox-Schwestern eintraten, bedeuteten für viele Menschen den langersehnten Beweis für Mitteilungen aus dem Jenseits.

Lebensfunke oder eine Spur der menschlichen Persönlichkeit – nach dem Tode weiterbestehen und in eine neue Existenzform übergehen würde? Nicht als Belohnung oder Strafe, sondern einfach einem Naturgesetz folgend? Eine Reihe von Parapsychologen sind heute der Ansicht, daß die vielen bisher vorliegenden Hinweise darauf hindeuten, daß nach dem Tode ein Teil der Persönlichkeit weiterbesteht, wenn auch nicht unbedingt für unbegrenzt lange. Bevor dieses „Etwas" irgendwann später vielleicht für immer ausgelöscht wird, bestehen Erinnerungsfragmente und Wesensmerkmale eines Menschen noch eine Weile fort. Dieses Weiterbestehen von Teilen der Persönlichkeit des Verstorbenen ermöglicht den Hinterbliebenen, ihn zu erkennen.

Eine der Hauptätigkeiten der 1882 in London gegründeten „Society for Psychical Research" (SPR – Gesellschaft für parapsychologische Forschung) ist die objektive Analyse der angeblichen Nachweise dieser Theorie. Diese Gesellschaft wäre wohl kaum ins Leben gerufen worden, wenn sich nicht einige Jahrzehnte zuvor bestimmte Vorfälle ereignet hätten. Diese sind ihrerseits eng verknüpft mit der Emanzipation des Denkens, die mit der Renaissance eingesetzt hatte.

In den vergangenen Jahrhunderten machte die Wissenschaft ununterbrochen Fortschritte. Durch die neuen Erkenntnisse wurde die materialistische Position gefestigt, und spätestens ab der Mitte des 19. Jahrhunderts galt ein „rational denkender Mensch" allgemein als jemand, der sich von den Fesseln des Aberglaubens befreit hatte. Fromm-religiöse Menschen fühlten sich dadurch angegriffen und verschlossen sich geflissentlich gegenüber allem, was ihrem Glauben widersprach. Groteskerweise nahmen sie damit genau dieselbe Haltung ein, die selbst heute noch viele Wissenschaftler gewissen paranormalen Vorfällen gegenüber an den Tag legen, trotz der überwältigenden Faktenfülle.

Angesichts dieser rational geprägten Denkhaltung war man intensiv auf der Suche nach einem Glauben, der sich „beweisen" ließ. Als im Haus der Fox-Familie in Hydesville (New York) 1848 Poltergeister umgingen, erregte dies in der Öffentlichkeit enormes Aufsehen. Nun endlich ließ sich „beweisen", daß der Geist den leiblichen Tod überleben kann und die Materialisten mit ihren trostlosen Aussichten im Unrecht waren. Dies war die Geburtsstunde des Spiritismus, einer bedeutenden Bewegung in der modernen westlichen Welt.

Die Spiritisten glauben an ein Leben nach dem Tode. In vielen Séancen der Spiritisten sollen Geister schwere Tische bewegt, auf Musikinstrumenten gespielt und Objekte herbeigeschafft haben; sollen sich verstorbene Angehörige und Freunde mit ihren eigenen Stimmen über Ereignisse unterhalten haben, die nur ihnen oder einem Séance-Mitglied bekannt sein konnten, und manchmal seien sie sogar in materieller Form wie leibhaftig erschienen. Die zeitgenössische Wissenschaft weigerte sich, derlei Phänomene zu untersuchen, während Spiritisten wie fundamentalistische Christen sich in den einfachen Glauben flüchteten, daß Erscheinungen dieser Art ein Machwerk des Teufels darstellten – wenn sie dabei auch nicht gerade vereint marschierten.

Objektive Untersuchungen

In dieser von gegensätzlichen Meinungen aufgeladenen Atmosphäre wurde das SPR ins Leben gerufen. Zu den Gründungsmitgliedern zählte eine Gruppe englischer Intellektueller, die die festgefahrenen Positionen der „Gläubigen" und der „Skeptiker" leid hatten und meinten, es wäre endlich an der Zeit, diese umstrittenen Phänomene einmal unvoreingenommen unter die Lupe zu nehmen. Die seither von der „SPR" und ähnlichen Institutionen in anderen Ländern zusammengetragenen Informationen liefern jedem, den die Frage quält, was wohl nach dem Tode geschieht, ernstzunehmende Anhaltspunkte.

Das enorm umfangreiche, seit 1882 gesammelte Material kann in folgende Teilbereiche untergliedert werden: Phantasmen, mediale Kommunikation, Kreuz-Korrespondenz, Kommunikation durch unsichtbare Dritte. „Willkommens"-Trugbilder von Sterbenden, Erlebnisse von „klinisch toten" Patienten, exsomatische Erfahrungen (Verlassen des eigenen Körpers), Tests mit Codewörtern und Zahlenkombinationsschlössern, Erscheinungspakte, Reinkarnations-Nachweise und schließlich elektro-

Links: In dem Gemälde **Die Schätze des Satans** *des französischen Symbolisten Jean Delville (spätes 19. Jahrhundert) wird der Satan als feuerrotes Flammenwesen dargestellt – die Farbe Rot symbolisiert seine wilden Begierden und sein feuriges Verlangen, durch die Erniedrigung des Fleisches unschuldige Seelen zu zerstören.*

Links unten: Nicht alle Kulturen begraben ihre Toten. In dieser Darstellung besucht ein indianischer Krieger die verwesten Leichname zweier Stammesbrüder, die auf einem speziell zu diesem Zweck ausgesuchten Hügel den Raubvögeln preisgegeben wurden. Nach indianischem Glauben gingen auf diese Weise die Seelen der Verstorbenen in die sogenannten ewigen Jagdgründe ein.

nische Stimmphänomene. Die erste große Untersuchung der „SPR" war eine großangelegte Fragebogenaktion zum Thema „Halluzinationen". Von den 17.000 eingegangenen Antworten blieben – nachdem alle nur denkbaren Erklärungsmöglichkeiten ausgeschöpft waren – etwa acht Prozent übrig, die wahre Erscheinungen schilderten. Diese Berichte wurden von führenden Mitgliedern der „SPR" kritisch untersucht und die Ergebnisse in den Bänden *Apparitions of the Living* (Erscheinungen von Lebenden) und *Human Personality and its Survival* (Das Überleben der menschlichen Persönlichkeit) niedergelegt. In ersterem werden verschiedene Erscheinungen von Verstorbenen beschrieben, die bis zu zwölf Stunden nach deren Ableben auftraten. Die Forscher gehen davon aus, daß es sich hier möglicherweise um eine Form der Gedankenübertragung zwischen dem gerade Verstorbenen und seinen noch lebenden Angehörigen handelt, die sich vielleicht so lange verzögerte, bis die Bedingungen dafür „stimmten". Selbst dann lassen sich viele dieser Fälle nach wie vor als Nachweise für ein – zumindest vorübergehendes – Weiterleben nach dem Tode einstufen.

Die meisten Parapsychologen, die Phantasmen für erwiesen halten, sind sich darüber einig, daß die Übertragung von Gedanken, Gefühlen und Bildern in visueller wie auch akustischer Form – die man heute in den Bereich der außersinnlichen Wahrnehmungen (ASW) einreiht – eine besondere Fähigkeit des menschlichen Geistes darstellt. Dies scheint bestätigt zu werden durch Berichte von Personen, die behaupten, sie könnten sich kraft ihrer Gedanken außerhalb ihres Körpers versetzen und sich auf eine „Astralreise" zu Freunden begeben. Sie „sehen" dabei nicht nur die Zimmer, in die sie sich „hineindenken", sondern können beispielsweise auch Veränderungen in den Räumen beschreiben, von denen sie bewußt nichts gewußt haben können. Oftmals werden sie bei diesen „Besuchen" auch von ihren Freunden selbst wahrgenommen oder von zufällig anwesenden Fremden bis ins Detail beschrieben.

Etwa sechs bis sieben Prozent der im Rahmen der „SPR"-Umfrage ermittelten Phänomene ereigneten sich jedoch erst so lange Zeit nach dem Tod, daß sie nicht mehr als verzögerte telepathische Kommunikation erklärbar sind. Diese kleine Zahl von Fällen blieb übrig, nachdem man alle denkbaren Erklärungsmöglichkeiten – Trickserei, Übertreibung, verwechselte Identitäten, Träume und so weiter – in Erwägung gezogen und verworfen hatte.

Interessanterweise wiesen alle Fälle, die als echte Erscheinungen oder Trugbilder von Toten klassifiziert wurden, bestimmte Gemeinsamkeiten auf. In vielen Fällen gab die Erscheinung Informationen preis, die dem Empfänger bis dahin nicht bekannt waren. In anderen Fällen schien sie einen ganz bestimmten Zweck zu verfolgen, und in wieder anderen Fällen war die Erscheinung dem Empfänger zunächst unbekannt, bis er den Betreffenden später auf einem Porträt oder auf einer Fotografie wiedererkannte. Oftmals erblickten auch zwei Menschen unabhängig voneinander zum selben Zeitpunkt dieselbe Erscheinung.

Über den Tod hinaus

Viele Parapsychologen sind der Auffassung, daß nur diejenigen Fälle, in denen die Toten aus einem be-

Stimme eines Chinesen angenommen. Durch den Sensitiven kann der Geist angeblich noch weitere Geister herbeirufen, die anhand ihrer Stimme, einer bestimmten Gestik oder aufgrund von Informationen identifizierbar sind. Sensitive verfügen häufig über beeindruckende Fähigkeiten wie Hellhören, Hellsehen und andere Formen der außersinnlichen Wahrnehmung. Oft leiten sie während einer Sitzung Botschaften mittels einer Planchette (Schreibbrett) und über automatisches Schreiben weiter.

In unmittelbarer Nähe von einigen Sensitiven kann ein Zuhörer direkt, das heißt ohne selbst in Trance zu sein, Stimmen vernehmen, und zwar Stimmen beiderlei Geschlechts, vielfältigster Färbung und mit unterschiedlichen regionalen Akzenten – manchmal sogar in Fremdsprachen.

Die Kommunikation mit solchen Erscheinungen verläuft sehr unterschiedlich; vieles ist schlichtweg trivial und überraschend „diesseitig". In den Anfängen des Spiritismus wurde oft darüber gespottet, daß die Geister sich im Jenseits anscheinend im Rauchen und Whiskytrinken ergehen. Diese irdischen Gelüste stimmen aber mit den Lehren einiger östlicher Religionen überein, die besagen, daß man sich unmittelbar nach dem Tode in einem illusionären Stadium befindet, in dem das Ego in all dem schwelgt, was es sich zu Lebzeiten gewünscht hat und sich nicht erfüllen konnte.

Andere Botschaften wiederum sind höchst ethischer und literarischer Natur. Bittet man die Geister jedoch um Auskunft darüber, was uns nach dem Tode konkret erwartet, wird meistens erwidert (wohl nicht ganz zu Unrecht), daß sich die spirituelle Exi-

stimmten Grund nochmals erscheinen, als Beweise für ein – wenn vermutlich auch nur kurzzeitiges – Weiter„leben" nach dem Tode herangezogen werden können. Es wäre auch denkbar, daß der Wunsch des Sterbenden, den Lebenden noch etwas Wichtiges mitzuteilen, so stark ist, daß er so lange über den Tod hinaus andauert, bis der Wunsch erfüllt ist: Dann endlich kann auch der Tote Ruhe finden.

Seit Beginn der Arbeit der „Society for Psychical Research" wurden die Hinweise für ein angebliches Weiterleben nach dem Tode genauestens dokumentiert und untersucht. Einige Wissenschaftler glaubten daran, daß wir nach unserem Ableben weiter existieren, andere nicht. Sicher ist jedoch, daß kein einziger Forscher, der sich mit dieser Thematik beschäftigt hat, rein aufgrund solcher Erscheinungen davon überzeugt war, daß es ein Weiterleben nach dem Tode gibt.

Neben der Untersuchung von Phantasmen widmete sich die „SPR" auch den Aktivitäten von Medien oder, wie sie treffender bezeichnet werden, von Sensitiven. Diese Menschen – in der Mehrzahl Frauen – verfügen über ungewöhnliche parapsychische Fähigkeiten, die auf verschiedenste Weise zum Ausdruck kommen. Je nach der individuellen Begabung unterscheidet man in der Regel zwischen „paragnostischen" und „physikalischen" Sensitiven.

Ein paragnostisch veranlagter Sensitiver vermag sich in Trancezustand zu versetzen, in dem ein „Geistwesen" oder ein „geistiger Führer" durch sie oder ihn spricht, oftmals mit einer völlig anderen Stimme. Manchmal verändert sich auch das Aussehen des Sensitiven – so hat einmal eine europäische Frau vorübergehend Gesichtszüge und

***Oben:** Die Verbrennung einer Wikinger-Galeere bildet den Höhepunkt des alljährlich stattfindenden Up-Helly-Festivals in Lerwick auf den Shetlandinseln. Die Einäscherungen der alten Wikinger waren spektakuläre Ereignisse: Die Verstorbenen wurden in ein Grabschiff gebettet, das angezündet und dann aufs Meer hinausgeschickt wurde. Für die Trauernden am Ufer muß sich diese Reise in den Walhall (den Himmel der Wikinger) sehr real und nachvollziehbar dargestellt haben. **Rechts:** Häuptlingsbegräbnis bei den peruanischen Inkas. Die Zeremonie steht der irdischen Existenz des Verstorbenen an Pomp und Aufwand in nichts nach. Wie viele andere heidnische Völker gaben die Inkas ihren Verstorbenen Schätze, Nahrung und Waffen mit ins Grab, damit sie im Jenseits genauso gut ausgestattet waren, wie sie es zu ihren Lebzeiten gewohnt waren. Für andere Völker hingegen, zum Beispiel die Balinesen (auf der gegenüberliegenden Seite rechts oben vor einem pagodenförmigen Krematoriumsturm), sind solche Besitztümer für das Leben nach dem Tode unwichtig.*

Oben links: Sehr beliebt in Séancen zu Edwardianischen Zeiten waren Paraffinwachsabgüsse von den Händen materialisierter Geister. Die Hände lösten sich angeblich nach einiger Zeit in Nichts auf und hinterließen eine unversehrte Wachshülle. Harry Houdini, der berühmte Entfesselungskünstler und der Schrecken betrügerischer Medien, konnte jedoch beweisen, daß dahinter nichts als ein simpler Trick steckte.

stenz nicht beschreiben ließe. Zuweilen zeigt sich der eine oder andere Geist allerdings gesprächiger, und solche Botschaften vermitteln uns ein Bild vom Leben nach dem Tode, das in geradezu unheimlicher Weise mit den Aussagen anderer Geister übereinstimmt.

In Gegenwart sogenannter „physikalischer" Medien ereignen sich – mit oder ohne Trance – häufig psychokinetische Vorfälle, zum Beispiel können laute Klopfzeichen (Raps) zu vernehmen sein. Manchmal scheinen diese Laute Sinn zu geben, als wollten sie eine Botschaft übermitteln. Häufige Erscheinungen sind auch Telekinese (wobei feste Objekte von Geisterhand bewegt werden), Levitation des Sensitiven selbst oder anderer Gegenstände und Materialisationen von Geistererscheinungen. Auch musikalische Phänomene sind nicht selten, wobei ein Instrument, ohne berührt zu werden, plötzlich anfängt zu erklingen.

Leider haben sich in der kurzen Geschichte des Spiritismus viele Phänomene als Betrug herausgestellt, aber es gibt nach wie vor überwältigend viele Fälle, die sich jeglicher „rationalen" Erklärung entziehen. Unzählige Tests wurden durchgeführt, um eventuelle Betrüger zu entlarven. Bei einem solcher Tests wurde für eine Séance eine Schale mit geschmolzenem Wachs bereitgestellt. Ein materialisierter Geist tauchte seine Hand hinein, woraufhin das Wachs rasch erstarrte. Anschließend löste sich die Hand wieder in Nichts auf, ließ aber einen unversehrten Wachsabdruck zurück. Für die verblüfften Zeugen war das ein sicherer Beweis dafür, daß nicht alles Bluff ist und daß mit dem Tod eben doch nicht alles endet.

Der Tod, ein Traum?

Beweise für ein – wie auch immer geartetes – Leben nach dem Tode wurden bisher nicht gefunden. Trotzdem glauben fast alle Menschen hartnäckig an ein Leben „danach“. Ist dieser Glaube tatsächlich begründet?

Geht das Dasein wirklich „ohne ein Finale ins Nichts“, wie der deutsche Philosoph Friedrich Nietzsche es formuliert hat? Oder wird die vom Leben eingekerkerte Seele durch den Tod endlich erlöst, um mit ihrem Auszug aus dem sterblichen Leib in die Ewigkeit einzugehen? So sah es Platon, und so lehrt es auch das Christentum. Ist der Tod das Ende, oder ist er ein Neubeginn? Zwei Behauptungen stehen sich gegenüber, nichts scheint sie zu verbinden. Wie bei vielen existentiellen Fragen gibt es keinen goldenen Mittelweg. Und es gibt kein sicheres Wissen. Die Angst vor dem Tod und dem ungewissen Danach gehört untrennbar zur Existenz des Menschen.

Daß der Körper, also die materielle Existenz, stirbt, wird niemand bezweifeln wollen. Und doch gibt es auch in unserem Körper etwas Unsterbliches – es sind die Gene, die wir unseren Kindern weitervererben, und es ist unser Leichnam, der sich wieder in den Kreislauf der Natur eingliedert. Wenn wir vom unendlich langen Bestehen der Erde ausgehen, dann ist der Tod eine eher junge Erscheinung; denn niedrig organisierte Lebewesen, die sich nicht geschlechtlich, sondern durch Teilung fortpflanzen, haben theoretisch das ewige Leben.

Der Mensch kann sich das Nichts nicht vorstel-

Unten: Ahnenskulpturen auf der indonesischen Insel Sulawesi (Celebes).
Rechts: In Höhlen oberhalb ihrer Felder haben die Inselbewohner diese Totenbilder aufgestellt. Sie glauben, daß die Geister der Vorfahren dort weiterleben und eine gute Ernte bewirken können.

len, es steht jenseits seiner Phantasie. Lehnt er deshalb den Tod als „Finale ins Nichts" so vehement ab? Tatsächlich glauben ja die meisten Menschen an ein irgendwie geartetes Leben nach dem Tode. Die Religionen haben diesen vagen Vorstellungen eine Form gegeben. Sei es das schattenhafte Dasein in der Unterwelt, die Wiedergeburt oder Reinkarnation in dieser Welt, Himmel, Hölle und Fegefeuer der Christenheit, wo der allmächtige Richter-Gott die Ungerechtigkeiten dieser Welt ausgleicht. Oder ist der Tod ein Traum?

Wenn es ein Leben nach dem Tod gibt, dann werden wir es ohne die sterbliche Hülle führen müssen, die wir als unseren Körper bezeichnen. Wie können wir uns eine solche Existenz vorstellen?

Eine Antwort auf diese Frage finden wir vielleicht im Traum. Wenn wir träumen, sind wir höchst aktiv; wir sehen und hören Dinge, sprechen mit Menschen und bewegen uns, wir denken, und wir haben Gefühle. Währenddessen liegt unser Körper im Bett und schläft. Wenn wir träumen, verfügen wir also ganz offensichtlich über zwei Körper: der eine, der ruhig im Bett liegt, und der andere, der im Traum lebt und erlebt. Wir könnten ihn als „Traumkörper" bezeichnen. Dieser Traumkörper wird, wie unser physischer Körper im Wachzustand, innerhalb des Traums als gegeben hingenommen, er erscheint uns real. Auch wenn er vielleicht gar nicht in unsere gegenwärtige Lebensphase paßt – wir träumen uns als Kind, obwohl wir alt sind; wir träumen uns als Gesunder, obwohl wir krank sind. Meist merken wir erst beim Aufwachen, daß wir geträumt haben und daß die Traumwelt nicht unserer physisch-realen Welt entspricht.

Vielleicht können wir uns den Tod als Traum vorstellen, als einen unendlichen Traum, aus dem es kein Erwachen gibt. Denn der physische Körper, in den wir zurückkehren könnten, existiert nicht mehr. In einem solchen Zustand des Todes würden der Traumkörper und auch die von uns erlebte Traumwelt als real erscheinen, obwohl sie nicht physischer Natur sind – genausowenig, wie unsere gewöhnlichen Träume physisch sind.

Manchmal haben wir Hellträume, dann erkennen wir, beispielsweise während eines Alptraums, daß die erlebten Ereignisse nur ein Traum sind. Manche Menschen haben ziemlich regelmäßig Hellträume und erforschen sie bewußt. Tatsächlich stellen sie fest, daß die Welt, die sie in den Hellträumen erleben, meist realistischer und logischer ist als in den üblichen Träumen und sich manchmal kaum von der alltäglich im Wachzustand erlebten Welt unterscheidet. Und dennoch sind es Träume, d. h., sie setzen sich über die Zwänge der Realität hinweg, sei es, daß die Naturgesetze aufgehoben sind oder die Grenzen, die andere Menschen unseren Wünschen setzen. In Hellträumen kann es vorkommen, daß man seinem eigenen Schlafzimmer einen Besuch abstattet und sich selbst schlafend im Bett vorfindet. Dabei scheint sich das Bewußtsein des Traumkörpers direkt und ausdrücklich als vom physischen Körper getrennt zu empfinden.

***Oben:** Eine altägyptische Nekropole (Totenstadt) vor den Toten Kairos. Höchst unterschiedlich sind die Totenkulte und Bestattungsrituale, die menschliche Gesellschaften im Laufe der Geschichte entwickelt haben. Und doch ist ihnen eines gemeinsam: der Glaube an ein Leben nach dem Tod.*

***Ganz oben:** Grabbeigaben sollen das Leben des Toten im Jenseits erleichtern. Hier ein Füllhorn mit wertvoller persönlicher Habe des Toten aus einem Wikingergrab.*

Sterbeerlebnisse

Das Faszinierende an solchen Erfahrungen im Helltraum ist, daß sie eine erstaunliche Ähnlichkeit mit den außerkörperlichen Erfahrungen aufweisen, die in der Kindheit relativ häufig sind und bei Erwachsenen unter außergewöhnlicher Belastung auftreten können, etwa bei schwerer Krankheit. Manche Menschen haben die Fähigkeit entwickelt, außerkörperliche Erfahrungen (wie auch Hellträume) mehr oder weniger willentlich herbeizuführen. Tatsächlich beobachten Menschen, die sowohl Hellträume als auch außerkörperliche Erfahrungen haben, daß beides fast identisch ist. Das scheint darauf hinzuweisen, daß das in den Träumen erlebte Bewußtseinszentrum – der Traumkörper – und das bei der Astralprojektion vom physischen Körper gelöste Bewußtseinszentrum den gleichen Ursprung haben.

Derartige Erlebnisse könnten in der Tat auf die

Art der Existenz nach dem physischen Tod hinweisen. Mehrere Menschen, die kurz vor dem Sterben standen, haben beschrieben, wie sie sich außerhalb ihres eigenen Körpers wiederfanden – beispielsweise von oben auf ihn herabsahen. Denselben außerkörperlichen Zustand, in dem das Bewußtseinszentrum vom physischen Körper getrennt ist, kennen viele von uns aus ihren Hellträumen. Es gibt keinen logischen Grund dafür, warum dieses „andere" Bewußtseinszentrum nicht auch nach dem Tod und vom Körper losgelöst weiterleben sollte, selbst nachdem die körperliche Hülle verwest ist. Leider ist die Wissenschaft noch nicht in der Lage, das Wesen dieses außerkörperlichen Bewußtseinszentrums zu erkennen. Aber vielleicht müssen wir ganz einfach akzeptieren, daß nicht alles der wissenschaftlichen Erkenntnis zugänglich ist.

Angenommen, dies passiert, welches Leben wäre dann nach dem Tod möglich? Wieder ist es das individuelle Erleben der nichtkörperlichen Traumwelt, das uns weiterhilft. Die Art und der Inhalt unserer Träume werden von unseren Erinnerungen, Hoffnunge, Ängsten, Sehnsüchten und Überzeugungen bestimmt – kurzum von unserer ganzen Persönlichkeit, einschließlich des Unterbewußtseins. Es gibt durchaus Hinweise darauf, daß wir in Träumen empfänglicher sind als sonst für die telepathischen Einflüsse anderer sowie für präkognitive Visionen von der Zukunft. Genauso wie unsere Träume die Persönlichkeit widerspiegeln und von den Handlungen und Überzeugungen des Wachzustands bestimmt werden,

könnte die Welt, in die wir nach dem Tod eintreten, von dem geprägt sein, was wir zu Lebzeiten getan und geglaubt haben. Einige Menschen erfahren vielleicht eine traumartige Fortsetzung ihres irdischen Lebens. Andere erleben die fantastischsten Abenteuer. Wieder andere leiden unter sich ständig wiederholenden Alpträumen und sind in einer Art Hölle gefangen, die ihr eigenes Bewußtsein geschaffen hat. Oder sie finden sich in einer Art Paradies, das sie durch ihre eigenen Erwartungen herbeigerufen haben.

Aus dem Jenseits

Wenn die Vorstellungskraft das Leben nach dem Tod bestimmt, so muß das nicht heißen, daß es auf eine persönliche Phantasiewelt beschränkt sein wird, in der man nicht mit anderen kommunizieren kann. Obwohl aufgrund des Fehlens eines materiellen Körpers die Kommunikation über die Sinne ausgeschlossen ist, könnte es doch telepathische Kontakte geben – sowohl zwischen den Verstorbenen als auch zwischen den Toten und den Lebenden. Einige der von spiritistischen Medien mitgehörten Gespräche „von der anderen Seite“ könnten dazu zählen. Vorstellbar ist auch, daß das nichtsterbliche Bewußtsein wieder in einen materiellen Körper eintritt und dort gleichsam erneut in einer physischen Welt erwacht. Diese Übernahme des Körpers einer lebenden Person würde dem entsprechen, was man landläufig als „Besessenheit“ bezeichnet. Tritt das Bewußtsein eines toten Körpers jedoch in Verbindung mit einem Embryo oder einem Neugeborenen, wäre dies mit einem Vorgang gleichzusetzen, den viele religiöse Menschen als Reinkarnation ansehen. Darüber hinaus wäre es denkbar, daß das traumartige Bewußtsein nach dem Tod für geistige Einflüsse empfänglich wird, die sich dem menschlichen Verstand und seiner Vorstellungskraft entziehen. Wie in unserer Welt auch können diese Einflüsse zu einer Weiterentwicklung der Persönlichkeit und zu noch größerer Öffnung dem Leben des Geistes gegenüber führen.

Dies alles ist natürlich reine Spekulation. Wir können es erst erleben, wenn wir sterben. Doch selbst dann ist es unwahrscheinlich, daß wir einen objektiven Eindruck unabhängig von unseren Überzeugungen und Erwartungen erhalten. Denn das, was mit uns passiert, scheint aller Wahrscheinlichkeit nach von unserer eigenen Sicht des Lebens und des Todes abzuhängen. Insbesondere die Möglichkeit einer fortgesetzten geistigen Entwicklung hängt wohl davon ab, wie weit wir selbst dieser Möglichkeit aufgeschlossen gegenüberstehen. Wenn wir unser Bewußtsein allem Jenseitigen verschließen, verdammen wir uns möglicherweise selbst dazu, auf ewig Gefangene unserer Ängste zu sein.

Gegenüberliegende Seite oben: **Der Traum des Ossian,** *ein Gemälde von Jean Dominique Ingres (1780–1867), zeigt schattenhafte Krieger und Frauen, die durch die herrlichen Gesänge des Poeten Ossian aus der Unterwelt herbeigerufen wurden.*

Rechts: Das indische Gemälde aus dem 16. Jahrhundert von Ram Das zeigt den Großmogul Babur bei der Gesandtenaudienz in seinem paradiesischen Garten bei Agra. Womöglich ist die Welt, in die wir nach dem Tod eintreten, von unseren eigenen Erwartungen und Erlebnissen geprägt und stellt sich für manche von uns wie dieser anmutige Garten dar. Für andere mag das Leben im Jenseits dagegen die alptraumartige Fortsetzung ihrer irdischen Ängste und Beschränkungen sein. Möglicherweise gleicht es auch den Jenseitserwartungen der großen Religionen. Die Menschen haben die unterschiedlichsten Vorstellungen vom Leben nach dem Tode – vielleicht gestaltet es sich ja höchst individuell, so wie das irdische Leben.

Links: Auf diesem attischen Trinkgefäß (etwa 430 v. Chr.) ist Pluto, der Herrscher des Hades, mit seiner Gattin Persephone abgebildet. Nach der griechischen Mythologie hielt Pluto, ein Bruder des Zeus, Gericht über die Toten und bestimmte über das weitere Schicksal der Seelen.

Gegenüberliegende Seite unten: Giovanni Bellini (etwa 1430–1516), der bedeutendste Maler der venezianischen Frührenaissance, malte diese Allegorie des Fegefeuers. Im Zentrum steht die Erkenntnis, seitlich dahinter eine Gestalt mit dem Schwert, das Gerechtigkeit und Bestrafung symbolisiert.

> „DAS BEREITS VOR DEM TOD EXISTIERENDE BEWUSSTSEINS-ZENTRUM HÖRT NACH DEM TOD NICHT AUF ZU BESTEHEN UND … DAS ERLEBEN DIESES ZENTRUMS NACH DEM TOD BESITZT DIE GLEICHE STETIGKEIT WIE DAS ERLEBEN VOR DEM TOD, GLEICH DEM EINES MENSCHEN, DER EINE WEILE SCHLÄFT UND DANN WIEDER ERWACHT.“
>
> **W. R. Matthews, Psychical Research und Theology (Parapsychologische Forschung und Theologie)**

Die hinduistische Gottheit Vishnu wird zum zweiten Mal wiedergeboren – als Schildkröte. Im Osten ist der Glaube an die Seelenwanderung, die Reinkarnation als Mensch oder Tier, noch weit verbreitet. Nach dem angeblichen Beweismaterial aus dem Jenseits werden wir jedoch immer nur als Menschen wiedergeboren.

LEBEN NACH DEM TOD

Vermeintliche Mitteilungen aus dem Jenseits deuten darauf hin, daß die Toten ein bewegtes und sinnerfülltes Dasein führen, ja, in vieler Hinsicht sogar „lebendiger" sind als wir.

Wenn der Tod nicht die Persönlichkeit eines Menschen auslöscht, sondern eher den Beginn einer Art „Pilgerfahrt" darstellt, wie viele Parapsychologen behaupten, dann sollte man alles daransetzen, diese abenteuerliche Reise zu erforschen. Es heißt, der körperlose Geist begegne geliebten Menschen wieder, die vor ihm gestorben sind, und lebe dann zunächst im „Sommerland" oder im „Winterland", die beide der guten beziehungsweise schlechten gedanklichen Haltung des einzelnen entspringen. Sie bestehen jeweils auf der ideoplastischen Ebene und scheinen dazu zu dienen, den Menschen aus seinem irdischen Kontext zu lösen und in ihm die Sehnsucht nach höheren, geistigeren Fähigkeiten zu erwecken. Als erstes aber muß sich der Verstorbene dem Gericht und dem „zweiten Tod" unterziehen. Dabei erkennt er wie in einem Spiegel, wer er einmal war, und wird aller Illusionen über seine Person beraubt. Er erfährt, was er anderen Menschen zugefügt hat, indem er für einen Moment in ihre Haut schlüpfen muß.

Durch diese einerseits zerstörende, andererseits heilsame Erfahrung des „zweiten Todes" „verdient" sich der Geist den Eingang in den zweiten Himmel. Er entdeckt, daß er bei diesem traumatischen Prozeß lediglich sein äußeres Selbst verlor, das ihm auf Erden so wesentlich erschienen war. Diese Persönlichkeit (abgeleitet vom lateinischen persona – „Maske des Schauspielers") wird abgelegt, und er kommt als sein wirkliches „ungeteiltes Selbst" zum Vorschein.

Seelenverwandtschaft

Sinn des zweiten Himmels ist es offenbar, dem suchenden Geist die Möglichkeit zu Wachstum und Entwicklung zu geben. Dieser Prozeß läuft in einem Bereich ab, der in vielen Berichten „das große Schweigen" genannt wird. In dieser Phase löst sich die frühere Identität auf, und man empfindet ein Gefühl großen Friedens. Man weiß nicht mehr, wer oder wo man ist, doch wirkt diese Erfahrung keineswegs „erschreckend", sondern läßt sich etwa mit der Metamorphose einer Raupe zu einem Schmet-

Die meisten alten Kulturen glaubten an eine übernatürliche Gottheit, deren einzige Aufgabe es war, über die Toten zu herrschen. Teils Wächter, teils Richter wird sie meist als schreckenerregende Gestalt dargestellt, etwa als Yamantaka, der tibetische Herr der Toten (oben), oder Mictlantecuhtli (rechts), ein Gott der Totonaken im alten Mexiko.

Unten: Die neunte Hölle, wie sie Dantes Inferno beschreibt, in einer Illustration von Gustave Doré. In dieser kargen, eisigen Öde ist die verdammte Seele auf ewig erstarrt, es sei denn, sie bekennt ihre Sünden den höheren Wesen, die sie aufsuchen.

terling vergleichen. An diesem Punkt verliert der Geist den Kontakt mit allen Menschen, die er zu Lebzeiten kannte. Dies ist nur eine Durchgangsphase, doch sie scheint für ihn unabdingbar zu sein, um alle Energien auf die neue, unermeßlich weitere Welt zu konzentrieren, der er nun gegenübersteht. Hier finden äußerst bedeutungsvolle Begegnungen mit anderen statt. Männern wie Frauen, zu denen er eine tiefe geistige Verbindung und eine enge Vertrautheit empfindet. Wie es heißt, gleicht dies einem Wiedersehen mit alten Freunden, mit denen man wichtige Erfahrungen teilt. Die Geister auf dieser Ebene sind in der Tat alte Freunde, doch aus Beziehungen, die im Laufe vieler Leben entstanden. Diese Tatsache ist sehr wichtig, um das Wesen des Lebens nach dem Tode zu verstehen. Mit diesen Freunden aus früheren Zeiten lebt der Geist alte Erinnerungen erneut durch, zu denen seine unmittelbar vergangene Persönlichkeit keinen Zugang hatte. Zusammen wiederholen sie gemeinsame vergangene Erlebnisse, und dabei erkennen sie allmählich, daß ein klares Ziel und eine Bedeutung aus den scheinbar unvereinbaren und bruchstückhaften Persönlichkeiten erwachsen, die sie in der Vergangenheit im Verlaufe zahlreicher Wiedergeburten angenommen hatten.

Hier erkennen sie, daß ihre Leben keineswegs zufällig sind, sondern Teil eines sinnvollen Ganzen, das noch vollendet werden muß. Jedes Leben ist ein Schritt zur Erkenntnis des sogenannten „Kausalkörpers" und ein steter Annäherungsprozeß. Dieser „Kausalkörper" birgt in sich die Samen aller früheren Leben, aber auch Hinweise darauf, was in zukünftigen Inkarnationen kommen wird. Der zweite Himmel ist Rückblick und Vorausschau zugleich – eine Ebene der Einsicht in Vergangenheit wie Zukunft. Die verstorbene anglikanische Nonne Frances Banks soll aus dem Jenseits mitgeteilt haben: „Dies ist die erste Stufe auf einer Reise ins Licht, bei der die überlebende Wesenheit langsam mit der ganzen Seele wiedervereint wird." Nun sieht man sein früheres Erdenleben aus der richtigen Perspektive – als winzigen Bruchteil eines weitaus umfassenderen Plans. Laut dieser Theorie ist das vergangene Leben nur das jüngste Kapitel eines dikken Buches, dessen Handlung viele irdische Jahrhunderte umfassen kann. Sobald der Geist das Panorama seiner Leben zu überschauen beginnt, erkennt er unweigerlich, daß vieles in seinem letzten Leben die direkte Folge seines Handelns in anderen, früheren Inkarnationen war.

Die meisten Giester durchleben angeblich zahlreiche Inkarnationen, denn nahezu jeder bedarf vieler Schicksale, um alle notwendigen Lektionen zu erlernen. Im Laufe der Jahrhunderte bieten sich jedem sämtliche Möglichkeiten. Nicht alle werden gleich schnell Erfahrungen verwerten, aber es gibt viele Gelegenheiten, Irrtümer auszugleichen und Chancen erneut wahrzunehmen. Wie Frances Banks sagte: „Noch ist es eine Fortsetzung, eine Abfolge, die eindeutig ein roter Faden durchzieht."

Diese Bereicherung der Seele durch die Enthüllung der Vergangenheit ist die erste Stufe in dem Prozeß der Neubewertung, der sich im zweiten Himmel vollzieht. Es folgen zwei weitere, ebenso bedeutsame Stufen.

Die erste umfaßt Ratschläge weiserer Wesen

Die Waage und das Schwert, die die Statue über Old Bailey, dem obersten Strafgerichtshof Großbritanniens, trägt, symbolisieren die beiden Aspekte der Gerechtigkeit: Gnade und Strafe. Doch laut einer Theorie findet sich absolute Gerechtigkeit nur im Jenseits, wo die wahren Beweggründe aufgedeckt werden. Während der Urteilsfindung erleidet die Seele den Schmerz und die Demütigung, die sie einst anderen zufügte, doch auch die guten Taten werden erneut durchlebt und belohnt.

„WENN DIESE BEHAUPTUNGEN ÜBER DIE BEDINGUNGEN EINES LEBENS NACH DEM TOD – UND DAMIT ÜBER DEN SINN DES LEBENS SELBST – STIMMEN, DANN KÖNNEN WIR UNSER INDIVIDUELLES LEBEN AUF ERDEN IN DIE RICHTIGE PERSPEKTIVE BRINGEN UND ALS TEIL EINES WEITAUS GRÖSSEREN PLANS ERKENNEN."

über den Umgang mit dem künftigen Erdenleben. Die zweite Stufe erhellt die wahre Natur der Beziehungen des Geistes mit seinen Mitmenschen, den „alten Freunden", mit denen er gerade wiedervereint wurde. Nun erkennt er, daß sie bis in alle Ewigkeit miteinander verbunden sind durch das gleiche, übergeordnete Ziel. Gemeinsam bilden sie einen Teil einer sehr wichtigen Einheit, die als Gruppenseele bekannt ist. Man sagt, das Zusammensein mit den Gruppenmitgliedern verleihe ein tiefes Gefühl geistiger Heimkehr.

Irdische Familienmitglieder mögen sich geistig nahestehen oder einfach nur genetisch verwandt, also auf jeder höheren Ebene praktisch Freunde sein. Ihre spirituelle „Familie" liegt anderswo. Solche Menschen gelten als die wahren Findelkinder unserer Welt. Doch im Leben nach dem Tode gibt es keine derart zufälligen oder losen Bande; die Gruppenseele umfaßt nur Einzelseelen, die ganz in ihrer spezifischen langfristigen spirituellen Aufgabe aufgehen.

Das Leben geht weiter

Wenn diese Behauptungen über die Bedingungen eines Lebens nach dem Tode – und damit über den Sinn des Lebens selbst – stimmen, dann können wir unser individuelles Leben auf Erden in die richtige Perspektive bringen und als Teil eines weitaus größeren Plans erkennen. Zwar scheinen diese Berichte im Grunde dem herkömmlichen christlichen Glauben an Fegefeuer, Hölle und Himmel zu entsprechen, doch die in etwa vergleichbaren Stadien stellen keine abschließende Strafe oder Belohnung für ein einziges Erdenleben dar, sondern Stadien einer kontinuierlichen Entwicklung. Jeder muß die Teile seines Selbst erlösen, die in selbsterschaffenen Fesseln liegen. Sogar im zweiten Himmel setzen sich die Prozesse der Selbstreinigung und des selbstlosen Dienens fort. Hier lernt der Geist, daß es weitere Stufen der Glückseligkeit gibt, die er aber noch nicht vollziehen kann.

Daraus wird ersichtlich, daß das Leben auf Erden und das Leben zwischen den Inkarnationen lediglich unterschiedliche Gelegenheiten darstellen, „erwachsen zu werden". Jeder Geist erlebt abwechselnd Phasen harter Arbeit und Erholung; und obwohl das Leben im Jenseits angenehmer sein soll als auf Erden, so ist die Arbeit doch ebenso anstren-

DER MANN, DER KÖNIG BLEIBEN WOLLTE

Den Tod nennt man auch den „großen Gleichmacher", und nirgends kommt dieser Aspekt deutlicher zum Ausdruck als in *A Tudor Story* (Eine Tudor-Geschichte) von dem 1960 verstorbenen Kanoniker W. S. Pakenham-Walsh. Darin berichtet er, wie er über mehrere Medien Kontakt zu verschiedenen Mitgliedern des Hauses Tudor aufnahm. Pakenham-Walsh erkannte seine spirituelle Hauptmission darin, Heinrich VIII. zu helfen, einer zornigen, verlorenen Seele. Er klammerte sich kläglich an eine Krone, die er nicht mehr besaß. Ein Medium mußte „Henry" daran erinnern, daß er nicht mehr König war. Er wurde wütend und erklärte: „Ich bin ein König. Ich trage königliche Geburt und königlichen Tod in meinen Händen ... Ein König vollbringt keine Taten, die er bedauert." Der Kanoniker rief unter anderem die „Geister" von Anne Boleyn und Elizabeth I. zu Hilfe, und er selbst betete für die Seele des Königs. Eine Zeitlang schwankte Heinrich zwischen Demut und Ausbrüchen königlicher Wut. Der Durchbruch kam, als er seinen Söhnen begegnen durfte – einschließlich des totgeborenen Babys, das nun erwachsen war. Heinrichs letzte Mitteilung lautete: „Wisset, daß Henry, einst König von England, wirklich Reue empfand."

Doch was geschieht, wenn es für einen Menschen auf der Erde kaum noch etwas zu lernen gibt? Die meisten Berichte stimmen darin überein, daß man dann eine Wahl treffen darf. Man kann den Sprung ins große Unbekannte wagen und diesen Planeten und seine Inkarnationen für immer hinter sich lassen, um woanders von neuem zu beginnen. Die Kommunikatoren drücken sich in diesem Punkt recht unklar aus, doch sie scheinen von einem neuen Kreislauf physischen Lebens auf einem anderen Planeten auszugehen. Nur wenige, so übermittelt F. W. H. Myers aus dem Jenseits, sind stark genug, um die erste Gelegenheit zum Abschied wahrzunehmen. Die meisten Geister ziehen es vor, zu warten und, wenn nötig, anderen zu helfen, selbst wenn dies bedeutet, erneut wiedergeboren zu werden. Eine Gruppenseele steigt erst dann zur nächsten Stufe auf, wenn jedes Mitglied dazu bereit ist.

gend. Jeder Geist muß großen Einsatz bringen, um einen dauerhaften Fortschritt zu erzielen, doch er steht nicht allein und darf Hilfe, Rat und Anregung erwarten, wie sie auf Erden unmöglich gewesen wären. Voller Mut und Erleuchtung kann das Individuum dann seiner eigenen höchsten Reife zustreben. Die Bestimmung jeder Seele ist angeblich nur dann erfüllt, wenn die der Gruppenseele vollendet ist, und dies kann Jahrtausende dauern. Es gibt viele Gruppenseelen, deren Mitgliederzahl von relativ wenigen bis zu Hunderten variiert. Häufig spiegelt der innere Drang eines Menschen auf Erden nur die Suche nach seiner Gruppenseele wider, seiner Form des Heiligen Grals. Jedem ist es freigestellt, vom vorgezeichneten Weg der Gruppenseele abzuweichen, doch die Anstöße seines eigenen inneren Wesens führen ihn schließlich auf ihn zurück.

Während seines Aufenthalts im zweiten Himmel kann der Geist durch diese „Neuinszenierung" seiner vergangenen Leben seine wahren Möglichkeiten erkennen und erfahren, welche Schritte er unternehmen sollte, um sie zu erfüllen. Gestärkt durch die Einsicht und die Liebe seiner Gefährten ist er nun zu einer noch größeren Erweiterung des Bewußtseins bereit, die im dritten Himmel stattfindet. Diese Erfahrung ist für viele Geister jedoch zu intensiv, um sie lange zu ertragen, doch sie steht ihnen genauso lange offen, wie sie sie verkraften können. Für uns nahezu unvorstellbar, berichten Kommunikatoren davon, daß ein Geist im dritten Himmel die Grenzen seines Bewußtseins erreicht. Ein kurzer Blick auf diese Ebene belehrt ihn, daß er nicht weiter in sie vordringen kann, als es seine Natur zuläßt. Angesichts solcher Beschränkungen bleibt ihm keine andere Wahl, als zur Erde zurückzukehren.

Andere Leben, andere Welten

Wenn diese nächste Inkarnation jedoch erfolgreich verläuft und er geistig gewachsen daraus hervorgeht, wird er erkennen, daß er weiter in den dritten Himmel vordringen kann. Dies wiederum ermöglicht ihm, größeren Gewinn aus dem darauffolgenden Erdenleben zu ziehen, denn im dritten Himmel offenbart sich die Aufgabe der Gruppenseele in dem Maße, wie sich das Bewußtsein der Einzelseelen erweitert.

Oben: Das Bild, das der australische Eingeborenenkünstler Bunia auf einem Stück Baumrinde einritzte, zeigt Aspekte des Lebens nach dem Tode.
Rechts: In einer Darstellung aus dem frühen 15. Jahrhundert empfängt der heilige Petrus drei Seelen an der Himmelspforte. Im traditionellen christlichen Glauben war der Einlaß in den Himmel selbst eine Art Urteilssprechung, obwohl der schreckliche Tag des Jüngsten Gerichts noch bevorstand.
Unten: Das Wandgemälde in Tepantitla, Mexiko, ist über 1000 Jahre alt. Man nimmt an, daß es das Paradies des Regengottes im Leben nach dem Tode darstellt.

Nur wenige Sensitive sind für ihre Leistungen auf den Gebieten der Kunst und der Wissenschaft so berühmt geworden wie der schwedische Gelehrte Emanuel Swedenborg.

SWEDENBORG – EIN UNGEWÖHNLICHER GELEHRTER

Unter den Gelehrten des 18. Jahrhunderts nimmt Emanuel Swedenborg (1688–1772) sicherlich eine Sonderstellung ein. Er war nicht nur Philosoph, Theologe, Sprachgelehrter (Swedenborg beherrschte neun Sprachen) und in den Naturwissenschaften überaus bewandert, sondern interessierte sich auch für die menschliche Psyche und die schönen Künste. Außerdem trat er als Erfinder von mindestens elf Apparaten hervor, denen lediglich die Technologie des 20. Jahrhunderts zur Vervollkommnung fehlte. Daneben beschäftigte er sich mit Gartenbau, Metallurgie und Bergbauwesen und galt als erfolgreicher Autor von Werken, die in 30 Sprachen übersetzt wurden. Und nicht zuletzt war Swedenborg ein überzeugender und überzeugter Sensitiver.

Swedenborgs Laufbahn als Naturwissenschaftler endete 1745 abrupt, als er den „Ruf" vernahm, Theologe zu werden. In den Naturwissenschaften gilt er jedoch auch heute noch als Pionier, der beispielsweise mit induktiven Methoden einige der Erkenntnisse der modernen Nuklearphysik vorwegnahm. Seine Theorien zur Funktionsweise des Gehirns konnten mit den uns heute zur Verfügung stehenden Mitteln bestätigt werden. Religiöse Themen interessierten ihn jedoch schon lange vor 1745, und ebenso kündigten mystische Erlebnisse seinen zukünftigen Weg an. Swedenborg hielt sich nicht für exzentrisch, wenn er nach dem Sitz der Seele in der „geistigen Flüssigkeit" suchte, die seiner Meinung nach aus der Essenz des Blutes bestand, und er schien sich selbst immer der Existenz seines Schutzengels bewußt gewesen zu sein.

Sein erstes überliefertes paranormales Erlebnis hatte er 1736. Eine tiefe Meditation führte zu einer längeren „Verzückung", die nach seinen Worten sein Gehirn befreite und ihm große Kräfte für die mentale Läuterung verlieh. Dieser Vorgang sollte sich noch mindestens einmal in seinem Leben wiederholen.

Im gleichen Jahr begann er, seine Träume aufzuzeichnen und zu deuten. Er erkannte eine Beziehung zwischen Objekten, die im Traum erschienen, und ihren Entsprechungen auf einer anderen Ebene. Licht beispielsweise repräsentierte Intelligenz, aufgehäufte Lumpen unanständige Gedanken und an einem Fenster vorbeimarschierende Soldaten Schutz vor Schaden. Das war der Anfang seiner „Wissenschaft der Korrespondenzen", die mit der poetischen Metaphorik verwandt war, jedoch noch darüber hinausging. Ein unveröffentlichtes Traumtagebuch aus dem Jahre 1744 beschreibt den Kampf zwischen Swedenborgs Bindung an wissenschaftliche Methoden und seinem wachsenden Interesse an spiritistischen Konzepten.

Im April 1744 kam es zu Swedenborgs erster paranormalen Krise. Im Bett hörte er ein Geräusch, das dem Brausen des Windes glich, ein Zittern erfaßte ihn, und eine unsichtbare Kraft warf ihn auf das Kissen zurück. Er spürte, wie eine Hand seine eigenen, zum Gebet gefalteten Hände drückte, und erblickte Jesus, mit dem er sich eine Weile unterhielt. Was sich im darauffolgenden Jahr ereignete, stellte den wich-

tigsten Wendepunkt seines Lebens dar. Eines Tages, nachdem er sein wie üblich überaus üppiges Mittagsmahl beendet hatte, verdunkelte sich plötzlich der Raum, und der fassungslose Swedenborg sah, daß es am Boden vor Schlangen und Fröschen wimmelte. Mit einem Mal erschien in einer Ecke des Zimmers ein Mann, der ihn mit dem Ruf „Iß nicht so viel!" erschreckte. Nach diesem Erlebnis lebte Swedenborg weitaus enthaltsamer. Eines Nachts tauchte der Mann unversehens wieder auf und sagte ihm, daß er Gott der Herr sei und Swedenborg auserwählt habe, der Menschheit den Sinn der Heiligen Schrift auszulegen, den ER ihm zu gegebener Zeit offenbaren werde. In dieser Nacht wurden Emanuel Swedenborg die Geisterwelt und Himmel und Hölle eröffnet. Von da an gab er die Beschäftigung mit weltlichen Dingen auf und widmete sich ausschließlich spirituellen Themen.

Von 1744 an verfaßte er diverse theologische Arbeiten, deren Höhepunkt 1771 in seiner großen Theologie über die wahre christliche Religion gipfelte. Seit 1745 behauptete er, in der Lage zu sein, zugleich in dieser und der Geisterwelt zu leben. Seinen ersten bewußten Kontakt mit Geistern beschrieb er als „eine Wahrnehmung dunkler Blicke" und das Gefühl, von ihnen umgeben zu sein. Später habe er beliebig oft Geister gesehen und mit ihnen geschwatzt, was ebenso leicht und natürlich wie eine Unterhaltung mit lebenden Menschen gewesen sei. So habe er aus erster Hand die Bedingungen des Lebens nach dem Tode kennengelernt. Die Geister selbst nannten ihn „den Merkwürdigen", da er das einzige menschliche Wesen sei, das simultan in beiden Welten leben könne. Er war ein einzigartiges Medium: Nicht die Geister betraten seine Welt, er trat in die Welt der Geister ein.

Gegenüberliegende Seite oben, Mitte und unten: Der schwedische Gelehrte Emanuel Swedenborg (1688–1772) war vielseitig begabt. So entwickelte er neue Methoden, um Metall in technischen Anlagen einzusetzen (Mitte und unten), und machte eine Vielzahl anderer Erfindungen, mit denen er als wißbegieriger und scharfsinniger Gelehrter in die Geschichte einging. Swedenborg gilt zudem als einer der überzeugtesten und überzeugendsten Sensitiven der Welt.

Swedenborg entwickelte vor allem auf dem Gebiet der Präkognition und Prophezeiung enorme Talente. Einmal sagte er den Tod eines gewissen Olofsohn für 16.45 Uhr des folgenden Tages voraus, und auf einer Schiffsreise bekundete er, daß das Schiff „heute in einer Woche um zwei Uhr" in Stockholm ankommen werde, ein Ankunftstermin, der die normale Reisedauer um einiges unterbot. Beide Prophezeiungen erfüllten sich exakt auf die Minute. Darüber hinaus fungierte Swedenborg als automatischer Schreiber und Medium mit „direkter Stimme", das von den Geistern Diktate aufnahm. Allerdings vernichtete er seine Protokolle anschließend, da seine Mission nur darin bestände, „die Dinge zu erzählen, die vom Gott Messias mittelbar [zur gegebenen Zeit] und unmittelbar strömten". Seine Gabe des Hellsehens wurde legendär. Bei einem gemeinsamen Mittagsmahl mit einem Mühlenbesitzer forderte er diesen plötzlich auf, unverzüglich zu seiner Mühle zurückzukehren. Dort stellte der Mann erstaunt fest, daß ein großes Stück Tuch Feuer gefangen hatte. Bei einer anderen Gelegenheit beschrieb Swedenborg einem gewissen Dr. Rosen, der abstritt, ein bestimmtes Buch zu besitzen, seinen exakten Verbleib in einem Regal auf Rosens Speicher, wo Swedenborg niemals zuvor gewesen war.

Am Sonnabend, dem 19. Juli 1759, befand sich Swedenborg zusammen mit 15 weiteren Gästen in William Castels Haus in Göteborg, das 385 Kilometer von Stockholm entfernt liegt. Um 18 Uhr verließ er die Gesellschaft für kurze Zeit und kam blaß und sehr erregt zurück. Er verkündete, daß in Stockholm ein großes Feuer wüte und das Haus eines Freundes zerstört und sein eigenes Haus gefährdet sei. Zwei Stunden später berichtete er, das Feuer sei drei Häuser vor seinem gelöscht worden.

Am folgenden Tag erzählte Swedenborg dem Interimsgouverneur, wie das Feuer ausgebrochen sei, wie lang es gewütet habe und wie es gelöscht worden sei. Ein Bote aus Stockholm kam am Montagabend und ein königlicher Kurier am Dienstag an: Beide bestätigten vollauf Swedenborgs Bericht.

Es gibt viele solcher Geschichten über Swedenborgs bemerkenswerte Kräfte. 1760 starb der holländische Botschafter in Stockholm, M. de Marteville. Ein Jahr später schickte ein Goldschmied dessen Witwe eine Rechnung über ein Silberservice, das er dem Botschafter verkauft hatte. Überzeugt, die Zahlung sei bereits erfolgt, bat Madame de Marteville Swedenborg, ihren toten Mann zu befragen. Wenige Tage später traf er den Botschafter in der Geisterwelt. Er verspach Swedenborg, daß er noch am gleichen Abend nach Hause gehen und danach suchen werde. Nur acht Tage nach Madame de Martevilles Gespräch mit Swedenborg erschien ihr ihr Mann im Traum und beschrieb, wo die Quittung lag.

Geisterkontakt

Ein weiterer berühmter Zwischenfall ereignete sich im Oktober 1761. August Wilhelm von Preußen, Bruder der Königin von Schweden, war 1758 gestorben. Die Königin, die von Swedenborgs Fähigkeiten gehört hatte, rief ihn zu sich und bat ihn, eine Mission zu ihrem toten Bruder zu übernehmen. Drei Wochen danach bat der Seher um eine Privataudienz bei der Königin, die sich gerade beim Kartenspiel befand. Sie zogen sich in ein Gemach zurück, wo Swedenborg ihrer Majestät eine vertrauliche Mitteilung überbrachte. Vorher mußte er schwören, sie niemandem sonst zu erzählen. Die Königin wurde blaß, schwankte, da sie einer Ohnmacht nahe war, und rief aus: „Das kann nur mein Bruder gesagt haben und kein anderer."

Am 17. Juli 1762, als Zar Peter III. von Rußland von Verschwörern im Gefängnis erdrosselt wurde, befand sich Swedenborg auf einer Feierlichkeit. Ein Gast bemerkte, wie sich inmitten einer Konversation Swedenborgs Gesichtsausdruck plötzlich wandelte und „seine Seele nicht länger in ihm weilte und sich etwas Seltsames abspielte". Als Swedenborg wieder zu sich kam, beschrieb er den Tod des Zaren zu genau dieser Stunde und drängte die Gesellschaft, sich seine Bemerkungen zu notieren, so daß man sie mit den Nachrichten in der Zeitung vergleichen könne.

Oben rechts: Der Sitz der Swedenborg-Gesellschaft im Londoner Stadtteil Bloomsbury beherbergt eine umfassende Bibliothek mit Werken Swedenborgs. Hier werden regelmäßig Vorlesungen zu seinen vielen Theorien und Überzeugungen abgehalten, die sowohl diese als auch die Geisterwelt betreffen.

Rechts: Diese Gedenktafeln für Swedenborg befinden sich in der schwedischen Kirche im Zentrum Londons. 1908 wurde Swedenborgs Leichnam auf Bitten der schwedischen Regierung von London nach Uppsala überführt.

Swedenborg glaubte, daß die Seele beim Sterben lediglich ihren Zustand ändere. Der in der anderen Welt neu angekommene Geist werde von Engeln und guten Geistern empfangen. Er werde auch eine Art geistige Gravitation aufgrund einer inneren Ähnlichkeit in die Gesellschaft der Geister gezogen, die er begleiten möchte, und führe ein Leben ähnlich dem auf Erden. Gott bestrafe niemanden, obwohl die Verdammten gefoltert würden, jedoch nur in dem Sinne, daß sie daran gehindert werden, ihrem Verlangen nach bösen Taten nachzukommen. Jeder Bewohner der drei Himmel und drei Höllen, aus denen Swedenborgs Kosmologie besteht, einschließlich Engel und Teufel, sei einmal ein menschliches Wesen gewesen, denn die Menschheit bewohne unzählige Planeten neben unserem eigenen.

Was soll man von einem Mann mit solchen Überzeugungen und exzentrischen Behauptungen halten? Zeitgenossen, die ihn kannten, bezeichneten ihn als gesund, vernünftig, von tadelloser Aufrichtigkeit, freundlich, großzügig, effektiv in jeder Arbeit, die er sich vornahm, wenn auch sehr zurückhaltend. Nicht nur die meisten seiner Bekannten und Freunde waren von seinen Theorien und seiner absoluten Integrität überzeugt.

VERGANGENE UND ZUKÜNFTIGE LEBEN

Während jene im Westen Lebenden dazu neigen, an ein Leben nach dem Tod im Paradies zu glauben, konzentrieren sich die östlichen Religionen mehr auf die Idee der Wiedergeburt - die Erneuerung der alten Seelen in neuen Körpern. Einige Leute können sich frühere Leben unter Hypnose ins Bewußtsein rufen, während andere eigenartige, visionäre Erfahrungen haben, in welchen sie scheinbar zwischen vergangenen und zukünftigen Leben hin und her wechseln.

MYSTERIÖSE ERINNERUNGEN

Unter Hypnose vermögen sich manche Menschen an erstaunliche Einzelheiten aus früheren Leben zu erinnern. Vielleicht sind es nur Phantasien – aber wie kann man dann authentische Informationen erklären?

Der berühmte Fall Bridey Murphy aus den 50er Jahren gilt für die Forschung nachgerade als Paradebeispiel für frühere Inkarnationen. Damals erinnerte sich die 29jährige Amerikanerin Virginia Tighe unter Hypnose daran, daß sie zu Anfang des 19. Jahrhunderts schon einmal gelebt hatte – als Irin mit dem Namen Bridey Murphy. Der Fall erregte sofort großes Aufsehen und stärkte bei vielen die Hoffnung auf Reinkarnation – gerade zu einer Zeit, als in Europa wie in den USA herkömmliche Glaubensvorstellungen in Frage gestellt wurden.

Da bei diesem Fall der Kassettenrecorder eine große Rolle gespielt hatte, bot sich nun offensichtlich jedem, der ein solches Gerät besaß, die Möglichkeit zur Erforschung früherer Leben. Kein Hypnotiseur brauchte lange nach willigen Versuchspersonen zu suchen, die angeblich aus ihren früheren Leben erzählen konnten. Als manche von ihnen dann aber auch noch über ihr Dasein im hohen Alter und zuweilen sogar über ihre zukünftigen Leben plauderten, wurden die Hypnotiseure jedoch stutzig. Handelte es sich hier vielleicht doch nur um Trugbilder des Unterbewußtseins – erfunden, um sich wichtig zu machen? Und wenn dem so war, galt dasselbe dann für alle mühsam aufgedeckten Rückerinnerungen? Handelte es sich womöglich nur um eine Mixtur von Gelesenem, Gesehenem und Gehörtem – im Unterbewußtsein gespeichert und unter Hypnose mit großer Überzeugungskraft als Erinnerungen an frühere Inkarnationen präsentiert (Kryptomnesie)?

1956 machte sich Dr. Edwin S. Zolik von der amerikanischen Universität Marquette daran, dieser Sache auf den Grund zu gehen. Er überlegte sich ein zweistufiges Experiment, an dem ein Student freiwillig teilnahm, den er „Jamie O'Toole" nannte.

In der ersten Sitzung wurde Jamie schrittweise bis zu seinem dritten Geburtstag zurückgeführt. Dann wurde er aufgefordert: „Gehe nun zurück in die Zeit, bevor du Jamie O'Toole warst, und erzähle, wer du damals warst und was du tatest." Nach einer Weile berichtete Jamie, daß er als Brian O'Malley im Jahre 1850 geboren wurde. Er lebte in Cork und war Offizier des Irischen Garderegiments. Er war nicht verheiratet, hatte aber eine Freundin, „eigentlich viele verschiedene, aber nicht zur selben Zeit ... ausnehmend hübsche Mädchen, Französinnen und Irinnen". Er starb mit 42 Jahren bei einem Reitunfall.

Einige Tage später fand die zweite Sitzung statt, in der die Versuchsperson im Wachzustand gefragt

***Gegenüberliegende Seite rechts:** Virginia Tighe im Alter von sieben Jahren.*

***Gegenüberliegende Seite links:** Sie wurde als etwa 20jährige junge Frau durch Hypnose in ein früheres Leben zurückversetzt: Unter dem Namen Bridey Murphy hatte sie schon einmal im Irland des 19. Jahrhunderts gelebt. Ihre Rückerinnerungen lösten seinerzeit großes Aufsehen aus. Später machten Kritiker jedoch geltend, daß die Schilderungen aus dem Leben der kleinen Bridey auffällige Ähnlichkeiten mit Virginias eigener Kindheit aufwiesen.*

***Unten:** Eine 22jährige Finnin erzählte bei einer hypnotischen Rückführung aus einem ihrer früheren Leben, als sie ein kleiner Junge war, der gern ein Fisch sein wollte, damit er auf den Issyk-kul-See hinausschwimmen konnte. Eines Tages hatte er sich eingebildet, wirklich ein Fisch zu sein, und war ins Wasser gesprungen und dabei elend ertrunken. Später stellte sich allerdings heraus, daß die Finnin als Kind einmal eine Geschichte gelesen hatte, die von einem ganz ähnlichen Vorfall handelte.*

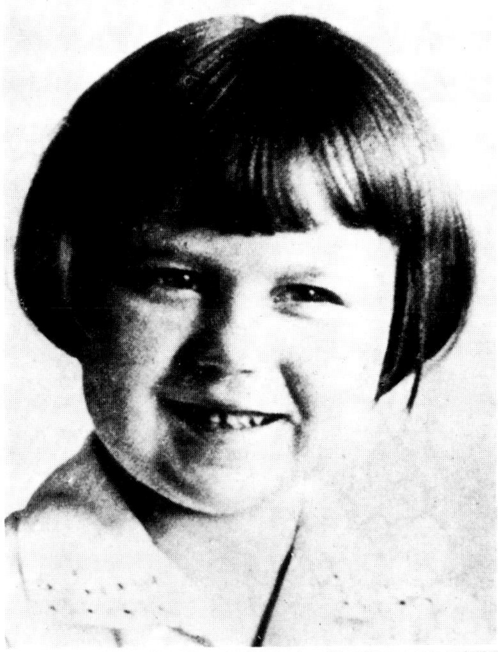

wurde: „Weißt du, wer Brian O'Malley ist?" Erst war Jamie kurz verwirrt, aber dann erinnerte er sich bis ins Detail an alles, worüber er bei der ersten Sitzung berichtet hatte. Als nächstes fragte man ihn, wo der Name Brian O'Malley herstamme und ob er ihn vielleicht aus einem Buch oder aus einem Film kenne. Jamie konnte sich an nichts dergleichen erinnern.

Dann wollte Zolik wissen, ob Jamie die Geschichte von seinen Eltern gehört hatte. Darauf kam die prompte Antwort: „Ja, ja … genau, mein Großvater – von meinem Großvater." Auf die simple Frage „Kannst du mir die Geschichte erzählen?" kam dann folgende Antwort: „… nicht Brian. Sein Name ist Timothy O'Malley … Timothy O'Malley war ein englischer Soldat … ja, jetzt erinnere ich mich. Er und mein Großvater waren zusammen im Krieg. O'Malley war Ire. Großvater und er kämpften gegeneinander. O'Malley wurde getötet – er kam bei einem Reitunfall ums Leben … ja, Großvater kämpfte und verletzte ihn … ich glaube, O'Malley war daran schuld, daß Großvater aus Irland vertrieben wurde … Großvater haßte ihn." Hier brach Jamie ab. Nach einer Weile wurde die Sitzung fortgesetzt, und auf die Frage, ob der Großvater auch O'Malleys Freundin erwähnt habe, sagte er: „Er hielt O'Malley für einen Gauner" – keine definitive Aussage, aber vage genug, um aus O'Malley einen Schürzenjäger zu machen. Aus weiteren Antworten ging hervor, daß Jamie diese Erzählungen als kleiner Junge auf der Farm seines Großvaters mitbekommen hatte.

Zolik empfahl diese Methode – Reinkarnationsschilderungen durch konsequentes Nachfragen möglicherweise als Erlebnisse aus dem gegenwärtigen Leben zu entlarven – jedem, der ernsthaft den Wahrheitsgehalt von solchen Äußerungen erkunden wollte. Trotzdem befolgten nur die wenigsten diesen Rat. Die meisten Hypnotiseure hielten eine Sitzung nach der anderen auf Tonband fest und nahmen alles für bare Münze. Allein der englische Hypnotherapeut Arnall Bloxham nahm über 400 Reinkarnationsberichte auf, ohne auch nur einmal nachzuprüfen, ob sich das Erlebte vielleicht doch in diesem Leben abgespielt hatte.

Der finnische Psychiater Dr. Reima Kampman hingegen verbrachte Jahre damit, den kryptomnetischen Ursprüngen von Erzählungen aus angeblichen früheren Leben systematisch nachzuspüren. Er begann seine Arbeit in den 60er Jahren an der psychologischen Fakultät der Universität von Oulu in Nordwestfinnland. Als Versuchspersonen meldeten sich freiwillig zahlreiche Schüler aus Gymnasien der Stadt. Wer für Hypnose empfänglich war, wurde für eine nähere Untersuchung ausgewählt. Kampman fand heraus, daß es relativ einfach war, jemanden zu Schilderungen aus einem früheren Leben zu bewegen. Er mußte die Versuchsperson lediglich auffordern: „Gehe zurück in die Zeit vor deiner Geburt, als du ein anderer warst und woanders gelebt hast."

In einem Fall erzählte ein 15jähriges Mädchen aus ihrer früheren Inkarnation im Jahre 1780, als sie

Malina Bostojevski hieß. Damals herrschte Krieg, und sie berichtete von Unglücksfällen und Katastrophen.

Sieben Jahre später erinnerte sich dasselbe Mädchen noch an eine Reihe weiterer früherer Leben. In einem davon war sie ein siebenjähriger Junge, dessen Vater Aitmatov als Kapitän den kirgisischen See Issyk-kul befuhr. Der Junge fristete ein einsames Dasein und sah seinen Vater nur selten, obwohl er sich sehr nach ihm sehnte. Er wurde immer betrübter und beneidete schließlich die Fische, die frei im See herumschwimmen konnten: Wenn er doch nur ein Fisch wäre, dachte er oft, dann könnte er mit seinem Vater zusammensein. Und eines Tages phantasierte er, er sei wirklich ein Fisch, sprang ins Wasser – und ertrank. Im Wachzustand konnte sich das Mädchen weder an den Jungen noch an den See oder an den Vater erinnern. Bei einer weiteren Sitzung wurde sie gefragt, wann sie von der Geschichte von dem traurigen kleinen Jungen zum ersten Mal gehört hatte. Prompt nannte sie den Titel eines Romans, und es stellte sich heraus, daß darin von jenem kirgisischen See die Rede war und von einem verlassenen kleinen Jungen, der zum Schluß ertrank. Der Autor dieses Romans hieß bezeichnenderweise Aitmatov …

Höchst verblüffend waren auch die acht früheren Inkarnationen einer 19jährigen Studentin, die zunächst im alten Babylonien lebte, dann in der chinesischen Stadt Nanking, danach in England, Norwegen, Paris, wieder in England und schließlich im alten Rußland. Als Engländerin im 13. Jahrhundert trug sie den Namen Dorothy und war die Tochter eines Gastwirtes. Zu aller Erstaunen gab sie unter Hypnose in mittelalterlichem Englisch ein Lied zum besten. Später konnte sich die junge Frau allerdings nicht im entferntesten an Text oder Melodie erinnern. Des Rätsels Lösung kam bei einer weiteren Sitzung zum Vorschein. Man forderte sie auf, sich in eine Zeit zurückzuversetzen, in der sie dieses Lied möglicherweise schon einmal gehört hatte. Daraufhin erinnerte sie sich, daß sie in ihrem jetzigen Leben im Alter von 13 Jahren in der elterlichen Bibliothek einmal zufällig in einem Buch herumgeblättert hatte. Verblüffenderweise vermochte sie nicht nur den Titel zu nennen, sondern auch die Stelle, wo sie auf das Lied gestoßen war. Es handelte sich um die finnische Übersetzung der Musikgeschichte von Benjamin Britten und Imogen Holst; tatsächlich fand man in diesem Werk den Kanon *Sumer is icumen*, dessen Text in mittelalterlichem Englisch abgefaßt war.

In einem anderen Leben hieß sie Karin Bergstrom und war bei einem Luftangriff 1939 ums Leben gekommen. Sie konnte nicht nur Ort und Straße nennen, wo sie damals gewohnt hatte, sondern auch die Namen und Berufe ihrer früheren Eltern. Nachforschungen ergaben, daß zu dem genannten Datum tatsächlich ein Luftangriff stattgefunden hatte und das besagte Haus dabei zerstört worden war. In den einschlägigen Meldelisten tauchte der Name Bergstrom jedoch nicht auf. Bei der nächsten Sitzung wurde das Mädchen gefragt, wann sie von den Bergstroms und dem Bombenangriff zum ersten Mal gehört hatte. Daraufhin wurde sie in ihre Kindheit zurückversetzt, wo sie eines Tages in einem Buch herumgeschmökert hatte. Es enthielt Bilder von zerbombten Häusern und Schilderungen vom Leben der Menschen im Krieg. Auch das Datum des Luftangriffs war angegeben, und auf einem der Fotos von den Opfern dieses Angriffs waren eine Mutter und ihre siebenjährige Tochter abgebildet. Auch dieses „frühere Leben" bestand also lediglich aus bruchstückhaften Eindrücken aus einem Buch.

Eine Fülle weiterer Resultate dieser Art führte Kampman zu folgender Schlußfolgerung: „Die Erlebnisse der aktuellen Persönlichkeit spiegeln sich in Sekundär-Persönlichkeiten wider – das gilt für realistische Details ebenso wie für emotionale Erfahrungen. Die Tatsache, daß sich ein mittelalterlicher Liedtext schon beim ziellosen Durchblättern eines Buches offenbar fest im Unterbewußtsein eines 13jährigen Kindes verankern kann, ist ein Paradebeispiel dafür, daß unser Gehirn selbst winzigste Einzelheiten zu speichern vermag, ohne daß wir dessen auf der Bewußtseinsebene im geringsten gewahr werden, und daß man solche Informationen unter Hypnose zutage fördern kann."

***Oben:** Im Verlauf einer hypnotischen Rückführung erinnerte sich eine 19jährige finnische Studentin an mehrere frühere Leben – eines davon spielte sich in den aufregenden Zeiten der russischen Revolution ab.*

***Unten:** In einer weiteren Inkarnation hieß sie Karin Bergstrom und wurde 1939 als Siebenjährige bei einem Luftangriff getötet. Aus zeitgenössischen Aufzeichnungen ging hervor, daß das Haus, in dem sie angeblich gelebt hatte, damals tatsächlich zerstört worden war. Eine Familie Bergstrom hatte dort allerdings nicht gelebt.*

SPEICHER DES UNTERBEWUSSTSEINS

Manche Menschen verfügen über die bemerkenswerte Gabe, anschaulich und detailliert aus ihren früheren Leben zu erzählen. Allzuoft stellt sich aber dann heraus, daß sie nur Gesehenes oder Gehörtes wiedergeben.

Das Unterbewußtsein kann man sich als ein riesiges Lagerhaus vorstellen, in dem in wildem Durcheinander Informationen gespeichert sind. Diese Informationen stammen aus Büchern und Zeitschriften, aus Vorlesungen, Fernseh- und Radiosendungen, aus eigenen Beobachtungen und zufällig aufgeschnappten Gesprächsfetzen. In der Regel sind die meisten dieser Wissensfragmente nicht mehr abrufbar. Unter bestimmten Umständen können sie aber spontan wiederbelebt werden.

Manche davon bezeichnet man als Kryptomnesien – das sind Erinnerungen unterhalb der Bewußtseinsschwelle, deren Herkunft gänzlich in Vergessenheit geraten ist. So kann es geschehen, daß man etwas bereits Erlebtes als vollkommen neu empfindet. Helen Keller – Mitte des 19. Jahrhunderts blind und stumm geboren – gilt als Opfer einer solchen Kryptomnesie. 1892 verfaßte sie eine reizende kleine Erzählung mit dem Titel *The Frost King* (Der Frostkönig). Sie wurde publiziert und hoch gelobt – bis sich nach einigen Monaten herausstellte, daß es sich dabei um eine leicht abgewandelte Fassung der Erzählung *The Frost Fairies* (Die Frostelfen) von Margaret Canby handelte, die bereits 29 Jahre zuvor erschienen war. Helen konnte sich beim besten Willen nicht erinnern, jemals von dieser Geschichte gehört zu haben, aber dann fand man heraus, daß ihr ein Freund 1888 aus Canbys Werken vorgelesen hatte – darunter auch *The Frost Fairies.* Helen Keller war vollkommen niedergeschmettert.

„Alle Freude verließ mein Herz. Ich hatte Schande über mich selbst gebracht … Wie konnte das nur geschehen? Ich zerbrach mir den Kopf, was ich über *Frost* gelesen hatte, bevor ich meine Ge-

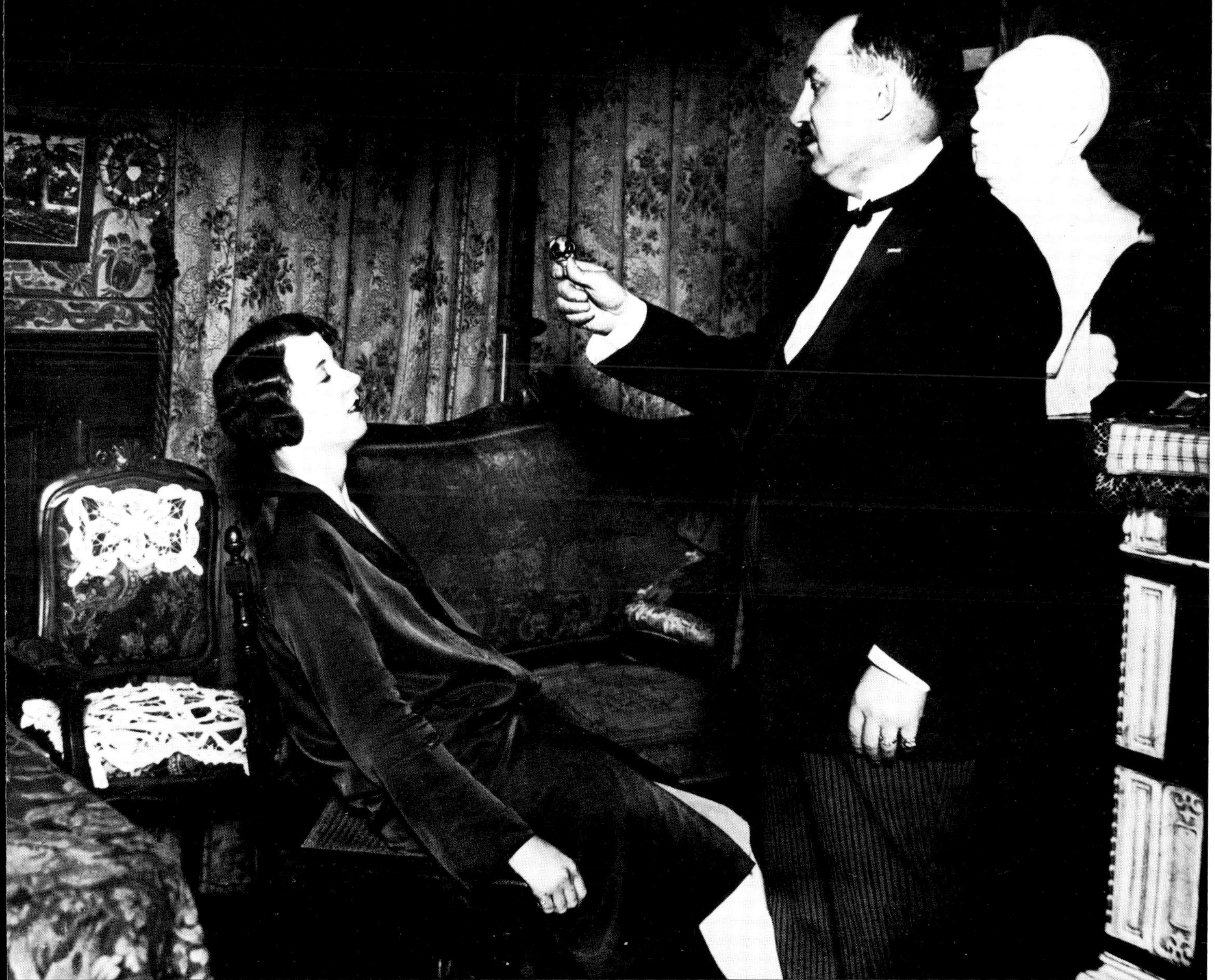

Unten: Hypnotische Regression (Rückführung) war besonders um die Jahrhundertwende groß in Mode und erfährt heute einen neuen Aufschwung.

Links: In den 20er Jahren behaupteten zwei Sensitive, daß der verstorbene Oscar Wilde durch sie neue literarische Werke vollbrächte. Hinterher stellte sich jedoch heraus, daß diese durch automatisches Schreiben entstandenen Stücke nichts als geschickte Verarbeitung bereits veröffentlichter Werke des Schriftstellers waren.

schichte schrieb, aber ich konnte mich beim besten Willen an nichts erinnern."

Ähnlich verhielt es sich auch mit einer ganzen Reihe von Werken automatischen Schreibens – angeblich nach dem „Diktat" Verstorbener entstanden –, die letztlich doch nur bereits Veröffentlichtes wiedergaben. So behaupteten in den 20er Jahren zwei Sensitive, der verstorbene Oscar Wilde würde ihnen aus dem Jenseits neue Werke diktieren, die sich dann aber als Plagiate aus verschiedenen seiner bekannten Werke entpuppten. Dr. S. G. Soal konnte nicht umhin zu kommentieren: „Die Vielfalt der Quellen, aus denen sich das Skript zusammensetzt, ist ebenso bemerkenswert wie das Geschick, mit dem der Inhalt zu Sätzen verknüpft wurde, die an verschiedenen Manierismen von Wildes literarischem Stil erinnerten." Eine Beurteilung von großer Tragweite, denn häufig stellen sich per Kryptomnesie entstandene Werke nicht in unverfälschter Form dar, sondern als bearbeitete und umschriebene Versionen. Das kann so manchen auf der Suche nach den ursprünglichen Textquellen in die Irre führen.

Unwiderlegbare Beweise?

Derlei unbewußte Plagiate sind verblüffend, aber noch erstaunlicher sind die lebhaften Erinnerungen an frühere Leben, die unter Hypnose oder in Trance zum Vorschein kommen. Die einen tun das als klaren Fall von Kryptomnesie ab, während sich andere durch die reiche Fülle oftmals auch obskurer Einzelheiten beeindrucken lassen. Hier haben sich Kassettenrecorder als unentbehrlich erwiesen, denn in früheren Zeiten mußte alles, was jemand in Trance von sich gab, mühsam in Kurzschrift festgehalten werden, wodurch Spracheigenheiten, stimmliche Nuancen und ähnliche subtile Merkmale verlorengingen. Tonbänder liefern einfach lebensnähere und damit überzeugendere Aufzeichnungen. Trotzdem gab es um die Jahrhundertwende zwei klassische Fälle von Kryptomnesie, die uns bis heute Respekt abnötigen. In einem davon ging es um das Schweizer Medium Hélène Smith.

Hélène wurde von Theodore Flournoy untersucht, Professor für Psychologie an der Genfer Universität. Die wichtigsten Ergebnisse veröffentlichte er in seinem Werk *From India to the Planet Mars* (Von Indien zum Planeten Mars), in dem er Hélènes angebliche frühere Existenz als Marie-Antoinette von Frankreich darlegt. Noch früher, im 15. Jahrhundert, will sie die Gemahlin des Hindu-Prinzen Sivrouka Nayaka gewesen sein. Ihre Erinnerungen an Indien waren reich ausgeschmückt mit Beschreibungen von Zeremonien und Palästen. Sie komplizierte ihre Geschichte noch dadurch, daß sie behauptete, Flournoy sei ebenfalls dort gewesen – als ihr Ehemann!

Später stellte sich dann heraus, daß Hélènes merkwürdige Indien-Erinnerungen aus einer Geschichte von de Marles stammten, die 1923 erschienen war. Den wahren Beweis für ihre Fähigkeit, subliminale Erinnerungen auszugraben und neu zu strukturieren, lieferte sie jedoch mit der Schilderung ihrer Beziehung zu einem Marsmenschen. In ihrer „Mars-Phase" füllte Hélène ein kleines Album mit exotischen Zeichnungen von marsianischen Landschaften, Häusern, Menschen und Pflanzen – alles

Unten: Dieses Selbstporträt zeigt Hélène Smith (links) mit ihrem Schutzengel.

mit einem Hauch kindlicher Phantasie und leicht orientalisch anmutend. Wesentlich beeindruckender war die Mars-Sprache, die sie fließend sprach und schrieb. Flournoy konnte jedoch nachweisen, daß die Laute dieses „Marsianisch“ nur ein geschickt verändertes Französisch und die unbeholfene Grammatik eine Parodie auf Hélènes Muttersprache waren. Lediglich das Vokabular war ihre eigene Erfindung. Wie auch immer, die Beherrschung dieser Mars-Sprache setzte eine wahrhaft verblüffende Denk- und Erinnerungsleistung voraus, denn Hélène gebrauchte sie mit bemerkenswerter Konsequenz. Und all das entsprang offenbar allein ihrem Unterbewußtsein.

1906 behauptete die Pfarrerstochter Miss C., mit der verstorbenen Blanche Poynings in Kontakt zu stehen, die zu Zeiten der Herrschaft von Richard II. gelebt hatte. Unter Hypnose berichtete sie aus Blanches Leben. Blanche war anscheinend mit der Gräfin von Salisbury befreundet gewesen und entpuppte sich als schwatzhafte Klatschbase: Sie plauderte nicht nur Einzelheiten über die Liebesaffären der Gräfin aus, sondern nannte zudem die Namen ihrer zwei Ehemänner, ihrer Kinder und der angeheirateten Verwandtschaft. Ebenso enthüllte sie zahlreiche Einzelheiten über ihre eigenen vier Ehen und ihr Leben am Hof.

Detailliert und anschaulich

Auch über alltägliche Dinge ließ sich Blanche aus, wie zum Beispiel über die damalige Mode. Sie selbst trug angeblich häufig „ein hermelingesäumtes Seidenbrokatgewand und eine spitze Hermelinkappe“. Unter anderem erzählte sie von den drei Brotarten, die von den verschiedenen Gesellschaftsständen gegessen wurden. Kurz und gut, Blanche lieferte ein buntes Lebenspanorama des 14. Jahrhunderts. Außerhalb des Trancezustandes erinnerte sich Miss C. allerdings an nichts mehr davon.

Diese Séancen stellten Lowes Dickinson von der britischen „Gesellschaft für Parapsychologie“ (SPR) vor ein großes Rätsel. Bei der Überprüfung all der Namen, Beziehungen und Ereignisse stellte er überrascht fest, daß sie nahezu alle stimmten, denn „über manche der Fakten, die sie nannte, würde nicht einmal ein Student Bescheid wissen, der sich intensiv mit dieser Epoche beschäftigt“. Die historische Blanche Poynings war eine relativ unbedeutende Person, die von zwei Chronisten lediglich als Kammerzofe der Königin erwähnt wird. Dickinson konnte sich also nur vorstellen, daß Miss C. einmal eine historische Novelle gelesen hatte. Sie konnte sich allerdings nur an eine Novelle erinnern, die von jener Epoche handelte – und diese enthielt nichts von dem, was sie in Trance erzählt hatte.

Seine weiteren Nachforschungen verwirrten Dickinson nur noch mehr. Es kamen immer mehr Fakten zutage, die Blanches Geschichte bestätigten, wovon einige jedoch auf derart komplizierten Stammbäumen beruhten, daß man sie unmöglich in einem Roman hätte verarbeiten können. Eine Zeitlang hielt er es für möglich, daß Miss C. wirklich in

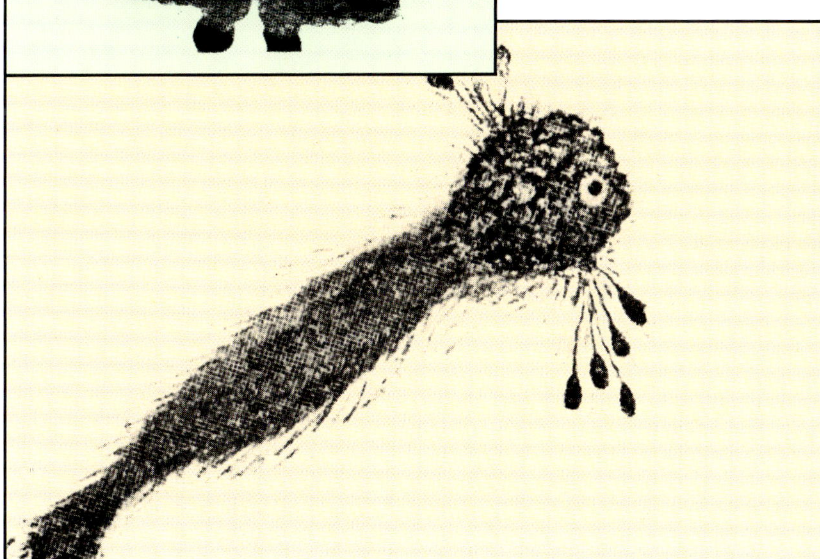

***Oben, Mitte und unten:** Das Schweizer Medium Hélène Smith behauptete, mit Marsmenschen in Kontakt zu stehen. Einer von ihnen hieß Astane (links eine Zeichnung), wohnte in einem hübschen Haus (oben) und führte ein rosabehaartes Wesen mit schwarzem Kopf und einem grünen Auge mit sich (unten).*

ihrem früheren Leben Blanche Poynings war. Des Rätsels Lösung ergab sich schließlich bei einer Teeparty, die bei Miss C. stattfand. Ihre Tante und ihr Bruder unterhielten sich dabei über Planchettes, die damals sehr beliebt waren. (Eine Planchette ist ein kleines Brett auf Laufrollen mit einem speziellen Bleistift, mit dem man angeblich Botschaften aus dem Jenseits aufschreiben kann, ohne daß der Stift bewußt geführt wird.)

Dickinson amüsierte sich über die von Miss C. auf diese Weise gezeichneten Gesichter, stellte dann jedoch die üblichen Fragen. Schließlich fragte er nach Blanche Poynings, woraufhin sich die Dame aus dem 14. Jahrhundert prompt meldete.

Nach einigen Fragen und Antworten tauchte unerwartet der Name „E. Holt" auf. Keiner der Anwesenden kannte ihn, aber dann enthüllte die Planchette: „Mrs. Holt ... schrieb ein Buch ... alle Leute sind darin ... ich bin darin ... *Countess Maud* [Die Gräfin Maud] von Emily Holt." Und da fiel es Miss C. plötzlich wieder ein: Sie hatte einmal ein Buch dieses Titels gelesen, was ihre Tante bestätigte. Aber keine von beiden konnte sich an den Inhalt erinnern – nicht einmal, in welcher Zeit es spielte!

Es fand also eine letzte Hypnosesitzung statt, in der Miss C. in ihre Kindheit zurückversetzt wurde. Als man sie nach ihrer Tante fragte, die ihr das Buch vorgelesen hatte, konnte sie das Titelbild und die Hauptpersonen beschreiben. „Ich blätterte die Seiten durch. Ich habe kaum etwas gelesen, weil es langweilig war. Blanche Poynings kam darin vor, nichts Besonderes."

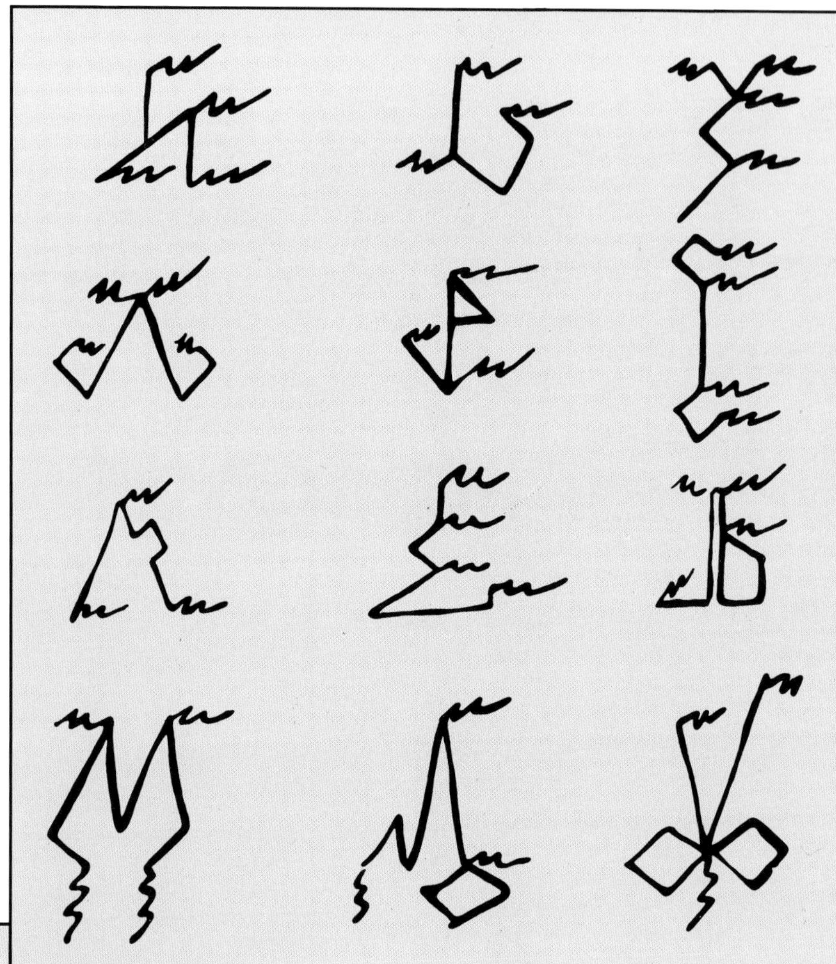

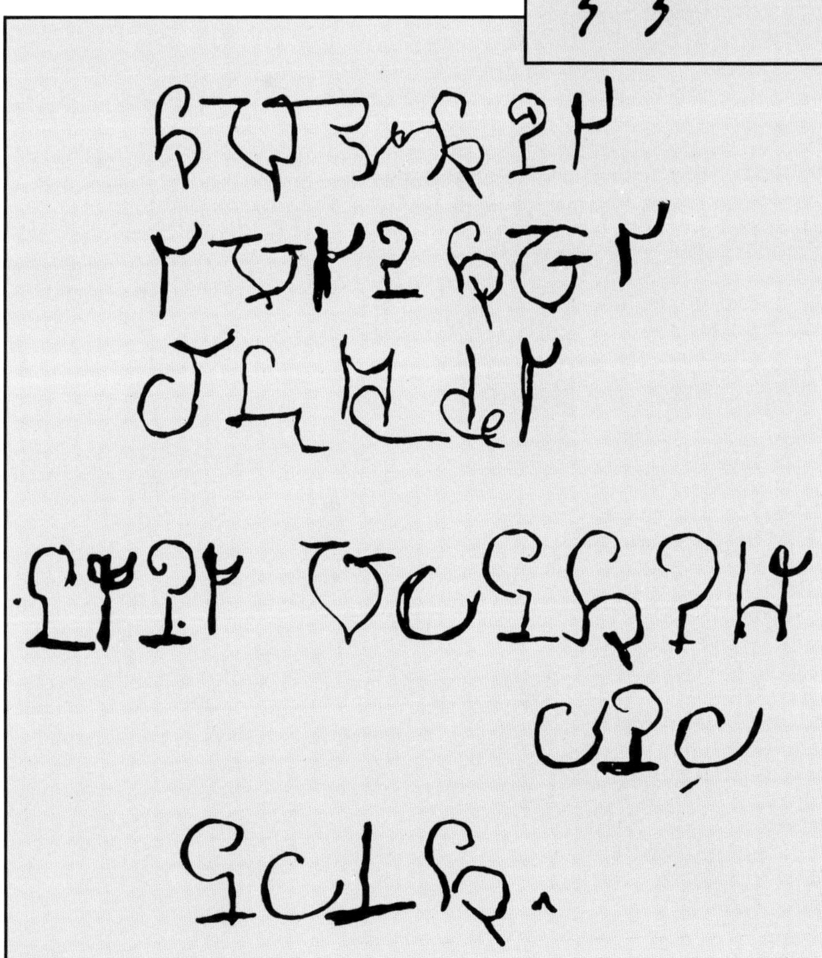

Dickinson nahm den Roman sorgfältig unter die Lupe und stellte fest, daß – bis auf unbedeutende Ausnahmen – jede Person und fast alle Details mit den Erzählungen aus den Hypnosesitzungen übereinstimmten. Allerdings hatte Miss C. Blanche bedeutender dargestellt, als sie eigentlich war, einige Vorfälle ausgelassen und manches selbst dazuerfunden. Durch geschickte Umstellungen wirkten die Erzählungen so natürlich. Dickinson kam zu dem Schluß:

„Ihr unterbewußtes Ich verfügte über einen erstaunlichen Erfindungsreichtum und dramatische Begabung ... Wären wir nicht zufällig auf die Informationsquelle gestoßen ... hätten Miss C.s Besuche in einer anderen Epoche und ihre Unterhaltungen mit den Menschen dort vielleicht als denkbar gegolten. Nun jedoch ist alles in Mißkredit gebracht – insbesondere die detaillierten Schilderungen, mit denen uns Miss C.s Unterbewußtsein so reich bedachte."

Viele der genealogischen Informationen, die Dikkinson so beeindruckt hatten, fanden sich übrigens nicht in dem Haupttext des Romans, sondern in seinem außergewöhnlich ausführlichen Anhang. Als Miss C. unter Hypnose gefragt wurde, ob sie diesen Anhang jemals gelesen hatte, verneinte sie das; auch ihre Tante will ihr diesen Teil nie vorgelesen haben. Vergleicht man jedoch den Anhang mit „Blanche Poynings' Berichten", dann kann dies nicht stimmen ... was wieder einmal beweist, daß Aussagen, die unter Hypnose erfolgen, mit größter Skepsis zu behandeln sind.

Rechts: 1906 behauptete die Pfarrerstochter Miss C., sie stünde mit einer Frau namens Blanche Poynings in Kontakt. Diese lebte angeblich unter der Herrschaft von Richard II. und war mit der Gräfin von Salisbury befreundet. Miss C. plauderte äußerst überzeugend aus dem Privatleben der Gräfin und dem damaligen Hofleben.

Gegenüberliegende Seite oben und unten: Während ihrer Séancen schrieb Hélne Smith diese beiden Botschaften auf, die in „Mars-Schrift" verfaßt waren – und übersetzte auch gleich einige dieser Schriftzeichen.

„ES BESTEHT KEIN ZWEIFEL, DASS SICH VIELE MENSCHEN IM ZUSTAND TIEFSTER HYPNOSE SELBST ALS VÖLLIG UNBEKANNTE PERSON ERFAHREN ..."

Peter Moss und Joe Keeton, Encounters with the Past (Begegnungen mit der Vergangenheit)

MANCHEN GIBT'S DER HERR IM SCHLAF

Im Viktorianischen Zeitalter waren die Menschen vom Somnambulismus (Schlafwandeln) besonders fasziniert. Sie glaubten, daß in diesem Zustand längst vergessene Informationen aus dem Unterbewußtsein emportauchten. Es gibt aus dieser Zeit viele Berichte, die den Theorien über Kryptomnesie Nahrung gaben.
Ein Fall wurde von Dr. Dyce aus Aberdeen aufgezeichnet und handelt von einer Dienstmagd, die während des Tages mehrmals in einen „hypnotischen Schlaf" verfiel. Einmal erledigte sie währenddessen ihre Arbeit wie automatisch, ohne zu registrieren, was um sie herum vorging; ein andermal repetierte sie einen anglikanischen Taufgottesdienst vom Anfang bis zum Ende – wozu sie im Wachzustand niemals fähig gewesen wäre. Dann wieder saß sie wie in Trance in der Kirche und war von der Predigt so ergriffen, daß sie weinte – erinnerte sich aber hinterher an nichts mehr. Während des nächsten Schlafanfalls schilderte sie die Messe dann in allen Details.
Ein gewisser Dr. Abercrombie berichtete von einem noch verblüffenderen Fall, in dem sich ein ungebildetes und etwas tölpelhaftes Dienstmädchen im schlafähnlichen Trancezustand ausgesprochen gewandt und belesen zeigte.
Sie redete dann nicht nur überlegt und flüssig, sondern schilderte die Dinge auch sehr anschaulich und treffend. Ihre größte Leistung war jedoch die Imitation eines Geigenspielers. Zunächst machte sie Geräusche, die sich wie das Stimmen des Instrumentes anhörten, dann imitierte sie eine Übungsstunde und schloß mit einem kunstvollen Musikstück.
Es stellte sich später heraus, daß sie auf einem Bauernhof mit sehr hellhörigen Wänden aufgewachsen war. Neben ihrer Schlafkammer hatte eine Zeitlang ein Wandergeiger gewohnt, der jede Nacht sein Repertoire herunterspielte. Diese Klänge hatten sich offensichtlich in ihrem Unterbewußtsein eingenistet und kamen nun viele Jahre später im Trancezustand zutage. Ihre ausgefeilte Redeweise führte man auf die Unterrichtsgespräche zurück, die sie oftmals unbewußt im Schulzimmer des Haupthauses mitgehört haben mußte.

Rechts: Das Frontispiz des Romans Sylvester Sound The Somnambulist *(Sylvester Sound, der Schlafwandler) von Henry Cockton, das 1841 erschien. In der Geschichte verarbeitete er viele gut bezeugte Fälle von Somnambulismus.*

EIN SCHRITT DURCH DIE ZEIT

Das Bewußtsein eines Menschen scheint unbegrenzt durch die Zeit reisen zu können. Es ist sogar möglich, Ereignisse zu erleben, die lange vor der eigenen Geburt stattgefunden haben.

Zeitreisen zeigen eine außergewöhnliche Spannweite. Bei einer Zeitreise in die Zukunft liegen vielleicht nur wenige Minuten zwischen dem präkognitiven Erleben und dem vorweggenommenen Ereignis, es können aber auch viele Jahre, sogar Jahrhunderte sein. Manchmal liegt das erlebte Geschehen zu weit in der Zukunft, daß das exakte Datum nicht bestimmt werden kann. Die gleiche Bandbreite findet sich bei Reisen in die Vergangenheit.

Alle Zeitreisen beginnen vollkommen unvermutet. Die einzige Warnung, die einige Betroffene erhalten haben, war ein leichtes Kribbeln auf der Haut oder ein Gefühl der Übelkeit, in etwa vergleichbar mit dem, was manche vor einem Gewitter oder Erdbeben spüren. Andere aber rutschen ohne die geringste Vorwarnung in eine andere Zeit. So war es auch bei einer englischen Frau aus Barnet im Norden Londons. Sie „sah" eine römische Prozession in die Arena von Verulamium (heute Saint Albans) einmarschieren. Besonders fielen ihr die uniformierten Soldaten und die Fahnenträger mit den Adlerwappen auf. Zuletzt kam ein hochrangiger, in Weiß gekleideter Würdenträger mit einem Lorbeerkranz auf dem Kopf. Er setzte sich auf einen Stuhl in der Mitte der Tribüne und wurde von zwei Fahnenträgern flankiert. An diesem Punkt endete die Vision. Sze-

Unten und ganz unten: Von dem einstigen Glanz des Theaters in Saint Albans zeugen heute nur noch die Ruinen.

DER LAUF DER ZEIT

Nach mehr als 1500 Jahren scheint eine Abteilung römischer Soldaten wieder in die englische Kathedralenstadt York zurückgekehrt zu sein. Der Techniker Harry Martindale arbeitete im Keller des mittelalterlichen Schatzmeisterhauses (rechts), als er einen Trompetenstoß vernahm. Mit Schrekken beobachtete er, wie eine Gestalt im „Kilt“ und mit einem runden Schild durch eine Wand marschierte. Ihr folgten ein Offizier zu Pferd und eine Kolonne Männer. Martindale kauerte in einer Ecke, bis sie durch die gegenüberliegende Wand verschwunden waren. Am erstaunlichsten war aber, daß die Männer bis zum Oberschenkel im Fußboden des Kellers schritten. Er sah ihre Füße nur kurz, als sie durch ein Loch gingen, das in den Boden gegraben war. Martindale glaubte, der Marsch habe auf einer alten römischen Straße stattgefunden. Seine Erwähnung der runden Schilde, die die Römer früher nicht verwendeten, führte anfangs zu Verwirrungen. Nachforschungen ergaben aber, daß tatsächlich eine Legion durch Hilfskräfte verstärkt worden war, die mit runden Schilden ausgerüstet war.

nen dieser Art haben sich sicherlich vor etwa 1900 Jahren in Verulamium abgespielt.

Viele der wirklich weiten Zeitreisen beziehen sich auf Ereignisse aus der Geschichte eines Landes. Häufig weisen die wiedererlebten Fragmente der Geschichte eine starke Ähnlichkeit mit traditionellen Geisterphänomenen auf. Eine exakte Trennung zwischen Reisen in die Vergangenheit und bestimmten Spukerscheinungen kann deshalb nicht immer vorgenommen werden.

Ein Beispiel für einen derartigen Grenzfall liefert eine Begebenheit in Oldbury Camp im südenglischen Wiltshire, bei der ein Schäfer den Aufmarsch einer Legion römischer Soldaten sah. Bei einer anderen Erscheinung handelte es sich um einen ungeordneten Trupp Römer, die durch einen Keller von York stapften.

Aufgezeichnete Ereignisse

In allen drei Fällen handelte es sich um militärische Aktivitäten der Römer. Die Legionen führten ein durchorganisiertes, geregeltes Leben, was sich anscheinend günstig auf die übersinnliche „Aufzeichnung“ von Ereignissen auswirkte. Das disziplinierte Leben in Klöstern scheint ebenfalls seine Spuren an zahlreichen Spukplätzen hinterlassen zu haben. Eine weitere übersinnliche „Aufzeichnung“ aus längst vergangenen Zeiten in Großbritannien ist als das „Licht von Cammeringham“ bekannt. Cammeringham ist ein kleines Dorf in der Nähe von Lincoln im Nordosten Englands und liegt unweit der Ermine Street, einst eine Römerstraße.

Als sich der Zeuge an einem nebligen Morgen auf dem Weg zur Arbeit befand, bemerkte er plötzlich, wie sich direkt vor ihm große Dunstschwaden bildeten, was an und für sich nichts Ungewöhnliches bei Anbruch eines warmen Tages ist. Ohne es begründen zu können, starrte er die große Nebelbank an, die auf ihn zutrieb. Völlig unvermittelt tauchte eine Kutsche aus dem Nebel auf, die von einer Frau gelenkt und von einem schwarzen und einem weißen Pferd gezogen wurde. Die Frau trug ein langes, flatterndes Kleid, und ihr Haar hing lose auf ihre Schultern. Sie trieb die Pferde mit der Peitsche an, und der Zeuge sah ihren Goldschmuck aufblitzen, als die Morgensonne darauf schien. Fast augenblicklich war die Kutsche wieder im Nebel verschwunden. Erst da wurde dem Zeugen bewußt, daß er keine Geräusche gehört hatte. Er war davon überzeugt, die Königin Boudicca der Iceni gesehen zu haben. Das icenische Territorium erstreckte sich in der Tat bis weit ins südliche Lincolnshire. Diese Erscheinung wird das „Licht von Cammeringham“ genannt und wurde im Verlauf der Jahrhunderte immer wieder von verschiedenen Zeugen beobachtet.

Derartige Echos aus längst vergangenen Zeiten beziehen sich jedoch nicht nur auf menschliche Gestalten. Gelegentlich wurden seit langem verschwundene Landschaften erblickt, und nur sorgfältige Nachforschungen können belegen, ob sie zu dem Ort gehören, an dem sie gesehen wurden. Sogar Gebäude erschienen viele Jahre nach ihrem Abriß wieder an ihren alten Plätzen. Auch die natürlichen Merkmale einer Landschaft können wiederauftauchen, wie es einer Frau geschah, die am Fluß Tweed an der Grenze zu Schottland entlangfuhr.

Ein großes Gebiet dieses wunderschönen Tals wird von der Forstverwaltung bewirtschaftet. Zum Zeitpunkt des Erlebnisses hatte sie jedoch noch nicht mit den Pflanzungen begonnen. Seit dem 15. Jahrhundert wurde in dem Tal Viehzucht betrieben: Schafe und Rinder weideten dort und wurden zum Ziel hungriger Soldaten aus England und Schottland. Als die Frau von Moffat nach Edinburgh fuhr, war das Tal ein offenes, hügeliges Gebiet mit geringer Bewaldung. Doch plötzlich sah die Frau einen riesigen Wald mit hohen Bäumen, die sie als schottische Waldkiefer, Esche und Eiche erkannte, also alles Bäume der alten schottischen Wälder. Die späteren Aufforstungen konzentrierten sich vor allem auf Fichte und Lärche.

Die Römer waren bis in dieses Gebiet vorgedrungen und hatten außerhalb von Moffat bei einer großen Senke, die Devil's Beef Tub genannt wird, eine Wachstation errichtet. Entlang des Tweedtals befand sich zwar niemals eine echte Römerstraße, aber durch das ständige Befahren der Strecke war eine Art Feldweg entstanden. Möglicherweise verläuft die heutige Straße teilweise auf diesem Weg und erleichtert damit den Zugriff auf die mit ihm verbundenen Erinnerungen.

Manche Menschen, die von langen Zeitverschiebungen betroffen sind, bemerken plötzlich Veränderungen an sich selbst, an ihrer Kleidung oder ihrem Auftreten. Oft sind die betroffenen Personen über diese Wandlung bestürzt, und es befällt sie das beunruhigende Gefühl, sich gleichzeitig in zwei Zeitzonen aufzuhalten. Als Folge davon denken viele über mögliche frühere Inkarnationen nach.

Genau das passierte Phyllis Hester, als sie in der alten Halle des St. William's College in der antiken englischen Kathedralenstadt York stand und das Gefühl hatte, ein langes Gewand zu tragen und sich in einer viel früheren Epoche in dem Gebäude zu befinden. Sie war überrascht, als sie aus ihrem Traum erwachte und wieder ihr modernes, kurzes Kleid trug.

Ein Echo aus einer jüngeren Epoche, obwohl immer noch durch mehr als ein Jahrhundert von der Gegenwart getrennt, erreichte eine andere Zeugin, als sie in einem Bus durch Südengland reiste. Es war ein kalter Februartag, und es schneite, als sie in Stiefeln, Hosen und einem dicken Mantel die Reise antrat. Während sie in dem fahrenden Bus saß, wurde sie von etwas überwältigt, das sie später als ein „außergewöhnliches Gefühl" beschrieb:

„Ich trug mit einem Male keine Hosen, Mantel und Stiefel mehr, sondern Haube, Umhang und ein langes Kleid. Immer wenn ich meine Hände aneinander rieb, konnte ich die Seide meines Rockes spüren. Ich zwang mich zurück zur Realität und starrte durch die Scheibe auf die schneebedeckten Dächer. Dann fing es wieder an: ein Stoß und noch einer, so als ob ich in einer Pferdekutsche saß. Nervös spielte ich mit meinen Händen und verspürte aus irgendeinem Grund den Drang, woanders hin zu wollen, ohne den genauen Ort nennen zu können. Weiter ging die Fahrt, und ich fühlte meine langen Ringellocken an meinem Hals kitzeln."

Zurück in die Gegenwart

Das brachte die Zeugin wieder in die Gegenwart zurück, und sie erkannte, daß das Kitzeln durch ihre Pelzkapuze verursacht wurde. Die Episode war damit aber noch nicht beendet. Sie bemerkte beim

Gegenüberliegende Seite oben: Boudicca war die Königin der Iceni und wegen ihres Widerstandes gegen die römische Besatzungsmacht eine Heldin der Engländer. In großen Abständen wird sie offensichtlich in Lincolnshire als Erscheinung erblickt, die das „Licht von Cammeringham" genannt wird.

Gegenüberliegende Seite unten: Die Devil's Beef Tub ist eine ganz natürliche Vertiefung bei Moffat in Dumfriesshire, nahe der schottischen Grenze. Wo heute dieser Gedenkstein für einen religiösen Märtyrer des 17. Jahrhunderts steht, befand sich früher eine römische Wachstation. Die Zeitreise einer Frau, die hier vorbeifuhr, bezog sich, wie viele andere derartige Ereignisse, auf die Besetzung durch die Römer.

Oben: Das 1453 gegründete St. William's College in York war ursprünglich ein Priesterkolleg. Phyllis Hester hatte während eines Besuches dort plötzlich das Gefühl, eine zur Gründungszeit des Colleges lebende Frau zu sein.

Vorbeifahren, daß sie die vielen kleinen Geschäfte im Dorf nicht erkannte. „Es gab keinen Bürgersteig, nur Kopfsteinpflaster, und plötzlich wurde ich mir meiner völligen Einsamkeit bewußt." Dann kam mit einem Ruck die Gegenwart zurück. Als das Fahrzeug jedoch an die Stelle kam, an der eigentlich immer eine Ampel gestanden hatte, erblickte die Zeugin einen alten Wegweiser. Auf einem Schild stand „St. Albanse". Die Kreuzung war matschig und durch Holzräder tief ausgefahren. Die Erscheinung hörte erst auf, als die Frau ihren Zielort erreichte.

Die Gegenwart auf diese Weise mehr oder weniger gleichzeitig mit der Vergangenheit oder Zukunft zu erleben ist äußerst ungewöhnlich. Die Betroffene hatte sich mit einer Frau aus dem Viktorianischen Zeitalter und ihrem Leben weitestgehend identifiziert, und das Ereignis beeindruckte sie zutiefst. Der folgende Bericht schildert eine Begegnung, bei der die Beteiligten nicht nur eine andere Zeit wahrnahmen, sondern auch in die damaligen Geschehnisse mit einbezogen wurden. Während des Zweiten Weltkrieges reisten Angehörige des Bodenpersonals der britischen Luftwaffe mit zwei Freundinnen zum Basislager nach Abingdon in Südengland. Da die Gegend ihnen vollkommen unbekannt war, beunruhigte sie zutiefst, daß sie den Transport verpaßt hatten, der sie abholen sollte. Das ländliche England war zu Mitternacht im Dezember und dann noch während des Krieges sicherlich nicht der angenehmste Ort für einen Aufenthalt. Ihnen blieb jedoch nichts weiter übrig, als zu Fuß zum Camp zu laufen.

Bald stießen sie auf eine Brücke. Die Nacht war kalt und regnerisch, und als sie die Brücke passierten, dachten sie an nichts anderes, als so schnell wie möglich ihr Camp zu erreichen. Doch plötzlich spürte die Zeugin, wie sich alles veränderte. Sie schien in eine andere Epoche zu reisen: in die Zeit der Bauernaufstände des 14. Jahrhunderts.

„Ich stand mitten in einer Menschenmenge, die vor den Kämpfen Schutz unter der Brücke suchte. Es war heiß, ich roch den Schweiß, und ich fühlte die Hitze der Körper, die sich dicht um mich drängten, und den groben Stoff der Kleidung auf meiner Haut und an den Beinen und wußte, mein Herz bebte vor Angst."

Sobald sie die Brücke hinter sich gelassen hatten, fand sich die Zeugin wieder in der Gegenwart. Das Zwischenspiel hatte nur wenige Sekunden gedauert, es hinterließ jedoch einen lebhaften und lange währenden Eindruck.

Ähnliche Unruhen kann es zur Zeit der Bauernaufstände in dem Gebiet von Abingdon durchaus gegeben haben. Wir wissen jedoch nicht, ob sich das von der Zeugin beschriebene Ereignis in Wirklichkeit zugetragen hat. Aber für die Dauer der Erscheinung war die Frau aus dem 20. Jahrhundert davon überzeugt, im 14. Jahrhundert zu leben.

Unten: Richard II. stand den Rebellen während der Bauernaufstände von 1381 persönlich gegenüber. Während des Zweiten Weltkrieges schien eine junge Frau ein Ereignis aus dieser bewegten Zeit mitzuerleben.

DÄMONEN VON MORGEN

Menschen, die Visionen aus der Vergangenheit oder Zukunft erleben, bleiben dabei im allgemeinen passive Beobachter. In einigen Fällen wurde der Zeitreisende jedoch in das Geschehen mit einbezogen.

Die meisten Zeitreisen sind einseitig angelegt: Die Person merkt, daß sie Menschen oder Ereignisse der Vergangenheit oder Zukunft beobachtet, während sie selbst unsichtbar oder abseits des Geschehens bleibt. Es kommt jedoch auch vor, daß der Beobachter aus unserer Zeit mit den Menschen in der Vergangenheit oder Zukunft in Wechselwirkung tritt, wobei sich jeder des anderen bewußt wird.

Ein derartiges Erlebnis wurde von einem pensionierten leitenden Polizeibeamten geschildert und betraf das Herrenhaus Littlecote Manor in der Grafschaft Wiltshire im Südwesten Englands, in dem verschiedene Geister umgehen sollen.

Eines Tages war der Polizeibeamte wegen eines Einbruchs nach Littlecote gerufen worden. Der Verwalter S. berichtete ihm von einer Begegnung, die weit mehr als bloßer Spuk zu sein schien.

Er war vor einiger Zeit die lange Galerie des Hauses entlanggegangen, als er einen Soldaten Cromwells aus dem 17. Jahrhundert auf einem Stuhl beim Fenster sitzen sah. Da Littlecote tatsächlich einmal von Cromwells Revolutionsarmee besetzt gewesen war, zeigte sich Mr. S. über die Apparition nicht besonders überrascht oder verängstigt. Was ihn jedoch erstaunte, war der Umstand, daß der Soldat den Kopf wandte und Mr. S. beobachtete, wie dieser sich ihm näherte. Jeder wurde sich der Anwesenheit des anderen bewußt, bevor der Soldat schließlich langsam verschwand.

Bei diesem besonderen Zwischenfall gibt es kein Anzeichen dafür, daß der Soldat bewußt jemanden sah, der sich in einer ihm fremden Zeitzone befand. Doch diese Eigenart wurde bei einer Reihe von „wechselseitigen" Zeitreisen beobachtet.

Anfang der 60er Jahre besuchte Mr. B., ein ehemaliger Mitarbeiter des Britischen Museums, einen Ort im Nordosten des Neuenburger Sees in der Schweiz. Ihn begleitete ein befreundetes amerikanisches Ehepaar, Dr. Charles Muses, ein bekannter Parapsychologe und Autor, und dessen Frau. Das Dorf war an der Stelle einer ehemaligen römischen Stadt erbaut, wovon bis heute die Überreste eines römischen Amphitheaters Zeugnis ablegen.

Die Besucher gingen zuerst in die Arena und überquerten dann einen Weg, um zum Theater zu gelangen. Ein Großteil der Bühne wie auch einige der nach oben ansteigenden Sitzreihen waren erhalten. Nach der Besichtigung der Bühne gingen die drei Freunde dann in die Orchestra hinab (der halbkreisförmige Platz vor der antiken Bühne, wo der Chor sang und tanzte). Dann trennten sie sich, und

Unten: In dieser Galerie von Littlecote Manor kam es zu einer wechselseitigen Zeitreise: Dabei traf der Verwalter auf einen Soldaten in der Uniform von Cromwells Revolutionsarmee. Wie selbstverständlich wandte der sitzende Soldat sein Gesicht dem sich nähernden Verwalter zu und beobachtete ihn. Beide waren sich der Anwesenheit des Gegenübers bewußt – dann verschwand der Soldat des 17. Jahrhunderts.

Ganz unten: Der Landsitz Littlecote Manor in Wiltshire.

Links: Der Verwalter begegnete einer Gestalt, die wie diese Soldaten gekleidet war.

Mr. B. kehrte zur Bühne zurück. Seine Freunde stiegen zu den oberen Sitzreihen hinauf, um die Akustik zu überprüfen: Mr. B sprach mit „normaler Vorlesungsstimme", wie er es nannte, und seine Freunde, ganz hinten im Auditorium, konnten ihn ausgezeichnet hören. Danach stieg Mr. B. wieder hinunter in die Orchestra – geradewegs hinein in eine äußerst bemerkenswerte Zeitverschiebung.

Plötzlich fand er sich im völlig unbeschädigten Amphitheater wieder. Menschen strömten herein und nahmen ihre Plätze ein. Und obwohl es Mr. B. im Augenblick des Erlebens nicht auffiel, meinte er doch später, daß sein Sichtfeld „enger als im wirklichen Leben" gewesen war.

In einer oberen Sitzreihe (die, wie sich bei der späteren Untersuchung ergab, gar nicht mehr vorhanden ist) sah er eine Gruppe junger Römerinnen stehen, in ihrer Mitte ein hübsches Mädchen im gelben Kleid. Im gleichen Augenblick, als Mr. B. sie bemerkte, sah sie ebenfalls in seine Richtung, und ihre Blicke trafen sich. Sie schien von dem, was sie sah, schockiert zu sein. Aufgeregt wollte sie die Aufmerksamkeit ihrer Begleiterinnen auf die „fremde Erscheinung" lenken und zeigte mehrere Sekunden direkt auf Mr. B. Ihre Freundinnen konnten ihn aber offensichtlich nicht sehen.

Dann betrat ein junger Mann mit einer Kithara (einer antiken Laute) die Bühne und begann zu spielen. Die ersten Klänge erreichten Mr. B. noch sehr schwach, dann verschwand die Vision, und die seltsame Begegnung war vorbei. „Ich nehme an", schrieb er später in einem Brief, „ich gehöre zu den Menschen, die vor etwa 1700 Jahren dieses Theater besuchten. Genau das ist meine Erinnerung an dieses Ereignis. Ein wirkliches zweiseitiges Erkennen zweier Personen in zwei Zeiten. Wie merkwürdig muß ich für das römische Mädchen ausgesehen haben!"

Antike Visionen

Ein weiterer Zwischenfall ereignete sich Anfang der 50er Jahre in den Ruinen des römischen Verulamium (heute Saint Albans) in Hertfordshire, England. Mr. B. besuchte die Ruinen in Begleitung zweier Hochschullehrer. Die drei Männer lehnten sich gegen einen Holzzaun bei den zerfallenen Mauern, die einst ein Tor der römischen Stadt gebildet hatten. Plötzlich entstand das Tor vor den Augen von Mr. B. wieder neu, und die Zufahrtsstraße schien in einen langen Tunnel zu führen. Daraus kam ein kleiner weißer Wagen hervor, der von zwei walisischen Pferden gezogen wurde. Der Wagenlenker, ein junger Mann in einer Tunika aus einem ungewöhnlichen, feingewebten Material, trieb sie mit der Peitsche an.

Als der Wagen auf gleicher Höhe mit Mr. B war, sahen ihn die Pferde, die nun scheuten und dem Wagenlenker nicht mehr gehorchten. Der Mann selbst jedoch schien Mr. B. nicht wahrzunehmen.

Mr. B. merkte an, daß die Szene (die er deutlich in Farbe erlebte) nur wenige Sekunden dauerte. Dann verblaßte sie, und er fand sich wieder neben dem verfallenen ehemaligen Tor von Verulamium. Während des gesamten Erlebnisses hatte Mr. B. keinerlei Geräusche vernommen. Bei beiden Zeit-

Rechts: Die Ruine eines römischen Amphitheaters, ähnlich der hier abgebildeten (Arles, Frankreich), war der Schauplatz einer bemerkenswerten Zeitreise. Ein Tourist aus dem 20. Jahrhundert befand sich plötzlich in der Zeit der alten Römer: Das Rund der Arena war wieder vollständig, und die Zuschauerränge füllten sich mit römischem Publikum.

Oben: Als sich Mr. B. plötzlich im römischen Theater wiederfand, sah er ein in Gelb gekleidetes Mädchen, das wir uns wie die hier dargestellten Römerinnen vorstellen können. Auch sie erblickte ihn und bemühte sich, die Aufmerksamkeit ihrer Begleiterinnen auf ihn zu lenken. Doch diese konnten ihn nicht sehen.

Rechts: Mr. B. sah auch einen Mann mit einer Kithara – einer Art Laute, wie sie auf dem römischen Wandgemälde zu erkennen ist. Der Zeuge hörte die ersten Musikklänge, bevor er wieder in unsere Zeit zurückkehrte.

reisen war seinen Begleitern nichts Ungewöhnliches an ihm aufgefallen. Später sagten sie allerdings aus, daß er während der Zwischenfälle irgendwie eigentümlich ausgesehen habe. Eigentümlich ist kaum das richtige Wort für das, was dem britischen Sensitiven Matthew Manning zustieß. Als Jugendlicher war er lange Zeit von Poltergeistphänomenen betroffen, die erst eingedämmt werden konnten, als man seine Fähigkeit für das automatische Schreiben und Zeichnen entdeckte.

Mannings Eltern hatten in der Nähe von Cambridge ein altes Haus gekauft, das aus dem 18. Jahrhundert stammte. 1971 soll Manning dort mehrmals einem Geist begegnet sein. Das erste Mal traf er die Apparition auf der Treppe. Sie schien fest und genauso wirklich wie Manning selbst zu sein. Die Apparition behauptete, Robert Webbe zu sein, dem das Haus einmal gehört hatte. Er entschuldigte sich für den Schrecken, den er Manning versetzt hatte, und erklärte, daß er sich etwas Bewegung verschaffen müsse, da seine Beine schmerzten. Manning sah, daß er sich auf zwei Stöcke stützte.

Das sollte aber nur die erste von vielen Begegnungen mit dem Geist sein. Webbe „lebte" mit den Mannings, zündete Kerzen an, materialisierte Gegenstände wie Bücherseiten, kleine Geschenke und einen Brotlaib und entfernte bisweilen Sachen, die der Familie gehörten und die er in seinem „Safe", wie er es nannte, deponierte. Wie sich herausstellte, war dieser Safe ein Loch unter den Fußbodendielen eines Schlafzimmers, das er Manning zeigte. Dort fand man schließlich die meisten vermißten Gegenstände wieder.

Mit Hilfe des automatischen Schreibens führte Manning seine Unterhaltung mit dem Mann aus dem 18. Jahrhundert fort. Eine erstaunliche Antwort erhielt er von Webbe auf die Frage, ob es einen Geist im Haus gäbe. Webbe verneinte das empört. Wenn es einen gäbe, würde er ihn selbstverständlich fortjagen. Als Manning darauf beharrte, daß seine Familie den Geist gesehen hatte, antwortete Webbe, daß er dies nicht glaube – Manning wolle ihm wohl Angst einjagen.

Auf Mannings Frage, mit wem er zu sprechen glaube, antwortete Webbe mit der Andeutung, daß

Rechts: Wenn Personen aus verschiedenen Zeitzonen sich offensichtlich gegenseitig beeinflussen – wie hier von einem Künstler nachempfunden –, bleiben wir mit der Frage zurück, ob es wirklich Wechselbeziehungen zwischen Zeitzonen gibt.

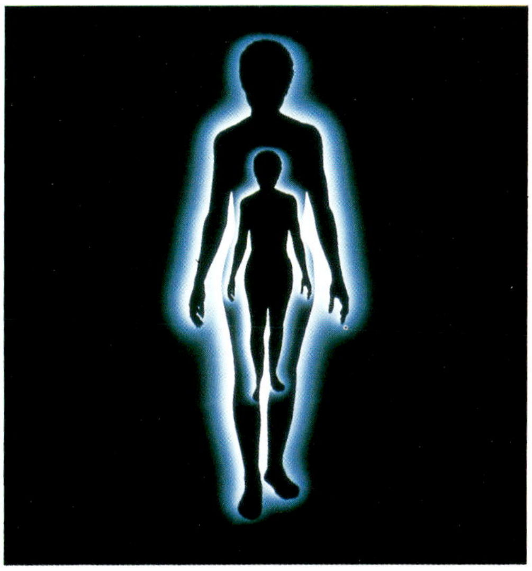

Oben: Ein Zeuge unseres Jahrhunderts sah einen Wagenlenker durch das Tor der römischen Stadt Verulamium (heute das englische Saint Albans) fahren, als er sich mit Freunden die antiken Ruinen betrachten wollte. Die Szene dieser aufregenden Zeitreise, bei der sogar die römischen Zugpferde vor dem fremden Besucher scheuten, können wir uns wie auf dieser Darstellung vorstellen.

auch er ein Problem mit dem Zeitreisen habe: „Manchmal glaube ich, verrückt zu werden. Ich höre eine Stimme in meinem Kopf, die mit mir spricht ... Erzähl das ja niemandem, sonst sperren die mich ein."

Manning erklärte Webbe die wirkliche Situation: daß der alte Mann außerhalb seiner Zeit existierte und der junge Mann echt war. Die Apparition schien verzweifelt und nicht fähig, diese Neuigkeit zu begreifen. Schließlich fand er für sich die Erklärung, daß Manning ein „Dämon von morgen" sein müsse.

Diese seltsame Begegnung trägt Merkmale eines Spuks und einer Zeitreise. Da die Beteiligten miteinander kommunizieren konnten und jeder darauf bestand, seine Zeit wäre die „richtige", deutet alles auf eine wirkliche Wechselbeziehung von Zeitzonen hin. Ähnliche Vorkommnisse gibt es aus dem kleinen englischen Ort Smarden in Kent zu berichten. Ein junger französischer Kriegsgefangener, der im 19. Jahrhundert lebte, soll im dortigen Gasthaus *Chequers Inn* noch immer ein aktives „Leben" führen, Gegenstände verstecken und Apporte bewirken. Einmal hat er sogar eine Besucherin berührt und ein Kreuzzeichen auf ihrem Körper hinterlassen. In einem der Schlafzimmer hat man die Apparition eines kleinen, dunkelhaarigen Mannes gesehen, doch kam es zu keiner Kommunikation zwischen ihm und den Bewohnern aus dem 20. Jahrhundert.

Verflochtene Zonen

Mit dem „Hausbesitzer Webbe" und dem französischen Leutnant dringt eine Zeitzone der Vergangenheit in die Gegenwart ein, die sich länger und wechselseitiger gestaltet, als das bei Mr. B. der Fall war – oder bei der britischen Familie, die in Deutschland auf Urlaub war und behauptete, die Insassen eines silberfarbenen, zigarrenförmigen Fahrzeuges mit bullaugenähnlichen Fenstern (scheinbar ein Gerät aus der Zukunft) gesehen zu haben und von ihnen gesehen worden zu sein. In einigen Fällen sind es die Menschen des 20. Jahrhunderts, die in eine andere Zeit reisen, in anderen Fällen empfängt unsere Epoche Besucher aus anderen Zeitzonen.

Wie und warum derartige Dinge auftreten, ist noch ein großes Rätsel. Ein Mensch des 20. Jahrhunderts, der in die Zukunft reist, wird von den Menschen der Zukunft sicherlich als Geist der Vergangenheit angesehen. Reist er dagegen in die Vergangenheit, wird er als Vision aus der Zukunft erscheinen. Beide Phänomene lassen auf die Koexistenz von verschiedenen Zeitzonen schließen. Die interessanteren Fälle sind zweifelsohne diejenigen, bei denen sich die Zeitzonen anscheinend verflechten und die Individuen der verschiedenen Zonen miteinander kommunizieren.

Zum Mechanismus der Zeitreisen sind mehrere Theorien aufgestellt worden. So wird die Möglichkeit in Betracht gezogen, daß Informationen über vergangene oder zukünftige Ereignisse auf (noch) unbekannten elektromagnetischen Wellen „transportiert" werden, die das menschliche Gehirn gelegentlich aufgreift. Hinzu soll eine Art auslösender Faktor kommen, der das Ereignis in Gang setzt. Bei einer Reihe von Fällen hat man auch das völlige Fehlen von Geräuschen über die ganze Zeitreise hinweg registriert. Wenn wir je in der Lage sind, das Phänomen Zeitreise zu verstehen, werden wir möglicherweise auch dem Rätsel des Universums auf die Spur kommen.

Links: In diesem Raum im Gasthaus Chequers *Inn in Smarden, Kent, wurde ein kleiner, dunkelhaariger Mann gesehen – augenscheinlich der Geist eines französischen Gefangenen aus der Zeit der Napoleonischen Kriege.*

ZURÜCK IN DIE ZUKUNFT

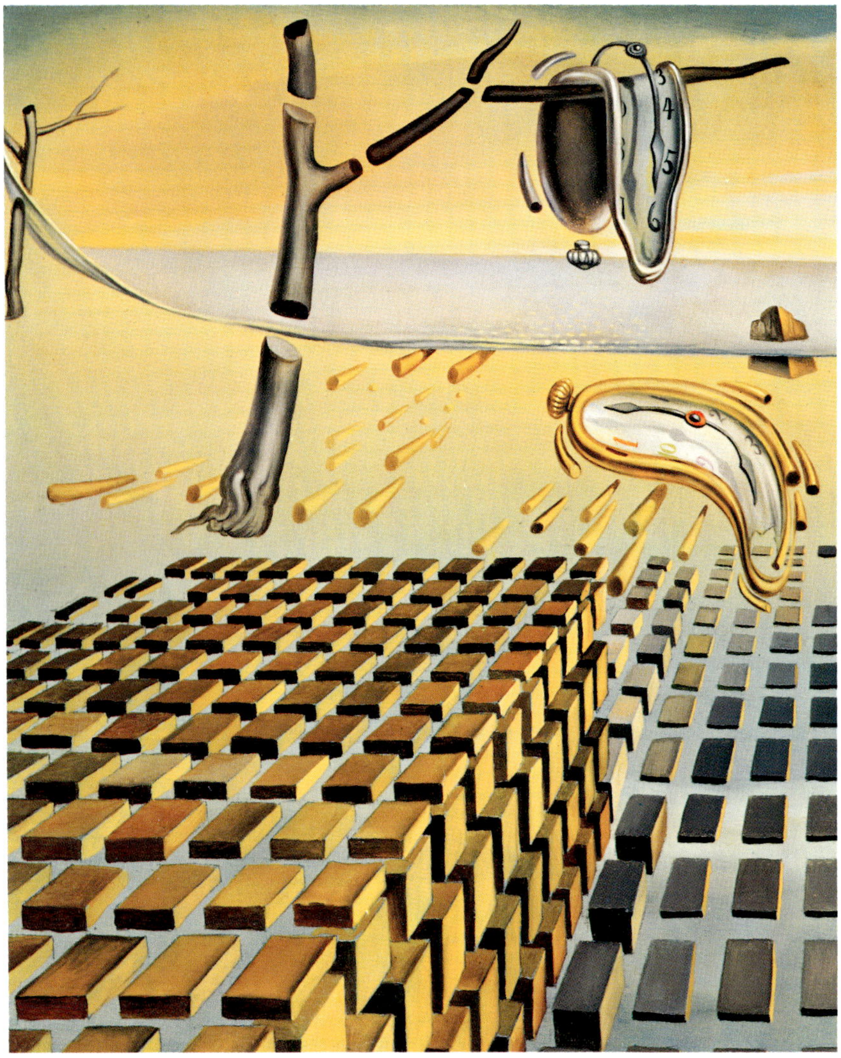

Wäre die Wissenschaft imstande, das Phänomen des Zeitsprungs exakt zu untersuchen, so könnten wir zugleich aufschlußreiche Erkenntnisse über die Natur dessen gewinnen, was wir gemeinhin als Realität bezeichnen.

Für die meisten Menschen gehören Zeitreisen oder Zeitsprünge in den Bereich des „Übernatürlichen". Das „Übernatürliche" als solches kann es indes nicht geben, denn jedes Ereignis, das in unserem Universum stattfindet, ist natürlichen Ursprungs. Selbst wenn sich ein Phänomen mit den bekannten Naturgesetzen nicht erklären läßt, so muß dies daran liegen, daß unser derzeitiges Wissen Lücken aufweist.

Was bei einem Zeitsprung tatsächlich geschieht, ist noch immer nicht ergründet. Wir können also nur das Beweismaterial durchforsten und nach gemeinsamen Nennern und möglichen Bezügen zu den bekannten physikalischen Gesetzmäßigkeiten suchen. Bislang ist bekannt, daß ein „Trigger", ein Auslösefaktor, den Zeitsprung in Gang zu setzen scheint, und zwar meist sehr abrupt. Gewöhnlich stellt sich dabei das Empfinden ein, in zwei Zeitebenen zugleich zu weilen. Ferner hat der Betroffene das Gefühl, in das Geschehen einbezogen zu sein. Es herrschen absolute Geräuschlosigkeit und zuweilen ungewöhnliche Lichtverhältnisse wie etwa „silbriges Licht".

Wie es scheint, liegen physikalische Effekte vor, die die optische und akustische Wahrnehmung der Person verändern und ihr ein Gefühl der Desorientierung oder des Losgelöstseins vermitteln. Gelegentlich trat auch unmittelbar vor einem Zeitsprung beim Betroffenen ein Kribbeln oder Übelkeit auf, wie sie besonders sensible Menschen bei einem bevorstehenden Erdbeben oder vor schwerem Gewitter empfinden (interessanterweise können solche Gefühle auch Spukerscheinungen oder andere paranormale Manifestationen ankündigen).

Elektrische Energie

Eine Betroffene berichtete von „Kribbeln in Armen und Beinen und einem Gefühl, ‚eingeschaltet' zu werden". Damit kam sie der Wahrheit vielleicht sehr nahe, denn es gibt Hinweise, daß eine Form von elektrischer Aktivität bei vielen paranormalen Erfahrungen eine Rolle spielt.

Der „Trigger" war ein entscheidender Faktor im Fall von Anne May, einer norwegischen Lehrerin. Im Mai 1973 erlebte sie in Clava Cairns, Schottland, einen Zeitsprung, der sie in die ferne Vergangenheit dieser Gegend versetzte. Bezeichnenderweise vollzog sich ihre Reise in die Vergangenheit in dem Augenblick, in dem sie sich gegen einen Steinblock lehnte, so, als sei damit ein Schalter betätigt worden. Mehrere andere Personen verwendeten genau diese Formulierung, um ihre Erfahrung zu beschreiben. Alle Betroffenen betonten auch das un-

***Oben:** Das Alptraumhafte in diesem Ausschnitt aus Salvador Dalis Gemälde untermalen schmelzende Uhren, die als Sinnbild für die vom Menschen geschaffene und daher letztlich nicht existierende Zeit stehen.*

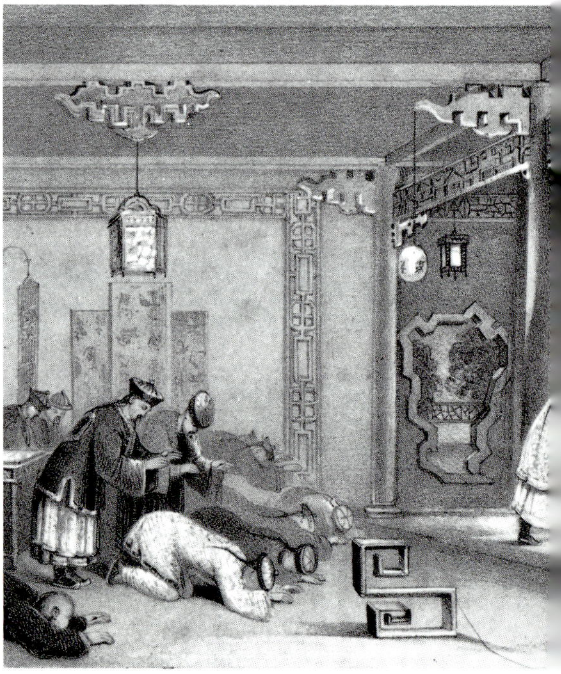

***Rechts:** Im 19. Jahrhundert am Hofe eines Mandarins beobachtet ein Astronom durch ein Teleskop eine Eklipse, während die Abergläubischen voll Furcht ihre Gesichter verbergen.*

Hauptmann Flowerdew (kleines Bild) fand als Kind am Strand einen rosa Kiesel und „erinnerte sich“ spontan an eine aus blaßrosa Stein erbaute Stadt in der Wüste, in der „er“ vor Jahrhunderten in einer Schlacht gefallen war. Der Name der Stadt fiel ihm jedoch erst ein, als er eine Fernsehsendung über die uralte Ruinenstätte Petra (oben) sah.

vermittelte Eintreten des Zeitsprungs. Man gewinnt den Eindruck, als berge das Auslöser-Objekt selbst (im Fall von Anne May der Stein) die Kraft, das Ereignis von alleine in Gang zu setzen.

Faszinierende Wellentheorie

Vorausgesetzt, die Zeitsprünge basieren auf einer Übermittlung von Informationen aus der Vergangenheit oder Zukunft in die Gegenwart, dann – so eine äußerst interessante Theorie – müssen diese Informationen bereits irgendwo existieren. Vielleicht sendet jeder einzelne Bestandteil unserer Welt ständig Informationen über sich selbst aus, und zwar mittels Wellen, die von der Wissenschaft bislang nicht entdeckt werden konnten.

Theoretisch könnten einige dieser Informationen durch Material in der Umgebung empfangen und absorbiert und, wenn geeignete Bedingungen vorliegen, vom Empfänger erneut ausgesendet werden. Jeder Mensch in der Nähe, dessen Gehirn zu diesem Zeitpunkt auf derselben Frequenz wie der „Sender“ arbeitet, könnte dann einen akustischen oder optischen Eindruck des vom ersten „Sender“ abgegebenen „Wellenmusters“ empfangen. Entsprechend sendet vielleicht jeder von uns in Augenblicken starker Erregung Signale aus, die von einem anderen sensiblen Wesen womöglich Jahre später aufgenommen werden.

Was sind das für geheimnisvolle Wellen, die Bilder und Geräusche durch die Zeit transportieren können? Bislang wissen wir es noch nicht. Immerhin ist physikalisch erwiesen, daß alle Objekte ekeltromagnetische Wellen ausstrahlen. Lichtwellen, die uns die Wahrnehmung unserer Umgebung ermöglichen, sind nur ein Beispiel. Auch Radio-, Infrarot- und ultraviolette Wellen, Röntgen- und Gammastrahlen sind ausnahmslos elektromagnetisch. Die meisten dieser unsichtbaren Strahlen wurden erst in den letzten hundert Jahren identifiziert. Warum also sollten nicht auch andere Arten von Strahlung noch ihrer Entdeckung harren?

Die Zukunft jetzt

Ein faszinierender Forschungszweig der Physik, den man als Quantenmechanik bezeichnet, geht davon aus, daß sich die Atomelektronen zeitlich ebenso rückwärts wie vorwärts bewegen können. Demnach wäre es denkbar, daß Informationen aus der Zukunft durch irgendeinen uns nicht bekannten Mechanismus in die Gegenwart zurückbewegt werden.

Ist dies tatsächlich möglich, dann muß die Zukunft „irgendwo“ und in irgendeiner Form bereits existieren. Eventuell tragen also wir selbst in uns, wie auch jede atomare Materie, die Keime unserer eigenen Zukunft.

> „WAS BEI EINEM ZEITSPRUNG TATSÄCHLICH GESCHIEHT, IST NOCH IMMER NICHT ERGRÜNDET ... EIN TRIGGER SCHEINT DEN ZEITSPRUNG ABRUPT IN GANG ZU SETZEN. GEWÖHNLICH STELLT SICH DABEI DAS EMPFINDEN EIN, IN ZWEI ZEITEBENEN ZUGLEICH ZU WEILEN.“

Zwar ist das Verhalten einzelner Atomteilchen unvorhersehbar, doch läßt sich im voraus kalkulieren, wie sie in ihrer Gesamtheit reagieren. Mit anderen Worten könnten alle Ereignisse nach dem Prinzip von Ursache und Wirkung vorherbestimmt sein. Möglicherweise wurde der Schicksalsgedanke sogar aus dem Wissen darum geboren, daß wir nur deshalb sind, was wir sind, und tun, was wir tun, weil uns eine bestimmte genetische Struktur zugrunde liegt.

Wäre dies uneingeschränkt wahr, so müßte unser Leben, ja die gesamte Menschheitsgeschichte vorherbestimmt und die Zukunft unausweichlich festgelegt sein. Es hat jedoch den Anschein, daß wir unser Schicksal – zumindest gelegentlich – durch Willenskraft beeinflussen und ändern können.

Wenn wir eine Vorahnung erleben, sei es im Traum oder im Wachzustand, könnte dies bedeuten, daß wir von bereits existenter Materie Informationen über ihre zukünftige Entwicklung empfangen. Kurzfristig bewahrheiten sich diese Informationen wahrscheinlich eher als über einen langen Zeitraum, bei dem der Mensch mehr Möglichkeiten hat, willentlich in den Prozeß einzugreifen.

Doch gibt es auch hier Ausnahmen. Mitunter erweist sich eine präkognitive Wahrnehmung erst Jahre später als zutreffend. Es sind sogar Fälle bekannt, bei denen zwischen der Vorahnung und ihrer tatsächlichen Erfüllung 20 Jahre verstrichen.

Immerhin liegen mehrere Berichte von Menschen vor, die sich als Akteure in historischen Situationen wiederfanden. Eine Frau, die nahe dem Stadttor Bootham Bar in York spazierenging, wurde plötzlich in die Vergangenheit zurückversetzt, als ein Sonnenstrahl ein Wappen auf dem mittelalterli-

DAS MÄDCHEN AUS SCHOTTLAND

An einem Nachmittag im Jahre 1950 war Brigadekommandeur K. Treseder mit Kollegen der britischen und amerikanischen Botschaft in Oslo Ski gelaufen. Kurz vor der Heimfahrt wurden der Brigadekommandeur, seine Frau und ein Freund von den anderen getrennt. Plötzlich sahen sie sich einer alten Dame in Kleidern aus der Jahrhundertwende gegenüber, die wissen wollte, was sie auf ihrem Grund und Boden zu suchen hätten. Sie sprach Englisch mit schottischem Akzent und war offenbar sehr verärgert. Die drei entschuldigten sich, doch die Dame ließ sich nicht beschwichtigen und schimpfte auf die neumodischen Manieren.

Ein Ruf der anderen veranlaßte die drei, zurückzuschauen, und als sie sich wieder umwandten, war die alte Dame genauso unvermutet verschwunden, wie sie aufgetaucht war. Zu einem späteren Zeitpunkt stellte sich heraus, daß keiner der übrigen Kollegen sie gesehen hatte. Nachforschungen vor Ort ergaben, daß zwar keine exzentrische Schottin dort lebte, der Urgroßvater des Landbesitzers jedoch um die Jahrhundertwende „das Mädchen aus Schottland" geheiratet hatte.

War die Erscheinung nun ein gesprächiger Geist, oder handelte es sich um eine Halluzination, die drei Personen gemeinsam erlebten? Oder könnte es sein, daß die Skiläufer wirklich eine Unterhaltung mit einer Frau aus der Vergangenheit führten?

chen Stadttor traf. Unvermittelt schwand ihre Wahrnehmung der Gegenwart, und sie fand sich inmitten einer mittelalterlichen Szene mit Mühlkarren, Kutschwagen und einer großen Menschenmenge wieder. Berittene Soldaten bahnten einen Weg für eine hochgestellte Persönlichkeit, die ihnen folgte. Dann brach die Sonne durch, und das Bild verschwand vor ihren Augen.

Wieder einmal ist ein Auslösefaktor vorhanden, in diesem Fall der Sonnenstrahl, der plötzlich das Wappen auf dem Stadttor traf. Es wäre sogar vorstellbar, daß das Stadttor Bootham Bar selbst die Szene aus der eigenen Vergangenheit „aufgezeichnet" hatte und die besonderen, durch den plötzlichen Sonnenstrahl entstandenen Lichtverhältnisse

> „VIELLEICHT SENDET JEDER VON UNS IN AUGENBLICKEN STARKER ERREGUNG SIGNALE AUS, DIE VON EINEM ANDEREN SENSIBLEN WESEN WOMÖGLICH JAHRE SPÄTER AUFGENOMMEN WERDEN."

Oben: Bootham Bar ist eines von Yorks mittelalterlichen Stadttoren. Dort erlebte eine Fußgängerin einen plötzlichen Zeitsprung in die Vergangenheit der Stadt, als ein Sonnenstrahl auf ein Wappen an dem Tor fiel.

den „Schalter" für den Zeitsprung betätigten. Wenn dies zuträfe, warum „wählte" Bootham Bar gerade diese Szene aus all den Millionen aufgezeichneter Augenblicke? Und warum erlebte und berichtete diese Szene sonst keiner der Menschen, die sich alle zu diesem Zeitpunkt in der Nähe von Bootham Bar im York des 20. Jahrhunderts aufhielten? Hatte vielleicht gerade diese Szene eine besondere Bedeutung? Oder war das Gehirn dieser Frau als einziges auf der richtigen „Wellenlänge", um die Informationen zu empfangen und sie in Bilder und Geräusche umzusetzen?

Auf gleicher Wellenlänge

Das menschliche Gehirn arbeitet mit elektrischen Impulsen und verwendet dabei mehrere Frequenzen, die jedoch von Mensch zu Mensch individuell verschieden sein können. Es wäre also vorstellbar, daß sich Menschen, die empfänglich für übersinnliche Wahrnehmungen sind, lediglich zufällig auf bestehende Wellenmuster (aus Vergangenheit oder Zukunft) einstellen und ihr Gehirn gerade auf der richtigen Empfangsfrequenz arbeitet.

Es ist aber auch eine Tatsache, daß viele rätselhafte Zeitsprungerfahrungen sich als Halluzinationen erklären lassen. Träume und Hypnose lassen einen Grad von Kreativität erkennen, der sich dem Bewußtsein verschließt. Ebensowenig kennt man den genauen Wirkungsbereich des genetischen Erbguts. Zeitsprünge werden vielleicht durch Phantasie, Hysterie, Drogen oder zuweilen auch durch Krankheiten hervorgerufen. Wenn man aber all diese Faktoren in Betracht gezogen hat und ausschließen konnte, bleiben Fälle bestehen, die sich allenfalls noch durch Analogien in bezug auf das elektromagnetische Kraftfeld erklären lassen, das jeder Mensch besitzt und mit dem wir ohne Zweifel Informationen aussenden und empfangen. Wenn das Gehirn elektrische Daten, die ihm von externen Quellen zugeführt werden, tatsächlich in Bilder und Töne umsetzen kann, dann ließen sich alle sogenannten übersinnlichen Phänomene einschließlich der Zeitsprünge plausibel erklären.

STREIFZUG IN DIE VERGANGEN-HEIT

Was zwei Engländerinnen bei einem Besuch von Versailles 1901 erlebten, erregte noch Jahre später die Gemüter. Die Damen behaupteten, einen Zeitsprung zurück ins 18. Jahrhundert, die Zeit Marie-Antoinettes, erlebt zu haben.

Rechts oben und unten: Als Miss Moberley und Miss Jourdain am 10. August 1901 das Schloß von Versailles besichtigten, schien alles in bester Ordnung. Nachdem sie auch den Spiegelsaal gesehen hatten, verließen sie das Schloß und begaben sich auf die Suche nach dem Petit Trianon (unten), jenem Lustschloß, das einst Marie-Antoinette gehört hatte. Plötzlich fanden sie sich in einer Umgebung wieder, die anscheinend einem anderen Jahrhundert angehörte.

Im August des Jahres 1901 verbrachten die beiden englischen Lehrerinnen Miss Anne Moberley, Rektorin des St. Hugh's College in Oxford, und Miss Eleanor Jourdain, Leiterin einer Mädchenschule in Watford nahe London, ihren Urlaub in Paris. An einem sonnigen Nachmittag beschlossen sie, Versailles zu besichtigen, das beide noch nicht kannten. Beide Frauen interessierten sich für Geschichte und zeigten keinerlei Neigung zur Leichtgläubigkeit und emotionalen Überreaktionen.

Nachdem sie das Schloß besichtigt hatten, ruhten sie sich eine Weile in der Spiegelgalerie aus. Der durch die Fenster strömende Blumenduft veranlaßte sie jedoch dazu, bald wieder hinauszugehen. Sie brachen in Richtung des Petit Trianon auf,

Gegenüberliegende Seite oben: Auf dem vergrößerten Ausschnitt einer Karte, die von Richard Mique, dem Baumeister und Gartenarchitekten Marie-Antoinettes, angefertigt wurde, ist der Weg eingezeichnet, den Miss Moberley und Miss Jourdain bei ihrem Besuch von Versailles am 10. August 1901 nahmen.

Oben links und oben rechts: Miss Anne Moberley und Miss Eleanor Jourdain waren entschlossen, das Rätsel hinter ihren Erlebnissen zu ergründen. Daher suchten sie das Petit Trianon noch mehrmals auf, wobei sie jedoch feststellten, daß sich die Gartenanlage seit ihrem ersten Besuch entschieden verändert hatte.

jenem Lustschloß, das Ludwig XV. im Park hatte erbauen lassen und das sein Nachfolger, Ludwig XVI., Königin Marie-Antoinette zum Geschenk gemacht hatte. Schließlich gelangten sie zu einem langgestreckten See mit einem Wäldchen zu seiner rechten Seite und von dort zu einem weiteren Gewässer, neben dem sich das Grand Trianon, ein für Ludwig XVI. errichtetes Lustschloß, erhob. Von hier aus wanderten sie zu einer breiten grünen Auffahrt, die zum Petit Trianon führte.

Statt ihr zu folgen, überquerten sie die Frauen, die inzwischen die Orientierung verloren hatten, und schlugen einen Seitenweg ein. Später erinnerte sich Miss Moberley, in einem Gebäude an der Abzweigung des Weges eine Frau gesehen zu haben, die am Fenster ein weißes Tuch ausschüttelte. Sie hatte sich gewundert, daß ihre Freundin sich bei der Frau nicht nach dem Weg erkundigt hatte. Wie sie jedoch später herausfand, war dies gar nicht möglich gewesen, da Miss Jourdain weder die Frau noch das Gebäude gesehen hatte.

Zu diesem Zeitpunkt waren die beiden Frauen so in ein Gespräch über England und gemeinsame Freunde dort vertieft, daß ihnen nichts Seltsames in ihrer unmittelbaren Umgebung auffiel. Sie bogen nach rechts, passierten einige Gebäude und sahen durch eine offene Tür einen geschnitzten Treppenaufgang. An einer dreifachen Weggabelung angelangt, schlugen sie, ohne innezuhalten, den mittleren Weg ein. Das einzige Motiv für diese Wahl bestand aus zwei Männern, die dort anscheinend mit einer Art Schubkarre und einem spitzen Spaten arbeiteten. Offensichtlich handelte es sich um Gärtner, wobei den beiden Frauen jedoch ihre ungewöhnlichen, langen, graugrünen Gewänder und die kleinen Dreispitze auffielen, die sie auf dem Kopf trugen. Nach dem Weg befragt, wiesen die Gärtner die beiden Damen weiter geradeaus.

Etwa ab diesem Zeitpunkt begannen beide sich bedrückt und melancholisch zu fühlen, ohne dies jedoch der anderen zu sagen. Auch nahmen sie ihre Umgebung nur noch als Fläche wahr, als wäre die Landschaft plötzlich zweidimensional geworden. Dieser Eindruck wurde geradezu übermächtig, als sie sich einem kleinen Gartenhäuschen näherten, das kreisrund war, ähnlich einem Musikpavillon, und neben dem ein Mann saß. Keiner war der Mann mit seinem düsteren, unsympathischen Gesicht so recht geheuer. Er trug einen Hut und einen Umhang, der einem Sombrero ähnelte. Obwohl sie sich nicht sicher waren, welchen Weg sie einschlagen sollten, wären sie um nichts in der Welt an diesem Mann vorbeigegangen.

Erleichtert vernahmen sie hinter sich das Geräusch eiliger Schritte. Als sie sich aber umwandten, war niemand auf dem Weg zu sehen. Doch bemerkte Miss Moberley ganz in der Nähe einen anderen Mann, der ohne warnende Geräusche plötzlich aufgetaucht sein mußte. Nach Aussage der Damen handelte es sich um einen hochgewachsenen Gentleman mit großen, dunklen Augen und gelocktem schwarzem Haar. Auch er trug eine Art Sombrero und einen dunklen Umhang und wies ihnen scheinbar erregt und, wie die Frauen befanden, mit einem eigenartigen Lächeln den Weg zum Haus. Als sie sich jedoch umdrehten, um ihm nochmals zu danken, war er verschwunden. Wieder hörten sie, diesmal dicht neben sich, das Geräusch

Rechts: Miss Moberley meinte, den Geist der französischen Königin Marie-Antoinette (1755–1793) nahe der Terrasse des Petit Trianon im Gras sitzend gesehen zu haben. Als sich später herausstellte, daß Miss Jourdain dort niemand aufgefallen war, beschlossen die beiden Damen unabhängig voneinander, ihre Erinnerungen an jenen Tag genau aufzuschreiben.

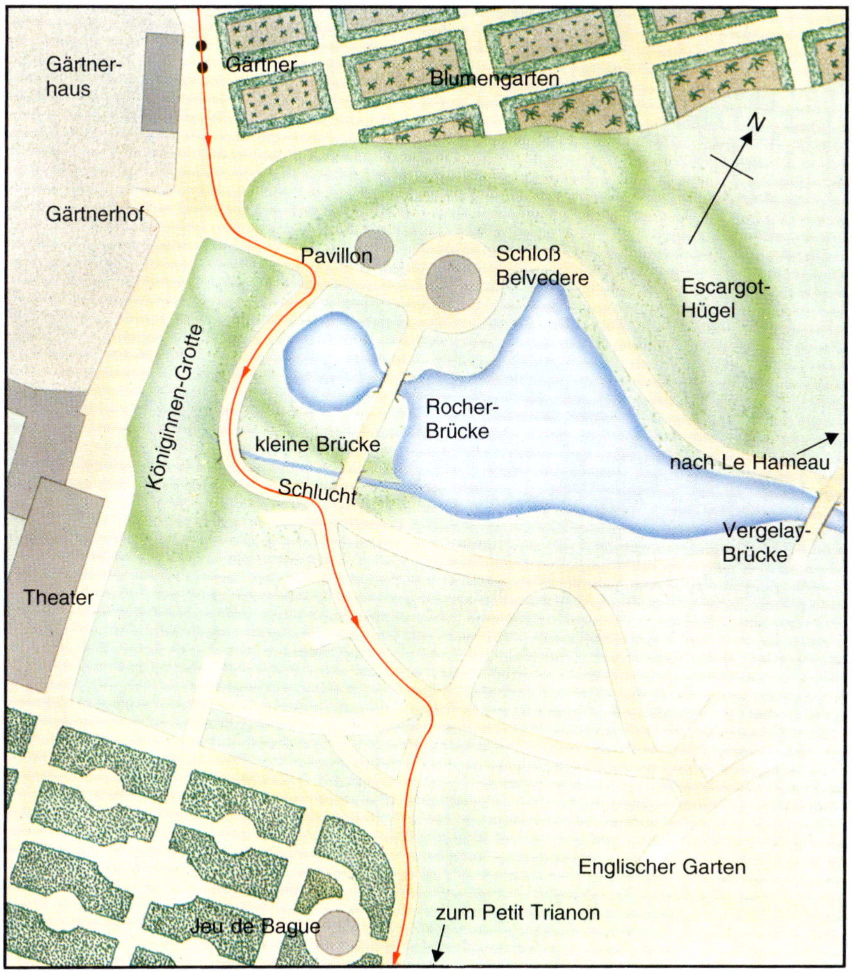

eiliger Schritte, und wieder war niemand zu sehen. Daraufhin überquerten die Damen eine Brücke über eine kleine Klamm, an deren Rand ein Wasserfall rauschte, und erreichten schließlich ein quadratisches, solide gebautes, kleines Landhaus mit einer Terrasse an der Nord- und Westseite. Miss Moberley sah eine Dame im Gras sitzen, die vermutlich mit Zeichnen beschäftigt war. Als die beiden an ihr vorbeigingen, blickte die Dame ihnen direkt ins Gesicht. Sie war, wie Miss Moberley bemerkte, zwar recht hübsch, hatte jedoch kein junges Gesicht. Ihr Kleid war aus einem leichten Stoff und tief ausgeschnitten. Auffallend war auch das üppige blonde Haar, auf dem ein weißer Hut saß.

Wortlos gingen die beiden Engländerinnen an der Dame vorbei und hinauf auf die Terrasse, wobei Miss Moberley ein Gefühl hatte, als befände sie sich in einem Traum. An der Südwestecke der Terrasse angelangt, erblickten die beiden ein zweites Haus, aus dem ein junger Mann, der seinem Gebaren nach ein Lakai war, trat und anbot, die beiden Damen herumzuführen. In dem Augenblick stieß eine ausgelassene Hochzeitsgesellschaft zu ihnen, und ihre gute Laune kehrte zurück.

In der folgenden Woche sprachen die beiden nicht über die Ereignisse dieses Nachmittags. Erst als Miss Moberley ihre Erinnerungen niederschrieb, übermannte sie erneut diese unerklärliche Melancholie. Daraufhin stellte sie ihrer Freundin gegenüber die Vermutung an, daß es im Petit Trianon wohl spuke. Auch Miss Jourdain hatte diesen Gedanken gehabt. Als sie dann ihre Aufzeichnungen verglichen, stellten sie mit Erstaunen fest, wie unterschiedlich sie manche Geschehnisse wahrgenommen hatten. Drei Monate nach ihrem Besuch schrieben beide ausführlich ihre Erlebnisse unabhängig voneinander nieder. Der große zeitliche Abstand war einer der Faktoren, der Kritiker später zu Skepsis veranlaßte. Man warf den Damen Moberley und Jourdain vor, sich nicht genau erinnert, sondern die Dinge „phantasievoll rekonstruiert“ zu haben.

Es wurden jedoch Erklärungen gefunden, die die Begebenheit am Trianon zu untermauern schienen. So erhielt Miss Jourdain von einer Pariser Freundin die Mitteilung, daß einige Einwohner von Versailles an einem Augusttag Marie-Antoinette gesehen hätte. Angeblich trug sie ein rosa Kleid und einen großen weißen Hut und saß im Garten des Petit Trianon. Nach Meinung der Freundin schien die gesamte Szene – die anwesenden Menschen und die gebotenen Amüsements – eine exakte Wiedergabe der Geschehnisse vom verhängnisvollen 10. August 1792 gewesen zu sein. An jenem Tag wurden die Tuilerien geplündert, die königliche Familie mußte nach Paris fliehen, und das Königspaar wurde eingesperrt. Miss Moberley und Miss Jourdain fragten sich, ob sie vielleicht in eine Erinnerung der Königin geraten seien, die entweder von ihr auf das Trianon projiziert worden oder in dem Ort selbst bewahrt war. Sie faßten den Entschluß, nach Versailles zurückzukehren, um den Wahrheitsgehalt ihrer Erlebnisse vor Ort zu überprüfen.

Eine magische Sphäre

Miss Jourdain suchte das Trianon im folgenden Januar ein zweites Mal auf, und wieder spürte sie die seltsame Atmosphäre. Diesmal jedoch fand sie einiges verändert vor. Der Pavillon etwa schien nicht der gleiche wie vorher, und anfangs strahlte der Ort auch nichts Unheimliches aus. Die bedrohliche Stimmung kam erst zurück, als sie eine Brücke passierte, um das Dorf Le Hameau zu erreichen, das von Marie-Antoinette angelegt worden war. Miss Jourdain hatte das Gefühl, eine Linie überschritten und magische Sphären betreten zu haben. Sie sah einen Karren, auf den zwei mit längeren Jacken und Kapuzenumhängen bekleidete Arbeiter Zweige luden. Sie sah

Unten: Die Abbildung zeigt einen Entwurf der Gärten am Petit Trianon, den der Gartenbaumeister Antoine Richard 1774 zeichnete. Innerhalb des kleinen Kreises war ein Pavillon geplant, der angeblich von Miss Moberley und Miss Jourdain gesehen wurde. Doch ist nicht sicher, ob dieser jemals gebaut wurde.

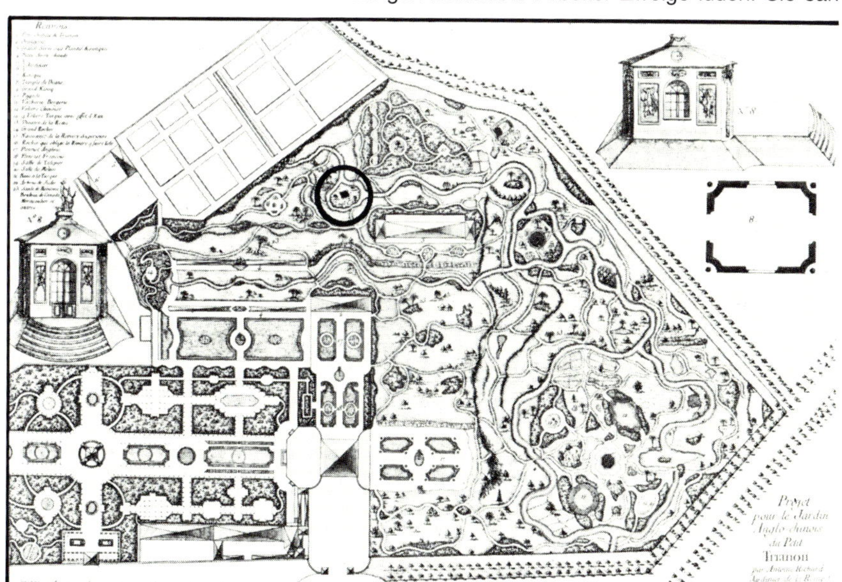

sich kurz nach Le Hameau um, und als sie sich wieder umwandte, waren die Männer und der Karren verschwunden. Dann sah sie einen Mann, der zwischen den Bäumen umherstreifte, und hörte das Rascheln von Seidenkleidern. Sie spürte Scharen unsichtbarer Menschen um sich und vernahm aus der Ferne Orchestermusik. Keine dieser Wahrnehmungen aber reichte in ihrer Intensität an die des vergangenen August heran.

Noch mehrere Male kehrten die beiden Freundinnen gemeinsam nach Versailles zurück, ohne jedoch Ähnliches wieder zu erleben. Vielmehr entdeckten sie, daß sich die Gartenanlagen seit ihrem ersten Besuch wesentlich verändert hatten. Wälder und Wege waren verschwunden, Gebäude verändert, der Pavillon entfernt, Mauern niedergerissen, und auch die Schlucht mit der kleinen Brücke und dem rauschenden Wasserfall war nicht mehr da. Das Trianon des 20. Jahrhunderts wies kaum Ähnlichkeit mit dem auf, das sie beim ersten Mal gesehen hatten. Verwirrt und neugierig zugleich begannen die beiden Frauen, sich mit der Vergangenheit von Marie-Antoinettes Petit Trianon zu befassen.

Damals war wenig über die Retrokognition bekannt, also das in die Vergangenheit weisende Hellsehen. Da die Erlebnisse der beiden Frauen so verwickelt und komplex waren, wurden die naheliegendsten Erklärungen herangezogen, zum Beispiel, daß sie Halluzinationen gehabt, sich nicht genau erinnert oder die Ereignisse romantisiert hätten.

Miss Moberley und Miss Jourdain aber schienen von der Realität ihrer Erlebnisse so überzeugt, daß sie die Sache näher ergründen wollten. In den nächsten Jahren erforschten sie bis ins letzte Detail die Originalarchitektur des Trianon und der Gärten, die Namen der Landschaftsgärtner, ebenso die der königlichen Arbeiter und die Art ihrer Kleidung. Angesichts der Ergebnisse ihrer Nachforschungen scheint die spöttische Bemerkung eines Kritikers, die Frauen hätten Menschen des Jahres 1901 in der Umgebung und Kleidung dieser Zeit gesehen, nicht haltbar. Zweifellos waren die für das Trianon zuständigen Angestellten nicht mit graugrünen Uniformen und Dreispitzen bekleidet, denn, so schrieben Moberley und Jourdain später in ihrem Buch *An Adventure* (Ein Abenteuer), die königlichen Livreen waren grün gewesen, und deshalb trage niemand mehr am Trianon diese Farbe. Handelte es sich bei den Erscheinungen vielleicht um Teilnehmer eines Maskenzugs, und stammte die Musik von einem echten Orchester, das lediglich den Blicken der Besucherin verborgen war? Wie aber hätten die verkleideten Personen durch Wälder laufen können, die es gar nicht gab? Wie Miss Jourdain herausfand, hatte außerdem an jenem Nachmittag des Jahres 1902 kein Orchester im Freien gespielt.

***Oben:* Das Jeu de Bague mit seinem Halbrund stand einst auf dem Gelände des Trianon. Léon Rey, einer der Kritiker der Moberley-Jourdain-Geschichte, hielt es für den Pavillon, den die Frauen gesehen hatten, was sie jedoch bestritten.**

***Links und oben:* Während ihrer Nachforschungen stießen Miss Moberley und Miss Jourdain auf zahlreiche Belege für ihre Annahme, sie seien in die Welt Marie-Antoinettes zurückversetzt worden. Darstellungen der Mode jener Epoche ähnelten sehr der Kleidung, die die Gestalten trugen, denen sie im Park von Versailles begegneten. Und als sie Beschreibungen des Comte de Vaudreuil (oben) lasen, der ein enger Vertrauter der Königin gewesen war, gelangten sie zu dem Schluß, daß er der „unsympathische" Mann war, der neben dem Pavillon saß.**

Nachträgliche Phantasien

Der Pavillon, den sie gesehen hatten, ähnelte in gewisser Weise einem Gebäude, das in den Plänen für das Trianon als dekorative Ruine eingezeichnet war. Ob es indes je realisiert wurde, steht nicht eindeutig fest. Der Pavillon bereitete Moberley und Jourdain Probleme. Er hätte Anklänge an die chinesische Baukunst aufgewiesen, erinnerten sie sich. Ein französischer Kritiker, Léon Rey, schrieb in der *Revue de Paris*, daß er in ihm ein Gebäude namens Jeu de Bague zu erkennen glaube, das chinesische Stilelemente enthielte. Die beiden Engländerinnen konnten dem jedoch nicht zustimmen und verwiesen auf die deutlichen Unterschiede zwischen dem Jeu de Bague und dem Pavillon vom 10. August 1901, den sie immerhin gesehen hatten, Rey aber nicht. Die chinesischen Anklänge erwähnten sie erstmals 1909, was die Möglichkeit nachträglicher Phantasien nicht ausschließt. Allerdings gibt es Grund zu der Annahme, daß Marie-Antoinettes Gartenbaumeister Antoine Richard 1774 in den Plänen einen Pavillon eingezeichnet hatte, wie ihn die beiden Frauen 1901 sahen.

Angesichts der von Moberley und Jourdain berichteten „Fakten" und der zahlreichen Kritiken und Gegendarstellungen der folgenden Jahre erscheint die Situation reichlich verwirrend. Der dunkle, den beiden Frauen so unsympathische Mann wurde als der Comte de Vaudreuil „identifiziert", der während der letzten Monate von Marie-Antoinettes Herrschaft eine zwielichtige Rolle gespielt hatte. Einem anderen Kritiker zufolge könnte es sich jedoch auch um den alten Ludwig XV., den Erbauer des Petit Trianon, gehandelt haben. Kaum eine Angabe der beiden Frau-

„WENN WIR DAS GESAMTBILD BETRACHTEN, DAS SICH AUS DEN BEWEISEN FÜR ‚ZEITSPRÜNGE' UND PRÄKOGNITIONEN ERGIBT, SO STEHT AUSSER FRAGE, DASS EIN WEITERER WAHRNEHMUNGSMODUS EXISTIERT, DER DIE VERGANGENHEIT MIT DER IHR EIGENEN SOLIDEN REALITÄT UMFASST. ANDERNFALLS KÖNNTEN DIE BEIDEN ENGLISCHEN DAMEN IN VERSAILLES KEINE NICHTEXISTENTE BRÜCKE ÜBERQUERT HABEN."

Colin Wilson, Beyond the Occult (Jenseits des Okkulten)

***Oben:** Le Hameau ist ein kleines Modelldorf, das Marie-Antoinette auf dem Gelände des Trianon anlegen ließ. Als Miss Jourdain im Januar 1902 allein in Versailles weilte, nahm sie nichts Außergewöhnliches wahr, bis sie zu dem Dorf gelangte. Plötzlich überkam sie wieder die gleiche Niedergeschlagenheit, die sie schon im Jahr zuvor verspürt hatte.*

***Unten:** Einige Kritiker sahen in dem Temple de l'Amour den Pavillon, den Moberley und Jourdain 1901 gesichtet hatten. Diese These wurde aber von den Damen rundweg abgelehnt.*

en wurde später nicht angefochten und durch eine noch gewagtere Behauptung ins Gegenteil verkehrt. Die Kritiker widersprachen nicht nur den Augenzeuginnen, sondern auch einander und verdrehten die Tatsachen völlig, nur um nachzuweisen, daß die Frauen das Gesehene nur in ihrer Phantasie erlebt oder fehlgedeutet, verzerrt und romantisiert hätten. Für die Kritiker waren ihre Nachforschungen nicht gründlich genug. Außerdem hätten sie ihre Erlebnisse im nachhinein ausgeschmückt, damit sie mit den Ergebnissen ihrer Forschungen übereinstimmten und somit glaubwürdiger wirkten. Die Frauen, die es in puncto Intelligenz offenbar mit ihren Kritikern ohne weiteres aufnehmen konnten, wurden als Gespann leichtgläubiger alter Jungfern abgestempelt, deren Köpfe voll von romantischem Unsinn über die tragische französische Königin seien.

Liest man indes ihre Aufzeichnungen, erhält man einen völlig anderen Eindruck. Die Frauen schienen ausgeglichen, vernünftig und wirklich verwundert zu sein über das, was sie an jenem Augusttag des Jahres 1901 gesehen hatten. Ihre späteren Recherchen waren so gründlich, wie es das zur Verfügung stehende Material erlaubte. Zu dem Vorwurf, sie hätten ihre ursprüngliche Geschichte den späteren Erkenntnissen angepaßt, bliebe zu überlegen, ob sie das Erlebte anfangs nicht verstanden hatten und erst durch die nachträglich bekannten Fakten richtig zu interpretieren wußten. Sicher war es ein Fehler, die Ereignisse nicht sofort zu notieren, aber wahrscheinlich hielten sie dies zum damaligen Zeitpunkt nicht für nötig.

Was tatsächlich am 10. August 1901 geschah, läßt sich nicht mehr rekonstruieren. Wahrscheinlich hatten die beiden Frauen aber eine Langzeithalluzination zusammen mit einem retrokognitiven Zeitsprung. Der bei weitem interessanteste Aspekt dabei ist der Austausch, der angeblich zwischen Personen der Vergangenheit und der Gegenwart stattfand. Zwei andere Engländerinnen erlebten 50 Jahre später in Dieppe etwas ganz Ähnliches. Ist es die Atmosphäre in Frankreich oder vielleicht seine Geschichte, die solche seltsamen Begegnungen begünstigt?

VON DER ANDEREN SEITE

Versuchen die Toten mit uns zu sprechen?
Einige Leute behaupten, daß sie ihre Stimmen aufnehmen können, obwohl diese oft undeutlich (verschwommen) sind. Einige von ihnen bleiben ziemlich rätselhaft; einige Künstler und Musiker scheinen begeistert davon zu sein, neue Werke in unsere Welt zu holen, während andere nur die Wahrheit über den Tod erhellen möchten.

STIMMEN AUS DEM JENSEITS

Liefern moderne Tonbandgeräte Beweise für das Leben nach dem Tod? Tausende Stimmen – angeblich von Verstorbenen – wurden aufgenommen, ohne vernünftige Erklärung für ihre Herkunft. Was sollen wir mit ihnen anfangen?

Thomas Alva Edison (1847–1931), oben, erfand den Phonographen und die Glühbirne. Er arbeitete auch an einem Gerät, das, wie er glaubte, eine Form von telepathischem Kontakt mit den Toten ermöglichen würde.

Thomas Alva Edison war einer der größten Erfinder des 19. Jahrhunderts. Ihm verdanken wir die Perfektion des Duplextelegraphen, die Erfindung des Phonographen und die Einführung des elektrischen Lichts in den USA. 1882 beleuchtete sein Generator erstmals die Straßen von New York; und zwölf Jahre später eröffnete er seinen „kinetoskopischen Salon" in der Stadt, in dem er bewegte Bilder zeigte. Trotz derart solider Erfolge gab er 1920 dem *Scientific American* ein Interview, das einige seiner Landsleute glauben ließ, der 73jährige sei senil geworden. Was er in der Ausgabe vom 30. Oktober vorschlug, war nichts Geringeres als ein Gerät zur Kommunikation mit Toten.

„Wenn unsere Persönlichkeit überlebt, dann ist die Annahme nur logisch und wissenschaftlich, daß sie Gedächtnis und Intelligenz, Fähigkeiten und Wissen behält, das wir auf Erden erwerben. Daher: Wenn Persönlichkeit nach dem, was wir Tod nennen, weiterbesteht, ist es vernünftig anzunehmen, daß die, die diese Erde verlassen, mit denen, die sie zurücklassen, reden wollen …

Ich neige zu der Überzeugung, daß unsere Persönlichkeit fähig sein wird, Materie zu bewegen. Wenn das zutrifft und wir ein so feines Instrument entwickeln können, daß es von unserer Persönlichkeit im nächsten Leben beeinflußt, bewegt oder gehandhabt werden kann, sollte ein solches Instrument etwas aufzeichnen."

Edison arbeitete an der Entwicklung eines solchen Instruments, war jedoch nicht in der Lage, Stimmen von Toten aufzuzeichnen. Nach Ansicht vieler moderner Wissenschaftshistoriker wurde er 1959 offenbar bestätigt.

Geister in der Maschine

Damals ging der gefeierte schwedische Maler, Musiker und Filmemacher Friedrich Jürgenson mit seinem batteriebetriebenen Tonbandgerät in eine entlegene Gegend nahe seines Landhauses, um Vogelstimmen aufzuzeichnen. Als er die Bänder später abspielte, hörte Jürgenson nicht nur die Vögel, sondern auch schwache menschliche Stimmen, die in Schwedisch und Norwegisch über den nächtlichen Gesang von Vögeln sprachen. Trotz des gleichen Themas dachte Jürgenson zunächst, er habe eine atmosphärische Radiosendung aufgenommen. Als er den Versuch jedoch wiederholte, hörte er weitere Stimmen, die diesmal ihn persönlich anredeten und sich als tote Verwandte oder Freunde ausgaben.

Während der folgenden Jahre sammelte Jürgenson von seinem Haus in Mölnbo bei Stockholm aus Material, das er 1964 in seinem Buch *Stimmen aus dem Universum* vorstellte. Es erwies sich als so überzeugend, daß es die Aufmerksamkeit des deutschen Psychologen Hans Bender erregte, Inhaber des Lehrstuhls für Parapsychologie an der Universität Freiburg, der ein Team hervorragender Wissenschaftler mit der Wiederholung der Experimente und der Analyse der Ergebnisse betraute.

Sie entdeckten, daß ein fabrikneues Band, das unter verschiedenen Bedingungen und Umständen in einer völlig ruhigen Umgebung über einen gewöhnlichen Aufnahme-Tonkopf läuft, anschließend

„DIE AUSWIRKUNGEN DIESER STIMMEN VON NIRGENDWO SIND ENORM. DR. BENDER HIELT SIE FÜR DIE MENSCHHEIT SOGAR FÜR WICHTIGER ALS DIE KERNPHYSIK."

SELBST STIMMEN AUFNEHMEN

Ein gewöhnlicher Kassettenrecorder reicht aus, um „elektronische Stimmen" aufzunehmen, doch grob gesagt, je besser die Ausstattung, desto zufriedenstellender die Ergebnisse. Geräte mit Lautstärke-, Klang- und Aussteuerungsreglern erleichtern die Aufgabe, die Stimmen beim Abspielen zu verstehen, ganz erheblich, und ein guter Kopfhörer ist wesentlich.

Experten sind sich einig, daß die Nachtstunden für Experimente ideal sind. Die meisten Forscher arbeiten am liebsten in einem ruhigen Raum, doch auch an einem ruhigen Platz in der freien Natur bringt ein tragbares Gerät gute Ergebnisse, wie Jürgenson bewies. Datum und Uhrzeit sollten vor jeder Sitzung auf das Band gesprochen werden, gefolgt von einer Aufforderung an die Stimmen, zu sprechen.

Eine Aufzeichnungssitzung sollte höchstens zwei Minuten dauern, da höchste Konzentration beim Abhören des Bandes erforderlich ist.

Am wahrscheinlichsten sind Erfolge mit einer der folgenden Aufnahmemethoden:

Bei der ersten wird das Tonband einfach auf „Aufnahme" gestellt, man stellt laut seine Fragen und notiert auf einem Zettel.

Bei der zweiten Methode nimmt man die einleitenden Worte über ein Mikrofon auf und schließt dann ein Radio an, das zwischen zwei Sendern steht und „weißes Rauschen" empfängt, der Aufnahmepegel ist dabei in mittlerer Position.

Bei der dritten Methode verwendet man einen Diodenreceiver, ein kleines Kristallset, das in den Mikrophoneingang eines Tonbandgerätes gestöpselt wird.

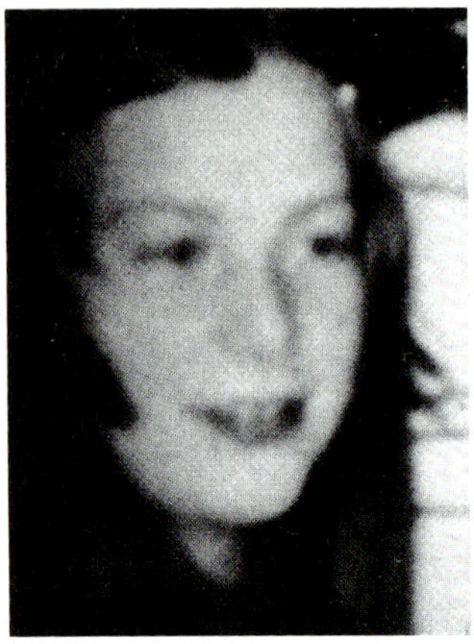

Klaus Schreiber, pensionierter Inspektor der Feuerwache, rechts, will einen Schritt über die Aufzeichnung von Stimmen hinausgegangen sein und auf dem Fernseher das Bild seiner verstorbenen Tochter Karin, oben, eingefangen haben.

bei der Wiedergabe menschliche Stimmen enthält, die erkennbare Worte sprechen. Die Herkunft dieser Stimmen ist im Lichte heutiger Wissenschaft offenbar unerklärlich, und die Stimmen selbst sind insofern objektiv, als sie dieselben Spuren hinterlassen wie normale Stimmen und als Ausschläge im Oszillographen sichtbar gemacht werden können. Die Auswirkungen dieser „Stimmen von nirgendwo" sind enorm. Dr. Bender hielt sie für die Menschheit sogar für wichtiger als die Kernphysik.

Auch andere Wissenschaftler faszinierte Jürgensons Zufallsentdeckung. Dr. Konstantin Raudive, Schüler C. G. Jungs und ehemaliger Professor für Psychologie an den Universitäten Uppsala und Riga, lebte im deutschen Bad Krozingen, als er im Sommer 1965 von den Jürgenson-Bender-Versuchen hörte. Er mußte 1945 bei der sowjetischen Besetzung und Annexion seiner lettischen Heimat fliehen und machte sich anschließend als Fachmann für experimentelle Psychologie einen Namen.

Dr. Raudive machte höchst erfolgreiche Testaufnahmen der mysteriösen Stimmen; und zwischen 1965 und seinem Tod 1974 fertigte er gemeinsam mit dem Physiker Dr. Alex Schneider aus St. Gallen und Theodor Rudolph, einem Spezialisten für Hochfrequenz-Elektrotechnik, unter strengen Laborbedingungen über 100.000 Bänder an. Eine erschöpfende Analyse seiner Arbeit erschien Ende der 60er Jahre unter dem Titel *Das Unhörbare hörbar gemacht.* Der englische Verleger Colin Smythe wurde darauf aufmerksam und brachte unter dem Titel *Breakthrough* eine englische Fassung heraus.

Peter Bander, der das Vorwort zu dem Buch schrieb, verdanken wir einen amüsanten Bericht von seinem ersten Erlebnis einer eigenartigen Stimme auf Band. Er zeigt, was sich in der Regel abspielt und wie objektiv nachprüfbar das Phänomen ist. Colin Smythe hatte ein neues Band gekauft und nach Dr. Raudives Anleitung die Stimmen „kontaktiert“. Ein gewisser Rhythmus war aufgenommen worden, der an eine menschliche Stimme erinnerte, doch Dr. Smythe verstand ihn nicht. Peter Bander überspielte den entsprechenden Teil des Bandes zwei- oder dreimal und begriff plötzlich, was die Stimme sagte. Es war eine Frau, und sie sagte auf deutsch: „Mach die Tür auf.“ Bander erkannte die Stimme sofort als die seiner toten Mutter – er hatte die Gewohnheit, mehrere Jahre vor ihrem Tod mit ihr per Tonband zu korrespondieren. Mehr noch, der Kommentar war passend: Seine Kollegen schalten ihn oft, weil er seine Bürotür immer schloß.

Verblüfft bat Bander zwei Personen, die nicht Deutsch sprachen, zuzuhören und das Gehörte phonetisch aufzuschreiben. Ihre Versionen paßten genau zu dem, was er gehört hatte. Dr. Bander war nun von der Authentizität der Stimmen überzeugt.

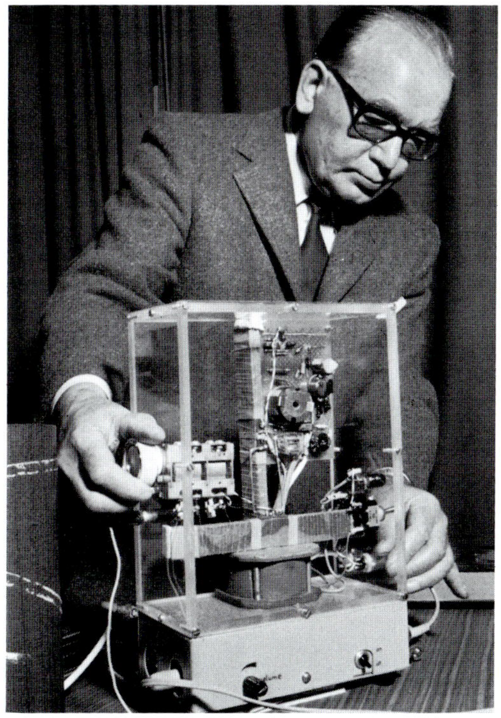

Dr. Konstantin Raudive, rechts, mit dem „Goniometer“, einem Gerät, das Theodor Rudolph von Telefunken für ihn zum Aufnehmen von „Geisterstimmen“ konstruiert hatte.

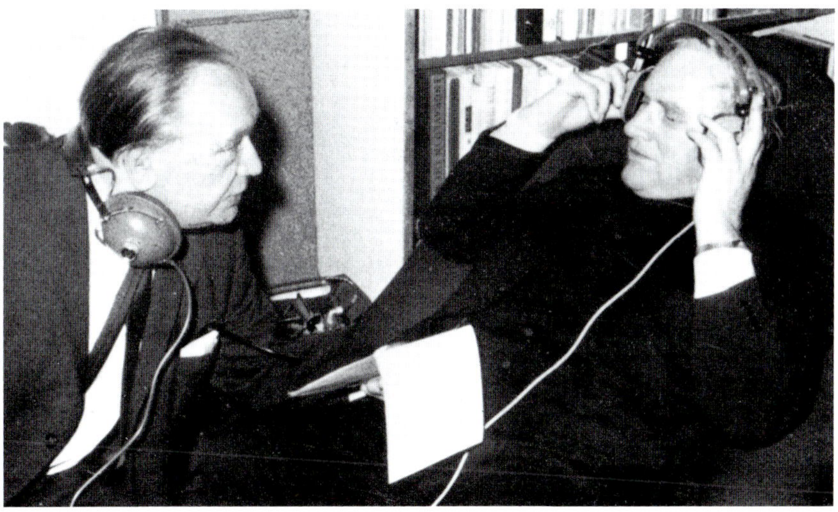

Right Reverend Monsignor Stephen O'Connor, Generalvikar und römisch-katholischer Prinzipal der britischen Marine, hört eine von Dr. Raudive aufgezeichnete Stimme ab. Es scheint die eines jungen Marineoffiziers zu sein, der sich zwei Jahre zuvor das Leben genommen hatte.

Mit der Publikation von *Breakthrough* setzte in der ganzen Welt ernsthafte Forschung ein, und das Interesse zweier völlig verschiedener Institutionen spiegelt die geistigen und aktuellen Aspekte der Stimmen. Der Vatikan war inoffiziell an dem Phänomen hoch interessiert, und viele anerkannte Wissenschaftler, die zugleich katholische Priester waren, führten eigene Experimente durch. Herausragend unter ihnen war Dr. Gebhard Frei, ein international anerkannter Experte für Tiefenpsychologie, Parapsychologie und Anthropologie. Er war ein Cousin von Papst Paul VI., der 1969 Friedrich Jürgenson das Komturkreuz des Gregorsordens verlieh – offiziell für Dokumentarfilme über den Vatikan. Doch wie Jürgenson Peter Bander im August 1971 erzählte, war er „im Vatikan auf verständnisvolle Ohren für das Stimmenphänomen gestoßen“.

Auch die NASA zeigte Interesse. Ende der 60er Jahre besuchten zwei Ingenieure von Cape Kennedy Dr. Raudive in Bad Krozingen. Die Besucher prüften seine Versuche minutiös, stellten „viele ungewöhnlich genaue Fragen“ und machten hilfreiche Bemerkungen. Leider weigerten sie sich, dem Wissenschaftler irgendeine Auskunft über die mögliche Bedeutung des Stimmenphänomens für das amerikanische Raumfahrtprogramm zu geben.

Doch Dr. Raudive meinte, wenn er mit seiner relativ einfachen Ausrüstung klare und regelmäßige Ergebnisse erzielen konnte, um wieviel wahrscheinlicher war es, daß die ausgeklügelten Tonbänder, die in Raumschiffen verwendet wurden, die Stimmen aufgreifen würden? Woher auch immer sie kommen, Jürgensons Stimmen stehen am Anfang eines völlig neuen Gebiets in der Untersuchung des Paranormalen.

Papst Paul VI., rechts, verlieh Friedrich Jürgenson 1968 das Komturkreuz des Gregorsordens. Die katholische Kirche gab nie eine aktuelle Stellungnahme zur Natur seiner geheimnisvollen Stimmen ab, doch Jürgenson sagte, er sei im Vatikan auf „verständnisvolle Ohren“ gestoßen.

Kompositionen aus dem Jenseits

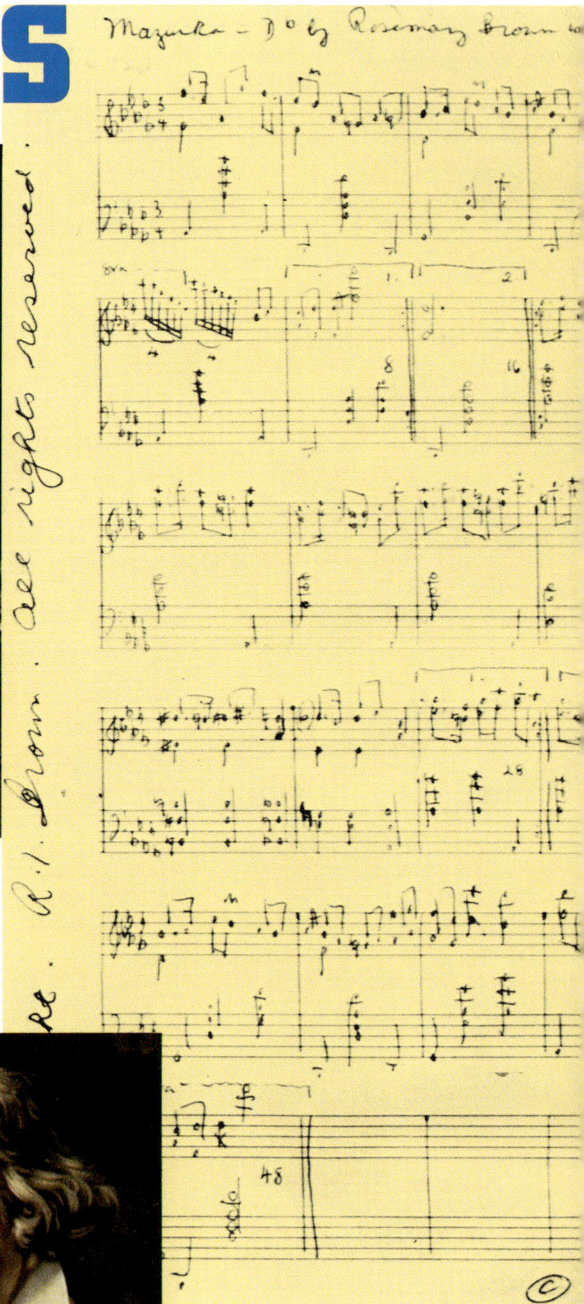

Einige medial begabte Menschen behaupten, musikalische Meisterwerke lang verstorbener Komponisten zu empfangen. Werden diese automatischen Kompositionen tatsächlich von den Geistern der Großen übermittelt, oder entspringen sie dem Unterbewußtsein der Medien?

Beethoven arbeitet noch immer an seiner 10. Symphonie – eine verwirrende Vorstellung! Und doch ist sie vielen Spiritisten und Medien geläufig: Musiker und Komponisten scheinen Jahre und selbst Jahrhunderte nach ihrem Tod noch Meisterwerke hervorbringen zu können.

Rosemary Brown aus London, eines der bekanntesten Medien, behauptet, für mehrere verstorbene Komponisten die Feder zu führen. Sie empfange Kompositionen von Liszt, Beethoven, Brahms, Debussy, Chopin, Schubert und in jüngster Zeit auch von Strawinsky. Die bescheidene englische Hausfrau besitzt nur rudimentäre Kenntnisse der klassischen Musik. Die Werke, die ihr „diktiert" werden, gehen weit über ihr eigenes kompositorisches Können hinaus. Frau Brown betrachtet sich lediglich als „Schreibgehilfin" und Vertraute der verstorbenen Genies – für die musikalische Umsetzung und den letzten Schliff sorgen professionelle Musiker.

Rosemary Brown glaubt an ein Leben nach dem Tod. Als junges Mädchen erschien ihr in Visionen

Rosemary Brown (oben links) „schrieb" eine Mazurka in Des-Dur (oben). Sie behauptet, von Chopin (oben rechts) inspiriert worden zu sein. Ein amerikanisches Fernsehteam hatte sie im Oktober 1980 bei der Niederschrift gefilmt.

Links: Beethoven kontaktierte Rosemary Brown angeblich im Jahre 1964. Er erzählte ihr, er sei nun nicht mehr taub und könne wieder mit Genuß Musik hören.

Rechts unten: Auf Anraten ihrer „Geister" bat Rosemary Brown den amerikanischen Komponisten und Dirigenten Leonard Bernstein um ein Interview. Er soll von den Werken, die Frau Brown ihm zeigte, sehr beeindruckt gewesen sein.

ein älterer Herr. Dieser erzählte ihr, er und andere große Musiker würden bald ihre Freunde sein und ihr herrliche Kompositionen vermitteln. Doch erst viele Jahre später – sie war inzwischen verwitwet und mußte ihre beiden Kinder versorgen – sah sie ein Bild von Franz Liszt (1811–1886) und erkannte ihn sofort: Es war ihr gespenstischer Freund aus dem Reich der Träume.

1964 traten weitere berühmte Komponisten mit ihr in Verbindung – unter ihnen auch Beethoven und Chopin –, und sie nahm ihre eigentliche Lebensaufgabe in Angriff: die Fortführung der unvollendeten Werke großer Komponisten.

Die Kompositionen, die ihr „eingegeben" werden, sind keine bloßen Entwürfe, sondern bereits fertig komponiert. Die Musiker, so erzählt Rosemary Brown, diktierten sie ihr einfach, so schnell sie nur eben schreiben könne. Tatsächlich ist die Geschwindigkeit, mit der ihr die Noten aus der Feder fließen, so Beobachter, die solchen „Sitzungen" beiwohnen, frappierend. Kein Musiker könnte so schnell ein Werk niederschreiben, das er gerade komponiert. Meist handelt es sich um Werke für Klavier, teilweise aber auch für Orchester. Während des Schreibens unterhält sich Rosemary Brown völlig zwanglos mit ihren unsichtbaren Gästen, so daß selbst objektiven Beobachtern die Präsenz der großen Geister ganz natürlich erscheint. Mit dem Stift über den Notenblättern lauscht sie den Anweisungen. „Ich verstehe ...", sagt sie zu Franz Liszt, „diese beiden Takte kommen hierher ... nein, ist klar ... Entschuldigung, das geht jetzt zu schnell für mich. Könnten Sie das bitte noch einmal wiederholen ...?"

Rechts: Franz Liszt sei Rosemary Brown erschienen, als sie noch ein junges Mädchen war. Er erzählte ihr, daß er und andere Musiker sie eines Tages kontaktieren würden, um ihr neue Kompositionen zu übermitteln.

Manchmal unterbricht sie das Schreiben und schimpft mit Franz Liszt, weil dieser vor Eifer wieder einmal in das ihm geläufige Deutsch oder Französisch verfallen ist. Auch Frédéric François Chopin vergißt sich gelegentlich und spricht mit ihr in seiner Muttersprache Polnisch.

Die Stilrichtung des Meisters?

Tragen diese posthumen Werke unverkennbar die Handschrift der großen Meister? Sind sie tatsächlich als Kompositionen von Liszt, Chopin, Beethoven oder Brahms zu identifizieren? Die Konzertpianistin Hephzibah Menuhin meinte dazu: „Ich habe enormen Respekt vor diesen Manuskripten. Jedes einzelne dieser Werke weist den charakteristischen Stil des Komponisten auf." Leonard Bernstein und dessen Frau empfingen Rosemary Brown einmal in ihrer Hotelsuite in London und zeigten sich äußerst beeindruckt von ihrer Aufrichtigkeit und den musikalischen Werken, die sie mitgebracht hatte. Der britische Komponist Richard Rodney Bennett lobte Frau Brown: „Improvisieren können viele, aber eine solche Musik läßt sich ohne jahrelange Übung nicht fälschen. Ich selber könnte keines ihrer Beethoven-Stücke komponiert haben."

Seit ihrem unvergeßlichen Durchbruch im Jahre 1964 soll Frau Brown auch von verstorbenen Malern, Dichtern, Dramaturgen, Philosophen und Wissenschaftlern kontaktiert worden sein. Vincent van Gogh (1853–1890) hat durch sie einige Bilder malen lassen – zuerst nur in Kohle („Das war alles, was ich hatte"), danach in Öl. Debussy bevorzugte es, durch Frau Brown zu malen, anstatt zu komponieren, denn „seine künstlerischen Interessen haben sich verlagert, seit er von uns gegangen ist".

Der Philosoph Bertrand Russell, der nie an ein Leben nach dem Tode geglaubt hatte, scheint seine Einstellung revidiert zu haben. Wie Frau Brown schildert, ist er sehr „lebendig" und bemüht sich eifrig, die Botschaft vom ewigen Leben weiterzuleiten. Auch Albert Einstein teilt sich ihr mit. Er erklärt Rosemary Brown geduldig Fachausdrücke und schwierige Konzepte, um den Glauben an ferne zukünftige Existenzebenen zu vertiefen.

Kritiker führen ins Feld, daß die Werke, die angeblich von den großen Komponisten stammen, gewöhnlich etwas unter deren Niveau liegen und meistens nur mit ihren frühesten Arbeiten verglichen werden können. „Darum geht es doch gar nicht", entgegnet Rosemary Brown. Ihre erste Begegnung mit Franz Liszt sei „mehr als ein musikalischer Durchbruch" gewesen. Der verstorbene Sir Donald Tovey, ein bekannter englischer Musikprofessor und Komponist, soll in einer posthumen Erklärung über Rosemary Brown dargelegt haben, welcher Motivation eine derartige Kommunikation entspringt:

„Musiker, die eure Welt verlassen haben, haben sich zu einer Gruppe zusammengeschlossen. Durch Musik und Gespräche versuchen sie, mit der Menschheit in Kontakt zu treten, um ihr zu vermitteln, daß der physische Tod nur ein Übergang von einem Bewußtseinsstadium zum anderen ist, in dem der einzelne seine Individualität beibehält. Wir senden Rosemary Brown die Musik nicht allein, um die Zuhörer zu erfreuen. Wir hoffen vielmehr, intelligente, vorurteilsfreie und empfängliche Menschen für das Phänomen interessieren zu können, so daß sie sich auf das Unbekannte im Geist und in der Psyche des Menschen einlassen und es zu ergründen suchen. Wenn der Mensch in die geheimnisvollen Tiefen seines verborgenen Bewußtseins eintaucht, kann er sich auf ebenso große Höhen emporschwingen."

Rosemary Browns Kontakte sind nicht auf den musikalischen Bereich begrenzt. Van Gogh inspirierte sie 1975 zu dieser Zeichnung (rechts), und auch Debussy (unten), der sich jetzt mehr für die visuelle Kunst zu interessieren scheint, malt durch das Medium. 1967 trat Albert Einstein (ganz unten) mit ihr in Verbindung, 1973 der Philosoph Bertrand Russell (unten links).

Rosemary Brown hat zahlreiche Freunde und Bewunderer, die sich nicht mit spirituellen Fragen beschäftigen – unter ihnen auch namhafte Musiker, Schriftsteller und Journalisten. Man kann über die Herkunft der geheimnisvollen Musik streiten, an der Aufrichtigkeit dieser bescheidenen und religiösen Frau ist nicht zu zweifeln.

Rosemary Brown ist nicht das einzige Medium, dem Musik aus dem Jenseits übertragen wird. Auch der britische Konzertpianist John Lill behauptet, seine Inspirationen aus dem Reich der Toten zu erhalten. Der Preisträger des berühmten Tschaikowsky-Klavierwettbewerbs hatte es am Anfang seiner Karriere nicht leicht. Mit Auftritten in Pubs im Londoner East End hielt er sich notdürftig über Wasser. Er sagt über sich selbst: „Ich bin weder verrückt noch abgehoben, falle nicht von einem Trancezustand in den nächsten. Das heißt aber nicht", fügt er nachdenklich hinzu, „daß etwas nicht existiert, bloß weil es selten ist."

Dieses „seltene Etwas" trat in sein Leben, als er sich am Moskauer Konservatorium für den Tschaikowsky-Klavierwettbewerb vorbereitete. Er fühlte

Rechts: Der Konzertpianist John Lill ist davon überzeugt, bei seiner Karriere spirituelle Hilfe erfahren zu haben. So soll ihn zum Beispiel Beethoven beim Üben für den Tschaikowsky-Klavierwettbewerb in Moskau beobachtet haben. Seitdem will er mehrere Gespräche mit ihm geführt haben. Beethoven soll ihm sogar ein eigenes Werk gewidmet haben – die Sonate in e-Moll, die Rosemary Brown 1972 niederschrieb.

„WIR SENDEN ROSEMARY BROWN DIE MUSIK NICHT ALLEIN, UM DIE ZUHÖRER ZU ERFREUEN. WIR HOFFEN VIELMEHR, INTELLIGENTE, VORURTEILSFREIE UND EMPFÄNGLICHE MENSCHEN FÜR DAS PHÄNOMEN INTERESSIEREN ZU KÖNNEN, SO DASS SIE SICH AUF DAS UNBEKANNTE IM GEIST UND IN DER PSYCHE DES MENSCHEN EINLASSEN UND ES ZU ERGRÜNDEN SUCHEN."

Sir Donald Tovey, posthum

Clifford Enticknap (unten) schrieb ein Oratorium mit dem Titel Beyond the Veil *(Jenseits des Schleiers) „unter der Inspiration" von G. F. Händel (ganz unten).*

sich plötzlich beobachtet: Es war eine Gestalt in ungewöhnlichem Gewand. John Lill glaubt, daß es Beethoven war, mit dem er inzwischen zahlreiche Unterhaltungen geführt hat. John Lill betrachtet sich nicht als Ausnahmefall. Seiner Meinung nach ist diese Art der Inspiration jedem zugänglich, der innerlich dazu bereit ist.

„Es ist nicht einfach, sich solche Inspirationen vorzustellen, wenn man es selbst noch nicht erlebt hat. Ich glaube nicht, daß es aus einem selbst kommt. Es ist etwas, das man empfängt. Wenn ich auf die Bühne gehe, verdränge ich alles, was ich bisher gelernt habe, und öffne mich der Inspiration."

Georg Friedrich Händel, der Komponist des großartigen „Messias", komponiert über sein Medium Clifford Enticknap weiterhin herrliche Oratorien. Der Engländer Enticknap, immer schon von Händel und seiner Musik begeistert, behauptet, bereits in einer anderen Inkarnation von Händel unterrichtet worden zu sein. Ihr Lehrer-Schüler-Verhältnis reiche bis auf die Zeit von Atlantis zurück, als Händel ein berühmter Lehrmeister namens Joseph Arkos war. Zuvor lebte die Seele, die wir als Händel kennen, zusammen mit allen anderen Seelen großer Musiker auf Jupiter, dem Planeten der Musik.

Von „Meister Händel" wurde Enticknap ein viereinhalbstündiges Oratorium mit dem Titel *Beyond the Veil* (Jenseits des Schleiers) übermittelt. Das Londoner Symphonieorchester und der Chor der Händelstiftung haben daraus einen 73minütigen Ausschnitt aufgeführt, der aufgenommen wurde. Eine Bandkopie ist über die Händelstiftung als „Beweis" für Händels Leben nach dem Tod erhältlich.

Der englische Fernsehsender BBC strahlte im Rahmen seiner Sendung *Spirits from the Past* (Geister aus der Vergangenheit) am 12. August 1980 kurze Oratoriumspassagen aus. Dabei spielte Enticknap die Orgel in Händels Lieblingskirche in England. Die Fernsehkritiker hatten an der Musik nichts auszusetzen – für das ungeschulte Ohr war die Ähnlichkeit mit Händels bekanntesten Stücken unüberhörbar. Die Texte allerdings sorgten für Aufruhr. Die meisten Rezensenten bezeichneten sie schlichtweg als lächerlich. Einer verglich sie mit den poetischen Ergüssen von William McGonagall (1805–1902), einem englischen Dichter, dessen Pathos und Talentlosigkeit besonders auffallend sind.

Wenn diese Musik nicht von den verstorbenen Musikern stammt, wie einige der seriösen Forscher glauben, die sich mit paranormalen Phänomenen beschäftigen, woher stammt sie dann? Sicherlich nicht aus dem Bewußtsein einer Rosemary Brown, die offensichtlich schon große Mühe hat, bei den übersinnlichen Diktaten Schritt zu halten.

Einige Forscher vertreten die Ansicht, daß wir unsere tieferen Inspirationen aus der *Akasha-Chronik* oder aus dem *Buch des Lebens* schöpfen, in dem alles Wissen niedergeschrieben ist. In einem bestimmten Bewußtseinszustand kann dieses versteckte Wissen für den Menschen, insbesondere für solche mit extrem feinsinnigen Wahrnehmungsfähigkeiten, zugänglich werden.

Rosemary Brown mag zu diesen hochsensiblen Menschen gehören. Und die Musik, von der sie glaubt, sie stamme von Chopin oder Beethoven, kommt möglicherweise aus jenem unerschöpflichen Vorrat musischen Allwissens.

Rosalind Heywood, eine mittlerweile verstorbene PSI-Forscherin und Autorin des Buches *Der Sechste Sinn,* fand eine andere Erklärung. Rosemary Brown, meinte sei, sei der Typ des übersinnlichen Menschen, den eine künstlerische Enttäuschung dazu anspornt, die bewußten eigenen Fähigkeiten weit zu übersteigen.

Für diejenigen, die an die Allwissenheit des menschlichen Unterbewußtseins glauben, werfen automatische Kompositionen wie die von Rosemary Brown mehr Fragen als Antworten auf. Für das Medium selbst ist alles ganz einfach: Es gibt keinen Tod, und Genie währt ewig.

Als man Edgar Vandy leblos in einem Teich auffand, stellte der Arzt „Tod durch Unfall" fest. Mit Hilfe eines Mediums wollten Edgars Brüder dieses Urteil jedoch revidieren lassen.

DAS URTEIL DES MEDIUMS

Er hat nicht Selbstmord begangen, und er sagt auch, daß es keine Ungeschicklichkeit von ihm war. Ihn trifft keine Schuld. Da war noch jemand anderes." Die Stimme der jungen Frau dringt klar durch den Raum. Dann wendet sie sich an Nelson Charters, der alles mitschreibt, und fährt fort: „Und Sie waren ganz in der Nähe, als es passierte." George Vandy, der dritte Anwesende im Raum, beißt sich verzweifelt auf die Lippen, denn am liebsten würde er jetzt eine Menge Fragen stellen. Aber die Frau darf auf keinen Fall wissen, wer er ist.

Eine aufregende Séance – als sie vorüber war, ließ sich der schweigsame George Vandy das Protokoll geben und fügte seine eigenen Eindrücke hinzu. Nachdem er die Blätter mit Ort und Datum versehen hatte, heftete er sie säuberlich ab. Dies war nicht die erste und auch nicht die letzte Séance, mit der George das Schicksal, das über seine Familie hereingebrochen war, zu ergründen suchte.

Am 6. August 1933 war Nelson Charters bei den Vandys vorbeigekommen, um Georges Bruder Edgar abzuholen. Die beiden waren Freunde, seit sich Edgar bei Nelson, einem Fahrradfabrikanten, einmal Material besorgt hatte. Edgar war ein begabter Ingenieur und Erfinder, und an diesem herrlichen Sommertag wollten die beiden Edgars jüngste Erfindung ausprobieren.

Sie fuhren zu dem Landsitz Chapelwood nach East Sussex hinaus, wo Nelsons Schwester als Privatsekretärin für Sir Stephenson Kent arbeitete. Nelsons Mutter war mit von der Partie. Da die Kents nicht daheim waren, wurden die drei vom Verwalter empfangen. Nelsons Schwester brachte eisgekühlte Limonade, und so saß man recht entspannt auf der Veranda beisammen und plauderte. Nachdem Nelson und Edgar sich erfrischt hatten, brachen sie zu dem etwa zwei Kilometer entfernten Waldsee auf. Dieser lag gut abgeschirmt vor neugierigen Blicken und war ein herrlicher Badeplatz. An diesem Sonntag schienen die beiden Männer den kleinen See ganz für sich allein zu haben.

Heute ist er fast zugewachsen – Baumzweige hängen in das brackig-grüne Wasser hinab, und das Badehaus ist völlig verfallen. Man kann sich kaum mehr vorstellen, daß dies 1933 einmal ein

***Links:** George Vandy (in einem englischen Fernsehfilm dargestellt von Alaric Cotter), ein Bruder von Edgar Vandy, betätigte sich mit Hilfe der SPR als Amateurdetektiv und versuchte, die Ursache für den Tod seines Bruders herauszufinden.*

Gegenüberliegende Seite oben: Der Tod von Edgar Vandy erschütterte seine Familie zutiefst.

sehr gepflegter Badesse war, mit Betongrund und von Steinplatten umsäumt. Die beiden Männer zogen sich im Gebüsch aus. Was in den nächsten Stunden geschah, sollte die Familie Vandy noch jahrelang wie ein Alptraum verfolgen.

Nelson Charters erzählte, daß Edgar als erster zum See gelaufen war. Wegen der Büsche konnte er ihn aber nicht sehen, und als er schließlich selbst ans Ufer kam, sah er Edgar mit dem Gesicht nach unten und ausgebreiteten Armen auf dem See treiben; seine Hände machten nur noch schwache Schwimmbewegungen. Nelson sprang sofort ins Wasser und versuchte vergeblich, ihn zu retten – der Freund entglitt ihm und versank. Obwohl der See nur zwei Meter tief war, konnte er ihn trotz verzweifelter Suche nicht mehr finden.

Voller Panik rannte Nelson den ganzen Weg nach Chapelwood zurück, um Hilfe zu holen. Er alarmierte den Butler, der die Polizei und den ansässigen Arzt informierte. Schon bald hatte sich die Neuigkeit im Dorf herumgesprochen: Der Wirt des Dorfgasthauses trieb Männer auf, die gut schwimmen konnten, und Nelson bat den Gärtner Fred Kirby um Hilfe, der ein ausgezeichneter Schwimmer war. Zusammen mit ihm raste er dann zum Badesee, wo bereits helle Aufregung herrschte. Bei den ersten Suchbemühungen hatte man eine Menge Schlamm aufgewirbelt, und das Wasser war sehr trübe, aber Kirby tauchte dennoch. Er bemerkte schließlich eine Stelle, wo das seichte Ufer jäh und steil in die Tiefe abfiel, und genau dort fand er Edgars Leiche.

Rechts: Szene aus dem englischen Fernsehfilm über den Vandy-Fall – der Freund des Toten, Nelson Charters (gespielt von Tony Poole), führt das Protokoll bei einer wichtigen Séance.

Oben: Die Familie Vandy – ein Bild aus glücklichen Tagen. Von links nach rechts: Harold, George und Edgar mit ihrer Mutter und zwei Schwestern.

Inzwischen waren der Polizeiwachtmeister William Millis und Dr. Alec Cooke angekommen. Obwohl der Arzt Edgar fünfzehn Minuten lang untersucht und ihn dann offiziell für tot erklärt hatte, wurden noch eine Stunde lang Wiederbelebungsversuche unternommen. Schließlich traf der Ambulanzwagen ein und brachte die Leiche nach Chapelwood, wo Millis die Zeugenbefragung durchführte.

Familientragödie

Währenddessen saß George Vandy daheim im Garten und las ein Buch. Es war ein heißer, friedlicher Nachmittag, bis plötzlich das Telefon die Stille durchschnitt: Nelson Charters informierte ihn über den tragischen Tod seines Bruders. George war am Boden zerstört – für ihn wie für seine ganze Familie war dies ein Schlag, von dem sie sich nie vollständig erholten. Am nächsten Morgen fuhren George und ein Cousin nach Chapelwood, um die Leiche zu identifizieren.

Tags darauf wurden Nelson Charters, der Butler, der Wachtmeister und der Arzt vom Untersuchungsrichter Edward Hoare vernommen. Weder Miss Charters noch Fred Kirby wurden zur Sache befragt, was George später sehr zu denken gab.

Unter Eid sagte Nelson Charters bei der Vernehmung aus, daß er Edgar die seichten ebenso wie die tiefen Stellen des Teichs gezeigt hatte. Er war davon ausgegangen, daß Edgar schwimmen konnte, und vermochte sich nicht zu erklären, warum er so schnell bewußtlos wurde. Es kam die Vermutung auf, daß Edgar an der seichten, nur etwa einen Meter tiefen Stelle ins Wasser gewatet war, bis er plötzlich an den Rand des Abgrundes geriet und unversehens abrutschte.

Der Arzt konstatierte Abschürfungen an Kinn, Schultern und Rippen, die kurz vor dem Tod verursacht worden waren und nicht, als man ihn aus dem Wasser zog. Bei der Obduktion entdeckte man weiterhin kleine Schnittwunden an der Nase, auf der Wange und am Kiefer, außerdem Blutergüsse an der linken Schulter, am Ellbogen und am Knie. Edgars Herz war in Ordnung gewesen, und Dr. Cooke vermutete, daß er mit dem Kinn irgendwo aufgeschlagen war, das Bewußtsein verlor und ertrunken war.

Der Untersuchungsrichter stellte zweifelsfrei „Tod durch Unfall beim Baden" fest. Edgar Vandy war erst 38 Jahre alt gewesen.

Widersprüchliche Aussagen

Nicht nur George, sondern auch Harold, der dritte Vandy-Bruder, wollte sich damit nicht zufriedengeben. Dieser war nur wenige Tage vor dem tragischen Ereignis zusammen mit Edgar in einem Londoner Hallenbad gewesen und konnte sich noch gut an dessen Unsicherheit beim Schwimmen erinnern. Sollte sich Edgar wirklich allein in einen unbekannten See gewagt haben?

Aber wie war er dann ums Leben gekommen? War er am Ufer ausgerutscht und bewußtlos ins Wasser geglitten? Oder wurde ihm ein Stoß versetzt? Vielleicht hatte ihm jemand aufgelauert, den Nelson vom Gebüsch aus nicht sehen konnte? Möglicherweise war das Unglück auch geschehen, als die beiden Männer allzu waghalsig im Wasser herumtollten?

Obwohl der Untersuchungsrichter jede kriminelle Tat ausschloß, konzentrierte sich der Verdacht der beiden Vandy-Brüder schon bald auf Nelson Charters. Sie nahmen ihn ins Kreuzverhör, aber er blieb bei seinen Aussagen. Schließlich wandte sich George an die „Britische Gesellschaft für Parapsychologie" (SPR), wo man ihn an das Medium Frances Campbell verwies.

Die Korrespondenz mit der SPR hatte George unter seinem richtigen Namen geführt – aber bei den Séancen mit dem Medium wollte er unerkannt bleiben. Frances Campbell sollte nicht erfahren, daß er direkt mit dem Edgar-Vandy-Fall zu tun hatte.

Unter dem Namen „Mr. Felton" besuchte er Miss Campbell am 24. August in ihrer Londoner Wohnung. Er wurde begleitet von Nelson Charters, der Stenografie beherrschte. Vielleicht war dies nur ein Vorwand – möglicherweise hoffte George, daß sich Nelson während der Sitzung zu einer unvorsichtigen Äußerung hinreißen ließ. Aber selbst als das Medium Edgars letzte Sekunden schilderte, sagte Nelson kein Wort.

„An seinem Tod war noch etwas anderes beteiligt. Ich meine nicht direkt, sondern indirekt – Unvorsichtigkeit oder Unfähigkeit. Zum Zeitpunkt des Todes war er allein, aber kurz darauf wimmelte es dort von Menschen. Etwas hat ihn getroffen. Da war ein Schlag auf seinen Kopf. Sein Kopf wurde heftig zurückgeschleudert, so daß er zuerst dachte, er hätte sich den Hals gebrochen. Es gab Quetschungen. Zu diesem Zeitpunkt war niemand bei ihm. Er zeigt mir das Wasser."

George beschlich das Gefühl, daß Miss Campbell seine Gedanken las, aber plötzlich sagte sie dann: „Edgar ist nicht sehr erpicht auf diese Untersuchung. Er möchte nicht, daß Sie der Ursache für seinen Tod allzusehr auf den Grund gehen."

Die verschwundene Dame

Aber George Vandy beachtete diesen Wunsch des toten Bruders nicht. Obwohl weder er noch Harold an eine Kontaktaufnahme mit ihm glaubten – sie hielten das Ganze eher für eine Art Telepathie –, nahm Harold eine Woche später, ebenfalls unter anderem Namen, an einer weiteren Séance teil. Diesmal äußerte Miss Campbell folgendes: „Da ist jemand, der mir ein Gefühl vermittelt, daß er etwas zu verbergen versucht. Er sagt: ‚Sie hatte Angst und ist weggegangen.' Ich weiß nicht, was das bedeutet." Und sie fügte hinzu: „Keiner wußte von ihrer Anwesenheit."

Wer war diese geheimnisvolle „Sie", von der das Medium unter Trance erzählte? Leider gab es dazu keine weiteren Informationen. Wie bei ihrer ersten Séance schilderte Miss Campbell ihre Vision: Ein Mann legt seine Kleider ab, springt ins Wasser, stürzt und schlägt sich den Kopf an. In einer weiteren Vision beschrieb sie den Körper – und diese Beschreibung deckte sich mit der von Nelson Charters. Weiter sagte sie: „Jemand neben ihm hatte große Angst. Er war außer sich vor Panik. Er wußte nicht, was er tun sollte. Er war nicht zornig, nur voller Mitleid und Trauer."

Später erkannten die Brüder, daß sich aus den merkwürdigen Sitzungen drei Schlüsse ziehen ließen: Entweder das Medium schwindelte das Blaue vom Himmel herunter, oder es fand eine Gedankenübertragung zwischen Miss Campbell und den Lebenden statt – oder aber es bestand tatsächlich eine Verbindung zwischen ihr und dem Toten. Vor Beginn ihrer Ermittlungen hatten die beiden Vandys nicht an ein Leben nach dem Tode geglaubt, dann

Ganz oben: Szene aus dem Fernsehfilm – Edgar gerät beim Baden im Waldsee in fatale Schwierigkeiten.

Oben: Fred Kirby, Gärtner auf dem Landsitz Chapelwood und ein ausgezeichneter Schwimmer. Er fand die Leiche von Edgar Vandy.

aber lieferte das Medium denkwürdige Informationen, die sich später als wahr herausstellten. So hatte sie Edgar einmal mit einem Tennisschläger „gesehen" – was merkwürdig schien, da er diesen Sport nicht betrieb. Später zeigte ihnen Georges Schwester ein Foto von Edgar, das sie kurz vor seinem Tod aufgenommen hatte: Es zeigt ihn mit einem Tennisschläger in der Hand.

Wenn die Nachrichten nun wirklich aus dem Reich der Toten stammten, was genau besagten sie? Wie paßt die rätselhafte Frau ins Bild, und was ist mit der Botschaft, die den „Tod durch Unfall" zu widerlegen schien?

Die Vandys beschlossen, das Experiment fortzuführen und mehr über das Projekt zu erfahren, an dem Edgar beschäftigt war, als er den verhängnisvollen Ausflug nach Essex unternahm. Stand er kurz vor einer bedeutenden Erfindung, die ihm Ruhm und Reichtum gebracht hätte? Die Vandys führten Ermittlungen mit Hilfe von Miss Campbell fort – was das ergab, lesen Sie im folgenden Beitrag.

Ganz oben: Auf dieser Farm fand die gerichtliche Untersuchung statt. Der Untersuchungsrichter stellte fest, daß es sich bei dem Unglück um einen „Badeunfall" gehandelt hatte.

Rechts: Auf dem letzten Foto, das seine Schwester von ihm aufnahm, posierte Edgar Vandy mit einem Tennisschläger. In einer ihrer Visionen sah das Medium Frances Campbell den Toten als Tennisspieler.

„ER MÖCHTE NICHT, DASS SIE DER URSACHE FÜR SEINEN TOD ALLZUSEHR AUF DEN GRUND GEHEN … DA IST JEMAND, DER MIR EIN GEFÜHL VERMITTELT, DASS ER ETWAS ZU VERBERGEN SUCHT … ER WAR NICHT ZORNIG, NUR VOLLER MITLEID UND TRAUER."

Frances Campbell

Nachdem Edgar Vandy bei einem Badeunfall auf rätselhafte Weise ums Leben gekommen war, versuchten seine Brüder, der Wahrheit mit Hilfe von Medien auf die Spur zu kommen.

ENTLARVUNG AUS DEM JENSEITS?

Am 6. August 1933 schienen George und Harold Vandy bei ihren Bemühungen, Licht in das Dunkel um den Tod ihres Bruders Edgar zu bringen, endlich Erfolg zu haben. Bei den Séancen mit dem Medium Frances Campbell waren bereits einige Fakten über die letzten Minuten vor Edgars Tod ans Licht gekommen – aber die endgültige Gewißheit, daß es dabei nicht mit rechten Dingen zugegangen war, stand noch aus. Auch über die Erfindung, an der Edgar gearbeitet hatte, wollten die Brüder mehr erfahren. Während der ersten Séance hatte Harold bruchstückhafte Einzelheiten über den Tod seines Bruders erfahren, es war von Glocken, Drähten und Batterien die Rede gewesen. Einmal meinte das Medium Frances Campbell: „Warum zeigt er mir diese Holztafeln? Er versucht mir klarzumachen, womit er sich beschäftigt hatte – irgend etwas Ungewöhnliches, Künstlerisches …“

***Oben links und oben rechts:** Edgar Vandy stand kurz vor der Vollendung einer Erfindung, als er ums Leben kam. Seine Brüder glaubten nicht an einen Unfall und versuchten, mit Hilfe des Mediums Frances Campbell die Wahrheit ans Licht zu bringen.*

Edgar Vandys letztes Projekt war die sogenannte Lectroline, eine Art Reproduktionsmaschine. Auf

einem Holzbrett waren verschiedene Hebel mit Zeichenstiften befestigt. Diese wurden mittels eines Elektromotors bewegt und von einem Programm gesteuert, das auf Lochkarten gestanzt war. Die Papierrollen ähnelten den Walzen eines automatischen Klaviers. Auf diese Weise ließen sich komplizierte Schriften, Linien und Ornamente endlos reproduzieren. Auf Papierrollen konnte die Lectroline zeichnerische Vorlagen erzeugen, die sich für verschiedene Druckverfahren eigneten.

Der Prototyp dieser Maschine befindet sich im Naturwissenschaftlichen Museum in Hayes, Middlesex; die erste und einzige fertiggestellte Maschine war zerlegt und später bei einem Luftangriff im Zweiten Weltkrieg zerstört worden. Im Sommer 1933 hatte eine finanzkräftige Firma Interesse an der Lectroline bekundet, da sie sich davon großen Erfolg versprach. Edgar hätte nur noch einige betriebstechnische Probleme beheben zu brauchen, doch sein plötzlicher Tod bedeutete auch das Aus für dieses Projekt.

Um etwas über die Lectroline zu erfahren, hätten die Brüder natürlich auch einfach Edgars Unterlagen durchforsten können. Zweierlei hielt sie jedoch davon ab: Zum einen waren Edgars letzte Arbeitsschritte sehr kompliziert und seine Unterlagen darüber nicht vollständig – durch ein Medium hätte Edgar selbst hierzu nützliche Informationen liefern können. Und zweitens wollten George und Harold nur ungern in den Schubladen ihres verstorbenen Bruders herumstöbern.

Oben: Der Prototyp von Vandys Zeichenmaschine Lectroline steht heute im Naturwissenschaftlichen Museum in Hayes, Middlesex. Mit ihr sollten Zeichnungen automatisch reproduziert werden. Die Stiftbewegungen wurden von einem Programm gesteuert, das auf einer gestanzten Papierrolle ähnlich wie auf Lochkarten codiert war (rechts vorne im Bild). Die Maschine kam jedoch nie zum Einsatz.

Der große Unbekannte

Am 8. September fand eine weitere Séance mit Frances statt. Das Medium wandte sich an Harold und fragte ihn: „Kennen Sie einen Mann namens Mac? Er sagt, daß ein Lithograph namens Mac über sein Projekt Bescheid weiß." In der Tat hatte Edgar gemeinsam mit dem Künstler Macnamara an einem Mechanismus zum Linienziehen gearbeitet.

„Er zeigt mir ein rotes und ein grünes Licht", fuhr das Medium fort. Was die Vandys damals noch nicht wissen konnten: Die Anzeigelampen an Vandys Maschine waren tatsächlich rot und dunkelgrün. „Es handelt sich um ein recht großes Ding mit einer Holztafel. Er drückt auf einen Knopf, und irgend etwas rollt nach vorne, dann geht es nur noch klick-klick-klick. Er schreibt nichts auf, sondern zeigt mir nur eine Menge Buchstaben: A, B, C, D und eine dünne Linie. Dann hebt sich ein Hebelarm und projiziert etwa ein halbes Dutzend Buchstaben."

Für jeden, der nichts über die Lectroline wußte, hätte dies wie blanker Unsinn geklungen, aber für George und Harold war es eine genaue Beschreibung der Arbeitsweise der Maschine.

Der nächste Schritt ihrer Nachforschungen bestand darin, neue Medien hinzuzuziehen. Am 15. September traf sich George mit einer gewissen Mrs. Mason. Durch ihren Kontrollgeist Maisie schilderte sie das Gefühl des Fallens und Ertrinkens. Ansonsten ergab sich bei dieser Séance jedoch nichts Neues.

Dann aber trat eine überraschende Wende ein. Harold Vandy organisierte am 19. Oktober eine Séance mit Miss Naomi Bacon. Sie verband sich die Augen, und Harold gab ihr eine Papierrolle der Lectroline in die Hand. Es vergingen einige Minuten, dann sagte sie: „Mir ist ganz kalt, wenn ich das halte. Ich spüre Kälte und Nässe ... habe das Gefühl, ich treibe auf dem Wasser. Irgend jemand hier ist ertrunken ... Er war nicht daran schuld. Ich sehe, wie sich zwei Leute über ihn beugen. Oh, er tut mir so schrecklich weh."

Verhängnisvoller Fehler

Harold fragte sie, wo ihr Schmerzen zugefügt wurden, und sie zeigte von ihrer linken Hüfte bis zur rechten Schulter. Dies schien mit den Verletzungen übereinzustimmen, die nach Edgars Tod festgestellt wurden. Die Séance war bereits abgeschlossen und Naomi nicht mehr im Trancezustand, als sie Harold noch einen weiteren Hinweis gab. Sie bezeichnete Edgars Tod als einen verhängnisvollen Fehler und fügte hinzu: „Sagt Ihnen der Name Charles oder Childs etwas? Ich höre ein Ch – ähnlich wie Charles ... Ch-er, Ch-ar, Shah oder so ähnlich." Konnte das auf Nelson Charters hindeuten, den Mann, den die Vandys verdächtigten, an Edgars Tod schuld zu sein? „Wäre der andere, der bei Ihrem Bruder war, nicht so feige gewesen, würde Ihr Bruder noch leben", fuhr Miss Bacon fort. George und Harold Vandy waren überzeugt, daß sie Char-

Unten: Bei einer Séance teilte das Medium Naomi Bacon (hier dargestellt von der Schauspielerin Constance Chapman in einem BBC-Dokumentarfilm über den Vandy-Fall) mit, daß Edgar über seinen Tod höchst bestürzt war, weil er nun sein Werk nicht vollenden könnte.

ters nun auf der Spur waren. Kurz darauf organisierte George eine weitere Séance mit Naomi Bacon. Wieder sprach sie von Fallen, Ertrinken und unterlassener Hilfeleistung. Schließlich nannte sie zögernd den Namen dessen, der sich durch sie hindurch mitzuteilen versuchte: „Da ist ein ‚D' im Namen – Ed ... Ed ... Ed-gar oder Ed-ward." Und dann war sie sich sicher: „Edgar."

George starrte ins Kaminfeuer und versuchte, seine Ergriffenheit zu verbergen. Auf dem Heimweg fragte er sich, ob er nun wirklich eine Nachricht aus dem Reich der Toten erhalten hatte oder ob es sich nur um eine erstaunliche Gedankenübertragung handelte, wenn auch vermutlich auf einer völlig unbewußten Ebene.

Was ins nun, Jahrzehnte später, von den minuziösen Aufzeichnungen der Vandy-Brüder zu halten, die George 1953 der „Britischen Gesellschaft für Parapsychologie" (SPR) übergeben hatte. Waren die beiden schlicht hinters Licht geführt worden? Möglicherweise wußten die Medien ja über ihre Verbindung zu Edgar Bescheid – durch den allerersten Brief, den George unter seinem richtigen Namen an Drayton Thomas geschrieben hatte. Allerdings traten die Brüder danach nur noch unter anderen Namen und Adressen auf, was sie für den angemessensten Schutz vor Scharlatanerie hielten. Überdies war in den Londoner Zeitungen nie über Edgars Tod berichtet worden, sondern nur in den Lokalzeitungen in Sussex.

Hatten die Medien vielleicht nur ihre Gedanken gelesen? George jedenfalls war davon mehr und mehr überzeugt. Er meinte, daß sie lediglich in ihrem Verdacht bestärkt worden waren, aber im Grunde keine neue Fakten erfahren hatten. Wahrscheinlich hatte er damit recht, und Charters war ein unschuldiges Opfer ihrer Verdächtigungen. Es gab keinen Grund zur Annahme, daß er nicht alles getan hatte, um Edgar zu retten. Als er alleine nichts ausrichten konnte, holte er auf dem schnellsten Weg Hilfe. Die Polizei jedenfalls glaubte ihm, und auch als George und Harold Vandy ihn ins Kreuzverhör nahmen, blieb Charters bei seiner Schilderung.

Möglicherweise haben die Medien gespürt, daß die Vandys jemandem Feigheit und Versagen vorwarfen, und haben ihnen diese Verdächtigungen in Form von Botschaften, die sie angeblich von dem toten Edgar empfingen, bestätigt.

Auch Telepathie wäre eine Erklärungsmöglichkeit oder das seltsame psychologische Phänomen, daß man oft die Antwort erhält, die man gerne hören möchte. Die Medien könnten durch zahlreiche unbewußte und unwillkürliche Gesten und Mimik der Brüder beeinflußt worden sein. Immerhin waren Miss Bacons Botschaften wesentlich klarer, nachdem sie sich am Ende der ersten Séance die Augenbinde abgenommen hatte.

Oder hatte sich der verstorbene Edgar tatsächlich zu Wort gemeldet? Wahrscheinlich wird niemals geklärt werden, wie Edgar zu Tode kam und ob es tatsächlich Edgar war, der in den Séancen zu seinen Brüdern sprach.

„DIE BITTERE ERINNERUNG AN DIESEN MOMENT KONNTE AUCH DIE ZEIT NICHT VERGESSEN MACHEN."
George Vandy

Links und oben rechts: George (oben rechts) und Harold Vandy (links) versuchten über ein Jahr lang, mit Hilfe von Medien Kontakt zu ihrem verstorbenen Bruder aufzunehmen. Am Vorabend seines 88. Geburtstages schrieb George, daß er den Schock, den er empfunden hatte, als man ihn telefonisch über den Tod seines Bruders unterrichtete, zeitlebens nicht überwunden hatte.

„ICH STAND AUF DEN GIPFELN ÜBER STRAHLENDEN REICHEN UND ERLEBTE UNZÄHLIGE VISIONEN VON ANDEREN WELTEN JENSEITS DES TODES. ICH HABE KEINE ANGST VOR DEM STERBEN."
Stephen O'Brien, Sensitiver

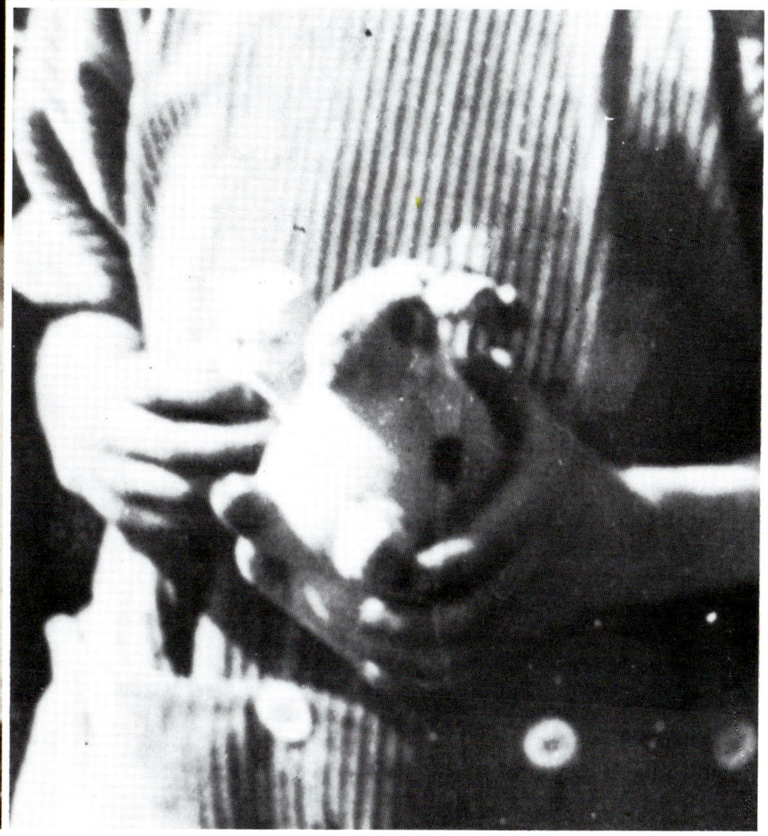

TIER-EXTRAS

Geisterhafte Katzen, Hunde und andere Tiere, in der Regel aber Haustiere, erscheinen als überraschende „Extras" auf Spiritfotografien, die sowohl Amateure wie auch Experten aufnahmen.

Die meisten Fotos mit Tier-Extras kamen unbeabsichtigt zustande. Sie stammen gewöhnlich von Amateuren, die die seltsamen Geisterformen zwar nicht erklären, aber doch identifizieren konnten.

Ein interessantes Beispiel liefert eine Aufnahme, die Major Wilmot Allistone im August 1925 in Clarens (Schweiz) machte. Auf den ersten Blick wirkt sie wie ein nicht sonderlich gelungener Schnappschuß von der Familie, erweist sich bei näherem Hinsehen aber als bemerkenswertes Geisterfoto. Der Major machte die faszinierende Entdeckung, daß auf dem Abzug über der rechten Hand seines Sohnes neben dem Plüschtier in seiner Linken verschwommen ein weißes, halb durchsichtiges Kätzchen zu erkennen war. Bei der Aufnahme hatte der Junge kein solches Kätzchen im Arm gehalten. Noch mehr erstaunte den Major die Tatsache, daß dieses Kätzchen verblüffend dem des Jungen ähnelte, das nach einem Angriff durch einen Bernhardiner einige Tage zuvor gestorben war.

Die Familie Allistone mit einem überraschenden und deutlich erkennbaren Extra, einem Kätzchen, das neben einem Spielzeug in der Hand des Jungen zu kauern scheint. Das Erstaunlichste an dem Tiergeist war, daß er der kurz zuvor gestorbenen Katze des Jungen glich.

Negativ und Abzüge dieses Fotos wurden später ohne Ergebnis von Experten gründlich untersucht, sogar unter einem binokularen Mikroskop.

Um einen weiteren, in gewisser Hinsicht noch seltsameren Fall handelt es sich bei dem Foto, das 1927 dem „British College of Psychic Science" vorgelegt wurde. Die Aufnahme, die eine Mrs. Filson gemacht hatte, zeigte Lady Hehir mit ihrer irischen Wolfshündin Tara. Das ungewöhnliche Extra ist hier kein durchscheinender Geist, sondern der recht konkrete Kopf eines jungen Hundes, der sich seltsamerweise am hinteren Rumpfende der Wolfshündin befindet. Sowohl Mrs. Filson als auch Lady Hehir erkannten in dem Teil-Extra den jungen Cairn-Terrier Kathal, einen engen Spielgefährten Taras, der im August 1926, etwa sechs Wochen vor der Aufnahme, gestorben war.

„WÄHREND VIELE GEISTERFOTOGRAFEN GEZIELT MENSCHLICHE GEISTER MIT DER KAMERA EINZUFANGEN VERSUCHTEN, BEMÜHTEN SICH NUR WENIGE BEWUSST UM DIE AUFNAHMEN VON TIERGEISTERN."

In einer unterzeichneten Erklärung an das College schrieb Lady Hehir: „Ich bin überzeugt, daß er [der Cairn-Terrier] oft mit Tara und mir im Zimmer ist, denn sie spricht sanft knurrend zu etwas, das sie offensichtlich sieht."

Jeder, der lange Zeit Haustiere hält, dürfte beobachtet haben, daß sie mitunter Besucher zu sehen scheinen, die dem menschlichen Auge verborgen bleiben. Ob es sich dabei um Geister, Elementargeister oder andere Wesenheiten handelt, sei dahingestellt. Es existiert ein ungewöhnliches Foto, auf dem ein Tier tatsächlich eine Erscheinung beobachtet, die für den Fotografen höchstwahrscheinlich nicht sichtbar war. Dabei handelt es sich um eine normale Blitzlichtaufnahme, die Alfred Hollidge 1974 von seiner Katze Monet machte. Die Familie hatte nur eine Katze, und ohne Zweifel befand sich zum Zeitpunkt der Aufnahme keine zweite im Haus. Auf den entwickelten Negativen ist jedoch ein dunkles Tier zu erkennen, das vor Monet herläuft – eine kleine Katze oder eine große Ratte mit einem seltsamen, wie ein langer Schwanz hinterherschleifenden Fortsatz. Was Hollidge selbst sah, läßt sich nicht mit Sicherheit sagen, da er den Film erst nach einigen Monaten zum Entwickeln schickte und starb, bevor die Bilder zurückkamen. Allerdings hätte er bestimmt darüber gesprochen, wenn ihm etwas Außergewöhnliches aufgefallen wäre. Der vielleicht interessanteste Aspekt dieser Spiritfotografie ist, daß Monet die Stelle zu fixieren scheint, an der das Extra auf dem Bild auftaucht.

Oben: Eine Katze und ein geisterhafter, dunkler Eindringling, der offenbar den Blicken des Fotografen verborgen blieb, von der Katze aber anscheinend konzentriert beobachtet wird.

Unten: Ein junger Cairn-Terrier erschien etwa sechs Wochen nach seinem Tod an einer seltsamen Stelle auf diesem Foto vor seiner Herrin mit ihrer Wolfshündin, seiner einstigen Spielgefährtin.

Eine Reihe von Fotos mit Tier-Extras stammen von Experten. Beispielsweise schoß der berühmte amerikanische Geisterfotograf Edward Wyllie eine Aufnahme, auf der die Geister einer Frau und eines Hundes zu sehen sind. Das Bild entstand 1897 in Los Angeles im Auftrag von J. Wade Cunningham, der später dem englichen Journalisten und Spiritisten William T. Stead einen langen Bericht über die Entstehung schickte.

Laut Cunningham erzählte ein weibliches Medium ihm oft von einer schönen Frau, die gelegentlich in seiner Gegenwart erschien. Sie sei häufig in Begleitung eines Hundes, der freudig belle und hochspringe, sobald er Cunninghams Stimme vernehme. Eines Tages fragte das Medium die Erscheinung, ob sie bereit sei, sich mit dem Hund fotografieren zu lassen. Wyllie erhielt den Auftrag für das Foto, ohne jedoch über die näheren Umstände informiert worden zu sein. Die Aufnahme zeigte sowohl die schöne Frau wie auch das Tier, das Cunningham erfreut als seinen früheren Hund identifizierte.

Der englische Sensitive und Geisterfotograf William Hope nahm selten Bilder im Freien auf. Während eines Urlaubs in Exmouth, Devon, im Jahre 1924 machte er jedoch einige Schnappschüsse von seiner Assistentin, Mrs. Buxton, und ihrer Familie auf den Stufen ihres Wohnwagens. Zwar ist das Bild inzwischen stark verblaßt, doch läßt es immer noch einige erstaunliche Extras erkennen. Mrs. Buxton verschwindet beinahe hinter einer Ektoplasma-Wolke, und über ihr ist, eingehüllt in diesen Nebel, das Gesicht ihres Sohnes zu sehen, der im Jahr zuvor gestorben war. Später sagte sie, sie habe im Augenblick der Aufnahme „gewünscht, er könne dabeisein". Rechts neben dem Gesicht ist eine weitere Erscheinung erkennbar, die deutlich an den Kopf eines Pferdes erinnert. Die Familie erkannte darin Tommy, das weiße Pony des Sohnes, das kurz vor ihm gestorben war.

Links: Sowohl bei der Frau als auch bei dem Hund auf diesem Foto handelte es sich angeblich um Geister. Die Aufnahme wurde von dem Sensitiven Edward Wyllie gemacht, der den Auftrag ausführte, ohne zu wissen, worum es dabei ging.

Rechts: Auf dieser Aufnahme, die das englische Medium William Hope machte, drängen sich förmlich die Extras: in der Ektoplasma-Wolke der verstorbene Sohn der Frau, rechts davon der Kopf eines Pferdes, identifiziert als der seines toten Ponys, und links das Bild eines alten Mannes, des ebenfalls nicht mehr lebenden Onkels des Jungen.

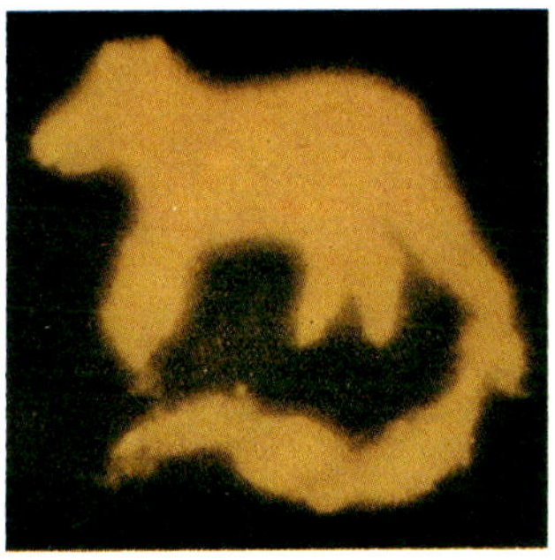

Unten: Diese seltsame Tiererscheinung manifestierte sich während einer Reihe experimenteller Sitzungen im Studio eines Fotografen.

Ein drittes Extra ist schwieriger auszumachen. Es überlagert die Weste von Mr. Buxton und zeigt das Bild eines alten Mannes, den Mr. Buxton als seinen vor einer Weile verstorbenen Bruder identifizierte.

Wie das verblaßte Hope-Foto ahnen läßt, halten nur wenige Geisterfotos dem Zahn der Zeit stand. Leider gehört auch jene Aufnahme dazu, die der kaum bekannte Geisterfotograf Dr. Stanbury in den achtziger Jahren des letzten Jahrhunderts machte.

Eine gewisse Mrs. Cabell besaß offenbar zwei Hunde, einen alten Dalmatiner mit dem klangvollen Namen Sekretär Stanton und einen kleinen englischen Pinscher namens Fanny. Die beiden waren gute Freunde und starben hochbetagt im Abstand von wenigen Stunden. Etwa vier Jahre später verbrachte Mrs. Cabell den Sommer in Onset Bay, Massachusetts (USA), wo sie zu einer Séance eingeladen wurde.

Das Medium nahm auf der übersinnlichen Ebene ein „kleines Hündchen" wahr, das um Mrs. Cabell herumsprang, und entzifferte bei näherer Untersuchung des Halsbandes die Inschrift „Fanny". Mrs. Cabell war verständlicherweise sehr bewegt und ging auf den Vorschlag ein, den in der Nachbarschaft lebenden Dr. Stanbury aufzusuchen und um den Versuch zu bitten, ihren alten Hund zu fotografieren. Später erzählte Mrs. Cabell diese Geschichte:

„Man stelle sich meine Überraschung vor, als ich, unter meinen Arm gekuschelt, das Hündchen sah. Wie sprachlos ich war, als ich auch Stanton, meinen alten Dalmatiner, erblickte, läßt sich gar nicht schildern. Er nahm den vordersten Platz ein und hatte in seinem Eifer, sich zu behaupten, seinen kleinen Freund beinahe aus dem Bild gedrängt ... Die Hunde wurden auf dem Foto von Hunderten von Leuten identifiziert, die sie selbst gekannt hatten ... Diese Aufnahme entstand vier Jahre nach ihrem Tod und ist deshalb für mich nicht mit Gold aufzuwiegen."

Auch andere Tiere erscheinen mitunter bei Séancen. So tauchten beispielsweise auf einem Foto des bekannten polnischen Mediums Franek Kluski einmal ein affenartiges Wesen und ein anderes Mal ein eulenähnlicher Vogel auf. Dieser Vogel, der über Kluskis Schulter schwebt und ihn beinahe anzugreifen scheint, wurde weder vor noch nach der Séance in dem Zimmer gesehen. Die völlig unerklärliche Abbildung eines fledermausartigen Wesens über einer Ektoplasma-Wolke ist auf einem Foto zu sehen, das Staveley Bulford, Mitglied des „British College of Psychic Science", 1921 aufnahm. Das Gesicht des Tieres, das Züge einer menschlichen Leiche aufweist, scheint aus einem besonderen Ektoplasma gebildet, laut Bulford selbst „einer ziemlich anderen Art von Ektoplasma, sehr dicht und gar nicht leuchtend".

„MAN STELLE SICH MEINE ÜBERRASCHUNG VOR, ALS ICH, UNTER MEINEN ARM GEKUSCHELT, DAS HÜNDCHEN SAH. WIE SPRACHLOS ICH WAR, ALS ICH AUCH STANTON, MEINEN ALTEN DALMATINER, ERBLICKTE, LÄSST SICH GAR NICHT SCHILDERN."

Die Séancereihe, während der sich die Fledermaus zeigte, wurde zwischen Mai und Juli 1921 im Fotostudio eines Mr. Scott abgehalten. Dabei kamen einige außergewöhnliche Spiritfotografien und später auch „Mitteilungen" der abgelichteten Geister zustande.

Andere während dieser experimentellen Séancen entstandene Fotos zeigten Verschiedenes, häufiger jedoch Geister, eingehüllt in wattiges Ektoplasma oder umgeben von seltsamen unzusammenhängenden Ektoplasma-Strukturen. Auf einem erschien eine Pflanze, deren dicke, samtige Blätter und edelweißähnlichen Blüten sehr klar und in allen Feinheiten zu erkennen waren. Auf einem Foto von Scott selbst ist über seinem Kopf auch ein Tier zu sehen, ein kurioses Wesen mit einem langen Ringelschwanz in einer Wolke aus glänzendem Ektoplasma.

Während viele Geisterfotografen gezielt menschliche Geister mit der Kamera einzufangen versuchten, bemühten sich nur wenige bewußt um die Aufnahmen von Tiergeistern. Vielleicht liegt hierin der Grund, weshalb Tier-Extras eine solche Seltenheit sind. Die wenigen Fotografien, die wir kennen, geben allerdings schon genügend Rätsel auf.

MALEREI AUS DEM JENSEITS

Stirbt mit dem Tod des Künstlers auch sein Genius? Oder wäre es denkbar, daß seine Kunst weiter existiert und durch die Hand besonders sensitiver Menschen als „automatische Malerei" Ausdruck findet?

Pablo Picasso, der im April 1973 starb, schuf drei Monate nach seinem Tode mehrere Federzeichnungen und Gemälde – durch den Briten Matthew Manning, der mittels seines außersinnlichen Wahrnehmungsvermögens mit dem spanischen Maler in Kontakt getreten war. Während Manning sich konzentrierte, spürte er, wie seine Hand vom Geist des großen Malers geführt wurde.

Automatische Malerei stellte die Parapsychologie vor dieselben Fragen, die bereits durch automatische Literatur oder Musik aufgeworfen wurden. Für Furore sorgte in diesem Zusammenhang besonders die Sensitive Rosemary Brown. Sie behauptete 1970, mit den Geistern berühmter Komponisten wie Beethoven, Chopin und Schubert Kontakt aufgenommen zu haben. Solche Verbindungen werfen die Frage auf, ob die Malerei, Poesie oder

***Oben links:** Diese Federzeichnung ist unverkennbar im Stil Aubrey Beardsleys gemalt. Tatsächlich aber entstand sie durch die Hand des englischen Mediums Matthew Manning.*

***Oben:** Auch der postume Picasso wurde von Matthew Manning geschaffen, der dabei die „Energie und Ungeduld" des Künstlers zu spüren bekam. Picasso ist einer der wenigen, die sich bei der Arbeit durch Manning für die Verwendung von Farbe „entscheiden".*

Oben rechts: ein Manning-Monet. Der Stil stimmt fraglos überein mit dem des großen französischen Impressionisten.

Rechts: Diese Darstellung eines Erhängten stammt von Leonardo da Vinci. Manning zeichnete eines Tages dasselbe Motiv. Er wollte entsetzt den Vorgang abbrechen, doch sein – anonymer – Kommunikator zwang ihn zur Vollendung des Bildes.

Musik, hinter der viele einen Beweis für ein Weiterleben des Künstlers über den physischen Tod hinaus sehen, lediglich Ausdruck der unterdrückten Kreativität des Mediums selbst ist. Oder ist es vielleicht so, wie die Psi-begabten Menschen (Psi ist eigentlich der 23. Buchstabe des griechischen Alphabets und dient heutzutage häufig als Bezeichnung für außersinnliche Wahrnehmungen und paranormale Fähigkeiten) uns glauben machen wollen: daß die großen Komponisten, Schriftsteller und Maler für ihr Weiterleben „einen Beweis liefern", indem sie ihre Kunst durch Sensitive fortführen?

Einige Beispiele automatischer Kunst sind in ihrer Übereinstimmung mit den Stilen und Maltechniken großer Meister geradezu frappant, und so manches Œuvre ist in seiner Vielfalt der Stilrichtungen wie auch in seinem Umfang mehr als beeindruckend.

Kontakt mit den toten Künstlern

Mannings intelligente, nüchterne und objektive Auseinandersetzung mit seinen mysteriösen Erlebnissen und Erfahrungen liest sich äußerst spannend. In seinem ersten Buch, *The Link,* erzählt er, wie er verstorbene Künstler „kontaktierte". Er nahm Platz mit Stift und Block in der Hand und konzentrierte sich auf eine Person. Dabei fiel er niemals in Trance, sondern war sich in jedem Augenblick der Vorgänge um ihn herum bewußt. Beinahe unverzüglich begann der Stift sich zu bewegen und ließ, gewöhnlich in der Mitte beginnend, nach und nach auf dem Blatt ein durchkonzipiertes Kunstwerk entstehen. Fast immer trug das Ergebnis erkennbar die Handschrift des Künstlers, auf den er sich konzentriert hatte, manchmal war das Werk sogar signiert.

„Kein anderer Kommunikator ermüdet mich so wie Picasso", sagte Manning. „Bereits nach ein paar Minuten, der Zeit, die er für eine Zeichnung braucht, fühle ich mich völlig ausgelaugt und kann mindestens 24 Stunden nicht mehr arbeiten ..." Als Picas-

duktion von dessen berühmter „Salome". Das „neue" Bild entstand in der Regel mit unglaublicher Schnelligkeit ohne vorherige Skizzen und ohne daß Fehler gemacht und übermalt wurden. Die Fertigstellung eines Bildes nahm zwischen einer und zwei Stunden in Anspruch, während die meisten lebenden Künstler möglicherweise Tage benötigen, um ein Gemälde ähnlicher Größe und Komplexität zu schaffen, wobei sie auch mehr Zeit für den Entwurf und die Skizzen investieren müssen.

Ein automatischer Maler aber produzierte in 75 Minuten sage und schreibe 21 „neue alte Meister".

so sich 1973 zum erstenmal meldete, wurde Mannings Hand seinen eigenen Worten zufolge „mit unglaublich starker Kraft geführt", so daß zwei seiner Federn dabei zerbrachen. Als die Bewegung zum Stillstand kam und Manning die Zeichnung betrachtete, erkannte er „unmißverständlich Picassos Stil: kühn und stark". Pablo Picasso war auch einer der wenigen Kommunikatoren, die Farbe verwendeten.

Picasso führte Mannings Hand, als er bestimmte Filzstifte aus einer Schachtel mit diversen Farben herausnahm. Dagegen verwendeten die anderen verstorbenen Maler, die mit Manning in Verbindung traten, Feder und Tusche.

Verschiedene Stilrichtungen

Unter den signierten Werken in seiner Sammlung finden sich Zeichnungen, die unübersehbar auf folgende Künstler verweisen: Arthur Rackham, Paul Klee, Leonardo da Vinci, Albrecht Dürer, Aubrey Beardsley, Beatrix Potter, Pablo Picasso, Keble Martin sowie Isaac Oliver, den führenden englischen Miniaturisten des 17. Jahrhunderts.

Zuweilen wies ein fertiges Bild sogar große Ähnlichkeiten mit einem berühmten Meisterwerk des jeweiligen Künstlers auf. Als er sich einmal auf Beardsley konzentrierte, entstand quasi eine Repro-

***Oben:** 400 Jahre nach seinem Tod schuf und signierte der elisabethanische Miniaturist Isaac Oliver durch Matthew Manning solch detailgetreue und vor allem charakteristische Werke.*

***Rechts und oben rechts:** Albrecht Dürer (1471–1528), der große Maler und Graphiker der Renaissance, gehört ebenfalls zu den angeblichen Kommunikatoren Mannings. Das Rhinozeros und die Handstudie, durch Manning „übermittelt", sind charakteristisch für Dürers minuziöse Darstellungsweise und seine breit gefächerten Interessen.*

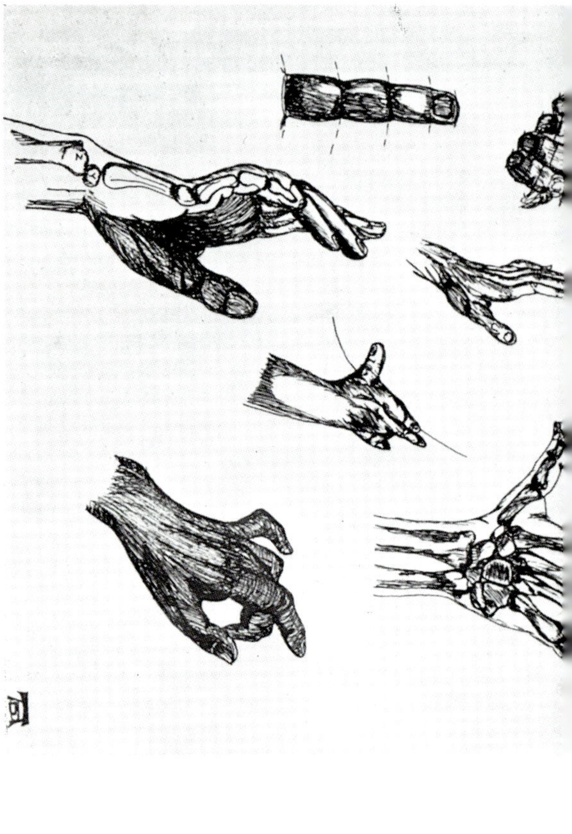

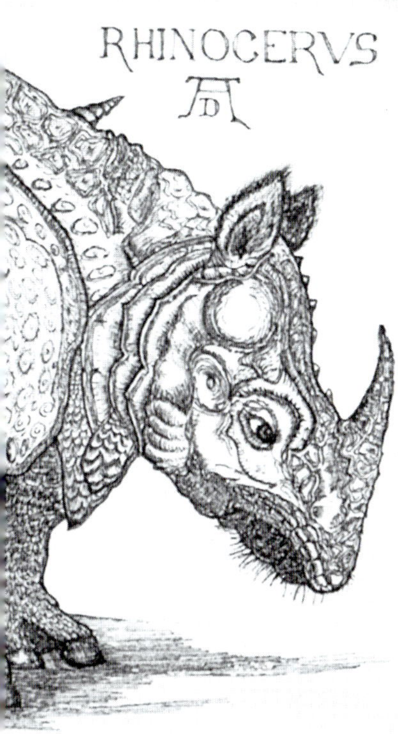

Rechts: Die Kreidezeichnung des brasilianischen Trance-Künstlers Luiz Antonio Gasparetto verrät den Stil Henri de Toulouse-Lautrecs (1864–1901). Während Gasparetto die meisten seiner Werke in wenigen Minuten fertigstellt, benötigte er für dieses mehrere Stunden. Die Zeichnung entstand 1978 in London, wo das Medium Englisch studierte.

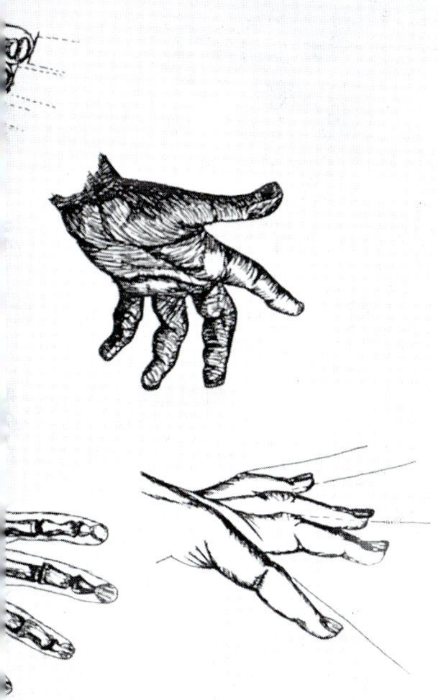

Zuweilen parallel zu einem zweiten Bild entstanden, manchmal mit den Füßen gemalt und fast immer in wenigen Minuten vollendet, weisen Luiz Gasparettos Trance-Bilder eine auffallende Ähnlichkeit mit den Arbeiten berühmter verstorbener Maler auf. Oftmals sind diese Bilder signiert, wie der typische van Gogh (rechts), der den Namenszug „Vincent" trägt, oder auch der etwas ungewöhnliche Picasso (ganz rechts); ebenso das einfühlsame Frauenporträt von Toulouse-Lautrec (unten).

Im März 1978 konnte Millionen Zuschauer in der BBC-Sendung *Nationwide* mitverfolgen, wie der Brasilianer Luiz Gasparetto sich in Trance versetzte und 21 Gemälde schuf, wobei er manchmal mit beiden Händen gleichzeitig an zwei verschiedenen Bildern arbeitete. All dies geschah so schnell, daß viele meinten, der Film sei im Zeitraffertempo vorgeführt worden. Die Bilder waren, obwohl kopfüber gemalt, perfekt und ganz offensichtlich „neue" Renoirs, Cézannes und Picassos.

Gasparetto empfand die Arbeit im grellen Scheinwerferlicht als sehr ermüdend, denn er arbeitet sonst in der Dunkelheit oder zumindest bei sehr schwacher Beleuchtung. Selbst Psychologe von Beruf, beurteilt er seine Werke mit angemessener Objektivität. Dabei gelangt er, der etliche andere beim automatischen Schreiben oder Malen beobachten konnte, zu der Feststellung: „Bisher habe ich kein zweites Mal erlebt, daß jemand beidhändig im Dunkeln malen kann, und das in 30 verschiedenen Stilrichtungen."

In einem normalen Bewußtseinszustand kann der Brasilianer nach eigener Aussage überhaupt nicht malen. Er sieht, spürt und kommuniziert – so seine Worte – mit allen großen Künstlern, die „sich melden". Eine seiner Äußerungen war insbesondere im Hinblick auf eine Aussage Matthew Mannings interessant. „Picasso", so Gasparetto, „konnte zuweilen sehr heftig reagieren. Sobald jemand nur flüsterte, warf er das Blatt weg."

Während Gasparetto nach wie vor in großer Zahl Bilder produziert, hat Matthew Manning seit seiner Jugend kaum mehr automatisch gemalt oder geschrieben. Damals hatte er den Eindruck, er könne damit den ihn umgebenden Spukphänomenen Einhalt gebieten. Inzwischen nutzt er diese Kräfte für Heilzwecke.

Forscher wie Kritiker haben Theorien entwickelt, die das Phänomen der automatischen Kunst mit unterdrückter Kreativität oder einer Sekundärpersönlichkeit erklären. Vielleicht werden sie das Wie und Warum dieser Vorgänge niemals ergründen.

Ein alter Aberglaube besagt, daß ein Ermordeter auf die Gegenwart seines Mörders reagiert. Der seltsame Fall eines verwesenden Leichnams scheint dies in erschreckender Weise bestätigt zu haben: In Anwesenheit eines Verdächtigen zwinkerte er nicht nur mit dem Auge, sondern – deutete mit dem Finger auf ihn.

Nur wenige Menschen, die man bereits für tot erklärt und begraben hatte, gaben je Lebenszeichen von sich. Geschah dies aber doch einmal, oder wurde jemand angeblich wiederbelebt, so reagierten die Zeugen verständlicherweise mit Scheu und Furcht. Besonders erstaunlich war der Fall der 1629 verstorbenen Joan Norkot. Sie wies buchstäblich mit dem Finger auf ihre Mörder, die man daraufhin verurteilte.

FINGERZEIG EINES TOTEN

John Mainard (oben), der zum Langen Parlament von 1640 (ganz oben) gehörte, erlebte noch die Thronbesteigung von Wilhelm III. im Jahr 1688. Im Fall von Joan Norkot galt er als Zeuge, der über jeden Zweifel erhaben war.

Links: Die Abbildung zeigt die Wiederbelebung von Margaret Dickson, einer Mörderin, die 1728 zum Tod durch den Strang verurteilt wurde. Bei Joan Norkot hatte jedoch bereits die Verwesung eingesetzt. Wie konnte sie zum Leben erwachen?

Wiederaufgedeckt wurde dieser seltsame Fall im Jahr 1851, als man für die Juli-Ausgabe von *The Gentleman' Magazine and Historical Review* einige gerichtliche und historische Ereignisse aus den Tagebüchern eines gewissen Dr. Henry Sampson auswählte:

> „Der nächste Auszug schildert einen einzigartigen Rechtsfall, der uns von einem überaus glaubwürdigen Gewährsmann überliefert ist – einem alten Advokaten, der zu den ersten Mitgliedern des Langen Parlaments von Karl I. gehörte und später als Vorsitzender des Gerichtshofs König Wilhelm 1688 zu seiner Thronbesteigung beglückwünschte ... Es dürfte schwerfallen, einen ähnlichen Fall von Aberglauben und kläglichem Mangel an rechtlichen Beweisen zu finden ..."

Der gewisse Advokat war Sir John Mainard, „ein Mann von höchstem Ansehen und Urteilsvermögen bei Gericht". Seine Version des Norkot-Falls fand sich in einem Manuskript, „das er eigenhändig erstellt hatte" und das anno 1690, bei seinem Tod im Alter von 88 Jahren, unter seinen Papieren entdeckt wurde. Ein gewisser Mr. Hunt vom „Temple" (einem der Londoner Gerichtshöfe) fertigte eine Kopie der Tagebücher an und gab sie Dr. Sampson für seine Aufzeichnungen.

Das Porträt von Sir Nicholas Hyde (links), dem Oberrichter am Gericht von Hertford (unten), stammt angeblich aus dem Jahre 1629, in dem Joan Norkots Familie angeklagt wurde. Man nahm zunächst an, Joan habe Selbstmord begangen. Die Dorfbewohner glaubten jedoch an ein Verbrechen, und ihre Leiche wurde exhumiert. Jedes Mitglied der Familie mußte den verwesenden Leichnam berühren, der daraufhin mit einem Auge zwinkerte und einen Finger ausstreckte. In damaliger Zeit galt dies als eindeutiger Beweis. Als der Fall vor Gericht kam, fanden sich weitere, konventionellere Beweise. Die Angeklagten wurden des Mordes an Joan Norkot für schuldig befunden und gehenkt, mit Ausnahme ihrer Schwägerin Agnes, die man aufgrund ihrer Schwangerschaft begnadigte. Die Motive für den Mord blieben ungeklärt.

Joan Norkot hatte mit ihrem Mann Arthur, ihrem kleinen Sohn, ihrer Schwester Agnes, ihrem Schwager John Okeman und ihrer Schwiegermutter Mary Norkot in einem nicht näher bezeichneten Ort in der englischen Grafschaft Hertfordshire gelebt. Sie galt als fröhliche, attraktive, glücklich verheiratete Frau und gute Mutter. Man hatte sie eines Morgens mit durchschnittener Kehle aufgefunden, das Kind hielt sie noch fest im Arm. Sie war offenbar das Opfer einer Gewalttat geworden, doch ihre Familie bestand auf Selbstmord.

Die Blutprobe

Am Vorabend ihres rätselhaften Todes hatte sich Joans Ehemann nach Aussage von Mary Norkot und den Okemans bei Freunden aufgehalten. Sie behaupteten ferner, zwischen Joan und Arthur habe es in letzter Zeit „eine Menge Ärger" gegeben. Hatte sie sich tatsächlich in einem Anfall von Verzweiflung ein Messer in die Kehle gestoßen? Joans Freunde und Nachbarn gaben sich damit jedoch nicht zufrieden. Nachforschungen in dem kleinen Haus der Norkots brachten neue Beweise zutage, und man glaubte nun allgemein, Joan könne sich nicht selbst das Leben genommen haben. Die Geschworenen „ersuchten den Untersuchungsrichter, den Leichnam wieder aus dem Grab zu nehmen. Der Untersuchungsrichter gab diesem Wunsch statt, und dreißig Tage nach ihrem Tode wurde Joan Norkots Leiche in Gegenwart der Geschworenen und einer großen Zahl von Menschen exhumiert."

Wie der örtliche Pfarrer später vor Gericht bezeugte, wurde nach Öffnung des Grabes eine Blutprobe durchgeführt. Man glaubte, der Leichnam eines Mordopfers beginne zu bluten, wenn der Mörder ihn berühre. Diese Erscheinung galt sogar als gerichtlicher Beweis. Mainard berichtete weiter, daß die vier anwesenden Angeklagten einzeln aufgefordert wurden, den Körper der Toten zu berühren.

„Okemans Ehefrau fiel auf die Knie und betete zu Gott, er möge ein Zeichen ihrer Unschuld senden ... Die Beklagten berührten den Leichnam, und auf der Stirn der Toten, die eine Leichen- oder Aasfarbe hatte (das waren die Worte des Zeugen), bildete sich Schweiß, der in Tropfen über das Gesicht rann. Die Farbe der Stirn veränderte sich und wurde lebendig und frisch. Die Tote öffnete plötzlich ein Auge und schloß es wieder, und dies geschah dreimal. Zudem streckte sie dreimal den Ringfinger aus und zog ihn wieder ein, und aus dem Finger tropfte Blut ins Gras."

Diese Zeichen galten im Jahre 1629 als eindeutiger Beweis des Mordes. Als sich der Aufruhr legte, den diese plötzliche Wiederbelebung von Joan Norkot (und ihre ebenso plötzliche Rückkehr zur ewigen Ruhe) auslöste, widerriefen die Geschworenen ihr Urteil.

Zahlreiche Legenden berichten von geheimnisvollen Klopfgeräuschen, die aus Altargräbern (oben) kommen, oder von Skeletten, die man in verdrehter Haltung in diesen Grabstätten auffand. Es kam relativ häufig vor, daß jemand lebendig begraben wurde. Vielfach hielt man Menschen, die im Koma lagen oder an Katalepsie (Muskelstarrkrampf) litten, für tot, beerdigte sie, und sie erstickten, verdursteten oder starben am Schock. Joan Norkot war jedoch eindeutig tot, als man ihren Körper exhuminierte. Ihr kurzes Wiederaufleben läßt sich also nicht damit erklären, sie sei lebendig begraben worden.

Man erklärte, Joan Norkot sei „von einer oder mehreren unbekannten Personen ermordet" worden. Der Verdacht jedoch lastete eindeutig auf Arthur, Mary, Agnes und John, und man brachte sie schließlich vor das Gericht von Hertford. Dort wurden sie zunächst freigesprochen, aber der erbrachte Beweis wog so schwer, daß der vorsitzende Richter Harvy vorschlug, es sei „besser, Berufung einzulegen, als daß ein derart abscheulicher Mord ungesühnt bliebe". John Norkots verwaister Sohn wurde zum Ankläger der Berufung, die gegen seinen Vater, seine Großmutter, seine Tante und seinen Onkel eingelegt wurde. Mainard selbst schrieb: „Weil die Beweislage so ungewöhnlich war, widmete ich mich ihr besonders sorgfältig." Bei der Verhandlung gab der Gemeindepfarrer die Blutprobe sachlich zu Protokoll. Der Chronist schildert ihn als „würdevolle Person", deren Name aber nicht erhalten ist.

Verständlicherweise zog der vorsitzende Richter, Oberrichter Nicholas Hyde, die Aussage des alten Pfarrers in Zweifel. „Wer außer Ihnen hat dieses Ereignis beobachtet?" fragte er den Zeugen. „Ich kann nicht beschwören, daß auch andere es gesehen haben", antwortete der Pfarrer, „aber bei Gott, ich glaube, alle Anwesenden haben es gesehen, und wenn ein Zweifel daran bestanden hätte, wären Beweise erbracht worden, und viele hätten meine Aussage bestätigt ..."

Gegen die alte Mrs. Norkot und die Okemans wurden dann weitere, weniger phantastische Beweise vorgebracht. Sie stützten das Argument, daß sie die Mörder sein mußten, wenn niemand das Haus betreten hatte zwischen dem Zeitpunkt, als Joan zu Bett ging, und dem Augenblick, als man sie tot auffand. Sie lag im Bett, die Laken waren kaum zerwühlt, und sie hielt ihr Kind im Arm. Ihre Kehle war von einem Ohr zum anderen durchtrennt und ihr Genick gebrochen. Sollte sie sich zuerst die Kehle durchtrennt und dann liegend das Genick gebrochen haben oder etwa umgekehrt?

Ein abscheulicher Mord

Es hatte den Anschein, als sei der Körper bewegt und ein halbherziger Versuch unternommen worden, die Spuren zu beseitigen. Zudem steckte das blutige Messer in einiger Entfernung fest im Boden. Die Spitze zeigte zum Bett und der Griff zur Tür hin. Wenn man von einem Selbstmord ausging, hätte Joan Norkot auch im heftigsten Todeskampf die Messerschneide kaum in diese Position bringen können. Überdies fand sich auf Joans linker Hand der blutige Abdruck einer anderen linken Hand, ein Beweis, den Oberrichter Hyde zuerst in Frage stellte, aber schließlich akzeptierte.

Dann wurden die vier Gefangenen vorgeführt, doch sie konnten nichts zu ihrer Verteidigung anführen. Arthur Norkots Alibi fiel in sich zusammen, als offenbar wurde, daß er keineswegs, wie jahrelang behauptet, Freunde besucht hatte. Die Geschworenen befanden Norkot, seine Mutter und Agnes des Mordes schuldig. Okeman wurde freigesprochen. Alle drei Angeklagten riefen aus: „Ich war's nicht! Ich war's nicht!" Dennoch verurteilte man sie zum Tode. Norkot und seine Mutter starben durch den Strang, doch Agnes Norkot wurde begnadigt, als sich herausstellte, daß sie schwanger war.

Valentine Dyall griff den Fall in ihrem Buch *Unsolved Mysteries* (Ungelöste Geheimnisse) wieder auf und führte einen möglichen, wenn auch mutmaßlichen Grund für den Mord an:

„Das Motiv für das Verbrechen blieb unklar, doch allgemein wurde angenommen, daß Arthur Norkot glaubte, seine Frau habe ihn betrogen. Es war bekannt, daß die beiden anderen weiblichen Familienmitglieder Joan um ihr gutes Aussehen und ihre Position als Hausherrin beneideten. Sie wurden daher wahrscheinlich bereitwillig zu Komplizen, während sie John Okeman, einen ziemlich einfältigen Menschen, durch Einschüchterung zum Schweigen brachten."

Für den unglaublichen Vorfall bei Joans Exhumierung gibt es jedoch keinerlei logische Erklärung. Der Gedanke liegt nahe, Joan Norkot sei lebendig begraben worden, aber andererseits steht außer Zweifel, daß sie wirklich tot war. Möglicherweise löste die frische Luft eine spontane chemische Reaktion aus, die ihre Stirn wieder „lebendig und frisch" wirken ließ. Wie aber konnte Joans Auge zwinkern und ihr Finger sich bewegen und frisches Blut hervorbringen? Vielleicht erwachte Joan Norkot flüchtig von den Toten, um göttliche Vergeltung und Gerechtigkeit walten zu lassen.

SUCHE NACH GEISTERN

Einige Jäger sind religiös motiviert und versuchen böse Geister mittels Exorzismus zu vertreiben oder jene zu befreien, die erdgebunden sind. Andere suchen aufgrund ihrer tiefen menschlichen Neugier nach Geistern, indem sie als Ausrüstung Kameras und Tonbandgeräte oder auf alte intuitive Art die Wünschelrute verwenden.

GEISTERN AUF DER SPUR

Kein Phantom gleicht dem anderen, und ein guter Geisterforscher wird jeder Spukerscheinung individuell nachgehen. Wie sieht die Beweisführung ernsthafter Wissenschaftler aus?

Da kam mich Furcht und Zittern an, und alle meine Gebeine erschraken. Und ein Hauch fuhr an mir vorüber; es standen mir die Haare zu Berge an meinem Leibe. Da stand ein Gebilde vor meinen Augen, doch ich erkannte seine Gestalt nicht." So beschreibt Hiob in seinem 4. Buch, Vers 14 bis 16, eine Geistererscheinung. Das Wort „Geist" läßt sich auf die gotische Wurzel „erschrecken" zurückführen, und schon viele Menschen empfanden – ähnlich wie Hiob – die Begegnung mit einem Geist buchstäblilch als „haarsträubend". Doch zum Glück macht Forscherdrang oft furchtlos.

Die Existenz von Geistern haben fast alle Kulturen zunächst akzeptiert. Erst in den letzten Jahrhunderten kamen im Zuge des naturwissenschaftlichen Fortschritts Zweifel auf. Was wir nicht verstehen, lehnen wir ab, statt der Möglichkeit ins Auge zu sehen, daß es zwischen Himmel und Erde vielleicht mehr Dinge gibt, als wir uns träumen lassen oder die etablierte Wissenschaft ernst zu nehmen bereit ist.

Sogar Menschen, die mit eigenen Augen einen Geist gesehen haben wollen, tun sich schwer, dies zu akzeptieren. „Ich habe es gesehen, aber glauben kann ich es nicht!" ist eine häufige Reaktion, denn der menschliche Verstand verwirft instinktiv alle Informationen, die er nicht verarbeiten beziehungsweise deuten kann. Doch wie läßt sich die Existenz von Geistern beweisen?

Was aber ist überhaupt ein Geist? Das Lexikon definiert ihn als die hypothetische körperlose Wesenheit bzw. Seele eines verstorbenen Menschen. Von der „British Society for Psychical Research" (Britische Gesellschaft für Parapsychologie) wurde eine großangelegte Untersuchung über Geisterbegegnungen durchgeführt unter der Leitfrage:

Der schreiende Schädel von Bettiscombe Manor in Dorset stammt angeblich von einem Sklaven, der geschworen hatte, keine Ruhe zu finden, bis er in seiner Heimat begraben sei. Schreie drangen durch das Haus, bis man ihn auf die Westindischen Inseln überführte.

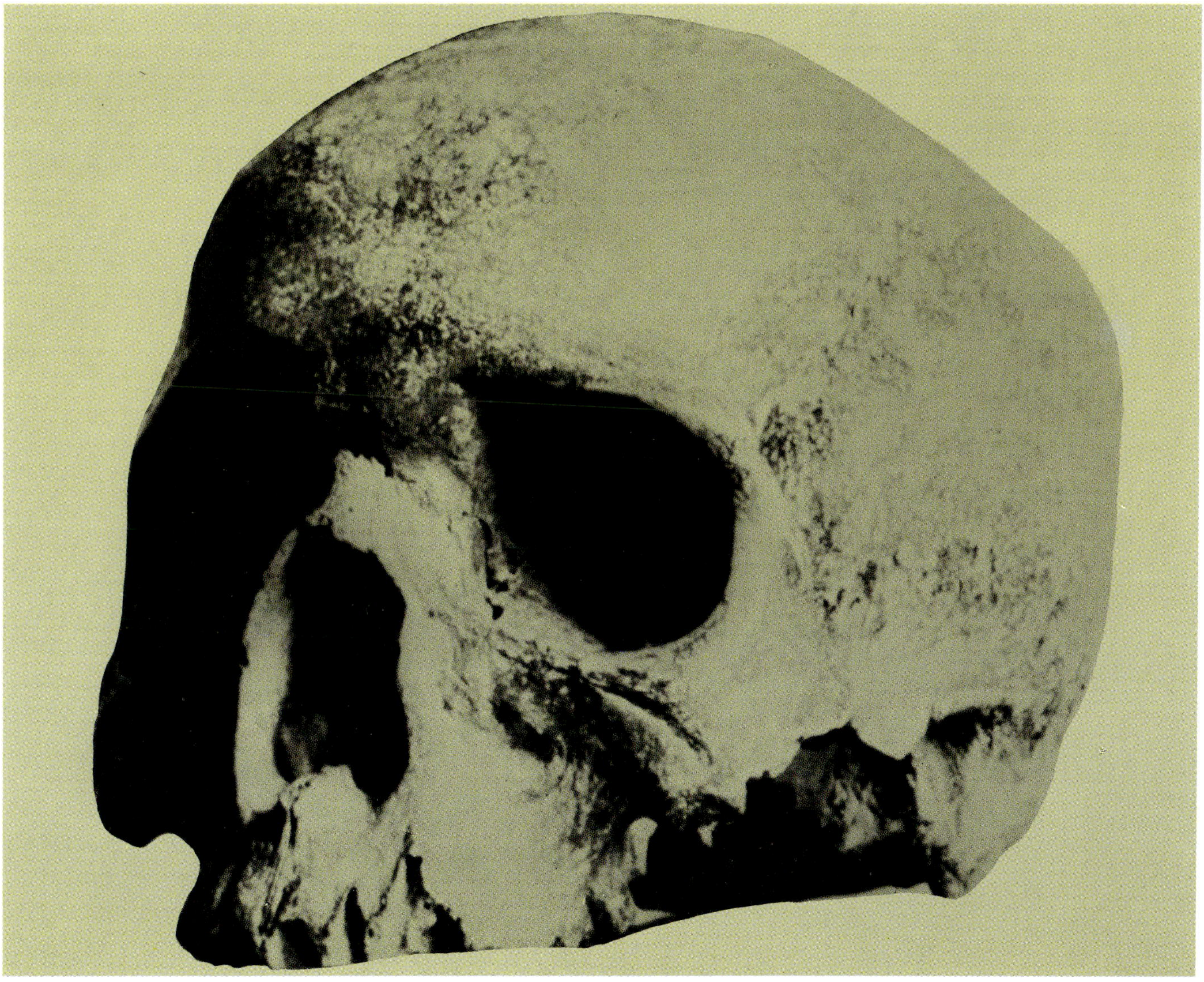

„Hatten Sie schon einmal, im subjektiven Zustand absoluter Wachheit, den lebhaften Eindruck, ein Lebewesen oder ein unbelebtes Objekt zu sehen, von ihm berührt zu werden oder eine Stimme zu hören, ohne daß sich dieses Empfinden, soweit Sie herausfinden konnten, auf eine äußerliche, physikalische Gegebenheit zurückführen ließ?“

Fast zehn Prozent der 17.000 Testpersonen antworteten mit Ja. Spätere Untersuchungen in anderen Ländern brachten entsprechende Ergebnisse.

Langzeitstudien

Manche Geistererscheinungen treten wiederholt über einen längeren Zeitraum auf. So in dem nachfolgenden Beispiel, in dem eine Medizinstudentin ihre Begegnung mit einem Geist schildert:

„Ich sah die Gestalt einer großen schwarzgekleideten Dame, die auf dem oberen Treppenabsatz stand. Nach wenigen Augenblikken stieg sie die Treppe hinab, und neugierig folgte ich ihr einige Stufen. Ich hatte aber nur eine kleine Kerze bei mir, die plötzlich ausbrannte, und da ich nichts mehr sehen konnte, ging ich zurück in mein Zimmer.“

Dieser Geist, der einer ehemaligen Bewohnerin des Hauses sehr ähnlich sah, wurde in den folgenden sieben Jahren noch von sechs weiteren Menschen beobachtet, und etwa 20 Personen vernahmen Geräusche, die offenbar von ihm stammten. Die Erscheinungen verliefen immer gleich: Die Gestalt stieg die Treppe hinunter (die Studentin spannte einige Male Fäden über die Stufen, die aber unversehrt blieben), betrat den Salon und blieb eine Weile am Fenster stehen. Dann verließ sie den Raum durch die Tür, ging den Flur entlang und verschwand.

Wenn man ein Gespenst in die Enge treibt ...

Die Studentin versuchte verschiedentlich, mit der Gestalt zu reden. Diese schien ihre Anwesenheit zwar zu registrieren, gab aber nie eine Antwort. „Als ich sie ein- oder zweimal in die Enge trieb, verschwand sie.“ Die Studentin versuchte sogar, sich „auf sie zu stürzen“, aber dann geschah das gleiche.

Einmal sah sie die Gestalt am Fenster stehen und fragte ihren Vater, ob er sie wahrnehme, aber er konnte nichts erkennen. Als er zum Fenster trat, ging die Erscheinung sofort um ihn herum.

Die Hauskatze nahm von dem Geist keinerlei Notiz. Einer der Hunde jedoch wedelte mit dem Schwanz und sprang hoch, als erwarte er, gestreichelt zu werden, zog sich aber sofort mit eingekniffenem Schwanz wieder zurück und kroch unter das Sofa. Ein anderer Hund zeigte „einen Zustand von Entsetzen“. (Manche Tiere haben ein besonders sensibles Gespür für übernatürliche Erscheinungen und werden von einigen Wissenschaftlern deshalb häufig als „Detektoren“ eingesetzt.)

Während das Wesen von Geistern im Dunkeln liegt, läßt sich ihr Verhalten detailliert untersuchen. G. N. M. Tyrrell unterscheidet in seinem Buch *Apparitions* (Erscheinungen) vier Hauptgruppen, die unterschiedliche Verhaltensmuster aufweisen:

***Oben:** Die Braune Dame von Raynham Hall in Norfolk wurde vom Fotografen nicht nur mit eigenen Augen beobachtet, sondern auch auf diesem Foto festgehalten.*

***Rechts:** Auf diesem Bild erkennt man die Gestalt eines knienden Mönches, fotografiert von einem Rechtsanwalt in der St.-Nicholas-Kirche in Arundel.*

DER FALL DER GLADYS HAYTER

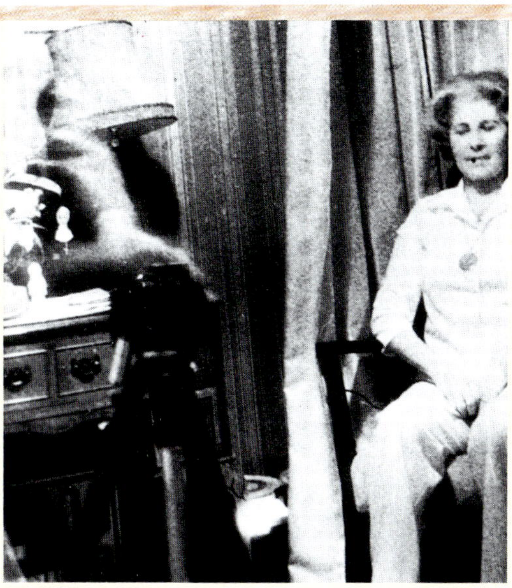

Während Gladys Hayter sich in Trance befindet, erscheint eine Phantomhand, die in der Dunkelheit unsichtbar bleibt, auf diesem Infrarotfoto aber festgehalten werden konnte.

Das Londoner Medium Gladys Hayter besitzt offenbar die Fähigkeit, vor dem Auge der Kamera Phantomerscheinungen zu materialisieren und lebende Menschen sowie Gegenstände zu dematerialisieren und ihren Standort zu verändern. Frau Hayter, die bereits Geistheilungen vornahm, begann die seltsamen Phänomene mit einer einfachen Instamatik-Kamera festzuhalten. Oft erschienen leuchtende Streifen von „Ektoplasma“, die aus ihrem Körper drangen. Zuweilen war sie selbst auf den Fotos gar nicht zu sehen, obwohl sie versicherte, sich nicht bewegt zu haben. Im Trancezustand, so behauptete sie, sei sie ohnehin unfähig, sich zu rühren. Das abgebildete Foto gehört zu einer Serie, die ein Fotograf in fast völliger Dunkelheit mit einem Infrarotfilm aufnahm. Die Kamera auf dem Stativ gehört Mrs. Hayter.

Die erste Gruppe umfaßt Erscheinungen, die an einem bestimmten Ort spuken. Sie sind orts- und nicht personengebunden, flößen meist keine Furcht ein und werden manchmal fast als Familienmitglieder betrachtet. Nur selten richten sie Schaden an.

Experimentelle Geistererscheinungen

Zur zweiten Gruppe gehören postmortale Erscheinungen, bei denen eine Person nach ihrem Tod auftritt. Sie sind weder an einen bestimmten Ort noch an ein Ereignis gebunden.

Zur dritten Gruppe zählen die Krisenfälle. Dabei erscheinen dem Beobachter Personen, die gerade ein tiefgreifendes Ereignis durchmachen, wie zum Beispiel einen Unfall, eine schwere Krankheit – oder auch den Tod.

Die vierte Gruppe nach Tyrrells Zusammenfassung ist zwar am wenigsten bekannt, jedoch die wohl faszinierendste von allen: experimentell herbeigeführte Geistererscheinungen. In diesen Fällen tritt nicht der Geist toter oder sterbender Personen auf, sondern der Lebender, die bewußt den Versuch unternehmen, ihr Abbild für andere sichtbar zu machen. Tyrrell stieß auf Berichte über 16 erfolgreiche Versuche dieser Art.

Die Geister, für deren Existenz höchst zwingende und auch von kritischen Forschern anerkannte Beweise vorliegen, weisen gewöhnlich eine Reihe charakteristischer Merkmale auf. Ein solcher Geist unterliegt den Gesetzen der Perspektive, das heißt, je nach Blickwinkel der Beobachter nehmen sie ihn unterschiedlich wahr. Er erscheint als fester Körper, ist im Spiegel sichtbar, und seine Geräusche entsprechen seinen Bewegungen. Er wirkt im allgemeinen genauso real wie ein lebender Mensch, wenn auch nur für kurze Zeit, und zuweilen verspürt man in seiner Gegenwart eine plötzliche Kälte. Von solchen Kältegefühlen wird auch meist bei Poltergeist-Phänomenen berichtet, obwohl diese sich von den herkömmlichen Geistern unterscheiden: Sie bewegen Gegenstände, sind aber dabei nicht sichtbar.

> „MANCHE TIERE HABEN EIN BESONDERS SENSIBLES GESPÜR FÜR ÜBERNATÜRLICHE ERSCHEINUNGEN UND WERDEN VON EINIGEN WISSENSCHAFTLERN DESHALB HÄUFIG ALS ‚DETEKTOREN‘ EINGESETZT.“

Unten: Als diese Aufnahme vom Altar der St.-Mary's-Kirche in Woodford entstand, war die kniende Gestalt für den Fotografen selbst nicht sichtbar.

Von zwei Gehirnen heraufbeschworen?

Häufig machen mehrere Anwesende dieselbe Beobachtung. Das schließt die Möglichkeit einer individuellen Sinnestäuschung aus. Dennoch ist dies kein Beweis für eine körperlose Seele. Es könnte sich um ein „intersubjektives“ Phänomen handeln, das die Personen gemeinsam erschufen. Die Nicht-

Rechts: Auf diesem Foto erscheinen in der Basilika bei Domrémy in Frankreich hinter der Engländerin Miss Townsend zwei gespensterhafte Gestalten. Für ihre Reisebegleiterin, Lady Palmer, die 1925 die Aufnahme machte, blieben sie unsichtbar.

körperlichkeit des Geistes zeigt sich, wenn er durch Wände geht, durch Phantomtüren auftaucht und verschwindet. Oder er wird durchsichtig und löst sich in Nichts auf.

Diese flüchtigen Geister lassen sich offenbar im Film festhalten. Im Bereich der Geisterfotografie nahmen die Fälschungen allerdings überhand. Ein Photo stammt aus Raynham Hall in Norfolk, England, dem Anwesen des Marquis von Townshend: Ein Berufsfotograf und sein Assistent berichteten von einer geisterhaften Gestalt, die eine Treppe herunterkam. Auf dem Foto, das Experten für echt erklärten, ist eine verschwommene Gestalt zu erkennen. In diesem Haus sollte seit langer Zeit eine braungekleidete Frau umgehen, die 1835 gleichzeitig von zwei Zeugen beobachtet wurde. Später nahm sie auch der Schriftsteller Captain Marryat wahr, der ungalanterweise auf sie schoß. Trotz dieser wenig freundlichen Begrüßung erschien sie 1926 erneut, diesmal Lord Townshend sowie zwei weiteren Zeugen.

Gespenstische Kirchgänger

Auch in Kirchen entstanden überzeugende Fotos von Geistern. 1940 gelang es einem Rechtsanwalt in der Kirche St. Nicholas in Arundel, Sussex (England), eine unverkennbar menschliche Gestalt vor dem Altar aufzunehmen. Sie wirkte zwar körperlicher als die Dame in Braun von Raynham Hall, war jedoch noch teilweise durchsichtig. Manche Betrachter deuteten sie als knienden Priester. Das technisch perfekteste Foto aber erzielte Pfarrer K. F. Lord of Newby in Yorkshire, der ganz deutlich vor seinem Altar ein hohläugiges Gespenst im Bild festhielt.

Unten: K. F. Lord, Vikar von Newby, Nord Yorkshire, entdeckte nach der Entwicklung des Fotos zu seiner Verblüffung diese seltsame Gestalt vor dem Kirchenaltar.

GEISTERSUCHER

In unserer hochtechnisierten Zeit hat sich auch die Suche nach Geistern auf eine neue Ebene verlagert. Robin Laurence ist Leiter einer überaus aktiven Gruppe, die modernste Geräte einsetzt, um Geister aufzuspüren.

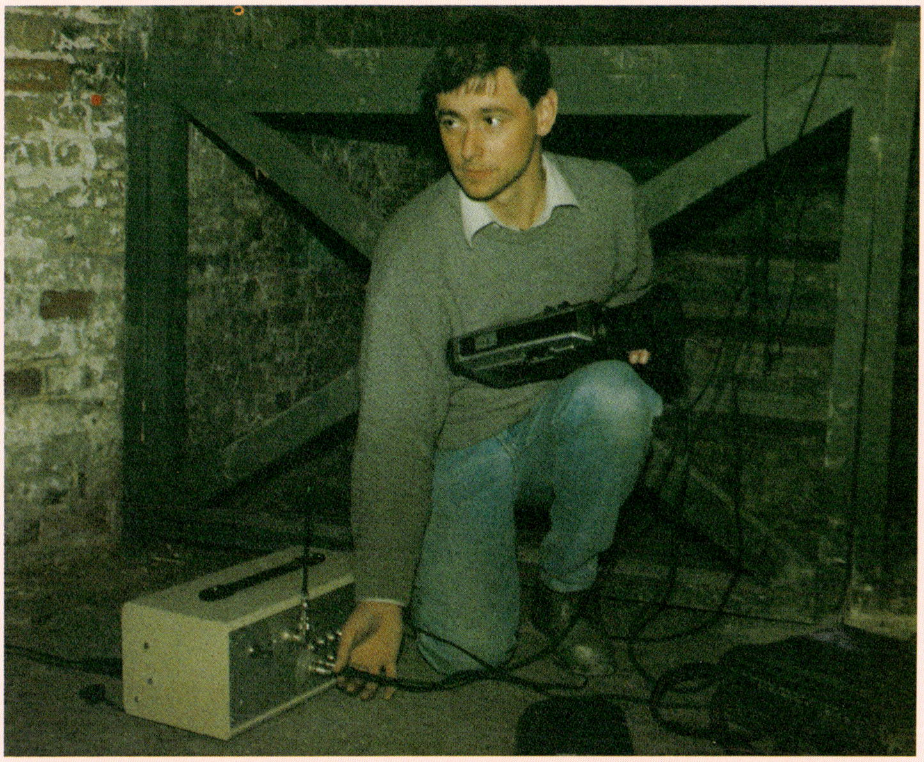

Oben: An einer strategisch wichtigen Stelle im Tunnelsystem von Fort Amherst installiert Robin Laurence den Zentralrechner, der das Auftreten von Geistern registrieren soll.

Schon als Kind habe ich mich für paranormale Phänomene und Geister interessiert. In meiner Schulzeit erlebte ich einige höchst seltsame Dinge. Beispielsweise war ich eines Tages bei einem Freund zu Besuch. Plötzlich hörten wir aus dem Nebenhaus Schläge und krachende Geräusche. Wir waren zutiefst beunruhigt, denn wir wußten, daß die Nachbarn nicht zu Hause waren. Als wir ihnen später davon erzählten, sagten sie nur: „Macht euch keine Sorgen deswegen, das ist nur der Geist." Anscheinend hörten sie häufig derartige Geräusche in ihrem Haus.

1987 gründete ich die „Thanet Psychic and Paranormal Research Unit" mit dem Ziel, die Erforschung von Spukphänomenen voranzutreiben. Als unbekannte Einzelperson kann man nicht einfach irgendwo anklopfen und sagen: „Kann ich mir mal Ihren Geist ansehen?" Ungleich leichter ist das hingegen als Vertreter einer offiziellen Vereinigung.

Derzeit befassen wir uns mit historischen Plätzen. Wir versuchen herauszufinden, ob es dort wirklich spukt. Letztes Jahr haben wir uns mit vier oder fünf solcher Stätten eingehend beschäftigt. Der interessanteste Ort war ein berühmtes Schloß in Südengland, wo in den letzten drei Jahren mindestens sechsmal Geister gesichtet wurden. Einer war ein Pikenier aus dem 17. Jahrhundert, der angeblich durch eine Wand in die Wachstube hinein- und durch eine andere wieder herausging. Am häufigsten aber wird von schlagenden Türen berichtet, und zwar Türen, die es dort längst nicht mehr gibt!

Während unserer Nachtwachen setzen wir jeweils bestimmte Spürgeräte ein. In besagtem Schloß installierten wir an bestimmten Stellen in den unterirdischen Gängen Tonbandgeräte und Videokameras. 16 Mitarbeiter der Einheit, darunter auch ich, bildeten mehrere Gruppen, die verschiedene Bereiche beobachteten.

Um 5.20 Uhr filmte eine der Kameras, wie etwas Unsichtbares an den Türen im zweiten Untergeschoß des Burgverlieses kräftig rüttelte. Das Phänomen, für das keine natürliche Erklärung gefunden wurde, dauerte etwa sechs Sekunden. Ich selbst hörte den Lärm und lief zusammen mit den anderen hinunter, um zu sehen, was dort vor sich ging. Dieser Film ist zweifellos der eindrucksvollste Beweis für Geister- oder vielmehr Poltergeisteraktivitäten, der uns vorliegt.

Ich bin absolut nicht sensitiv veranlagt, sondern halte mich für einen ganz normalen Menschen ohne außergewöhnliche Fähigkeiten. Für uns steht bei unseren Forschungen der wissenschaftliche Nachweis im Vordergrund.

Zu jeder Nachtwache nehmen wir unsere Grundausrüstung mit: Taschenlampen, Notizbücher, Stifte, Kassettenrecorder, Fotoapparate mit Blitzlicht und Videokameras. Wir haben aber auch schon ein Computersystem, bestehend aus Laptop und Zentralrechner, eingesetzt. Es erfaßt Signale einzelner Sensoren, die an strategischen Punkten angebracht wurden und die Bewegungen sowie jeden Temperaturrückgang (ein mit Geistererscheinungen häufig einhergehendes Phänomen) registrieren. Der Rechner speichert Ort und Zeit des jeweiligen Vorkommnisses.

> „BEI UNSEREN FORSCHUNGEN STEHT FÜR UNS DER WISSENSCHAFTLICHE NACHWEIS IM VORDERGRUND."

Unsere Gruppe hat das Computersystem bei unserer Nachtwache in Rochester Castle und auch bei unserem letzten Forschungsprojekt, Fort Amherst, verwendet. Wir haben diese napoleonische Festung oberhalb von Chatham in der Grafschaft Kent mit ihrem weitläufigen unterirdischen Tunnelsystem ausgesucht, da dort jeden Freitagabend eine Geister-Tour veranstaltet wird und ich unbedingt herausfinden wollte, ob die Geschichten, die dabei erzählt werden, wahr sind. Tatsächlich konnte ich in Erfahrung bringen, daß die Arbeiter in den Gängen häufig Schritte gehört haben und auch von einer unsichtbaren Kraft zur Seite gestoßen wurden.

Wir installierten unsere Geräte in den Gängen. Zwar brannten dort Lichter, die jedoch die Geister anscheinend nicht stören. Uns liegen Berichte von Begegnungen mit Geistern zu jeder Tageszeit vor. Leider hat unser Computer nichts registriert. Weder wurde der Infrarotstrahl einer speziellen Installation unterbrochen, was auf einen hindurchgehenden Geist gedeutet hätte, noch sank die Raumtemperatur.

Trotzdem bin ich fest davon überzeugt, daß es Geister gibt. Ich bin mir nicht sicher, worum es sich dabei handelt. Am glaubwürdigsten scheint mir die Theorie, nach der ein Bild, wie auf einem Videofilm, in der Materie eines Gebäudes gespeichert werden kann. Unter den richtigen Bedingungen kann sich eine Szene, die sich zum Beispiel vor 200 Jahren ereignete, erneut abspielen.

Derzeit verbringe ich die meiste freie Zeit mit der Suche nach Geistern. Ich glaube fest daran, daß wir in den nächsten Jahren eindeutige Ergebnisse erzielen werden. Am liebsten wäre mir eine Videoaufnahme von einem Geist, der gerade durch eine Mauer geht. Das wäre einfach großartig.

SPUKGESTALTEN AUS DEM JENSEITS

Die ruhelosen Seelen der Verstorbenen und Phantome in Tiergestalt sollen sich in Form von Geistererscheinungen zeigen. Was hat es mit diesen Erscheinungen auf sich? Haben sie vielleicht alle etwas gemeinsam?

Die immer wiederkehrende Frage, ob es Geister gibt, muß, glaubt man den Ergebnissen der vielen Untersuchungen, die an den verschiedenen parapsychologischen Institutionen im Verlauf der letzten 100 Jahre durchgeführt wurden, mit Ja beantwortet werden. Es würde an Borniertheit grenzen, wollte man die Aussagen von Hunderten von ehrbaren Menschen als bloßes Wunschdenken, Selbsttäuschung oder nackte Lüge abtun.

Die Fragen, die sich Parapsychologen und Forscher aus anderen Bereichen stellen, sind anderer Art: Wie können Geister existieren? Sind Geister die ruhelosen Seelen Verstorbener? Werden Geister durch Telepathie herbeigerufen? Oder beruhen Geistererscheinungen vielleicht auf Massenhalluzinationen oder Selbsthypnose? Die psychologische Forschung ist in den letzten Jahrzehnten sehr vorangeschritten, und einige Aspekte der Geistererscheinungen sind unserem Verständnis nähergerückt. Die letztendliche Wahrheit entzieht sich jedoch nach wie vor unserer Kenntnis.

Die häufigste Form der Geisterphänomene scheint die „Krisenerscheinung" zu sein. Dabei erscheint eine Person, die unter großer innerer Spannung steht, etwa im Augenblick des Todes, einem ihr nahestehenden Menschen als Phantom – gelegentlich ist auch nur die Stimme zu hören. Die Mehrzahl dieser Fälle erfolgt unter tragischen Umständen. So erschienen Soldaten ihren Müttern oder Ehefrauen genau in dem Augenblick, da ihr irdischer Leib auf einem fernen Schlachtfeld starb. Allerdings gehen durchaus nicht alle Erscheinungen mit Unglücksfällen einher. In ihrem Buch *Understanding Ghosts* (Geister verstehen) führt Victoria Branden den Fall einer Freundin an, die im Zweiten Weltkrieg aus gesundheitlichen Gründen von England nach Kanada evakuiert wurde, während ihr Mann auf seinem Armeeposten zurückblieb. Eines Abends saßen die Kinder über den Hausaufgaben, während sie selbst beim Bügeln war – in einem, wie sie es Victoria Branden später beschrieb, „ziemlich abwesend-träumerischen Zustand".

Plötzlich sah sie, wie sich die Zimmertür öffnete und ihr Mann hereintrat. Er trug seine Uniform, und bevor sie sich von ihrer Verblüffung erholen konnte, war er auch schon wieder verschwunden. Sie legte das Bügeleisen ab und setzte sich in einen Sessel, der Ohnmacht nahe. Die Kinder scharten sich erschreckt um sie, und als sie ihnen von ihrem Erlebnis erzählte, stellte sich heraus, daß die Kinder nichts bemerkt hatten und ganz sicher auch die Tür nicht aufgegangen war. Die Mutter und das älteste Kind hatten jedoch schon einmal von Krisenphantomen gelesen und waren überzeugt, daß der Vater tot oder verletzt sein mußte. Sie notierten sich den genauen Zeitpunkt und die Umstände – qualvollerweise war das alles, was sie im Moment tun konnten.

Einige Tage darauf flatterte zu ihrer grenzenlosen Erleichterung eine positive Nachricht ins Haus: Der Mann war unerwartet nach Kanada versetzt worden, um dort an einem Ausbildungsprogramm teilzunehmen, das in einem Lager ganz in der Nähe seiner Familie stattfinden würde. Das bedeutete natürlich, daß er während dieser Zeit mit ihnen leben konnte. Als die Familie glücklich vereint war, erzählte der Mann, daß ihn die Nachricht von seiner Versetzung sehr bewegt hatte. Er konnte sich nicht daran erinnern, in dem Moment bewußt an seine Frau gedacht zu haben, aber sie kamen zu dem Schluß, daß er nach der Eröffnung der guten Nachricht das Büro seines Vorgesetzten in Hochstimmung verlassen hatte und er just in diesem Moment wohl seiner Frau erschienen war.

***Unten:** Dieses Foto der Bibliothek der Combermere-Abtei in Cheshire, England, wurde am 5. Dezember 1891 von Sybell Corbet aufgenommen, die sich damals allein im Lesesaal der Bibliothek aufhielt. Als sie die Platte entwickelte, entdeckte sie in dem Sessel (links im Bild) zu ihrer Verblüffung einen älteren Mann sitzen. Er wurde später als Lord Combermere identifiziert. Als das Foto entstand, war dieser allerdings längst tot und einige Kilometer von der Bibliothek entfernt begraben.*

Interessant dabei ist, daß die Frau zu dem betreffenden Zeitpunkt vor sich hin geträumt hatte, ihr Geist sich also in einem entspannten und empfänglichen Zustand befand. Die Kinder, die nichts bemerkt hatten, waren voll auf ihre Hausaufgaben konzentriert gewesen.

Es bleibt rätselhaft, wie solche Bilder nun genau übertragen werden – besonders in den Fällen, wo die Phantome geradezu greifbar und leibhaftig erscheinen. Wissenschaftler haben jedoch darauf hingewiesen, daß unsere Wahrnehmung weitaus komplexer abläuft, als wir denken: In lebhaften Träumen zum Beispiel erscheint alles vollkommen real und dreidimensional, obwohl der Träumer dabei garantiert keine Informationen durch seine Augen erhält. Ein Hypnotiseur kann einer Person einreden, daß nach ihrem Erwachen nur sie selbst im Raum sein wird – auch wenn noch andere Menschen anwesend sind. Diese werden nach dem Erwachen aus der Hypnose so lange nicht wahrgenommen, bis der Hypnotiseur seine Anweisung zurücknimmt. Etwas Ähnliches spielt sich vielleicht auch bei Krisenerscheinungen ab. Dabei ist es bemerkenswert, daß der Agent, das heißt derjenige, der die Halluzination „sendet", dies aus oft beträchtlicher Entfernung und sogar im Zustand der Bewußtlosigkeit vermag, während ein Hypnotiseur dazu bestimmte Anweisungen geben muß.

Untersuchungen schienen darauf hinzuweisen, daß der Geist des „Senders" bei Krisenerscheinungen eine geringere Rolle spielt als der des Empfängers. Aus dokumentierten Fällen läßt sich ersehen, daß der Agent nur selten so erscheint, wie er im Moment seines Auftauchens in Wirklichkeit aussieht – das heißt, der Empfänger sieht ihn nicht verstümmelt in einem Autowrack oder als schwerverwundeten, sterbenden Soldaten im Schützengraben liegend, sondern ganz normal und der Umgebung des Empfängers angepaßt.

Diesen Aspekt hat G. N. M. Tyrrell in seinem Buch *Apparitions* (Erscheinungen) besonders hervorgehoben. Er beschreibt, daß sich Phantome bei Krisenerscheinungen teilweise sogar recht ungeisterhaft verhielten, indem sie Schatten warfen oder im Spiegel zu sehen waren:

„[Sie] passen sich in geradezu verblüffender Weise der Empfängerumgebung an, über die der Agent in der Regel nur wenig oder gar nichts wissen kann. Dies deutet darauf hin, daß die Erscheinung eine Art Theaterrequisite darstellt, die zu einem großen Teil vom Empfänger erschaffen wird und zu der auch einige Details selbst beisteuern muß – das heißt, das Phantom kann keine unmittelbare Verkörperung der Vorstellung des Agenten sein; es muß sich hier vielmehr um eine Art Dramenfigur handeln, für das die gedankliche Vorstellung das Motiv darstellt."

Unten: Krisenerscheinungen treten besonders häufig in Kriegszeiten auf. Viele Mütter „sahen" ihren Sohn im Moment seines Todes auf dem Schlachtfeld. Anscheinend kann der Todesschock eine Art telepathische Kommunikation zwischen Mutter und Sohn bewirken. Nur selten erscheint allerdings das Bild des Sterbenden; vielmehr wird der Sterbende meistens so wahrgenommen, wie er zu Lebzeiten aussah.

Kollektiverscheinungen, bei denen ein Phantom von mehr als einer Person wahrgenommen wird, lassen sich nur teilweise durch Telepathie erklären. Der Agent muß dazu per definitionem ein empfindungsfähiges Wesen sein; daher läßt es sich nur schwer nachvollziehen, wie die Erscheinung eines konkreten Gegenstandes durch Telepathie zustande kommen soll. Einer der berühmtesten Fälle von Kollektiverscheinungen wurde der „Society for Psychical Research" (Gesellschaft für Parapsychologische Forschung) im späten 19. Jahrhundert durch Charles Lett, dem Schwiegersohn eines gewissen Captain Towns, mitgeteilt. Etwa sechs Monate nach dem Tod des Captains betraten Letts Tochter und eine Freundin, Fräulein Berthon, gegen 21 Uhr ein Schlafzimmer im Haus des Verstorbenen. Das Gaslicht brannte:

„Sie waren höchst verblüfft, als sie auf dem glänzend polierten Kleiderschrank das Bild von Captain Towns erblickten. Es ähnelte einem normalen Medaillonporträt, aber in Lebensgröße. Das Gesicht Captain Towns wirkte matt und bleich … er trug die graue Flanelljacke, in der er zu Lebzeiten zu schlafen pflegte. Überrascht und auch etwas erschrocken hielten die Frauen die Erscheinung zunächst für ein Porträtbild, das sich in der Schrankfläche nur spiegelte – aber es war im Raum nichts dergleichen zu finden. Während sie noch verwirrt dastanden, kam Fräulein Towns, die Schwester meiner Frau, ins Zimmer, und bevor die beiden etwas sagen konnten, rief sie aufgeregt: ‚Du meine Güte! Da ist Papa!' Eines der Hausmädchen wurde ins Zimmer gerufen und

Links: Wenn Geister zum Zeitpunkt einer Fotoaufnahme nicht zu sehen sind, aber später auf dem Bildabzug auftauchen, kann das daran liegen, daß das Filmmaterial mehr erfaßt als das menschliche Auge. Umgekehrt kann der Fotograf etwas sehen, was später nicht auf dem Film erscheint. Der Grund dafür ist dann die menschliche Hypersensitivität.

stieß aus: ‚Oh, gnädiges Fräulein! Da ist ja der selige Herr!‘ Auch der herbeigeholte Privatdiener des Captains, der Butler sowie ein Kindermädchen erkannten den Verstorbenen sofort. Schließlich schickte man nach Frau Towns, der Witwe. Als sie die Erscheinung sah, ging sie mit ausgebreiteten Armen darauf zu, als wolle sie sie berühren, doch während ihre Hand über das Furnier strich, verblaßte das Bild allmählich. Die Erscheinung wiederholte sich nie mehr.“ Parapsychologen, die Erscheinungen prinzipiell auf Telepathie zurückführen, würden vermutlich behaupten, daß entweder Fräulein Letts oder Fräulein Berthon das Bild als erste gesehen hatte und es dann durch Gedankenübertragung den nachfolgenden Personen mitgeteilt hatte. Aber woher stammte die Erscheinung dann selbst?

F. W. H. Myers, ein Vorreiter der parapsychologischen Forschung und Autor des Buches *Human Personality and its Survival of Bodily Death* (Die menschliche Persönlichkeit und ihr Überleben des körperlichen Todes) hielt die Erscheinung für den Geist, die „Wesenheit“ des verstorbenen Towns, der sechs Monate nach seinem Ableben seinem Heim auf diese Weise einen letzten Besuch abstat-

GEISTER, DIE MAN RIEF ...

Eines der Hauptprobleme der parapsychologischen Forschung ist die schiere Leichtgläubigkeit der Menschen. Wer ergötzt sich nicht gerne an einer guten Gespensterstory, die dann beim Weitererzählen immer weiter ausgeschmückt wird, bis die einst nackten Fakten schließlich von frei erfundenen Einzelheiten dicht umrankt sind.

Im Sommer 1970 wollte Frank Smyth, damals Mitherausgeber der Zeitschrift *Man, Myth and Magic* (Menschen, Mythen, Magie), herausfinden, welche Formen die menschliche Leichtgläubigkeit annehmen kann. Zu diesem Zweck erfand er einen Geist – samt Spukort, Hintergrundstory und „Augenzeugen“ und veröffentlichte den Bericht in seiner Zeitschrift.

Alles entsprang von A bis Z seiner Phantasie. An einem Sonntagmorgen hatte sich Smyth im Londoner Hafenviertel mit John Philby getroffen, dem Sohn des Superagenten „Kim“ Philby. Philbys Baufirma sanierte gerade die Ratcliffe-Werft, und Smyth fand, daß dieser etwas unheimliche, gottverlassene Ort einen guten Tummelplatz für seinen Geist abgeben würde. Ganz in der Nähe der Werft befand sich die halbverfallene St.-Anna-Kirche. Da es Sonntag war, entschloß sich Smyth kurzerhand, daß sein Geist einen Geistlichen darstellen sollte. Entlang der Werft verläuft der Ratcliffe-Highway, der bis ins späte 19. Jahrhundert eine Straße voller Bordelle, wüster Kneipen und billiger Pensionen gewesen war. Was lag also näher, als den Geist flugs zu einem Vikar zu ernennen, der dort eine der Seemannspensionen führte und Matrosen in ihren Unterkünften reihenweise beraubt, umgebracht und ihre Leichen in der Themse versenkt hatte? So entstand im Handumdrehen eine waschechte Geistergeschichte.

Philby, ein ehemaliger Kriegskorrespondent, und Smyth waren sich einig, daß auch einige Augenzeugen her mußten. Gemeinsam mit einem von Philbys Angestellten behaupteten sie unter ihren eigenen Namen, daß sie den Geist selbst gesehen hätten – einen alten, weißhaarigen Mann mit einem Gehstock. Sie vereinbarten aber auch, daß sie sofort zugeben würden, daß alles nur erfunden war, sollte ein Forscher oder jemand anderer zu diesem „Phänomen“ irgendwelche Fragen stellen.

Smyth verfaßte dann für *Man, Myth and Magic* einen als Tatsachenbericht aufgemachten Artikel. Kein Mensch fragte jemals nach irgendwelchen Nachweisen für den „Geisterpfarrer von der Ratcliffe-Werft“; vielmehr tauchte dieser in den nächsten zwölf Monaten in etwa acht Büchern über angeblich wahre Geistererscheinungen auf. Nur ein Reporter von der *Sunday Times* behandelte die Story mit einiger Skepsis; alle übrigen druckten die Geschichte ohne jegliche kritische Hinterfragung ab. Ein berühmter Autor, der sich mit übernatürlichen Phänomenen beschäftigt, schmückte sie sogar noch kräftig aus. 1973 schrieb Smyth einen Artikel für die *Sunday Times,* in dem er sein Experiment offenlegte; bald darauf trat er in einem Film von BBC 2 auf, der den Titel *A Leap in the Dark* (Ein Sprung ins Ungewisse) trug. Auch in diesem Film wurde deutlich gemacht, daß es sich um eine reine Phantasiegeschichte gehandelt hatte; allerdings kamen auch einige Personen zu Wort, die den Geisterpfarrer angeblich gesichtet hatten. Ein Mann sagte aus, er habe einen alten Mann in geistlicher Kleidung aus dem 18. Jahrhundert die Straße am „Town-of-Ramsgate“-Pub in der Nähe des Hafenviertels St. Katherine entlangwandern sehen – etwa einen Kilometer von der Ratcliffe-Werft entfernt. Der Autor Jilly Cooper berichtete von einem Interview mit einem Polizisten, der nach seiner Pensionierung erzählte, daß er als junger Mann nur ungern in der Ratcliffe-Werft zu tun hatte, da er dort einmal einen gespensterhaften Geistlichen bemerkt hatte. Und ein Themse-Fährmann behauptete, er habe die schemenhafte Gestalt des Geisterpfarrers an der Werft stehen sehen – und zwar einige Monate, bevor die Geschichte in den Zeitungen stand. Nach diesem Film erhielt die BBC Waschkörbe voller Briefe, die offenbar alle ehrlich gemeint waren und von weiteren Beobachtungen erzählten. Die Ratcliffe-Story entbehrt wirklich jeglicher Grundlage – nie zuvor war in der Geschichte von Wapping oder irgendeinem anderen Gebiet des Londoner Hafenviertels ein Geisterpfarrer erwähnt worden. Trotz der Erklärung der Erfinder dieser Geschichte erscheint der Geisterpfarrer nach wie vor vielen Menschen in der Umgebung der Werft. Ein Parapsychologe meinte allerdings einmal, daß Smyths Gespenst vielleicht ja doch einmal existiert und sich ihm irgendwie bemerkbar gemacht hatte – auf dem Wege der puren Einbildung.

Frank Smyth, der Erfinder der Ratcliffe-Geschichte, vor der Londoner St.-Anna-Kirche.

tete. Laut Myers kann eine Erscheinung „die Manifestation einer dauerhaften persönlichen Energie" darstellen; als Beweis führte er mehrere Fälle an.

Einer davon handelt von einem Vertreter, der in einem Hotelzimmer in Boston, Massachusetts, USA, arbeitete. Plötzlich bemerkte er etwas, schaute auf – und sah seine Schwester vor sich, die seit neun Jahren tot war. Als er aufsprang und ihren Namen rief, verschwand sie, aber er hatte genügend Zeit gehabt, sie ganz genau zu sehen. „Sie schien wie zu ihren Lebzeiten", erinnerte er sich, fügte aber hinzu, daß ihm auf ihrer rechten Wange ein kleiner roter Kratzer auffiel. Voller Unruhe machte er unplanmäßig bei seinen Eltern halt und erzählte ihnen von seinem Erlebnis. Als er den Kratzer erwähnte, wurde seine Mutter von Gefühlen überwältigt und sagte, sie selbst habe ihrer Tochter diesen Kratzer beigebracht, als sie ihre Leiche für das Begräbnis zurechtmachte. Zwei Wochen später verstarb die Mutter.

Myers wies darauf hin, daß die Erscheinung „nicht aussah wie die Leiche mit dem Verletzungsmal, über das die Mutter sicher reuevoll grübelte, sondern ... wie das gesunde, glückliche Mädchen, das sie zu ihren Lebzeiten gewesen war, und daß der Kratzer nur eine Art Erkennungszeichen war". Nach Myers handelte es sich bei der Erscheinung um die Seele der verstorbenen Schwester, die ihren Bruder veranlassen wollte, sein Elternhaus aufzusuchen, um die Mutter vor ihrem Tod noch einmal zu sehen.

Wenn ein Phantom einen Ort oder eine Person immer wieder heimsucht, dann ist die Seele eines Verstorbenen in ihrer irdischen Umgebung irgendwie gefangen, vielleicht aufgrund einer unerfüllt gebliebenen Aufgabe oder als Strafe – so sehen es diejenigen, die an ein Leben nach dem Tode glauben.

Im großen und ganzen neigt die Parapsychologie zu der Annahme, daß es Stellen gibt, an denen bevorzugt paranormale Phänomene auftreten – möglicherweise, weil dort einmal eine starke Gefühlsaufwallung oder eine Gewalttat stattgefunden hat. In diesen Fällen würde es sich bei solchen Erscheinungen nicht mehr um einen empfindungsfähigen Geist, sondern um eine Projektion handeln, ähnlich wie in einem Kinofilm. Diese Erklärung scheint plausibel und läßt sich auch mit der Telepathie-Hypothese vereinbaren: Wenn ein Agent auf telepathischem Wege ein Abbild von sich selbst an einen Empfänger übertragen kann, kann er dann nicht auch in der Lage sein, ein bestimmtes, quasi „frei schwebendes" Bild in die Atmosphäre zu projizieren, das dann von einer Person wahrgenommen wird, die für solche Eindrücke besonders empfänglich ist?

Diese Vorstellung würde auch die gelegentlich überzeugenden „Geisterfotos" erklären: In diesen Fällen war der Film empfindlicher als der Fotograf. Im umgekehrten Fall kann dieser vielleicht einen Geist erkennen, der auf dem Foto später nicht zu sehen ist; dann war der Mensch dem Film an Empfindlichkeit vielleicht überlegen.

Wenn sich Geistererscheinungen wirklich fotografisch festhalten lassen, dann verändert sich ihr Bild womöglich auch. In seinem Buch *Ghost Hunting* (Geisterjagd) beschreibt Andrew Green den interessanten Fall einer Geisterfrau, die im 18. Jahrhundert in einem Herrenhaus in England spukte und damals rote Schuhe, ein rotes Kleid und eine schwarze Kopfbedeckung getragen haben soll. Anfang des 19. Jahrhunderts wurde sie erneut gesichtet – diesmal in rosa Schuhen, einem rosa Kleid und mit grauem Kopfputz. Danach zeigte sie sich erst wieder Mitte des 19. Jahrhunderts und war zu einer „grauhaarigen Dame in weißem Kleid" gealtert. Kurz vor dem Zweiten Weltkrieg berichtete man nur noch von „dem raschelnden Geräusch des Kleides einer Frau, die einen Flur entlanggeht". 1971, vor dem Abriß des Gebäudes, bemerkten die Arbeiter lediglich noch „in einem der alten Flure eine merkwürdige Präsenz".

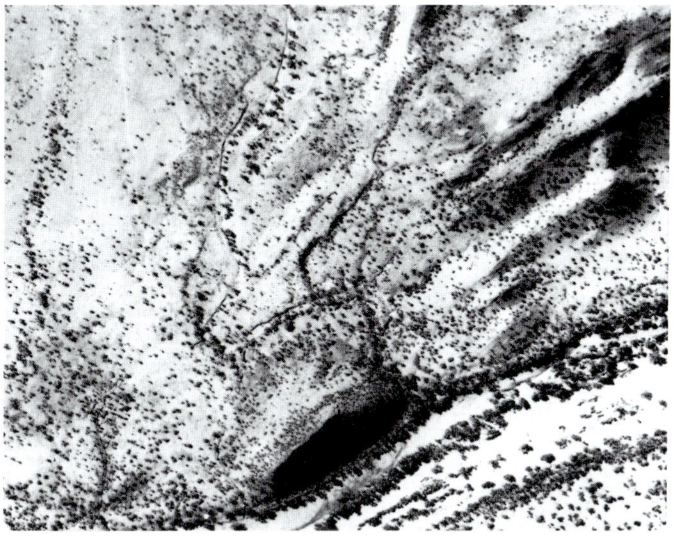

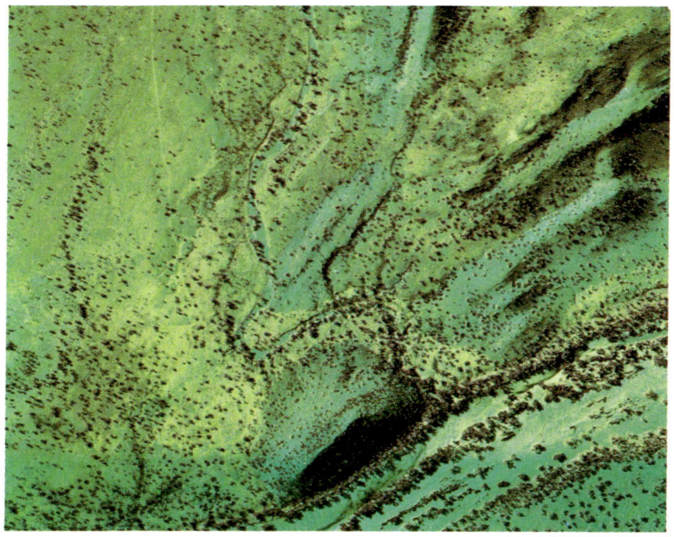

Oben: Geisterfotografien enthüllen oftmals Dinge, die unserem Auge verborgen bleiben, da der Film von Natur aus auf bestimmte Lichtfrequenzen empfindlicher reagiert. Dieser Unterschied läßt sich anhand dieses Bildes veranschaulichen, das einmal mit einem normalen Film (oben links) und dann mit einem Infrarotfilm (oben rechts) aufgenommen wurde. Auf dem rechten Bild ist ein bestimmtes Gebiet der australischen Wüstenregion sehr viel schärfer und detaillierter zu erkennen und liefert Informationen, die mit einem Standardfilm nicht möglich wären.

„ES MAG SEIN, DASS EINIGE MENSCHEN ÜBER EINE BESONDERE GABE VERFÜGEN, DIE SIE GEISTER WAHRNEHMEN LÄSST ... UND DASS GEISTER NUR FÜR DIEJENIGEN SICHTBAR WERDEN ... DIE DAFÜR EMPFÄNGLICH SIND."

Hilary Evans, Gods: Spirits: Cosmic Guardians

DIE MACHT DES PENTAGRAMMS

Eine ältere „Hexe" und ihre mystische Anwendung des magischen Pentagramms führten den Paraforscher Tom Lethbridge in die Welt des Übersinnlichen.

Niemand, der sich für das Übersinnliche interessiert, kann Tom Lethbridge ignorieren. Als er 1971 starb, war sein Name der breiten Öffentlichkeit kaum bekannt. Heute sind viele seiner Anhänger der Meinung, daß er die wichtigste Persönlichkeit in der Geschichte der Paraforschung sei. Seine Auffassungen zum Wünschelrutengehen, dem Leben nach dem Tod, zu Geistern und Poltergeistern, der Magie, dem Zweiten Gesicht, der Präkognition und dem Wesen der Zeit decken tatsächlich ein vielfältigeres Gebiet ab, als das bei anderen Paraforschern üblich ist. Zudem passen sie gut mit der aufregendsten und umfassendsten Theorie des „Okkulten" zusammen, die bisher vorgestellt wurde.

Seine gesammelten Ideen wurden kurz vor seinem Tod in einer Reihe schmälerer Bände veröffentlicht. Seltsamerweise begann Lethbridge sich erst für paranormale Probleme zu interessieren, als

***Unten:** Der Archäologe und Historiker Tom Lethbridge und seine Frau Mina waren eifrige und perfekte Wünschelrutengänger.*

***Unten:** In der Ladram Bay bei Devon in Südengland hatte Lethbridge plötzlich ein unerklärliches Gefühl der Hoffnungslosigkeit und der Angst.*

er sich mit Mitte 50 ins südliche England nach Devon zurückzog. Eigentlich war er Archäologe und Historiker und verbrachte den größten Teil seines Berufslebens als Verwalter der Angelsächsischen Altertumssammlung im Universitätsmuseum von Cambridge. Im Jahre 1957 verließ er Cambridge aus Empörung über die feindseligen Reaktionen auf eines seiner Bücher zur Archäologie. Mit seiner Frau Mina zog er in die Villa *Hole House* an der Südküste von Devon. Er gedachte sein Rentnerdasein mit Lesen zu verbringen und nach Tonscherben zu graben. Doch der erstaunlichste Abschnitt seines ereignisreichen Lebens sollte jetzt erst beginnen.

Für diese große Veränderung in seinem Leben war vor allem seine Nachbarin, eine alte „Hexe", verantwortlich. Diese weißhaarige, kleine, alte Dame hatte Lethbridge versichert, daß sie harmlose Zaubersprüche gegen Leute aussprechen könne, die sie ärgerten, und daß sie ihren Körper des Nachts verlassen könne und dann im Bezirk umherwandre. (Diese Fähigkeit wird als „Astralprojektion" bezeichnet.) Lethbridge stand ihren Aussagen natürlich äußerst skeptisch gegenüber, bis ihn schließlich ein Ereignis überzeugte.

Eines Tages erklärte ihm die Hexe, wie sie sich unerwünschter Besucher entledige. Sie male in Gedanken einen fünfzackigen Stern (ein Pentagramm) und stelle sich vor, er läge quer über dem Weg des lästigen Besuchers.

Kurze Zeit später begab sich Lethbridge zur Ruhe und malte in Gedanken Pentagramme um die beiden Betten, als seine Frau Mina mit dem unheimlichen Gefühl aufwachte, es wäre noch jemand im Zimmer. Am Fuß des Bettes erblickte sie ein schwaches Leuchten, das langsam verblaßte. Am nächsten Tag kam die Hexe bei ihnen vorbei. Als sie dem Paar erzählte, daß sie letzte Nacht ihr Schlafzimmer „besucht" habe und ihre Betten mit Dreiecken aus Feuer umgeben waren, geriet Toms Skepsis ins Wanken, und Mina bat die Hexe höflich, des Nachts ihrem Schlafzimmer fernzubleiben.

Drei Jahre später starb die alte Frau unter merkwürdigen Umständen. Sie hatte sich mit einem benachbarten Bauern gestritten und Lethbridge erzählt, daß sie das Vieh des Mannes verzaubern werde. Damals hatte Lethbridge schon erkannt, daß das „Okkulte" durchaus ernst zu nehmen war. Er warnte sie vor den Gefahren der Schwarzen Magie und davor, daß sie auf sie selbst zurückfallen könne. Aber die alte Dame kümmerte sich nicht um seinen Rat. Eines Morgens fand man sie tot in ihrem Bett, und zwar unter Bedingungen, die die Polizei von Mord sprechen ließen. Das Vieh auf zwei nahe gelegenen Farmen erkrankte plötzlich an Maul- und Klauenseuche. Der Bauer jedoch, den sie „verwünschen" wollte, blieb davon verschont. Lethbridge war überzeugt, daß der Zauberspruch mißlungen war und auf sie „zurückgefallen" sei.

Die unsichtbare Welt

Der Tod der alten Dame führte bei Lethbridge indirekt zu einer seine wichtigsten Erkenntnisse. Als er eines Tages an dem Haus der Hexe vorbeiging, verspürte er einen Anfall von Depression. Mit der Neugier eines Wissenschaftlers ging er um das Haus herum und machte eine interessante Entdeckung. Er konnte in die Depression hineintreten und auch wieder heraus, so als ob es eine unsichtbare Wand gäbe.

Diese Empfindung erinnerte Lethbridge an ein Erlebnis in seiner Jugend. Seine Mutter war mit ihm in einem großen Wald nahe Wokingham spazierengegangen. Es war ein herrlicher Morgen, trotzdem verspürten beide plötzlich ein „schreckliches Gefühl der Hoffnungslosigkeit und Niedergeschlagenheit, das sich über uns wie ein Nebelschleier über die See ausbreitete". Sie eilten fort und waren sich einig, daß es etwas Fürchterliches und Unerklärliches gewesen sei. Einige Tage danach wurde nur wenige Meter von der Stelle, an der sie gestanden hatten, die Leiche eines Selbstmörders geborgen.

Durch ein weiteres Ereignis etwa ein Jahr nach dem Tod der Hexe fand Lethbridge den Hinweis, nach dem er gesucht hatte. An einem regnerischen Nachmittag im Januar fuhren er und Mina nach Ladram Bay. Als Lethbridge an den Strand ging, spürte er wieder diese Hoffnungslosigkeit und Angst, die sich wie ein Nebelschleier über ihn senkte. Mina spazierte den Strand entlang, während Tom Säcke mit Seegras füllte. Plötzlich kam Mina zurückgerannt und sagte: „Komm, wir gehen. Ich halte das keine Minute länger hier aus. Irgend etwas Schreckliches ist hier."

Am nächsten Tag erzählten sie Minas Bruder davon. Er sagte, er habe das gleiche Gefühl auf einem Feld nahe Avebury in Wiltshire gehabt. Bei dem

***Oben:** Hole Mill war das Heim von Lethbridges Nachbarin, einer „Hexe" oder „weisen Frau", deren sonderbare Kräfte Lethbridge überzeugten, daß es sich lohne, die Welt des Übersinnlichen zu untersuchen. Er ließ sich in einer Villa im Tudorstil namens Hole House nieder, nachdem er Cambridge aus Empörung über eine Rezension zu einem seiner Bücher verlassen hatte.*

***Unten:** Lethbridges Nachbarin glaubte, sich schon durch bildliche Vorstellung eines Pentagramms vor unerwünschten Besuchern schützen zu können.*

Wort „Feld" ging Tom ein Licht auf. Er wußte, daß die Benutzung von Feldfernsprechern bei schwülem Wetter oft Probleme bereitete. Er fragte, wie das Wetter gewesen sei, und bekam zur Antwort, warm und feucht. So nahm plötzlich eine Idee Gestalt an. Wasser … könnte das der Schlüssel sein? Im Wald nahe Wokingham war es warm und feucht gewesen und auch am Strand von Ladram.

Am nächsten Wochenende fuhren sie noch einmal zum Strand von Ladram und begaben sich wieder in die „Zone der Depression", die Lethbridge „Ghul" (Dämon) nannte. Mina führte Tom zum Ende des Strandes, wo sie gesessen hatte, als sie dieses seltsame Gefühl befiel. Es war jetzt so stark, daß ihnen beiden schwindlig wurde. Lethbridge sagte, die Wirkung sei mit Fieber und einer überhöhten Medikamentendosis vergleichbar gewesen.

Mina wollte sich die Gegend von einer Klippe aus ansehen. Plötzlich gelangte sie wieder in diese Zone und hatte das merkwürdige Gefühl, als ob irgend etwas sie dränge hinunterzuspringen. Sie ging zu Tom, der mit ihr darin übereinstimmte, daß es hier genauso unheimlich wie unten am Strand sei.

Unheilvoller Schatten

Neun Jahre nach Lethbridges erster Depression auf den Klippen verübte ein Mann dort Selbstmord. Lethbridge fragte sich, ob der „Ghul" ein so intensives Gefühl sei, daß er sich ohne Zeitbegrenzung über das Gebiet ausbreite und seinen unheilvollen Schatten auf jeden werfe, der sich dort befände. Ob nun aus der Vergangenheit oder aus der Zukunft, das Empfinden der Verzweiflung schien der Umgebung anzuhaften; aber auf welche Weise?

Lethbridge war überzeugt, daß das Wasser der Schlüssel zu allem war. Als Archäologe hatte er sich schon immer mit Wünschelruten beschäftigt. Der Wünschelrutengänger hält beim Gehen eine gegabelte Haselrute in den Händen. Steht er über einer Wasserader, zieht sich seine Hand- und Armmuskulatur zusammen, und die Rute biegt sich nach oben oder unten. Was die auslösende Kraft betrifft, so hat der Pariser Professor Y. Rocard von der Sorbonne entdeckt, daß Grundwasser das Magnetfeld der Erde verändert und die Muskeln des Wünschelrutengängers darauf reagieren. Interessanterweise wird Schall mittels Magnetfelder und Tonbänder aufgenommen, die mit Eisenoxid beschichtet sind. Angenommen, das Magnetfeld des fließenden Wassers kann starke Emotionen aufzeichnen, die im Grunde genommen aus elektrischen Reaktionen im menschlichen Gehirn und Körper bestehen. Derartige Felder könnten bei regnerischem und schwülem Wetter am intensivsten sein.

Magnetische Gefühle

Das würde auch erklären, warum die von Lethbridge erlebten Zonen der Depression eine Art unsichtbare Mauer bildeten. Nähert man einen Magneten schrittweise an einen Eisennagel an, so wird der Nagel plötzlich vom Magneten angezogen, wenn er in sein Kraftfeld gelangt. Vermutlich hat das magnetische Feld des Wassers die gleiche Eigenschaft. Wenn Wasser wirklich starke Emotionen „aufzeichnen" kann, dann müßten sie ganz plötzlich spürbar werden, sobald das magnetische Feld betreten wird. Sowohl Tom als auch Mina merkten, daß der „Ghul", den sie in Ladram empfanden, schlagartig verschwand, nachdem sie eine bestimmte Linie überschritten hatten.

Zusätzlich war Lethbridge überzeugt, daß seine Elektrizitätstheorie auch auf Geister anwendbar sei. 1922 hatte er als Student in Cambridge einen Geist in den Räumen eines Freundes erblickt. Als er spätnachts gerade gehen wollte, öffnete sich die Tür, und ein Mann mit Zylinder betrat das Zimmer. Er nahm an, es wäre der Pförtner des Colleges, der seinem Freund eine Mitteilung überbringen wollte, verabschiedete sich und ging hinaus. Der Mann gab keine Antwort.

Am nächsten Tag sah Tom seinen Freund und fragte nebenbei nach dem Mann mit dem Zylinder. Sein Freund sagte ihm unumwunden, daß niemand in das Zimmer gekommen sei. Als Lethbridge darauf beharrte, wurde ihm klar, daß der Mann eigentlich gar keine Portiersuniform, sondern Jagdkleidung getragen hatte. Warum nur hatte er den Mantel nicht gleich erkannt? Dann erinnerte sich Lethbridge, daß die Erscheinung völlig farblos gewesen war. Jetzt merkte er allmählich, daß er einen Geist gesehen hatte. Der Kreis schloß sich, als er daran dachte, daß das Zimmer seines Freundes am Fluß lag und deshalb die Luft sehr feucht war.

Auch in dem Jahr, bevor die Hexe starb, hatte Tom einen Geist in ihrem Garten gesehen. Er saß auf dem Hügel und blickte auf ihr Haus, als er plötzlich zwei Frauen im Hof bemerkte. Die eine war die Hexe, die andere war eine große, alte Dame in recht altmodischer grauer Kleidung. Später erkundigte er sich nach ihrer Besucherin. Die Hexe zeigte sich höchst erstaunt. Als Lethbridge dann die Frau beschrieb, erhielt er zur Antwort: „Ach, Sie haben meinen Geist gesehen."

Das ereignete sich 1959, also bevor Lethbridge zu seiner bemerkenswerten Erkenntnis aufgrund seiner Stranderlebnisse in Ladram gelangte. So kam es ihm zu diesem Zeitpunkt nie in den Sinn, daß der Geist eine Art „Bandaufzeichnung" sein könnte. Zuerst dachte er, die alte Frau wäre eine „Gedankenprojektion" gewesen. Dabei handelt es sich um eine Art „Fernsehbild", das jemand erzeugt, der an einen Geist denkt und diesen Gedanken in das Bewußtsein eines anderen Menschens überträgt. Dann fiel Tom aber ein, daß Geister angeblich ihr Erscheinen jedes Jahr wiederholen sollen. So beschloß er, sich mit Mina genau ein Jahr später an den gleichen Ort zu begeben.

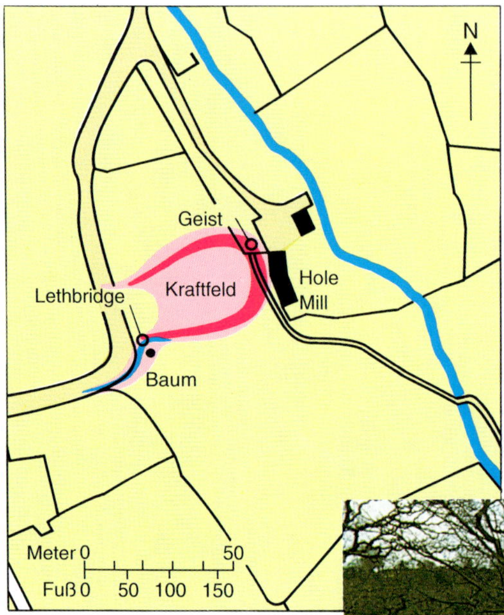

Links: Auf dieser Karte sind die Position des in Hole Mill gesehenen Geistes, der unterirdische Strom und sein Kraftfeld eingetragen. Lethbridge schritt das Gebiet „blind" mit seiner Haselrute ab. Spätere Ausgrabungen zeigten, daß die Karte genau stimmte.

Rechts: Lethbridge sah den Geist einer alten Dame und verspürte ein anderes Mal ein seltsames Prickeln, als er an genau dieser Stelle über einem unterirdischen Fluß stand. Später entdeckte er, daß die beiden Erlebnisse zusammengehörten.

> „OBWOHL ER [LETHBRIDGE] DAZU NEIGTE ZU GLAUBEN, DASS GEISTER BANDAUFZEICHNUNGEN SEIEN, WAR ER AUCH DAVON ÜBERZEUGT, DASS ES EIN REICH NACH DEM TODE GÄBE, DAS ZU EINEM GEWISSEN GRADE FÜR LEBENDE WESEN ZUGÄNGLICH SEI."
> **Colin Wilson, Mysteries (Rätsel)**

Unten: Der ehrenwerte Bischof Leonidas Polk erregte in den 40er Jahren des vorigen Jahrhunderts das Interesse von Professor Buchanan, da er in der Lage war, durch einfache Berührung mit den Fingern Messing zu erkennen.

An einem schönen, warmen Morgen standen sie, ohne ein Wort zu reden, an der gleichen Stelle, doch die alte Dame erschien nicht. Lethbridge und seine Frau verspürten allerdings eine Art elektrisches Prickeln in der Atmosphäre. Unter der Gasse verlief ein unterirdischer Fluß, und die Wahrnehmung war am intensivsten, wenn sie direkt darüber standen. Lethbridge erkannte erst nach seinem Erlebnis am Strand von Ladram die Bedeutung dieses prikkelnden Gefühls. Da beschloß er, dem Verlauf des Flusses nachzugehen. Das Ergebnis bestätigte seinen Verdacht. Der Strom bog dicht am Haus der Hexe rechtwinklig ab, und direkt darüber hatte er den Geist der alten Dame in matten Grautönen gesehen. Er selbst war anscheinend durch das magnetische Feld des fließenden Wassers mit dem Platz dort verbunden gewesen. Die Hexe, die sich damals einige Meter vom unterirdischen Fluß entfernt befand, hatte nichts bemerkt.

Lethbridge hatte sich also geirrt, als er annahm, die „alte Dame" wäre als „Fernsehbild" von einem anderen Bewußtsein projiziert worden oder sei ein jährlich wiederkehrender Geist. Es handelte sich sicherlich um eine weitere „Aufzeichnung", die ebenso wie der Jägersmann, den er im Zimmer seines Freundes in Cambridge gesehen hatte, in Schwarzweiß gehalten war.

All diese Phänomene ließen sich am einfachsten erklären, wenn Lethbridge herausgefunden hätte, daß ein Jäger genau in dem Raum in Cambridge an einem Schlaganfall gestorben war oder daß die alte Dame in dem unterirdischen Strom ertrunken war. Eine derartig einfache Lösung kann leider nicht angeboten werden und ist auch gar nicht nötig. Vermutlich hatte der Jäger diese Räume längere Zeit bewohnt, und die alte Dame hatte wahrscheinlich den größten Teil ihres Lebens in Hole Mill, dem späteren Haus der Hexe, verbracht. (Aufgrund ihrer Kleidung nahm Lethbridge an, sie stamme aus der Zeit vor dem Ersten Weltkrieg.) Es gibt jedoch keinen erkennbaren Grund, warum das „Kraftfeld" des Wassers nur unangenehme Emotionen aufzeichnen sollte. Die alte Dame war möglicherweise sehr glücklich oder aufgeregt, als sie „fotografiert" wurde. Oder sie ging so häufig über diese Stelle, daß sich ihr Abbild schließlich unauslöschbar damit verband.

Oben: Der amerikanische Professor Joseph Rhodes Buchanan war der Meinung, daß alle Substanzen, selbst ein Baum, von einem Kraftfeld umgeben sind, das menschliche Emotionen aufzeichnen kann, die später „abgespielt" werden.

Unten: Mitte des 19. Jahrhunderts gab William Denton einem Sensitiven vulkanisches Gestein in die Hand, der sofort einen Vulkanausbruch sah. Das war das erste ernstzunehmende Experiment zur Psychometrie.

Gibt es Beweise für Lethbridges Geistertheorie? Seine Theorie der „Bandaufzeichnung" war keineswegs neu. In Amerika wurde das Interesse daran erstmals in den 40er Jahren des 19. Jahrhunderts geweckt, als ein gewisser Bischof Polk Professor Joseph Rhodes Buchanan erzählte, daß er in der Dunkelheit Messing erkennen könne, indem er es mit den Fingern berühre, was einen unangenehmen Geschmack in seinem Mund auslöse. Buchanan testete ihn und konnte diese seltsame Reaktion bestätigen. Er entdeckte, daß bestimmte Studenten ebenfalls diese eigenartige Fähigkeit besaßen. Manche konnten sogar verschiedene Substanzen unterscheiden, obwohl sie in Packpapier eingewickelt waren. Buchanan zog daraus den Schluß, daß die Nerven eine Art Kraftfeld erzeugen, das er als „Nervenaura" bezeichnete und das an den Fingerspitzen ausströmte, wobei es wie ein zusätzlicher Sinn wirke.

Eine seltsame Gabe

Was ihn wirklich verwirrte, war, daß einige der sensitiven Studenten den Absender eines versiegelten Briefes beschreiben konnten, indem sie das Papier in den Händen hielten. Sie konnten sogar angeben, ob diese Person dabei traurig oder fröhlich war. Buchanan erklärte dies mit der Hypothese, daß alle Substanzen Emanationen (oder Kraftfelder) aussenden, mit denen sich menschliche Emotionen aufzeichnen ließen.

Buchanans Freund William Denton, Professor der Geologie, ging noch einen Schritt weiter. Er wikkelte hawaiisches Vulkangestein in Papier ein und gab es einem Sensitiven, der sich sofort fühlte, als sei er auf einer Südseeinsel und würde Zeuge eines Vulkanausbruchs. Als man ihm ein Stück eiszeitlichen Kalksteins in die Hand legte, erblickte ihn der Sensitive gefroren im tiefen Eis; das Bruchstück eines Meteors erzeugte das Bild des Weltraums (mit glitzernden Sternen). Denton war davon so angetan, daß er glaubte, er habe eine neue oder vergessene menschliche Fähigkeit entdeckt. Eines Tages wäre die Menschheit in der Lage, ebenso problemlos in die Vergangenheit zu blicken, wie wir durch ein Teleskop jetzt Sterne sehen (die vor Millionen von Jahren verloschen sein können).

Buchanan und Denton nannten diese seltsame Gabe Psychometrie und sorgten damit einige Jahre lang für beträchtliche Aufregung in der Wissenschaft. Dann kam unter dem Einfluß von Darwin ein skeptischeres Klima auf, und ihre Theorien wurden vergessen. Selbst der Wissenschaftler Sir Oliver Lodge, der es wagte, sich für die parapsychologische Forschung zu interessieren, schrieb 1908:

„Nehmen Sie zum Beispiel ein Spukhaus ... in dem ein Raum der Schauplatz einer geisterhaften Szene in einer lang vergangenen Tragödie ist. Der Theorie der Psychometrie zufolge wurde die Originaltragödie buchstäblich auf die materielle Umgebung fotografisch abgebildet, ja sogar auf den Äther selbst, und zwar aufgrund der emotionalen Intensität der Personen, die betroffen waren."

Nach dieser Vorgeschichte scheinen Lethbridges Entdeckungen doch nicht so bemerkenswert zu sein: Doch dies wäre ein Trugschluß, denn sie sollten nur einen Teil einer weit komplexeren allgemeinen Theorie zum Übersinnlichen belegen.

WÜNSCHELRUTE UND PENDEL

Bei seiner Tätigkeit als Archäologe stieß Tom Lethbridge mit seiner Wünschelrute nicht nur auf Wasseradern, sondern auch auf Objekte, deren elektrisches Feld er aufspürte. Doch das war nur der Anfang …

Als sich Tom Lethbridge in die südenglische Grafschaft Devon zurückzog, hatte er nichts mit Geistern im Sinn – wohl aber hatten ihn Wünschelruten seit jeher fasziniert.

Es begann Anfang der 30er Jahre, als er mit einem Kollegen auf der kleinen Lundy-Insel im Bristolkanal nach Wikingergräbern suchte. Sie wurden fündig, und da ihnen bis zur Rückkehr aufs Festland noch etwas Zeit blieb, unternahmen sie mit einer Wünschelrute einige Experimente. Die Insel ist von unterirdischen Vulkanfelsadern durchzogen, die teilweise die Schieferschicht durchdringen. Lethbridge wollte herausfinden, ob er diese Gesteinsadern aufspüren konnte. Er schnitt sich einen Haselzweig zurecht und ließ sich von seinem Freund die Augen verbinden und einen Pfad an der Klippe entlangführen, wobei er die Wünschelrute vor sich her trug. (Die beiden Gabeln müssen dabei etwas auseinandergebogen werden, damit eine gewisse Spannung entsteht.) Jedesmal, wenn er über eine Vulkanfelsader ging, verdrehte sich die Zweiggabel in seinen Händen. Mit einem hochsensitiven Magnetometer stellte der Freund später fest, daß Lethbridge jede einzelne Vulkanfelsader richtig erkannt hatte.

***Oben:** Tom Lethbridge glaubte aufgrund seiner Experimente mit Wünschelrute und Pendel allmählich an Welten jenseits der Todesschwelle.*

***Ganz oben:** Als Archäologe auf der Lundy-Insel im Bristolkanal führte Lethbridge mit Hilfe eines Kollegen sein erstes Wünschelrutenexperiment durch. Mit einem gegabelten Haselzweig spürte er unterirdische Vulkangesteinsadern auf.*

Für Lethbridge war das nicht weiter erstaunlich, denn wie eine Wasserader verfügt auch eine Gesteinsader über ein schwaches magnetisches Feld, das er offensichtlich mit der Wünschelrute registrierte. In einem seiner frühen Bücher schrieb er einmal: „Fast jeder kann sich mit einer Wünschelrute erfolgreich auf die Suche machen, wenn er weiß, wie es geht. Klappt es nicht, dann liegt im elektrischen System seines Körpers eine Störung vor."

In Lethbridges Garten in Devon waren interessante archäologische Überreste vergraben, von denen einige noch aus der Römerzeit stammten. Lethbridge erinnerte sich an ein Experiment, das er einmal im Museum für Archäologie und Ethnologie der Universität Cambridge miterlebt hatte. Jemand hatte behauptet, daß man mit dem Pendel feststellen könne, ob man einen weiblichen oder einen männlichen Schädel vor sich habe – und dies über historischen Funden demonstriert. Das Pendel schwang vorwärts und rückwärts, was angeblich auf einen Mann hindeutete. (Hätte das Pendel einen Kreis beschrieben, wäre es ein weiblicher Schädel gewesen.) Ähnlich soll sich mit einem Ehering, der an einem Faden befestigt über den Bauch einer Schwangeren gehalten wird, das Geschlecht des ungeborenen Kindes ermitteln lassen.

Doch auf welche Weise funktioniert so etwas? Es

scheint ja völlig absurd, denn Schädelknochen haben kein elektrisches Feld. Und selbst wenn – was sollte das Pendel veranlassen, einmal gerade und dann wieder kreisförmig auszuschlagen?

Lethbridge machte sich daran, die Funktion des Pendels systematisch zu testen. Zunächst stellte er sich die Frage, auf welche Weise ein Pendel auf unterschiedliche Objekte reagiert; schließlich ist es nur ein Gewicht an einem Faden. Es muß also das Unterbewußtsein (oder möglicherweise die Muskeln) des Pendlers damit etwas zu tun haben. Aber was wird eigentlich genau registriert? Eine Art von Schwingung vielleicht? In diesem Fall könnte man annehmen, daß unterschiedlich lange Pendel auf unterschiedliche Frequenzen ansprechen.

Ausgehend von dieser Annahme begann Lethbridge mit einem Holzgewicht zu experimentieren. Er knüpfte es an einen langen Faden, den er um einen Bleistift wickelte, so daß er das Pendel nach Belieben verkürzen oder verlängern konnte. Dann legte er eine Silbermünze auf den Boden und hielt das Pendel darüber, während er langsam den Faden abwickelte. Plötzlich begann das Pendel zu kreisen. Lethbridge maß den Faden ab: Er war genau 22 Zoll (55,8 Zentimeter) lang. Lethbridge war übrigens der Meinung, daß man nur mit englischen Maßeinheiten richtig pendeln konnte. „Fuß“ und „Zoll“ sind „natürliche“ Maßeinheiten, die auf dem menschlichen Körper basieren; metrische Maße dagegen hielt er für „unnatürlich“. Die Pendelmessungen werden demnach nur in Zoll angegeben.

Unten: Die charakteristische Bewegung eines gegabelten Haselzweiges, wenn man beim Wünschelrutengehen auf etwas stößt. In der Regel – aber nicht immer – vollführt die Rute über einem unterirdischen Strom eine Kreisbewegung von rechts nach links.

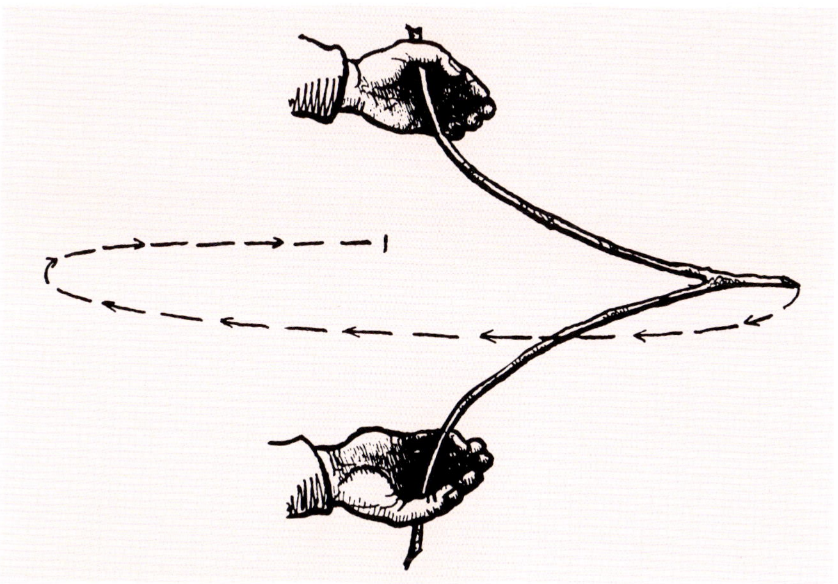

Links: Der Wünschelrutengänger muß die Gabelenden leicht auseinanderbiegen, so daß eine gewisse natürliche Spannung entsteht.

Das Pendel schlägt aus

Als nächstes ging er mit diesem 22-Zoll-Pendel im Hof seines Hauses, das aus der Tudor-Zeit stammte, auf die Suche. An einer Stelle bewegte sich das Pendel im Kreis. Lethbridge fing vorsichtig an zu graben und stieß auf eine Steingutscherbe. Als er das Pendel darüber hielt, reagierte es heftig. Er war verwirrt, bis er das Pendel über ein Stück Blei hielt, wo es ebenfalls reagierte. Dieses Pendelmaß sprach offenbar sowohl auf Silber wie auch auf Blei an (die Glasuren der Töpferwaren aus dem 17. Jahrhundert waren bleihaltig).

Gespannt suchte Lethbridge den Hof weiter mit seinem 22-Zoll-Pendel ab, bis es erneut kreiste. Beim Graben fand er ein Stück Bleifassung von einem Fenster aus der Elisabethanischen Zeit. Das Pendel schien wirklich zu funktionieren! Als nächstes hielt er es über einen Kupfertopf und fand heraus, daß es bei 33,5 Zoll ausschlug. Auf diese Weise spürte er in dem Hof auch noch ein Kupferrohrstück auf – so winzig, daß das Pendel offenbar hochempfindlich sein mußte.

Überzeugt, eine bedeutende Entdeckung gemacht zu haben, verbrachte Lethbridge die folgenden Tage damit, die unterschiedlichsten Materialien auszutesten, und fand hocherfreut heraus, daß jedes davon – ob Glas, Schwefel, Eisen, Schiefer, Bernstein, selbst Alkohol, Knoblauch und Äpfel – sein eigenes Pendelmaß hatte. Über einer Flasche Burgunder reagierte das Pendel bei 14, 20, 25,5 und 32 Zoll – die Maße für Glas, pflanzliche Substanzen (vermutlich das Etikett), Alkohol und Eisen.

Er stellte sogar einen Trüffel auf die Probe – jene sündhaft teure Pilzart, die in der Gänseleberpastete so gut schmeckt. Das Pendel reagierte bei 17 Zoll. Lethbridge versuchte nun, unterirdische Trüffel aufzuspüren, indem er das Pendel in einer Hand hielt und mit der anderen langsam einen Halbkreis beschrieb. Sobald das Pendel ausschlug, zog er eine Schnur geradewegs in die Richtung, in die seine Hand gerade zeigte. Dann stellte er sich einige Meter entfernt auf und wiederholte das Experiment. Wo sich zwei Linien kreuzten, begann er zu graben und stieß auf ein winziges, dunkles Etwas, das er zur Identifizierung an das Naturwissenschaftliche Museum in London schickte. Unglaublicherweise entpuppte es sich als eine besonders seltene Trüffelart.

Es blieben noch eine Menge Fragen offen – so zum Beispiel die Unterscheidung von Silber und Blei, die beide ein Pendelmaß von 22 Zoll haben, oder zwischen Trüffeln und Buchenholz, auf die ein 17-Zoll-Pendel reagiert. Dieses Problem konnte er durch weitere Experimente lösen, denn es ergab sich, daß auch die Anzahl der Kreisbewegungen ausschlaggebend war: Bei Blei rotiert das Pendel 16mal, bevor es wieder normal hin und her

„LETHBRIDGE KAM ZU DER ÜBERZEUGUNG, DASS JENSEITS UNSERER EBENE NOCH ANDERE MATERIELLE EBENEN EXISTIEREN, DIE AUF HÖHEREN SCHWINGUNGSRATEN LIEGEN."

Colin Wilson, Beyond the Occult (Jenseits des Okkulten)

Oben: Mit Hilfe eines Pendels brachte Lethbridge im Hof seines altertümlichen Hauses so manches im Boden versteckte Objekt ans Tageslicht.

Unten: Die Funktionsweise eines Pendels:

A Psychisches Feld des Pendlers

B Statisches Feld eines Gegenstandes

C Pendel: Wo Bereich A auf B trifft, beginnt es zu kreisen.

D Länge des Pendels wird vom Pendler bestimmt.

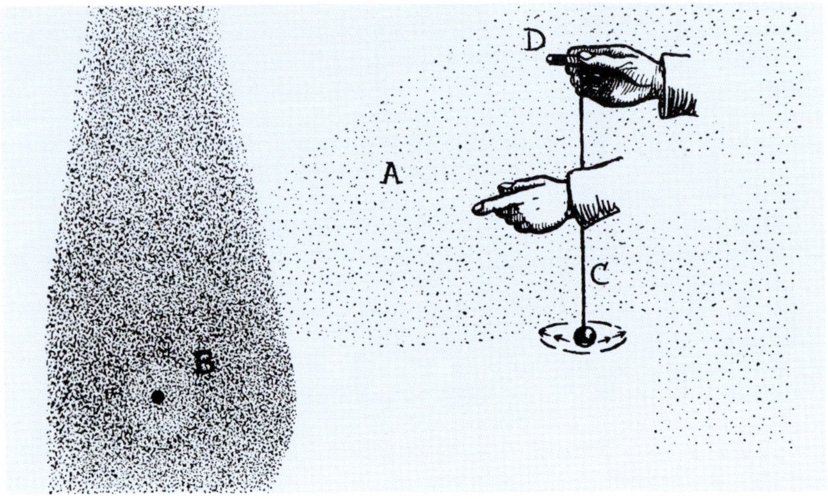

schwingt. Bei Silber vollführt es 22 Kreise. Die Natur hat also offenbar jedes Material sicher verschlüsselt. Und nicht nur das – auch auf Farben reagiert ein Pendel: 22 Zoll bei Grau, 29 bei Gelb, 30 bei Grün. Als nächstes fragte sich Lethbridge, ob sein Pendel wohl auch auf Gedanken und Gefühle ansprechen würde.

Bei seinen letzten Ausgrabungen in der Nähe von Cambridge hatte er in einer Festung aus der Eisenzeit mehrere Steinschleudern entdeckt. Über diesen Steinen schlug sein Pendel bei 24 und bei 40 Zoll aus. Er sammelte am Strand einen Eimer voll Steine und hielt sein Pendel darüber. Nichts tat sich. Als nächstes verteilte er diese Steine nun auf zwei Haufen und bat seine Frau Mina, die eine Hälfte an eine Wand zu werfen, während er mit den restlichen dasselbe tat. Als er sein Pendel danach abermals über die Steine hielt, schlug es bei Minas Steinen bei 29 Zoll (dem Pendelmaß für „weiblich") aus, während es auf die von ihm geworfenen Steine bei 24 Zoll reagierte. Die Steinschleudern waren also in der Eisenzeit vermutlich von Männern verwendet worden. Aber was hatte es mit dem Pendelmaß von 40 Zoll auf sich? Könnten darin, so fragte er sich, vielleicht Zorn oder Tod verschlüsselt sein? Lethbridge verlängerte das Pendel auf 40 Zoll und dachte an etwas, das ihn in Wut versetzte. Sofort begann das Pendel zu kreisen – 40 Zoll schien also tatsächlich das Pendelmaß für „Zorn" zu sein. Später sollte er feststellen, daß es außerdem Tod, Kälte und Dunkelheit bedeutete.

Nun, wie schon gesagt – das Ganze erscheint absurd. Lethbridge wiederholte seine Experimente jedoch Dutzende von Malen und mit immer den gleichen Ergebnissen. Sein Pendel reagierte auf Begriffe wie Evolution, Stolz, Leben, Gefahr und Täuschung ebenso wie auf Substanzen. Mehr noch – auch seine Frau gelangte zu diesen Ergebnissen. Im Zuge seiner psychometrischen Forschungen erkannte Lethbridge, daß gar nichts Außergewöhnliches daran ist, wenn ein Pendel auf Immaterielles anspricht. Die Vorstellung, daß ein Sensitiver einen verschlossenen Brief in Händen hält und gleichzeitig die Gefühle des Schreibers erspürt, läßt auch die Annahme zu, daß wir Menschen über einen „Sinn" verfügen, vielleicht den sogenannten „sechsten Sinn", der solche Dinge zu registrieren vermag – so, wie unsere Augen Farben und Formen erkennen. Unter diesem Aspekt stellt ein Pendel ein psychometrisches Werkzeug dar. Ein Psychometrist, also ein Sensitiver, kann Schwingungen unmittelbar auffangen, während ein Nichtsensitiver wie Lethbridge diese nur indirekt mit Hilfe eines Pendels aufspüren kann.

Nach monatelangen Experimenten notierte Lethbridge die unterschiedlichen Pendelmaße in Tabellen. Null und 40 Zoll schienen die Grenzwerte darzustellen. Dann fiel ihm etwas auf: Schwefel wurde von einem sieben Zoll langen Pendel registriert. Als Lethbridge das Pendel auf 47 Zoll verlängerte (in Tabellen 40 Zoll plus sieben Zoll), reagierte es auf angehäuften Schwefel – aber nur, wenn er es nicht direkt darüber, sondern etwas seitlich davon hielt. Das gleiche galt für alle anderen Materialien, sobald er das Pendel auf über 40 Zoll verlängerte: Es schlug nur dann aus, wenn es etwas seitlich über der Substanz baumelte.

Lethbridges Pendelmaße

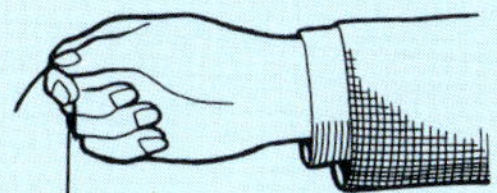

Zoll	
7	Schwefel
10	Graphit
12	Kohlenstoff
13	Schiefer, Beton
14	Glas, Porzellan
15 1/2	Quarzit, Feuerstein
20	alle Tiere und Pflanzen, Holz, Gummi, Kohle, Papier, Brot, Kartoffeln
22	Silber, Blei, Salz
23 1/2	Pflanzenöl, Bernstein
24	Männlichkeit, Diamant
25 1/2	Alkohol
26 1/2	fließendes Wasser
29	Weiblichkeit, Gold
30 1/2	Kupfer, Messing, Zinn
32	Eisen
40	Tod
?	

Oben: Diese Tabelle enthält die von Lethbridge experimentell ermittelten Pendelmaße. Durch Ausprobieren fand er heraus, daß das Pendel bei bestimmten Längenmaßen auf bestimmte Substanzen, Eigenschaften und sogar abstrakte Begriffe immer wieder gleich reagierte.

Links und rechts oben: Diese (nachträglich restaurierten) Töpferwaren fand Lethbridge als Scherben im Garten seines Hauses vergraben – allein mit Hilfe seines Pendels. Später bestimmte er damit auch ihr Alter und kratzte auf den Unterseiten jeweils die Daten ein. Seine Bestimmungsmethode erwies sich als ausgesprochen präzise. Radiokarbonuntersuchungen bestätigten nachträglich die Datierung einiger Menhire, die Lethbridge mit dem Pendel vorgenommen hatte. Wie er selbst einmal sagte: „Es mag widersinnig erscheinen, aber es funktioniert."

40 Zoll ist die Pendellänge für „Tod". Reagierte das Pendel bei einer Länge von über 40 Zoll womöglich auf eine Welt jenseits der Todesschwelle oder gar auf eine andere Dimension? Lethbridge erinnerte sich, daß er beim Zahnarzt einmal betäubt wurde und das Gefühl hatte, sich außerhalb seines Körpers zu befinden, in der Luft zu schweben und sich im Raum etwas nach links versetzt zu befinden – genau so, wie sich das Pendel über dem Schwefelhaufen nach links verschoben hatte.

Und noch etwas verblüffte ihn. Unterhalb von 40 Zoll fand er kein Pendelmaß mehr für ein Zeitkonzept; das Pendel sprach einfach nicht mehr an. Erst als er es auf 60 Zoll verlängerte, erfolgte wieder eine heftige Reaktion. Lethbridge räsonierte, daß „unsere Welt" (unterhalb von 40 Zoll wahrnehmbar) in der Zeit liegt, der Begriff „Zeit" selbst aber zu keiner Reaktion führt. Ähnlich wie man die Strömungsgeschwindigkeit eines Flusses nicht bestimmen kann, wenn man sich mit der gleichen Geschwindigkeit auf ihm fortbewegt. Erst in einer „Welt jenseits des Todes" gewinnt die Vorstellung von „Zeit" wieder Gültigkeit.

Lethbridge fand außerdem heraus, daß sich ab einer Pendellänge von 80 Zoll alle Ergebnisse wiederholten, als ob sich hinter dieser Welt noch eine weitere Welt – oder Dimension – befände. Auch in dieser „dritten" Welt reagiert das Pendel auf die Zeit. Bei einer Pendellänge von über 120 Zoll jedoch stellte sich heraus, daß es in dieser neuen Dimension keine Zeitreaktion mehr gab.

Nach Tom Lethbridges eigener Erklärung enthält ein Teil des menschlichen Geistes die Antworten auf alle Fragen. Leider vermag er diese Antworten nur dem „Alltags-Ich" zu übermitteln – einem geschäftigen Menschen also, der seine Zeit damit verbringt, mit Alltagsproblemen zurechtzukommen. Allerdings kann das „andere Ich" dem Betreffenden seine Botschaften via Pendel oder Wünschelrute mitteilen, indem es einfach seine Muskelbewegungen steuert. Lethbridge hatte seine Experimente ganz unbefangen begonnen – auf der Suche nach der Methode, wie die Natur uns verborgene Informationen mitteilt. Doch er drang dabei in unbekannte, verblüffende Sphären vor, die alle herkömmlichen Denkkonzepte auf den Kopf zu stellen schienen. Er verglich sich mit einem, der auf einer Eisdecke spazierengeht, unversehens einbricht und ins Wasser fällt. Dieses „Eintauchen" beschrieb er einmal folgendermaßen: „Ich stürzte aus einer normalen, dreidimensionalen Welt urplötzlich in eine andere, mehrdimensionale Welt. Das dreidimensionale Leben verläuft normal weiter, aber man muß sich mit seinem Denken auch auf das andere einstellen." Lethbridge ging noch weiter: Er machte sich kühn daran, die vierte Dimension zu erforschen – und gelangte dabei zu Schlußfolgerungen von weittragender Bedeutung.

„FAST JEDER KANN SICH MIT EINER WÜNSCHELRUTE ERFOLGREICH AUF DIE SUCHE MACHEN. KLAPPT ES NICHT, DANN LIEGT IM ELEKTRISCHEN SYSTEM SEINES KÖRPERS EINE STÖRUNG VOR."

TOR ZU ANDEREN WELTEN

Am Anfang stand die Suche nach verschwundenen Gegenständen mit der Wünschelrute, später erforschte Tom Lethbridge die Welten jenseits unserer Welt.

Im Jahr 1962, fünf Jahre nach seinem Umzug nach Devon, entwickelte Tom Lethbridge aus seinen Ideen über Geister, Pendel und Wünschelruten eine umfassende, schlüssige Theorie, die er in seinem Buch *Ghost and Divining Rod* (Geist und Wünschelrute) ausführte. Es erschien 1963 und erregte mehr Aufsehen als alle seine bisherigen Veröffentlichungen. Und dies zu Recht, denn die zentrale Idee war originell, aufregend und noch dazu plausibel.

Die Natur, so behauptete Lethbridge, erzeugte an bestimmten Stellen, besonders neben fließenden Gewässern, Felder statischer Elektrizität, die die Gedanken und Gefühle von Menschen und anderer Lebewesen erfassen und speichern könnten. Zugleich seien die Menschen von einem schwachen elektrischen Feld umgeben, wie Harold Burr von der Yale University (USA) in den 30er Jahren herausfand. Beträte nun jemand einen Raum, in dem ein Mord stattgefunden habe, und verspüre dort ein deutliches Unbehagen, so sei dies einfach darauf zurückzuführen, daß die durch das Verbrechen ausgelösten Gefühle wie Angst, Schmerz und Entsetzen gemäß den Gesetzen der Elektrizität auf das elektrische Feld der Person übertragen werden. Die Gefühlsübertragung könne auch umgekehrt erfolgen, also unsere Energie, Aufregung, Trauer oder Wut wirke sich auf das Feld aus.

***Oben:** Tom Lethbridge war der Meinung, Stimmungen seien starke „Emotionen, gespeichert im elektrischen Feld des Wassers“.*

***Unten und oben:** Die Saddell Abbey in Strathclyde, Schottland, zeichnet sich durch ungewöhnlich intensive und unterschiedliche Stimmungen aus: Die Burg wirkt bedrohlich, die Ruinen der Abtei erscheinen melancholisch und der Wunschbrunnen friedlich.*

Wenn aber menschliche Emotionen wirklich auf das Feld des fließenden Wassers übertragen und von einer Wünschelrute aufgenommen werden können, dann ergäbe sich ein Weltbild, das weit komplizierter und erstaunlicher wäre, als allgemein angenommen. Zunächst muß vorausgesetzt werden, daß die Menschen von verborgenen Informationen umgeben sind, die Bandaufnahmen gleichen und all jenen zugänglich sind, die den Umgang mit dem Pendel beherrschen.

Allem Anschein nach, meint Lethbridge weiter, verfüge der Mensch neben dem Körper über ein „Psyche-Feld“. Der Körper diene lediglich zum Sammeln von Eindrücken, die dann im Psyche-Feld gespeichert werden. In diesem Fall müßte aber ein Mechanismus im Menschen existieren, der die Informationen sucht. Vermutlich handelt es sich um das, was gläubige Menschen als den „Geist“ bezeichnen. Und da die Informationen, die über das Pendel aufgenommen werden, auch aus fernster Vergangenheit oder von einem Ort auf der anderen Seite des Globus stammen können, muß sich dieser Geist jenseits der Grenzen von Raum und Zeit befinden.

Lethbridges Experimente mit dem Pendel deuten darauf hin, daß es jenseits dieser Welt wahrscheinlich noch weitere Welten gibt, wenn auch in anderen Dimensionen. Vermutlich sind sie für den Menschen nicht sichtbar, obgleich sie parallel zu unserer Welt existieren, weil unser Körper die entsprechenden niederfrequenten Schwingungen nicht wahrzunehmen vermag. Aber das Psyche-Feld

oder auch der Geist scheinen Zugang zu diesen anderen, unsichtbaren Welten zu haben.

Träume von Vergangenem

Im Mai 1964 begab sich ein Kamerateam der BBC nach Hole House, um Lethbridge über das Wünschelrutengehen zu befragen. Ein junger Kameramann sah, als er aus dem Wagen stieg, so verblüfft aus, daß Lethbridge ihn fragte: „Waren Sie schon einmal hier?" Der Kameramann schüttelte den Kopf. „Nein, aber ich habe davon geträumt." Er bat, einen Blick hinter das Haus werfen zu dürfen. Dort zeigte er auf eine Mauer, die Lethbridge an Stelle einer anderen gebaut hatte, und sagte: „Vor Jahren sah es hier ganz anders aus. An die Mauer schlossen sich mehrere Gebäude an." Diese Aussage traf zu, jedoch auf die Zeit vor Lethbridges Einzug. Im Kräutergarten sagte der Kameramann: „Hier haben früher Bauten gestanden, sie wurden aber abgerissen." In seinem Traum hatte eine Stimme gesagt: „Jetzt können wir das Meer sehen." Um die Jahrhundertwende konnte man von dort aus tatsächlich aufs Meer sehen, aber jetzt versperrte eine Baumreihe die Aussicht. Weder war der Kameramann jemals zuvor in der Gegend gewesen, noch hatte er Freunde oder Verwandte dort, die ihm darüber erzählt haben könnten. Dennoch träumte er fünfmal davon, wie das Anwesen vor seiner Geburt ausgesehen hatte.

Seit er in den 30er Jahren *An Experiment with Time* (Ein Versuch mit der Zeit) von J. W. Dunne gelesen hatte, interessierte sich Lethbridge für Träume. Der Luftfahrttechniker Dunne hatte zu Beginn dieses Jahrhunderts einige beeindruckende präkognitive Träume gehabt. Zum Beispiel hatte er den bevorstehenden Vulkanausbruch des Montagne Pelée auf Martinique geträumt. Dunne hatte die These aufgestellt, die Zeit sei wie ein Tonband oder ein Filmstreifen, der sich verheddern könne, wodurch man Gelegenheit bekäme, in die Vergangenheit und die Zukunft zu sehen. Überzeugt, daß wahrscheinlich jeder Nacht für Nacht von der Zukunft träume, diese Visionen aber unmittelbar nach dem Aufwachen vergesse, bewahrte er ein Notizbuch gleich neben dem Bett auf, um seine Erinnerungen im Moment des Erwachens zu notieren.

Um dem Rätsel der Träume auf die Spur zu kommen, beschloß auch Lethbridge, ein Traumtagebuch zu führen, das bald mit interessanten Trauminhalten gefüllt war.

Er gelangte zu der Überzeugung, daß Dunne recht hatte mit seiner Behauptung, wir alle träumten von zukünftigen Ereignissen, vergäßen die meisten jedoch wieder, da sie entweder trivial oder der Traum aber zu kurz seien. Eines Nachts wachte er aus einem Traum auf, in dem er das Gesicht eines Mannes gesehen hatte, das ihn anscheinend aus einem Spiegel betrachtete. Der Mann führte mit seinen Händen irgendeine Tätigkeit im Bereich seines Kinns aus. Vielleicht, dachte Lethbridge, rasierte er sich gerade.

Erfüllte Vorahnung

Am nächsten Tag fuhr Lethbridge langsam eine schmale Straße entlang. Da bog ein Wagen um die Ecke, an dessen Steuer der Mann aus seinem Traum saß. Sein Gesicht war von der Windschutzscheibe eingerahmt, die Lethbridge im Traum für einen Spiegel gehalten hatte, und seine Hände lagen oben auf dem Lenkrad, in der Nähe seines Kinns. Lethbridge war sicher, den Mann nie zuvor gesehen zu haben.

Er stellte auch fest, daß einige seiner Träume rückwärts liefen. Einmal träumte er von einem pelzigen, schlangenartigen Ding, das in sein Schlafzimmer kam. Alle Möbel im Raum standen seitenverkehrt, als betrachtete er sie durch einen Spiegel. In

***Oben:** Die Zeichnung illustriert Lethbridges Theorie über die Entstehung des weltweiten Glaubens an Nymphen. 1. Ein junger Mann setzt sich im statischen Feld eines Flusses (A) nieder und entwickelt in seinem eigenen statischen Feld (B) die Phantasie von einem badenden Mädchen (C). Das Bild fließt in ein schwächeres Feld (A), wo es „gespeichert" wird. 2. Vielleicht Jahre später kommt ein junger Mann mit einem schwachen Psyche-Feld (D) in Kontakt mit dem Fluß-Feld (A), so daß das Bild des Mädchens (C) in sein Feld (D) einfließen kann. Er glaubt dann, ein übernatürliches Wesen gesehen zu haben. Statt dessen aber handelte es sich lediglich um einen „gespeicherten" Gedanken.*

***Rechts:** J. W. Dunne, Verfasser von* **An Experiment with Time** *(Ein Versuch mit der Zeit) träumte den Ausbruch des Montagne Pelée auf Martinique exakt so, wie er sich später abspielen sollte. Dieser und andere Träume brachten Dunne zu der Überzeugung, daß die Menschen regelmäßig von zukünftigen Ereignissen träumen, sich aber selten daran erinnern können.*

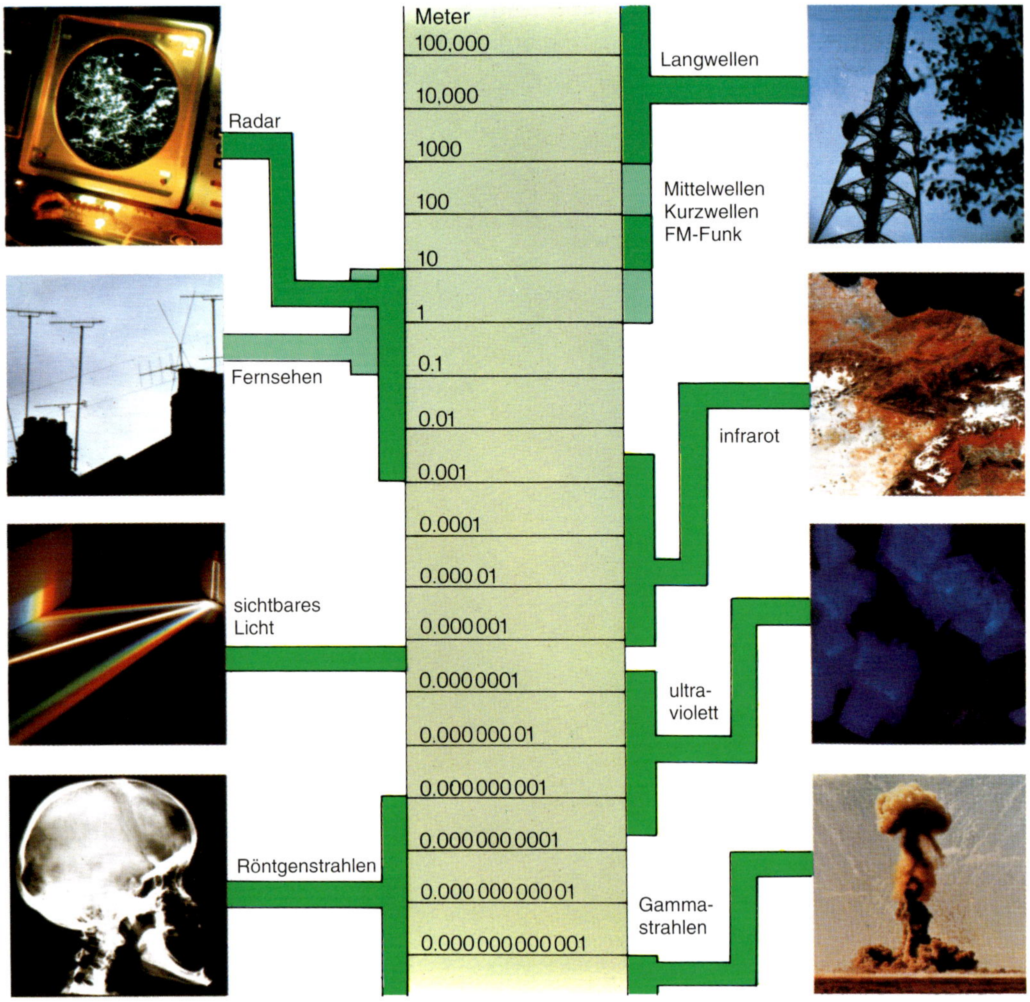

Links: Die Graphik zeigt das Spektrum elektromagnetischer (EM-)Schwingungen. EM-Wellen bestehen aus elektrischen und magnetischen Feldern, die entsprechend ihrer Wellenlänge eine bestimmte Schwingungsfrequenz besitzen. Wie nebenstehend dargestellt, besteht das EM-Spektrum, nach steigender Frequenz und abnehmender Wellenlänge aufgetragen, aus: Lang-, Mittel- und Kurzwellen, genutzt für AM-Rundfunk; FM-Rundfunk, Fernsehen und Radar; infrarote (warme) Strahlung, die auf den von Beobachtungssatelliten aufgenommenen Fotos der Erde dargestellt ist; sichtbarem Licht; UV-Licht, das unsichtbar ist, aber bei einigen Substanzen die Fluoreszenz anregt; Röntgenstrahlen und schließlich energiereichen Gammastrahlen als Bestandteil radioaktiven Niederschlags und kosmischer Strahlung. Die Entdeckung immer weiterer solcher Wellen führte zu Spekulationen über unbekannte „Schwingungen", aus denen unsere und höhere Welten bestehen.

dem schlangenähnlichen Objekt erkannte er dann den Schwanz der Siamkatze der Familie, die rückwärts lief. Auch eine Freundin erzählte ihm von zwei „Rückwärts-Träumen", die sie gehabt hatte: In einem sah sie ein ihr bekanntes Paar, das rückwärts aus seiner Haustür trat und mit seinem Wagen rückwärts einen Weg hinunterfuhr. In ihrem anderen Traum kamen einige Männer vor, die einen Sarg trugen und dabei rückwärts gingen. Einer von ihnen gab den unsinnigen Satz von sich: "Burnt be enough good woods any." Als sie erwachte, schrieb sie den Satz sogleich auf, las ihn rückwärts und erkannte seinen Sinn: "Any wood's good enough to be burnt." (Jedes Holz ist gut genug, um verbrannt zu werden.)

Warum aber, fragte Lethbridge sich, lief die Zeit in manchen Träumen rückwärts? Die Antwort lieferte sein Pendel. Es teilte ihm mit, daß die Energieschwingungen der nächsten Ebene, also der Welt jenseits der unseren, viermal schneller als hier sind. Lethbridge leitete daraus die Vermutung ab, daß man im Schlaf in andere Ebenen mit schnelleren Schwingungen vordringe. Um wieder in die Welt der langsameren Schwingungen zu gelangen und aufzuwachen, muß man die einzelnen Ebenen schrittweise passieren. Der daraus resultierende Effekt ähnelt dem, der wahrgenommen wird, wenn ein schneller Zug einen langsameren überholt: Obwohl sich der langsamere auch voranbewegt, scheint er rückwärts zu fahren.

Noch eindrucksvollere Beispiele präkognitiver Träume wurden ihm von anderer Seite berichtet.

Rechts: Durch eine Gasexplosion wurde das Londoner Appartement-Hochhaus Ronan Point *stark beschädigt. Abgesehen von den beträchtlichen Sachschäden gab es auch Tote und Verletzte. Eine Frau hatte das Unglück im voraus geträumt und dabei genau die Worte vernommen, die dann die Schlagzeile einer Zeitung bildeten: „Wie ein Kartenhaus zusammengefallen."*

Eine Frau schrieb ihm über einen Traum, in dem ein Gebäude abgerissen wurde. Eine Seite wurde herausgesprengt, wobei sie eine Stimme sagen hörte: „Wie ein Kartenhaus zusammengefallen." Einen Monat später sprengte eine Gasexplosion eine Schneise in ein Appartementhaus namens *Ronan Point* im Osten Londons. Eine Zeitung wählte als Überschrift für ihren Bericht die Worte: „Wie ein Kartenhaus zusammengefallen." Ebenfalls per Brief berichtete ein Mann über einen Traum, in dem ein Haus der Jahrhundertwende mit quadratischem Grundriß völlig in Flammen stand. Einige Tage später sah Lethbridge in einer Wochenschau im Fernsehen, wie ein Haus der beschriebenen Art abbrannte.

Je mehr er sich mit solchen Rätseln befaßte, desto überzeugter war Lethbridge, daß der Schlüssel zu diesen Ereignissen in den Schwingungen zu suchen sei. Anscheinend fungiert unser Körper als Maschine, die auf die Aufnahme bestimmter Schwingungen geeicht ist. Unsere Augen nehmen nur solche Energien wahr, deren Wellenlänge zwischen der von rotem und violettem Licht liegt. Kürzere oder längere Wellen bleiben dagegen für uns unsichtbar. Die moderne Physik hat nachgewiesen, daß sich die Materie auf subatomarer Ebene in ständiger Schwingung befindet.

Welten jenseits der Welten

Lethbridge zufolge kann die Welt jenseits der unseren nur mit einem Pendel von mehr als einem Meter Länge erspürt werden. Sie umgibt uns, ist jedoch für den Menschen unbeobachtbar, da sie mit ihren viermal schnelleren Schwingungen jenseits des Wahrnehmungsbereiches der menschlichen Sinnesorgane liegt. Alle Objekte dieser Welt reichen in die andere Welt hinein, ebenso die eigene Persönlichkeit. Dabei geschieht dies völlig unbewußt, da das „alltägliche Ich" nicht mit dem „anderen Ich" in Verbindung steht. Das andere Ich aber kann mit Hilfe des Pendels Fragen beantworten. Als Tom und Mina Lethbridge eine Anlage mit einem Steinring namens *The Merry Maidens* bei Penzance im englischen Cornwall besichtigten, hielt er über einen der aufrechten Steinblöcke ein Pendel und fragte nach seinem Alter. Als er dabei eine Hand auf den Stein legte, spürte er so etwas wie einen leichten elektrischen Schlag. Dann begann das Pendel schnell zu kreisen und anschließend mehrere Minuten in einem großen Kreis zu schwingen. Insgesamt zählte Lethbridge 451 Umdrehungen. Indem er willkürlich pro Drehung zehn Jahre zugrunde legte, errechnete Lethbridge als Entstehungszeit des Ringes das Jahr 2540 v. Chr., was überraschenderweise mit den Ergebnissen der Radiokarbondatierung anderer megalithischer Monumente wie Stonehenge übereinstimmt. Anscheinend hatte sein „höheres Ich", das außerhalb der Zeit existiert, die Antwort gegeben.

1971 arbeitete Lethbridge an seinem Buch über Träume, *The Power of the Pendulum* (Die Kraft des Pendels). Währenddessen erkrankte er und mußte ins Krankenhaus eingewiesen werden. Das enorme Gewicht des korpulenten Mannes stellte für sein Herz eine zu hohe Belastung dar. Er starb im Alter von 70 Jahren am 30. September, noch bevor er sein letztes Buch vollständig überarbeitet hatte. Auch sein Lebenswerk war keineswegs abgeschlossen. Dennoch zählte es zu den bedeutendsten und sensationellsten Beiträgen der Parapsychologie dieses Jahrhunderts.

Aus Lethbridges Bemühen, die uralte Kunst des Wünschelrutengehens wiederzuerlangen, wird zugleich deutlich, daß er immer auch bestrebt war, die Unterschiede zwischen dem primitiven und dem modernen Menschen zu verstehen. Unsere in Höhlen lebenden Vorfahren glaubten, das Universum sei ein magischer Ort und die Erde ein lebendiges Wesen. Vermutlich beherrschten sie von Natur aus die Fähigkeit des Wünschelrutengehens, so wie heute noch die australischen Aborigines, und reagierten auf natürliche Art auf die Kräfte der Erde. Laut Lethbridge sollten ihre senkrecht aufgestellten Steine Stellen markieren, an denen die Erdkraft am stärksten war, und vielleicht dienten solche Steinanlagen sogar dazu, diese auf eine heute verlorengegangene Weise zu nutzen.

Der moderne Mensch hat den instinktiven, intuitiven Kontakt mit den Kräften des Universums unterdrückt oder vergessen. Er ist zu beschäftigt damit, seine kostbare Zivilisation aufrechtzuerhalten. Die uralte Kenntnis des Wünschelrutengehens aber ist nach wie vor in ihm als Anlage vorhanden und könnte ohne weiteres wieder entwickelt werden. Lethbridge versuchte, seine verloren geglaubten Fähigkeiten wachzurufen und sie wissenschaftlich zu erforschen. So gelangte er bald zu der Feststellung, daß Wünschelrute und Pendel unglaublich präzise Instrumente sind. Durch Nutzung des Unter- oder „Überbewußtseins" können mit Hilfe der Wünschelrute und des Pendels Informationen gewonnen werden, die den normalen Sinnesorganen verschlossen bleiben, und Erkenntnisse über Bereiche der Realität jenseits der physisch wahrnehmbaren Welt erlangt werden.

Unten: Der Ring aufrechter Steine befindet sich bei Penzance in Cornwall (England) und trägt den Namen The Merry Maidens (Die fröhlichen Mädchen). Als Lethbridge eine Hand auf einen der Steine legte, bekam er einen leichten elektrischen Schlag, so, als sei der Stein eine Art Batterie. Durch Auspendeln ermittelte er das Alter der Steine. Bei einer späteren Radiokarbondatierung der Merry Maidens bestätigte sich Lethbridges Ergebnis.

GEISTERBEFREIUNG

Seit Jahren kommuniziert Margo Williams mit Geistern und hilft ihnen so, ihre irdischen Fesseln abzustreifen und Seelenruhe zu finden. Auf der Suche nach Gegenständen aus dem Erdendasein der Verstorbenen bereist sie die gesamte Isle of Wight.

Oben: Margo Williams zeigt auf die Sammlung von Tellern in ihrem Heim, die als Beweis für ihre Existenz von den Geistern apportiert wurden.

Ich wußte schon immer, daß ich anders bin als die anderen; bereits als kleines Kind besaß ich paranormale Fähigkeiten. Eine meiner frühesten Erinnerungen betrifft die Erlebnisse, die ich hatte, wenn ich zur Strafe in meinem Zimmer eingeschlossen wurde. Dann verließ ich meinen Körper und schwebte zur Decke, von wo aus ich beobachtete, wie ich weinend auf dem Bett saß.

1976 nahm ein Geist namens Jane mit mir Verbindung auf. Das war mein erster Kontakt zu Geistern. Ich sah nichts, konnte aber hören, wie sie zu mir sprach. Es schien mir sehr natürlich, und ich hatte nicht wirklich Angst. Diese Kommunikation hielt etwa sechs Monate an. Danach kontaktierten mich mehrere andere Geister. Erst 1978 begann ich mit meiner Arbeit, erdgebundene Geister zu befreien.

Ein erdgebundener Geist geht dort um, wo er entweder eine Missetat begangen oder aber einen wertvollen Gegenstand verloren hat, so daß er die nächste Welt nicht betreten kann, bevor dieses Objekt gefunden ist. Meist bleiben Geister durch eine Schuld an die Erde gefesselt und können sie so lange nicht verlassen, bis sie ihre Handlungen gestanden oder ihre Geschichte erzählt haben.

Aus einem mir unbekannten Grunde habe ich die Gabe, sie zu hören und manchmal auch zu sehen. Nachdem sie mit mir gesprochen haben, sind sie automatisch befreit. Bislang haben mich etwa 1100 bis 1200 Geister kontaktiert. Die meisten waren aus den Regierungszeiten Victorias oder Edwards, einige aber auch aus unseren Tagen.

Durch Stöbern in alten Archiven konnte mein Ehemann Walter häufig ihre Identität bestätigen. Einer zum Beispiel war ein Bergarbeiter, der bei einem Grubenunglück umgekommen war. Das Phantom hatte mir den Namen der Mine mitgeteilt, und so konnten wir den Unfallbericht finden. Der vollständige Name des Verunglückten, den er mir genannt hatte, stimmte mit dem in dem Bericht überein. Die Geister aber, die jetzt mit mir Verbindung aufnehmen, geben meist nur ihren Vornamen an, was ihre Identifizierung unmöglich macht.

Häufig geben mir die Geister Anhaltspunkte, die das Auffinden der verlorenen Gegenstände erleichtern. Mitunter habe ich Glück und werde relativ schnell fündig. Und in manchen Fällen helfen mir auch einige Kontrollgeister. Es sind immer wieder die gleichen, die mich unterstützen, wenn sich die Suche schwierig gestaltet. In diesen Fällen senden sie ein silbern leuchtendes Licht, das außer mir niemand sieht, auf die Stelle, wo der Gegenstand vergraben ist. Dabei kann es sich um Münzen, Anhänger, Talismane verschiedener Art und vieles mehr handeln.

Manchmal schicken mir die Geister Apporte,

> „MEIST BLEIBEN GEISTER DURCH EINE SCHULD AN DIE ERDE GEFESSELT ... NACHDEM SIE MIT MIR GESPROCHEN HABEN, SIND SIE AUTOMATISCH BEFREIT."

also Objekte, die sie aus ihrer in unsere Dimension transportieren und die sich vor meinen Augen materialisieren. Oft wollen sie, daß ich diese Objekte erhalte, um mir ihre Existenz und den Wahrheitsgehalt ihrer Geschichte zu beweisen. Auch bei mir zu Hause tauchten mehrmals Apporte auf. Einmal erschien auf rätselhafte Weise die Nachbildung eines Vogels in meinem Badezimmer. Diese Objekte sind definitiv der bedeutsamste und unerklärlichste Aspekt meiner Arbeit.

Im Laufe der Jahre habe ich auf der gesamten Isle of Wight, auf der ich tätig bin, Hunderte von Gegenständen gesammelt. Ich habe zwar ein paar Lieblingsstücke, auf die eine oder andere Art aber bedeuten sie mir alle etwas. Die meisten Objekte, die ich finde, behalte ich, doch einige gebe ich auch weg.

Manche Geister sind sehr dankbar, nachdem ich sie gerettet habe, andere richtiggehend unfreundlich. Das scheint hauptsächlich von ihrer Persönlichkeit zu Lebzeiten abzuhängen. Bevor ich damit beginne, einen Geist von der Erde zu entbinden, bin ich stets sehr angespannt. Danach aber erfüllt mich ein Gefühl tiefer innerer Ruhe und Frieden. Daran erkenne ich, daß der Geist seine Freiheit erlangt hat.

Während die Geister zu mir sprechen, schreibe ich jedes Wort auf einem Block mit, den ich bei der Suche immer bei mir trage. Ich schreibe sehr schnell, und alle Wörter sind miteinander verbunden. Auf Satzzeichen und Großbuchstaben verzichte ich, und ich schreibe exakt das, was die Geister mir erzählen. Sie sprechen unterschiedliche Dialekte, je nachdem, woher sie stammen.

Ich begebe mich niemals allein auf die „Jagd". Gewöhnlich nehme ich zwei bis drei Begleiter mit, die mir helfen, Ausschau zu halten und zu graben. Dabei muß es sich um Gleichgesinnte, jedoch nicht unbedingt um Sensitive handeln. Ich habe ein richtiges Helferteam zusammengestellt, das stets zur Verfügung steht. Bei den meisten Suchaktionen müssen wir viel gehen und klettern, oft in schlammiger Umgebung.

Neben meiner Arbeit mit Geistern halte ich auf der gesamten Insel zu diesem Thema Vorträge und veranstalte zu Hause gelegentlich Heilgruppen in einem eigens dafür eingerichteten Raum. Ich habe in den letzten Jahren mehrere kürzere Bücher über Geister verfaßt. Das neueste beschreibt meine Kommunikation mit Feen.

DIE WICHTIGSTEN SPIRITUALISTEN

Viele Spiritualisten als Medium waren Scharlatane, die eine Vielzahl von Requisiten und Zaubertricks verwendeten, um zu wirken - aber nicht alle von ihnen. Einige waren vermutlich ehrlicher, aber sich selber täuschend. Der Rest bestand aus einigen besonders begabten Individuen, mit anderen übersinnlichen Kräften denn als Spiritualist.

VIELSEITIGES MEDIUM

Der Brasilianer Carmine Mirabelli verfügte über eine ganze Palette paranormaler Fähigkeiten, die seine Familie und seine Kollegen oft in peinliche Situationen brachten.

Im Jahre 1911 wurde Carmine Mirabelli, Angestellter in einem Schuhgeschäft im brasilianischen São Paulo, fristlos entlassen. Seinem Chef war es einfach zuviel geworden, daß ständig Schuhschachteln von den Regalen fielen, wenn sich der junge Mann in ihrer Nähe befand. Mirabelli verbrachte anschließend 19 Tage in einer Nervenheilanstalt, unter Beobachtung von zwei ungewöhnlich einfühlsamen Ärzten. Dr. Felipe Ache bescheinigte, das der junge Mann zwar nicht wirklich krank sei, aber auch nicht völlig normal. Seine paranormalen Fähigkeiten „rühren von der Ausstrahlung nervöser Kräfte her, die wir zwar alle haben, er aber in außergewöhnlich hohem Maße aufweist".

Sein Kollege Dr. Franco da Rocha berichtete, wie der junge Carmine Mirabelli einen Schädel nur durch Hinschauen auf einem Glas rotieren ließ, also ohne dabei etwas zu berühren. „Als ich den Schädel in die Hand nahm", so der Arzt, „spürte ich etwas seltsam Fließendes, so als ob ich eine kugelförmige Flüssigkeit anfaßte. Als ich mich darauf konzentrierte, schien eine Art Strahlung den Schädel entlang zu wandern, ähnlich, wie wenn Lichtstrahlen über einen Spiegel huschen."

Dies war der Anfang der bemerkenswerten Karriere des brasilianischen Mediums Carmine Mirabelli. Er wurde 1889 als Sohn eines protestantischen Pastors italienischer Abstammung geboren. Die Tatsache, daß sein Repertoire sämtliche bekannten Phänomene umfaßte, die ein Medium hervorrufen kann, rechtfertigt seinen Ruf, das größte Medium aller Zeiten gewesen zu sein. Er beherrschte nicht nur Telepathie, Hellseherei und Präkognition, sondern auch automatisches Schreiben in über 30 Sprachen. Außerdem konnte er Zeichnungen und Gemälde verschiedenster Stilarten anfertigen. Ohne je eine musikalische Ausbildung genossen zu haben, wies er sich doch, wenn er in Trance war, als talentierter Sänger und Klavierspieler aus.

Über 40 Jahre lang war er zudem der Mittelpunkt von Poltergeistaktivitäten. In seiner Nähe bewegten sich Gegenstände vor und hinter geschlossenen Türen, tauchten aus dem Nichts auf, fingen Feuer oder verschwanden. All dies geschah mit solcher Regelmäßigkeit, daß seine Verwandten derlei Vorfälle schließlich als alltäglich hinnahmen. Auch konnte er levitieren sowie sichtbare Materialisationen von Toten bewirken.

Mirabelli war aber nicht nur medial begabt, auch am ganz normalen Leben hing er mit großer Leidenschaft. Sein Biograph Eurico de Goes, der 20 Jahre mit ihm befreundet war, beschrieb ihn als einen sehr dynamischen Mann mit viel Charisma, der leicht erregbar, impulsiv und ungeduldig, aber trotzdem tolerant und gutmütig war. Carmine Mirabelli war durchaus imstande, sich zehn Anzüge auf einmal zu kaufen und die meisten davon gleich wieder zu verschenken. Trotzdem verfügte er über einen ausgeprägten Geschäftssinn. Obwohl der Brasilianer mehrere spiritistische Zentren leitete, war er den orthodoxen Spiritisten ein Dorn im Auge.

Kritik erregte Carmine Mirabelli besonders durch seine Vorliebe, sich zur Schau zu stellen und physikalische Erscheinungen zu demonstrieren, und die Tatsache, daß er sich für seine Dienste zuweilen auch bezahlen ließ. Aber selbst sein ärgster Kritiker, der Spiritist und Historiker Carlos Imbassahy, mußte zugeben, daß Mirabellis Fähigkeiten zweifellos echt waren. Wie Imbassahy in seinem 1952 erschienenen Buch *O Espiritismo a Luz Dos Fatos* (Der Spiritismus im Lichte der Tatsachen) beschreibt, kam Mirabelli eines Tages uneingeladen in sein Haus. „Es gab wohl keinen, den ich weniger zu sehen wünschte", schrieb Imbassahy, denn er befürchtete, „daß dieses ‚unheilvolle Medium'" sein ganzes Geschirr zerschlagen würde.

Rechts: Carmine Mirabellis übernatürliche Fähigkeiten wurden erstmals 1911 entdeckt. Hellsehen, Psychokinese, automatisches Schreiben, Levitationen und Materialisationen von Toten waren nur einige seiner Begabungen.

Gegenüberliegende Seite links: Seine berühmteste Levitation fand während einer Séance in São Paulo statt, bei der auch sein Sohn Luiz anwesend war. Das Medium erhob sich langsam nach oben, ließ sich fotografieren und schwebte dann wieder auf den Boden.

Zunächst erzählte Mirabelli die Lebensgeschichte eines Freundes von Imbassahys Freunden (den Mirabelli niemals kennengelernt hatte) bis ins letzte Detail. Dann brachte ein Diener mehrere Flaschen Wasser ins Zimmer und stellte sie auf einen etwa fünf Meter von Mirabelli entfernten Tisch. „Eine dieser Flaschen", so Imbassahy, „ging vor unser aller Augen in die Höhe, schlug etwa fünf oder zehn Sekunden gegen die anderen und schwebte dann wieder herab ... Alle haben es deutlich gesehen, keiner zweifelte auch nur einen Moment."

Während dieser Zeit hatte man Mirabellis Hände festgehalten. Imbassahy hätte ihn liebend gern als Betrüger entlarvt, aber er war ehrlich genug zuzugeben, daß er danach von dessen Fähigkeiten „unerschütterlich überzeugt" war.

Eurico de Goes' Biographie enthält zahllose Beschreibungen über die verschiedensten und verblüffendsten Phänomene. Bei einer Séance zum Beispiel schwebte das gefesselte Medium im Raum und löste sich dann einfach in Luft auf. Die Handschellen fielen zu Boden, und schließlich fand man Mirabelli in einem angrenzenden Zimmer auf dem Boden liegend, während er Studentenlieder zum besten gab.

Ein anderes Mal befand sich de Goes auf dem Weg zu Mirabelli, als er bemerkte, daß er seinen Regenschirm vergessen hatte. Doch als er Mirabellis Haus betrat, fiel sein Regenschirm plötzlich von der Decke herab. Eine andere Teleportation erlebte der englische Dichter und Diplomat Sir Douglas

„SEINE MATERIALISATIONEN WAREN VERBLÜFFEND. DIE GESTALTEN WAREN NICHT NUR VOLLSTÄNDIG UND KONNTEN FOTOGRAFIERT WERDEN, SONDERN DIE BIS ZU 15 MINUTEN DAUERNDEN UNTERSUCHUNGEN VON ÄRZTEN ERGABEN AUCH, DASS ES SICH BEI DEN NEU ZUSAMMENGESETZTEN MENSCHEN UM ANATOMISCH PERFEKTE, MENSCHLICHE STRUKTUREN HANDELTE."

Nandor Fodor, Encyclopedia of Psychic Science (Enzyklopädie der Parapsychologie)

Rechts: 1973 besuchte ein Team von Parapsychologen Mirabellis ehemaliges Haus und entdeckte, daß in diesem Zimmer die berühmte Levitation stattgefunden hatte. Die entscheidenden Hinweise lieferten die Stuckteile an der Decke, die beiden Türen (hier teilweise von der Trennwand verdeckt) und die Tatsache, daß das Licht einen ähnlichen Schatten geworfen hatte wie auf dem Foto. Da das Zimmer etwa fünf Meter hoch war, hatte sich Mirabelli 2,5 Meter vom Fußboden entfernt.

Ainslie, als er eine Privatwohnung in São Paulo betrat und auf dem Dielentisch sein Reisewecker stand, den er zuletzt in seinem Koffer im Hotel gesehen hatte.

Blitzreise

Bei einem anderen Vorfall, den Eurico de Goes erwähnt, wartete Mirabelli mit Freunden auf einen Zug und war plötzlich verschwunden. Besorgt riefen sie bei dem Bekannten an, zu dem sie unterwegs waren und der in einer etwa 80 Kilometer entfernten Stadt wohnte. Dort erfuhren sie, daß Mirabelli bereits eingetroffen war.

Im Jahre 1973 beauftragte das Brasilianische Institut für Psychobiologische Forschung (IBPP) eine Gruppe von Wissenschaftlern damit, ein Dossier über Mirabelli anzulegen. Leiter des Teams war der führende brasilianische Parapsychologe Hernani G. Andrade. Binnen weniger Wochen kamen zahllose Augenzeugenberichte zusammen. Das Team hatte auch drei von Mirabellis Söhnen ausfindig gemacht und interviewte sie. Cesar Auguste Mirabelli war beim Überfallkommando von São Paulo und stand dem Spiritismus sehr skeptisch gegenüber. Zu 99 Prozent führte er ihn auf Betrug, Geheimnistuerei oder Gutgläubigkeit zurück: „Wäre mein Vater ein Betrüger gewesen, würde ich das offen sagen."

Dies hielt Cesar allerdings für ausgeschlossen, denn häufig spielten sich paranormale Dinge vor den Augen der ganzen Familie ab: „Wir hatten daheim eine Ziervase aus Porzellan, etwa 60 Zentimeter hoch und um die vier Kilo schwer, die auf einem dreibeinigen Sockel stand ... Eines Tages starrte Vater auf diese Vase, und ich folgte seinem Blick. Daraufhin erhob sie sich etwa 40 Zentimeter in die Höhe, drehte dann plötzlich ab, schlug gegen eine zwei Meter entfernte Wand und zerbrach in 1000 Stücke. So etwas", versicherte Cesar, „konnte zu Hause fast täglich, überall und jederzeit passieren."

Lebendig begraben

Regene Mirabelli, Geschäftsmann und Amateur-Hypnotiseur, erinnerte sich ebenfalls an einige ungewöhnliche Vorkommnisse im Elternhaus. Einmal hatte er ein merkwürdiges Geräusch gehört, rannte daraufhin ins Wohnzimmer und fand seine Mutter unter den Möbeln begraben. Sie hatte sich an solche Dinge bereits gewöhnt. Es geschah oft, daß sie sorgfältig den Tisch gedeckt hatte und in dem Moment, wo sie ihm den Rücken zukehrte, alles auf den Boden gefegt wurde.

Mirabellis ältester Sohn Luiz, der Vertreter für Metallwaren war, erinnerte sich an einen Autoausflug aufs Land, bei dem dem Fahrer von einer unsichtbaren Hand plötzlich eine kräftige Ohrfeige verpaßt wurde. Daraufhin hatte Mirabelli den Chauffeur angewiesen, den ersten Gang einzulegen, „weil ‚sie' versuchen, uns nach hinten zu ziehen". Kurz darauf, so Luiz, bewegte sich der Wagen tatsächlich im ersten Gang rückwärts.

Luiz war auch einer der Augenzeugen des berühmtesten Vorfalls im Leben seines Vaters. Während einer Séance in einem hell erleuchteten Zimmer erhob Mirabelli sich gemächlich in die Luft, blieb lange genug oben, damit man ihn fotografieren

Diese eindrucksvolle Fotoserie zeigt die allmähliche Materialisation einer vollständigen menschlichen Gestalt. Kleidung und Haartracht lassen auf einen Afrikaner oder Inder schließen.

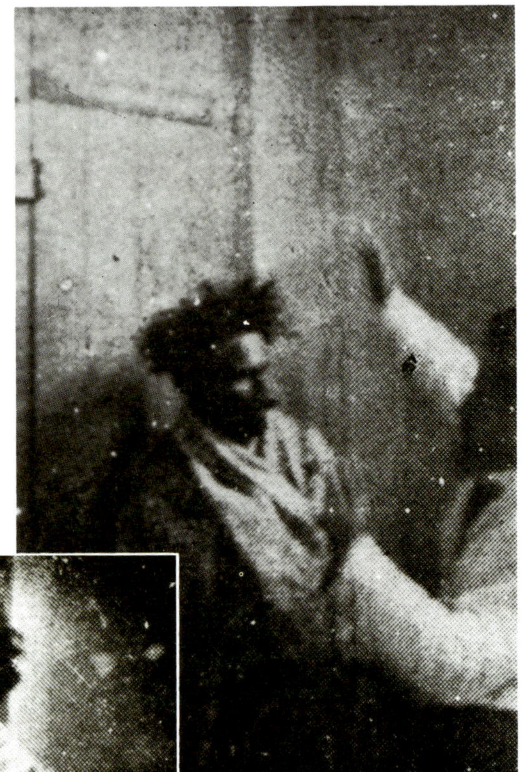

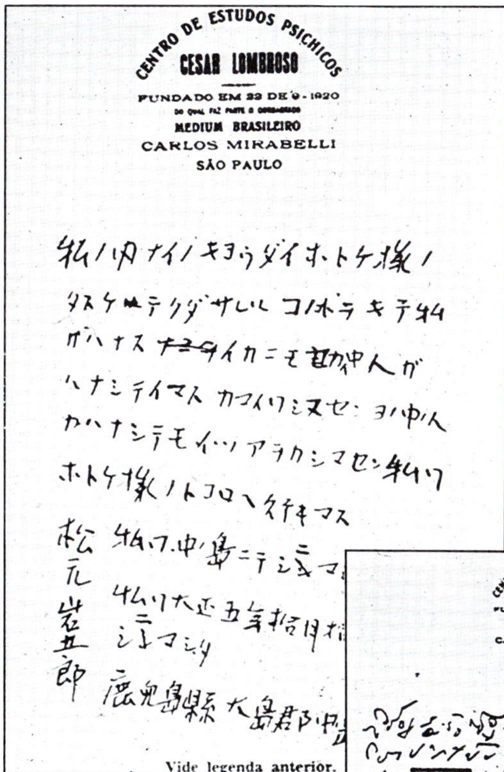
CENTRO DE ESTUDOS PSICHICOS
CESAR LOMBROSO
FUNDADO EM 22 DE 9-1920
MEDIUM BRASILEIRO
CARLOS MIRABELLI
SÃO PAULO

Vide legenda anterior.

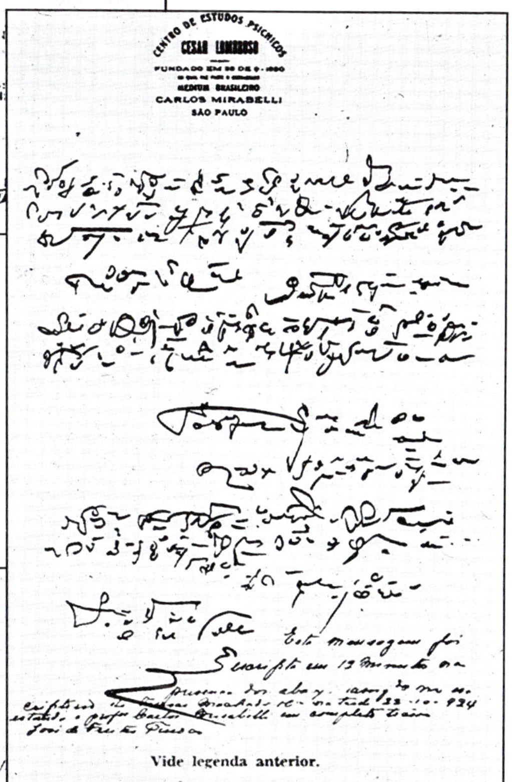
CENTRO DE ESTUDOS PSICHICOS
CESAR LOMBROSO
FUNDADO EM 22 DE 9-1920
MEDIUM BRASILEIRO
CARLOS MIRABELLI
SÃO PAULO

Vide legenda anterior.

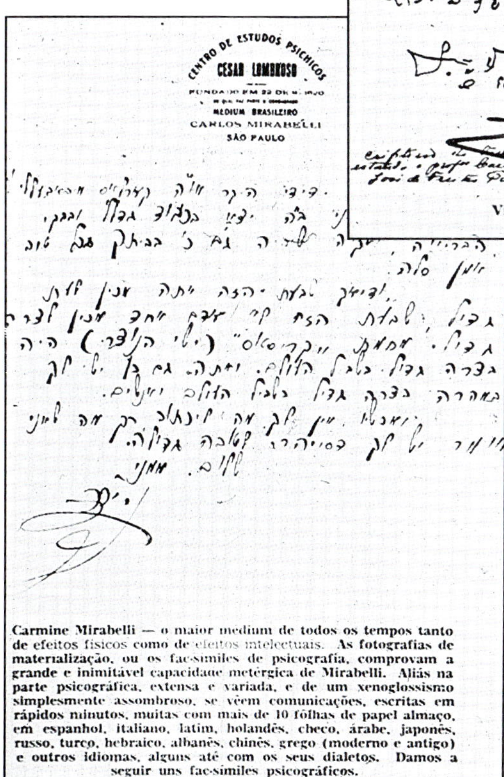
CENTRO DE ESTUDOS PSICHICOS
CESAR LOMBROSO
FUNDADO EM 22 DE 9-1920
MEDIUM BRASILEIRO
CARLOS MIRABELLI
SÃO PAULO

Carmine Mirabelli — o maior medium de todos os tempos tanto de efeitos físicos como de efeitos intelectuais. As fotografias de materialização, ou os fac-símiles de psicografia, comprovam a grande e inimitável capacidade metérgica de Mirabelli. Aliás na parte psicográfica, extensa e variada, e de um xenoglossismo simplesmente assombroso, se vêem comunicações, escritas em rápidos minutos, muitas com mais de 10 fôlhas de papel almaço, em espanhol, italiano, latim, holandês, checo, árabe, japonês, russo, turco, hebraico, albanês, chinês, grego (moderno e antigo) e outros idiomas, alguns até com os seus dialetos. Damos a seguir uns fac-símiles psicográficos.

Eine von Mirabellis bemerkenswertesten Leistungen war die Fähigkeit des automatischen Schreibens. In Trance produzierte er Texte in über 30 Sprachen. Links eine Botschaft in Japanisch, die er angeblich von einem Iwagoro Matsumoto empfing, der am 10. Oktober 1916 verstorben war. Darunter ein Text auf arabisch, den er am 22. Oktober 1924 binnen zwölf Minuten niederschrieb. Die Mitteilung ganz unten scheint in Hebräisch verfaßt zu sein.

konnte, und schwebte dann langsam wieder nach unten. Während der IBPP-Untersuchungen stieß das Team auch auf einen Grundstücksmakler namens Fenelon Alves Feitosa, der Mirabelli gut gekannt hatte und zu seinen Ehren wöchentlich spiritistische Sitzungen abhielt. Zufällig war er gerade damit beauftragt worden, ein Haus zu verkaufen, in dem Mirabelli früher Séancen abgehalten hatte.

Die Forscher sahen sich das Haus Nr. 6 in der Rua Natal im Distrikt Tucurivi näher an. Als sie durch die Räume gingen, erkannten sie eines als das Zimmer wieder, in dem die berühmte Levitation fotografiert worden war. Das Licht, das durch das Fenster kam, hatte einen ähnlichen Schatten geworfen wie auf dem Bild. Die Decke war etwa fünf Meter hoch, und auf dem Foto scheinen Mirabellis Füße etwa halb so weit vom Fußboden entfernt zu sein.

Wie von Geisterhand bewegt

Im Dezember 1935 erschien im *Journal of the Society for Psychical Research* (Zeitschrift der Gesellschaft für Parapsychologie – SPR) in London ein langer Artikel von Theodore Besterman, der die Kontroverse um Mirabelli noch verschärfte. Besterman hatte gesehen, wie Mirabelli mehrere Objekte bewegt hatte, blieb aber mißtrauisch. Er behauptete, daß dies mit Hilfe „versteckter Fäden" bewerkstelligt worden sei, mußte aber zugeben, daß er nie welche entdeckt hatte. Einmal beobachtete er verblüfft, wie ein Stück Holz oben auf einer Flasche rotierte, und ein anderes Mal, wie Mirabelli innerhalb von 53 Minuten 1700 französische Wörter zu Papier brachte, obwohl er diese Sprache angeblich gar nicht beherrschte.

„Ich bin fest davon überzeugt, daß Mirabelli schlicht und einfach ein Betrüger ist", schrieb Besterman 1973. „Als ich das verlauten ließ, sprach keiner seiner Anhänger je wieder ein Wort mit mir."

Andere Forscher waren weniger kompromittierend. Der angesehene Embryologe Hans Driesch war im April 1928 mindestens einmal Augenzeuge eines „höchst eindrucksvollen" psychokinetischen Phänomens. Und 1934 beschrieb May C. Walker vom SPR in Amerika den „beeindruckendsten Fall von Telekinese, den ich je erlebt habe". Bei der fraglichen Séance hatte sich in ihren „Händen ein Ventilator hin und her bewegt, als wäre er lebendig".

Einer der wenigen Brasilianer, der Mirabellis Fähigkeiten systematisch untersuchte, war Dr. Thadeu de Medeiros, ein bekannter Arzt und Beamter des Gesundheitsamtes. In seiner Klinik war das Medium eine Zeitlang angestellt, um paranormale Diagnosen zu erstellen. Als dann die Medizinfläschchen ständig durch die Luft flogen, nahm diese Karriere jedoch ein jähes Ende.

Im Jahr 1960 beklagte sich Dr. E. J. Dingwall vom SPR, daß „der Fall Mirabelli eines jener ungelösten Rätsel bleiben wird, von denen es in der Geschichte der Parapsychologie so viele gibt". Dafür machte er vor allem Besterman verantwortlich, weil dieser keine ordentlichen Aufzeichnungen hinterlassen hatte. Mirabelli starb im Jahre 1951. Sein Sohn Cesar beschrieb in bewegenden Worten, wie die Familie gerade auf dem Weg ins Kino war, als sein Vater über die Straße rannte, um ihm ein Eis zu kaufen, und dabei von einem Auto erfaßt wurde.

DIE PHANTASTISCHE PALLADINO

Eusapia Palladino war eines der am gründlichsten untersuchten Medien aller Zeiten. Obwohl man sie gelegentlich beim Betrügen ertappte, waren doch viele nach der Teilnahme an ihren Séancen davon überzeugt, daß sie zweifelsohne über geheime Kräfte verfügte.

Wer bei Eusapia Palladino an einer Séance teilnahm, konnte jede Menge Aktionen erwarten: Schwere Möbelstücke bewegten sich ungestüm, so, als ob sie einen eigenen Willen hätten, Hände erschienen, die nach den Sitzenden griffen. Hupen ertönten und Lichter blitzten auf. Palladino tat mehr als jedes andere Medium, um Parapsychologen zu überzeugen, daß die physischen Erscheinungen in ihrem Séance-Raum real waren – obwohl sie bisweilen beim Schwindeln ertappt wurde.

Eusapia Palladino wurde im Januar 1854 als Kind einer Bauernfamilie in der Nähe von Bari, Süditalien, geboren. Ihre Mutter starb bei der Geburt, als sie zwölf war, wurde ihr Vater ermordet. Eusapia war fast noch ein Kind, als man ihre medialen Fähigkeiten erkannte. Dies geschah auf bemerkenswerte Weise.

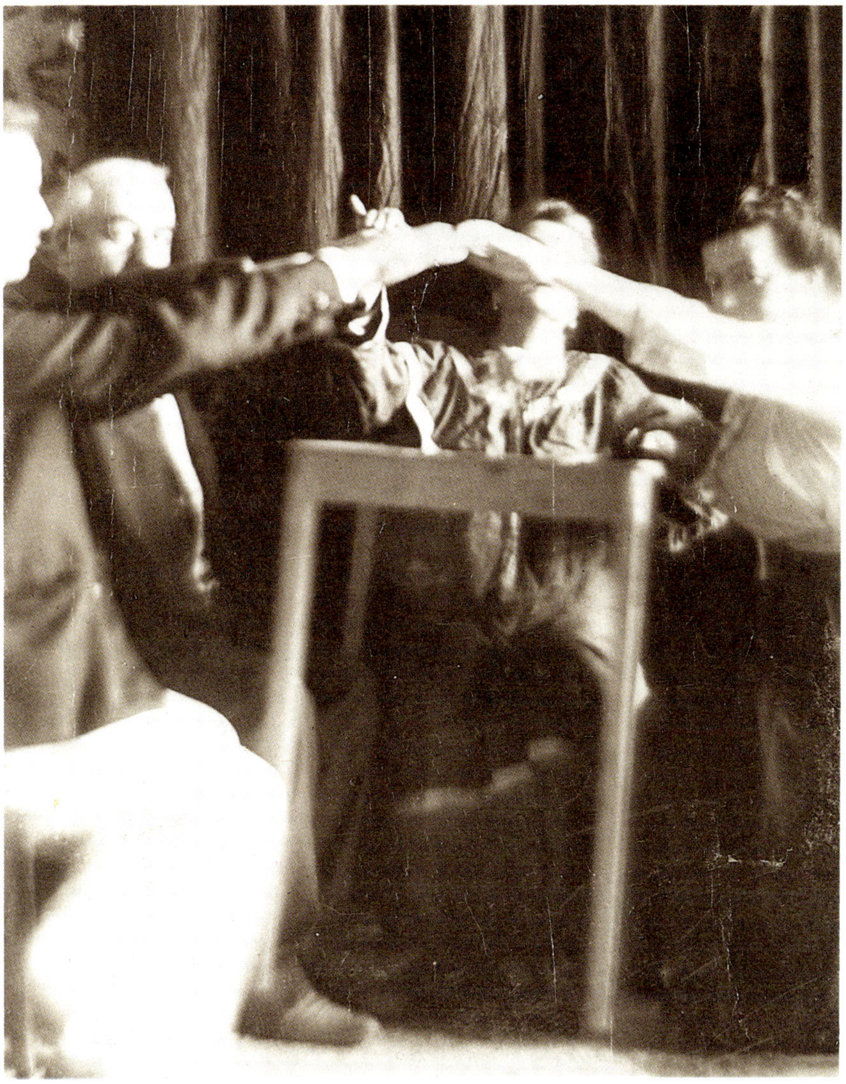

Oben: *Tischrücken, wie hier im Jahre 1906 bei einer Séance in Genua, spielte unter den von Palladino verursachten Erscheinungen eine große Rolle. Manchmal bewegten sich die Tische recht ungestüm und schienen sogar Teilnehmer der Séance angreifen zu wollen.*

Im Jahre 1872 beteiligte sich die englische Ehefrau eines italienischen Parapsychologen namens Damiani in London an einer Séance. Ein Geist, der sich selbst als John King zu erkennen gab, „kam durch" und erzählte ihr, daß es in Neapel ein starkes Medium gäbe, das die Reinkarnation seiner Tochter, der berühmten Katie King, wäre. Dann gab ihr der Geist die vollständige Adresse des Hauses, in dem man das Medium finden könne. Herr Damiani fuhr nach Neapel und traf in dem besagten Haus auf Eusapia Palladino. In der Folge wurde er der Mentor des jungen Mädchens und half ihr, ihre Kräfte zu entwickeln.

Dr. Ercole Chiaia war der erste Wissenschaftler, der sich für Palladinos Glaubwürdigkeit aussprach, und zwar im Jahre 1888 in einem offenen Brief an Cesare Lombroso. Der berühmte Psychiater und Kriminologe hatte sich in einem Artikel über den Spiritismus lustig gemacht. Daraufhin lud Chiaia Lombroso ein, sich einen besonderen Fall anzusehen – Eusapia Palladino. In seinem Brief an Lombroso führte Chiaia unter anderem aus:

„An ihren Sitz gefesselt oder an den Händen festgehalten ... zieht sie die Möbelstücke um sich herum an, sie läßt sie in die Luft steigen ... und sie in wellenförmigen Bewegungen wieder nach unten sinken, als ob sie ihrem Willen gehorchten. Sie klopft oder pocht dabei in einem bestimmten Rhythmus an die Wände, die Decke und den Fußboden. Diese Frau erhebt sich auch selbst in die Luft – ganz gleich, wie sie festgebunden ist. Wider alle Schwerkraft schwebt sie ruhig in der Luft. Sie spielt Musikinstrumente, ohne sie zu berühren, als wären sie vom Atem unsichtbarer Geister in Klang gesetzt worden ... Wie viele Beine und Arme hat sie? Wir wissen es nicht. Während ihre Gliedmaßen von skeptischen Zuschauern festgehalten werden, sehen wir, wie andere Glieder erscheinen, ohne daß man weiß, woher sie kommen und wem sie gehören."

Gegenüberliegende Seite links: Eine Porträtaufnahme von Eusapia Palladino; die große Aufnahme stammt von einer von der „Society for Psychical Research" im Jahre 1909 angeregten Séance.

Als Lombroso zwei Jahre später Neapel besuchte, nahm er die Einladung zu einer Séance mit Eusapia Palladino an. Er war äußerst beeindruckt. Aufgrund seiner Erlebnisse mit dem Medium verbrachte Lombroso in Folge viele Jahre mit dem Studium paranormaler Erscheinungen. Seine Bücher zu diesem Thema machen deutlich, daß er schließlich zu der Überzeugung kam, daß die Geister der Toten wirklich für das Auftreten von medialen Phänomenen verantwortlich sind.

Fesselnde Eindrücke

1892 führte eine Gruppe Forscher, die als die Mailänder Kommission bekannt geworden ist, 17 Sitzungen mit Eusapia Palladino durch. In ihrem Abschlußbericht heißt es unter anderem:

„Es ist uns nicht möglich aufzuzählen, wie oft aus dem Nichts eine Hand erschien, die wir auch berühren konnten. Es genügt wohl, wenn wir sagen, daß ein Zweifeln nicht länger angebracht war. Wir sahen und berührten wirklich mitten im Raum eine menschliche Hand, während zur gleichen Zeit der Oberkörper und die Arme des Mediums sichtbar blieben und ihre Hände von den links und rechts von ihr Sitzenden gehalten wurden."

Im Unterschied zu anderen Medien saß Palladino während ihrer Séancen nicht hinter einem Vorhang. Sie verwendete zwar eine Kabine, die, wie sie meinte, einigen der Erscheinungen half, sich aufzubauen, saß jedoch immer davor. Gleich, ob sie und die Forscher in völliger Dunkelheit saßen oder ob das Licht ausreichte, sie deutlich zu beobachten, immer gestattete sie den Zeugen, sie an den Stuhl zu fesseln oder sie festzuhalten, damit sie sich selbst überzeugten, daß sie nicht betrügen konnte.

Zu den Mitgliedern der Mailänder Kommission gehörte auch Charles Richet, Professor für Physiologie an der medizinischen Fakultät in Paris, der zu einem ihrer treuesten Anhänger wurde. Er hielt mehr als 100 Séancen mit ihr ab und war als einer der führenden Parapsychologen Europas besser als jeder andere in der Lage, ein Urteil über ihre parapsychischen Kräfte abzugeben – ein positives Urteil.

Professor Richet brachte mehrere Kontrollmöglichkeiten in seine Experimente mit Palladino ein, um zu verhindern, daß sie betrügen konnte. In seinem Buch *Thirty Years of Psychical Research* (Dreißig Jahre parapsychologischer Forschung) beschreibt er einen Tisch, der speziell für ihre Séancen angefertigt wurde. „Die Tischbeine liefen spitz zu, was es überaus schwierig machte, den Tisch mit dem Fuß anzuheben ... Wir hielten ihn außerdem für viel zu schwer (20 Kilogramm), versuchten es aber doch noch am gleichen Abend. Kaum hatte Eusapia den schweren Tisch mit ihren Fingerspitzen berührt, neigte er sich, schwankte hin und her, und ohne daß die Tischbeine überhaupt berührt wurden, hob er mit allen vier Beinen vom Boden ab." Tische spielen in Berichten über Eusapia Palladinos mediale Fähigkeiten eine herausragende Rolle. Professor Foa vom Institut für Pathologie an der Universität Turin und eine Gruppe weiterer Wissenschaftler, unter ihnen ein gewisser Dr. Arullani, führten eine Reihe von experimentellen Séancen mit dem Medium durch. Bei einer dieser Sitzungen riet ihnen Palladino, keine schwebenden Gegenstände zu berühren, da sie nicht in der Lage wäre, deren Bewegungen zu zügeln, und jemand verletzt werden könnte.

Augenblicklich begann sich einer der Tische in die Luft zu erheben, schwebte über Professor Foas Kopf hinweg, sank wieder zu Boden, kippte um und stellte sich dann wieder auf die Beine. Zu diesem Zeitpunkt näherte sich Dr. Arullani dem Tisch, aber wie es im Bericht der Wissenschaftler heißt:

„Das Möbelstück bewegte sich ungestüm auf ihn zu und stieß ihn zurück. Dr. Arullani ergriff den Tisch, und man hörte, daß dieser im sich anschließenden Kampf knarzte ... Der Tisch verschwand hinter dem Vorhang ... Professor Foa sah ihn umkippen und auf einer Seite liegen, als sich plötzlich eines der Beine mit Macht löste, als wäre es von einer enormen Kraft getrieben. In diesem Augenblick schnellte der Tisch aus der Kabine heraus und brach vor den Augen aller Anwesenden in Stücke. Dr. Arullani ... wurde von dem Medium aufgefordert, sich der Kabine zu nähern. Kaum hatte er sie erreicht, als er auch schon spürte, wie er von Holzstücken und Händen geschlagen wurde; und wir alle hörten die Geräusche der Schläge." 1895, Palladino war schon häufig überprüft worden, besuchte sie England, um in Cambridge eine Reihe von Séancen für die „Society for Psychical Research" (SPR) zu geben. Dies geschah, nachdem zwei der Gründungsmitglieder der Gesellschaft,

Oben: Dieser Tisch wurde von der „SPR" zur Überprüfung der Palladino verwendet und war so konstruiert, daß ein Betrug unmöglich schien.

Links: Cesare Lombroso, ein italienischer Kriminologe, war von Palladinos Kräften überzeugt, obwohl er wußte, daß sie bisweilen betrog.

Gegenüberliegende Seite: Bei dieser Séance im Jahre 1908 in Neapel sitzt Eusapia Palladino zwischen zwei Parapsychologen, Professor Galeotti von der Universität Neapel und Everard Feilding von der „SPR". Hier handelt es sich um die vierte von insgesamt elf Sitzungen zur Überprüfung von Palladinos Glaubwürdigkeit. Anfangs waren alle Teilnehmer der „SPR" skeptisch, ließen sich dann aber überzeugen, daß die von ihnen erlebten Phänomene real waren.

Frederic Myers und Sir Oliver Lodge, an Séancen mit ihr im Haus von Professor Richet teilgenommen und sich positiv geäußert hatten.

Einer der Zeugen bei einer Séance in Cambridge war Dr. Richard Hodgson, der den Verdacht hegte, daß Eusapia Palladinos Wirken auf Betrug beruhte. Bei dieser Séance mogelte Palladino wirklich. Die „SPR" bezeichnete sie schließlich als Betrügerin, europäische Forscher jedoch blieben von dieser „Enthüllung" unbeeindruckt. Sie wußten, das Medium würde Tricks versuchen, wenn man ihr die Gelegenheit dazu gab, und hatten das in früheren Berichten auch angemerkt. Sie waren der Auffassung, daß bei strengen Kontrollen seitens der „SPR" die Erscheinungen auch real gewesen wären.

Launen eines Mediums

Auch der bekannte französische Astronom Camille Flammarion begutachtete Eusapia Palladino. Er berichtete, daß während einer der von ihm geleiteten Séancen das Medium sehr gereizt war und die Erscheinungen zerstörerischen Charakter annahmen:

„Das Sofa kam nach vorn, als sie es ansah, und wich dann vor ihrem Atem zurück; alle Instrumente flogen wild durcheinander auf den Tisch; das Tamburin schwebte fast bis an die Decke, die Kissen machten auch mit, kippten alles auf dem Tisch um; ein Teilnehmer wurde von seinem Stuhl geworfen. Dieser Stuhl – ein schwerer Speisezimmerstuhl aus Nußbaum mit gepolstertem Sitz – erhob sich in die Luft, flog mit großem Krach auf den Tisch, stieß sich wieder ab ..."

Eusapia Palladino lieferte den Forschern auf dem europäischen Kontinent weiterhin überzeugende Beweise für physische Erscheinungen, so daß sich schließlich die „SPR" entschloß, den Fall noch einmal zu beleuchten. 1908 schickte sie eine Gruppe von drei Personen nach Neapel, um an Séancen mit Eusapia Palladino teilzunehmen.

Die Mitglieder der Gruppe gehörten wahrscheinlich zu den größten Skeptikern der „SPR" – Everard Feilding, Hereward Carrington und W. W. Baggally. Sie schlußfolgerten, daß die Erscheinungen, deren Zeugen sie wurden, einschließlich der Levitation, der Ortsveränderung von Gegenständen und der Entstehung von Licht, von Klopftönen und sich materialisierenden Gestalten, zurückzuführen wären auf eine Wirkung, die völlig losgelöst sei von Palladinos

EXPERIMENTE MIT EUSAPIA

In seinem Buch *After Death – What?: Researches into Hypnotic and Spiritualistic Phenomena* (Nach dem Tod – Was dann?: Erforschung hypnotischer und spiritistischer Phänomene) berichtet der Psychiater und Kriminologe Cesare Lombroso über die vielen Experimente, die er und eine Reihe von Kollegen anstellten, um die vermeintlichen medialen Kräfte von Eusapia Palladino zu überprüfen.

Ursprünglich betrachtete Lombroso alles, was mit Spiritismus zusammenhing, mit größter Skepsis, ja sogar mit Abscheu. Sein Interesse erwachte jedoch, als er von einem jungen Mädchen hörte, das plötzlich erblindet war, doch als Ausgleich scheinbar bestimmte bemerkenswerte Fähigkeiten entwickelt hatte – wie zum Beispiel mit dem Ohr sehen, mit dem Fußrücken riechen und die Zukunft vorhersagen.

Lombroso war von solchen Berichten äußerst fasziniert und wurde daraufhin eingeladen, an einer der Séancen Palladinos in Neapel teilzunehmen. Dieses Erlebnis beeindruckte ihn zutiefst und veranlaßte ihn in den nächsten Jahren zu zahllosen Experimenten unter kontrollierten Bedingungen.

Zu den vielen erstaunlichen Ereignissen, deren Augenzeuge Lombroso wurde, zählt auch die Séance, bei der Palladino auf einem Tisch schwebte. Lombroso beschrieb das Gesehene wie folgt: „Es passierte zweimal ... Das Medium, das nahe an einer Seite des Tisches saß, schwebte unter Stöhnen mit dem Stuhl in die Höhe, senkte sich, immer noch auf dem Stuhl sitzend, auf die Tischplatte herunter und kehrte dann in die Ausgangsposition zurück.“ Er war überzeugt, daß keiner der Anwesenden bei diesem merkwürdigen Vorgang seine Hand mit im Spiel hatte.

Seltsam war auch das Ertönen einer sich hinter dem Medium befindenden Trompete, die Eusapia aber nicht berühren konnte; verwirrend war das Gefühl, angefaßt zu werden, auch wenn Palladino (oder sonst irgend jemand) außer Reichweite war; unerklärlich war es auch, wenn sich Gegenstände aus einer Manteltasche wie von Geisterhand getragen auf den Tisch bewegten. Wurde das Licht im Zimmer wieder angezündet, sah man, daß jetzt Palladino, die quälende Laute von sich gab, den Mantel trug. Dabei war sie die ganze Zeit über von den neben ihr Sitzenden festgehalten worden. Bei einem Experiment wurde ein Teil des Raumes verdunkelt und durch Vorhänge abgetrennt. Palladino saß in einem Spalt zwischen den Vorhängen, so daß sich ihre Arme, ihr Gesicht und ihr Oberkörper im Licht befanden. Die Versuchsleiter stellten einen kleinen Stuhl hinter den Vorhang, brachten ein Glöckchen am Vorhang an und befeuchteten ihn mit Lehm. Dann stellten sie sich im hellen Teil des Raumes im Kreis um den Tisch herum auf. Bald sahen sie, wie der Vorhang in ihre Richtung geweht wurde. Eine unbekannte Kraft zog am Stuhl eines Zeugen, und es erfolgten fünf Schläge gegen den Stuhl, um, wie Palladino meinte, auf das zu helle Zimmer zu verweisen. Daraufhin wurde das Licht abgedunkelt. Ein Zeuge spürte, wie er von Fingern berührt wurde, und der Stuhl, den man hinter den Vorhang gestellt hatte, wurde ihm plötzlich in die Hand gedrückt. Andere berichteten von „einer lebenden menschlichen Hand, die wir sahen und berührten, während wir zur gleichen Zeit den Körper und die Arme des Mediums sehen konnten und ihre Hände von denjenigen, die zu ihren Seiten saßen, festgehalten wurden“.

bloßer physischer Geschicklichkeit. Nach der sechsten der insgesamt elf Séancen, die in einem Hotelzimmer in Neapel stattfanden, schrieb Feilding:

„Zum ersten Mal bin ich absolut davon überzeugt, daß unsere Beobachtungen richtig sind. Ich erkenne es als ein nennenswertes Geheimnis des Lebens an, daß ich Hände und Köpfe gesehen habe, die hinter einem Vorhang hervorkamen, und daß ich in dem leeren Raum hinter dem Vorhang von lebendigen Fingern ergriffen wurde ... Ich habe diese außergewöhnliche Frau gesehen, die vor dem Vorhang saß, festgehalten an Händen und Füßen, ich und meine Kollegen konnten sie sehen, unbeweglich, abgesehen von der gelegentlichen Anspannung eines Gliedes, während irgendeine Kraft immer wieder meine Hand drückte, und das alles außerhalb der Reichweite Eusapia Palladinos.“

Ein Jahr später wurde Palladino jedoch wieder beim Betrügen ertappt, diesmal in den USA. Von 1909 bis 1910 verbrachte sie sieben Monate in Amerika und beeindruckte viele Forscher. Bei einer ihrer Séancen jedoch gelang es einem Mann, sich unter dem Vorhang ihrer Kabine zu verstecken, und von diesem Blickwinkel aus sah er, „daß sie einfach

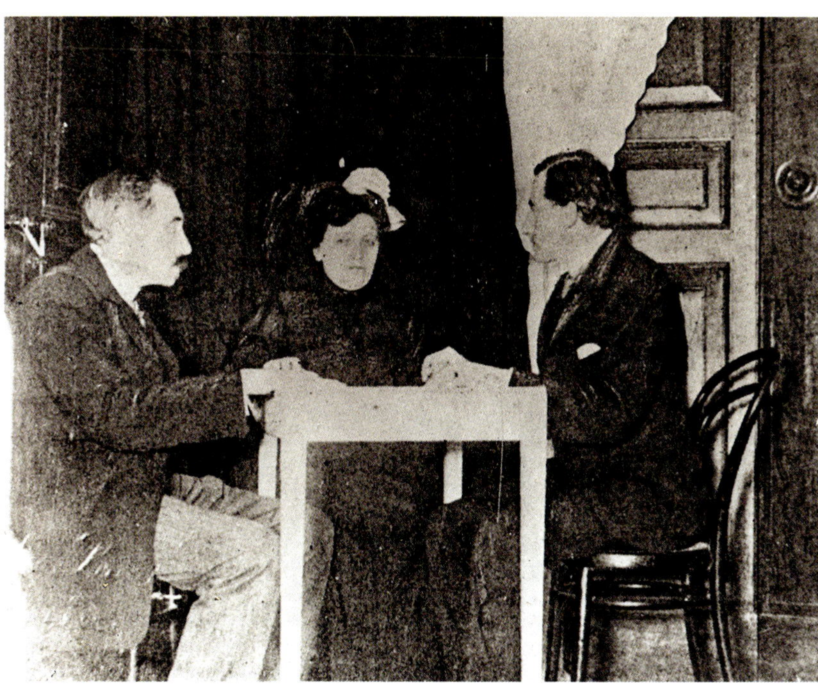

mit dem Fuß aus dem Schuh schlüpfte und gewandt mit ihren Zehen nach der Gitarre und dem Tisch in der Kabine angelte".

Während einer weiteren Séance in den USA erwischte sie ein Zauberkünstler, der sich unter dem Séance-Tisch versteckt hatte, beim Tricksen. Der berühmte Zauberer Howard Thurston bestätigte jedoch, daß die schwebenden Tische, die er in ihrer Anwesenheit gesehen hatte, „nicht auf Betrug zurückzuführen waren und auch nicht mit Hilfe ihrer Füße, Knie oder Hände bewegt wurden".

Dem Willen von Skeptikern ausgesetzt?

Hereward Carrington, einer der drei nach Neapel gesandten Forscher der „SPR", war der Mann, der Eusapia Palladino zu Vorstellungen in die USA eingeladen hatte. Nach dem unglücklichen, oben beschriebenen Vorfall merkte er an:

„Praktisch hat jede wissenschaftliche Kommission sie beim Betrugsversuch ertappt. Trotzdem war jede dieser Kommissionen nach den Untersuchungen von der Realität dieser Erscheinungen recht überzeugt, wenn man einmal von den Beobachtungen in Cambridge und in Amerika absieht, die mit ihrer Bloßstellung endeten."

Palladino selber hat nie abgestritten, daß sie zuweilen betrog. Sie erklärte dazu, daß sie in Trance sogar vom Willen der Skeptiker unter ihren Zuschauern gezwungen werden kann, Tricks anzuwenden. Ihre Verteidiger aber argumentieren, daß einige der „Bloßstellungen" eher auf einen Irrtum der Beobachter als auf einen vom Bewußtsein oder Unterbewußtsein Palladinos gesteuerten Betrugsversuch zurückgeführt werden könnten. Bei ihren Séancen tauchten immer wieder gliederähnliche Objekte auf, auch wenn ihre Hände und Füße deutlich sichtbar festgehalten wurden. Vielleicht, so meinen ihre Befürworter, bemerkten ihre Kritiker diese aus dem Körper des Mediums austretenden, sich materialisierenden Substanzen – die Scheinfüße genannt werden – und hielten sie irrtümlich für Palladinos eigene Füße.

Wie immer die Wahrheit auch aussieht, es gibt bei den medialen Kräften von Eusapia Palladino noch einen anderen faszinierenden Aspekt, der nie in Frage gestellt wurde und bei dem, so scheint es, ein Betrug unter den gegebenen Bedingungen kaum möglich gewesen wäre. Bei vielen Séancen wurden sich spontan materialisierende menschenähnliche Gebilde oder Körperteile erblickt. Manchmal waren sie deutlich sichtbar. Ein anderes Mal konnten die Forscher sie durch den Vorhang der Kabine spüren.

Professor Enrico Morselli und acht weitere Forscher erinnerten sich lebhaft an solche Erscheinungen während einer Séance am 1. März 1902 in Genua. Morselli untersuchte das Medium und fesselte Eusapia dann an eine Liege, so daß sie sich nicht mehr bewegen konnte. Bei verhältnismäßig gutem Licht sahen er und die anderen Anwesenden, wie aus der Kabine sechs Phantome erschienen. Sobald sich die materialisierten Gestalten wieder in die Kabine zurückgezogen hatten, eilte Morselli unverzüglich zu Eusapia, fand sie aber noch immer genauso gefesselt, wie er sie verlassen hatte. Professor Richet bezeugte ebenfalls die materialisierende Kraft des Mediums. „Nach langwierigen Überprüfungen waren 30 höchst skeptische Wissenschaftler überzeugt, daß von ihrem Körper materielle Gestalten ausgingen, die lebendig erschienen."

Oben: Auf dieser Zeichnung ist dargestellt, wie Eusapia Palladino im Jahre 1910 während einer Séance in der Columbia University in New York beim Betrügen ertappt wurde. Obwohl das Medium nicht bestritt, daß sie ab und zu mit Tricks arbeitete, gaben ihr die Amerikaner keine zweite Chance, nachzuweisen, daß ihre medialen Kräfte manchmal auch echt waren.

„ICH HABE DIESE AUSSERGEWÖHNLICHE FRAU GESEHEN, DIE VOR DEM VORHANG SASS, FESTGEHALTEN AN HÄNDEN UND FÜSSEN, ICH UND MEINE KOLLEGEN KONNTEN SIE SEHEN, UNBEWEGLICH, ABGESEHEN VON DER GELEGENTLICHEN ANSPANNUNG EINES GLIEDES, WÄHREND IRGENDEINE KRAFT IMMER WIEDER MEINE HAND DRÜCKTE, UND DAS ALLES AUSSERHALB DER REICHWEITE EUSAPIA PALLADINOS."

Bei einer Séance am 16. Juni 1901, an der Dr. Joseph Venzano teilnahm, materialisierten sich Geisterhände und streichelten die Sitzenden. Schließlich ergriffen sie Venzanos Hände:

„Als meine Hand, von einer anderen Hand geleitet und nach oben gehoben, auf die materialisierte Gestalt traf, hatte ich unvermittelt den Eindruck, ich berührte eine breite Stirn, die von langem, sehr feinem Haar bedeckt war. Dann wurde meine Hand schrittweise tiefer geführt, und sie berührte eine leicht gebogene Nase, einen Schnurrbart und ein Kinn mit einem Spitzbart. Vom Kinn aus wurde meine Hand etwas angehoben, bis direkt vor den geöffneten Mund. Dann wurde sie sanft nach vorn gestoßen, und mein Zeigefinger, immer noch von der führenden Hand geleitet, reichte in die Mundhöhle hinein, wo er gegen den Rand des oberen Zahnbogens gerieben wurde. Ich konnte deutlich spüren, daß der rätselhaften Erscheinung vier Backenzähne fehlten."

Dr. Venzano glaubte, in der materialisierten Gestalt einen ihm sehr teuren Verwandten erkannt zu haben, der einige Jahre zuvor gestorben war. Er war sich allerdings nicht sicher, welche Zähne dem Verwandten gefehlt hatten. Als er dies später überprüfte, fand er heraus, daß die Zahnlücken seines verstorbenen Verwandten genau mit den Zahnlücken übereinstimmten, die er beim Geist gefühlt hatte. Trotz des Umstandes, daß die meisten Forscher von Palladinos übernatürlichen Kräften überzeugt waren, bedeutete die amerikanische Bloßstellung das Ende der internationalen Karriere des Mediums. In den folgenden acht Jahren, bis zu ihrem Tode im Jahre 1918, hörte man recht wenig von ihr. Wir wissen aber, daß sie bei Séancen in ihrem Heimatland weiterhin mysteriöse physische Erscheinungen hervorbrachte.

Bis heute bleibt Eusapia Palladino so etwas wie ein ungelöstes Rätsel, und die Kontroverse über ihre Materialisation ist noch lange nicht beendet. Ohne jeden Zweifel aber war sie für die parapsychologische Forschung des 20. Jahrhunderts von sehr großer Bedeutung.

MEDIEN-TEST

Willi und Rudi Schneider, beide einst berühmte Medien, wurden von namhaften Parapsychologen unter strengsten Bedingungen untersucht. Wie echt waren die Phänomene, die sie produzierten?

Heute hat das österreichische Grenzstädtchen Braunau am Inn noch immer mit dem zweifelhaften Ruf zu kämpfen, Geburtsort Adolf Hitlers zu sein. Im Frühjahr 1919 jedoch beschäftigte man sich dort mit ganz anderen Dingen. Gerüchte kursierten, es hieß, in der Wohnung der Schneiders würden Geister heraufbeschworen.

Josef und Elise Schneider hatten insgesamt zwölf Kinder – neun Jungen und drei Mädchen –, doch nur sechs Söhne überlebten: Karl, Hans, Fritz, Willi, Franz und Rudi.

Rudi, der Jüngste, wurde am 27. Juli 1908 geboren. Enttäuscht, daß er ein Junge war, zogen seine Eltern ihm Mädchenkleider an, legten sein Haar in

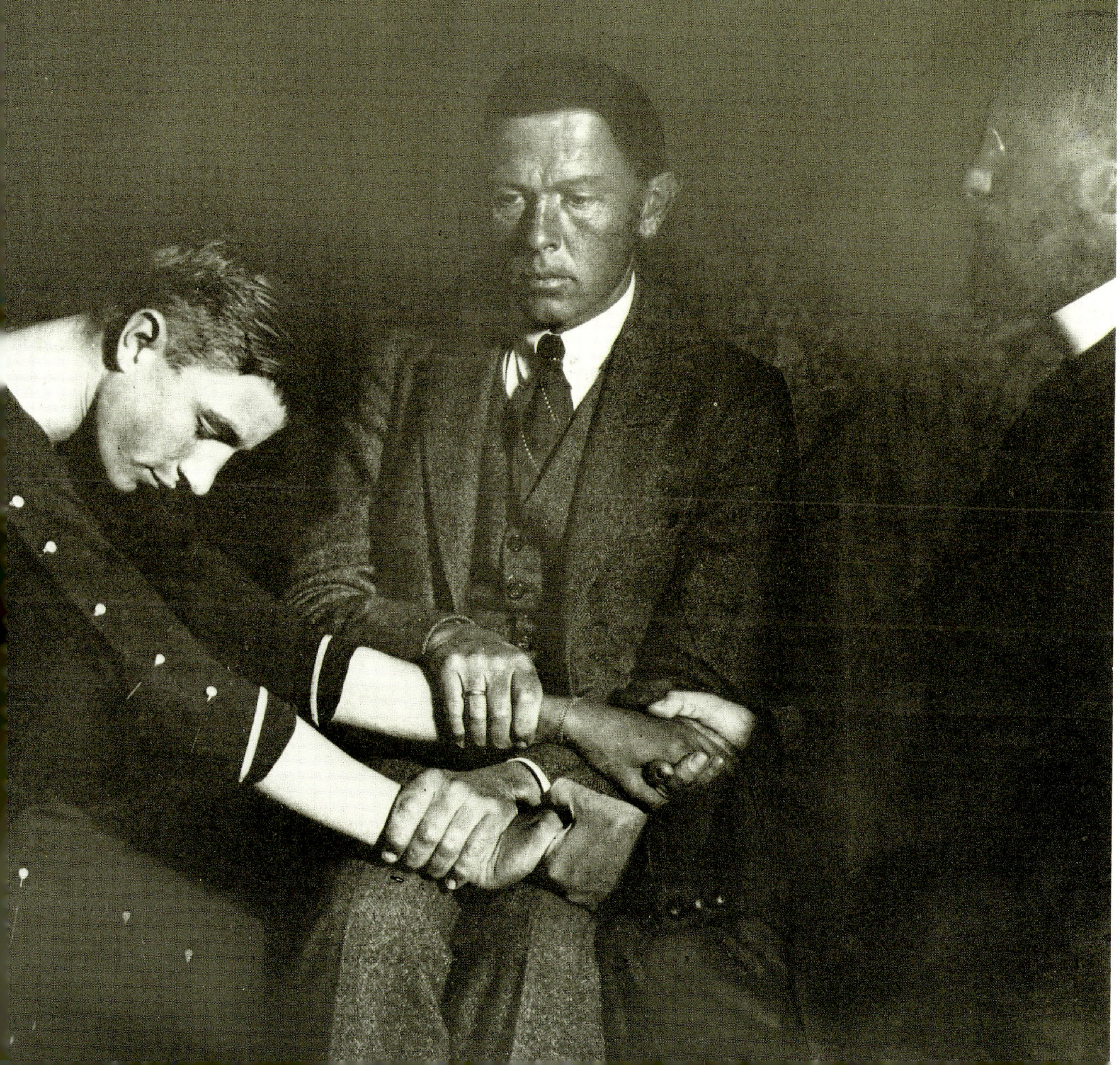

Unten: Willi Schneider in Trance während einer Séance, die 1922 in München stattfand. Zwei deutsche Parapsychologen fungierten als objektive Beobachter.

Links: Josef Schneider, hier mit seiner Frau und seinen beiden paranormal begabten Söhnen Willi und Rudi, füllte zwei dicke Hefte – die sogenannten Geisterbücher – mit detaillierten Aufzeichnungen zu Rudis Séancen.

Locken und riefen ihn eine Zeitlang sogar Rudolfine. Davon anscheinend unbeeindruckt, entwickelte er, wie jeder Junge, eine Begeisterung für Fußball und ein lebhaftes Interesse für Autos und Flugzeuge, das er mit dem fünf Jahre älteren Willi teilte.

Über die Anfänge der spiritistischen Phänomene im Hause Schneider liegen verschiedene Berichte vor. Am häufigsten hörte man, im Frühjahr 1919 hätten in Braunau stationierte Offiziere plötzlich größere Mengen Papier in der Druckerei gekauft, die ein Stockwerk unter der Wohnung der Schneiders lag. Die Familie fand heraus, daß die Offiziere Séancen abhielten und das Papier benötigten, um Geisterbotschaften aufzuzeichnen, die durch eine Planchette (ein auf Rollen laufendes und mit einem Bleistift versehenes Brettchen) übermittelt wurden.

Gemeinsam mit Freunden beschloß Frau Schneider, dies selbst zu probieren, allerdings ohne Erfolg. Eines Nachmittags versuchten sich auch einige der Schneider-Söhne mit der Planchette, doch nichts rührte sich. Erst als Willi nach Hause kam und sich ebenfalls beteiligte, begann die Planchette sich zu bewegen. Vater Josef Schneider erzählte später:

„Als erstes schrieb sie in der schönsten Handschrift zu unser aller Überraschung den Namen Olga. Einer aus dem Kreis rief: ‚Nun, was für eine Olga bist du denn?' – ‚Ich war Lola Montez, die Mätresse des bayerischen Königs', kam die Antwort. Jetzt begann das Fragen, und jeden Tag waren wir bis Mitternacht mit Tischrücken und Schreiben beschäftigt."

Recht lange konnte Olga ihre Behauptung, Lola Montez zu sein, allerdings nicht aufrechterhalten. Wie sich herausstellte, verstand sie kein Englisch – was für die irisch-spanische Tänzerin eine Selbstverständlichkeit gewesen war – und wußte kaum Einzelheiten über deren Leben. Wahrscheinlich war

Rechts: Die Tänzerin Lola Montez (1818–1861). Der bayerische König Ludwig I. ließ sie nicht nur für seine Schönheitsgalerie malen, sondern nahm intime Beziehungen zu ihr auf – was ihn schließlich den Thron kostete. Zu Beginn der paranormalen Erscheinungen im Hause Schneider behauptete Willis Kontrolle Olga, die berüchtigte Tänzerin zu sein. Doch verstand Olga kein Englisch – was für Lola kein Problem gewesen war – und konnte auch keine Einzelheiten aus Lolas Leben angeben.

„TATSACHE IST UND BLEIBT, DASS MAN RUDI DER SCHONUNGSLOSESTEN DREIFACHEN KONTROLLE UNTERZOG, DIE JEMALS EINEM MEDIUM IN DIESEM ODER EINEM ANDEREN LAND ZUTEIL WURDE, UND ER DIE PRÜFUNG GLÄNZEND BESTAND. DIE ECHTHEIT DER PHÄNOMENE BEEINDRUCKTE … WISSENSCHAFTLER, ÄRZTE, GESCHÄFTSLEUTE, BERUFSMAGIER, JOURNALISTEN USW."

Harry Price

Olgas angebliche Identität dem Wunschdenken der Séanceteilnehmer entsprungen. Selbst Jahrzehnte nach ihrem Tod beschäftigte Lola Montez (1818 bis 1861) die Phantasie der Menschen. Immerhin hatte der bayerische König Ludwig I. (1786 bis 1868) wegen seiner engen Beziehung zu ihr im Jahre 1848 abdanken müssen. Anfangs schien die Planchette sich am zügigsten zu bewegen, wenn Willis Hand auf ihr lag. Später schien sie auch zu reagieren, während seine Hand sich nur über ihr befand. Vater Schneider fragte Olga eines Tages, ob man ihr irgendwie helfen könnte. Das sei tatsächlich der Fall, schrieb sie. Man könnte ein paar Messen für sie lesen lassen, damit ihre Seele Ruhe fände. Wenngleich die Schneiders nicht so ergebene Katholiken waren, daß sie von ihren Séancen Abstand nahmen, waren sie doch gottesfürchtig genug, um Olgas Bitte nachzukommen. Die Messen wurden gelesen, und die Séancen gingen weiter. Offensichtlich für die Hilfe dankbar, versprach Olga, sich erkenntlich zu zeigen, indem sie den Schneiders zu weltweitem Ruhm verhelfen wolle. Und sie hielt ihr Versprechen: Die Ereignisse an jenem Tag markierten den Beginn einer Reihe außerordentlicher paranormaler Phänomene, die für viel Wirbel sorgten.

Olga forderte die Familie auf, ein großes Tuch über einen Küchenstuhl zu breiten und in die Nähe diverse Gegenstände, darunter Taschentücher und eine Schüssel mit Wasser, zu plazieren. Willi setzte sich gleich neben den Stuhl, und binnen kurzem taten sich sonderbare Dinge. Wasser spritzte aus der Schüssel, zwei kleine Hände materialisierten sich anscheinend aus dem Nichts, man hörte ein Händeklatschen, und die Gegenstände neben dem Stuhl bewegten sich. Eines der Taschentücher wurde unter das Tuch gezogen und kam dann mit Knoten in den vier Ecken wieder zum Vorschein. Willi schien das Geschehen die ganze Zeit über unbeteiligt und mit Belustigung zu verfolgen. Was wirklich in ihm vorging, wird wohl für immer ein Rätsel bleiben.

Unten: Hier, in dem österreichischen Städtchen Braunau am Inn, wuchsen Willi und Rudi Schneider auf.

Unten rechts: Augenzeugen beschrieben das Ektoplasma, das Willi produzierte, als spinnwebenartige Substanz oder als wabernde phosphoreszierende Masse, die aus dem Kopf des Jungen austrat.

Ein scharfer Beobachter

Einer der Augenzeugen war Hauptmann Kogelnik – keineswegs ein Anhänger des Okkultismus, sondern eher geneigt, ihn als Mumpitz abzutun. Als er jedoch Willi Schneiders mediale Kräfte erstmals miterlebte, änderte er seine Meinung. Seiner Einschätzung nach waren Willis psychokinetischen Fähigkeiten in jenen Tagen, als er noch keine internationale Berühmtheit war, auf ihrem Höhepunkt.

Kogelnik beschrieb, wie sich einmal das Tuch über dem Stuhl emporhob und eine kleine Hand hervorkam. „Er wollte sie rasch ergreifen und an sich ziehen. Da hatte sie sich anscheinend in Nichts aufgelöst, und er erhielt einen kräftigen Schlag."

Regelmäßig besuchte Kogelnik die Familie Schneider, fasziniert von Willis Fähigkeiten und zunehmend von der Echtheit der Phänomene überzeugt.

Einmal wurde eine Zither gleich neben dem Tischtuch auf den Boden gestellt. Dann kam eine kleine Hand mit vier Fingern unter dem Tisch hervor, strich über die Saiten und versuchte zu spielen. Laut Kogelnik war die Hand deutlich zu erkennen. Sie sah wie die eines Säuglings aus und war bis ins kleinste voll ausgebildet. Das Handgelenk ging in einen dünnen glimmenden Strahl über, der hinter dem Tischtuch verschwand. Dann wurde eine große Bürste vor das Tuch gelegt. Die Hand griff nach ihr und begann, den Boden vor und hinter dem Tuch kräftig zu schrubben.

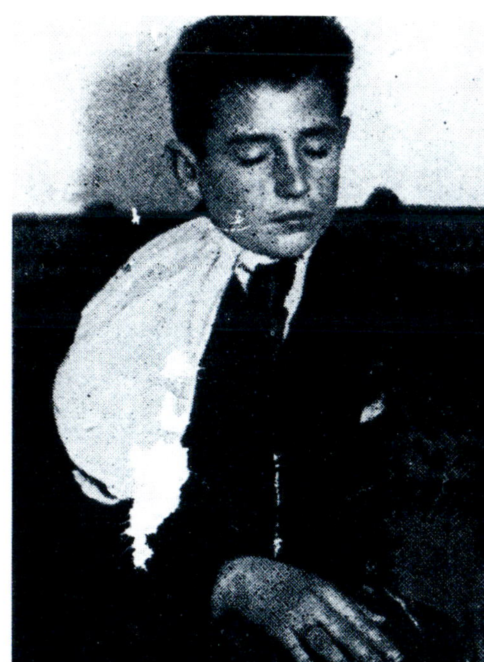

Anfangs hatte Olga ihre Wünsche und Anweisungen aufgeschrieben, wobei Willi hellwach war. Er schien die verblüffenden Erscheinungen mit dem gleichen Interesse zu verfolgen wie die anderen Séanceteilnehmer. Das änderte sich jedoch. Nach einer Zeit begann Olga nämlich durch ihn zu sprechen, während er in Trance war. Ein ganz unvertrautes, heiseres Flüstern kam dann aus ihm heraus. Nun setzte ein weiteres seltsames Phänomen ein: Willi begann Ektoplasma zu produzieren. Kogelnik beschrieb es als spinnwebenartige Substanz, die anfangs um das Gesicht des Mediums lag, sich bald aber erst auf der einen, dann auf der anderen Schulter materialisierte und hinterher spurlos zu verschwinden schien. Eines Tages forderte Olga Kogelnik auf, es sich näher anzusehen. Aus 25 Zentimetern Entfernung nahm er einen vagen, wabernden, flirrenden Nebel wahr, der aus Willis Kopf austrat und sich schließlich wie eine Kappe über seine Haare legte, bevor er durch die Nase wieder in den Körper gesogen wurde.

Einmal materialisierte sich sogar eine 1,5 Meter große Gestalt, die vor den faszinierten Beobachtern anmutig einen Tango tanzte und schließlich wieder verschwand – vielleicht, wie einer der Anwesenden meinte, um einen Tanzpartner zu suchen. Willis Fähigkeiten erregten bald weit über die Landesgrenzen hinaus großes Aufsehen. Mehrere Wissenschaftler reisten nach Braunau, um der Sache auf den Grund zu gehen. Einer der namhaftesten europäischen Parapsychologen der damaligen Zeit war Freiherr von Schrenck-Notzing. Überzeugt, daß der Fall von Willi Schneider sein Interesse erwecken würde, setzte Kogelnik sich mit ihm in Verbindung.

Oben: Von der Echtheit von Willis Fähigkeiten überzeugt war auch der Schriftsteller Thomas Mann.

Unten: Die Blitzlichtaufnahme, entstanden während einer von Willis Séancen, zeigt ein künstliches „Phantom", das an den Vorhang geheftet ist.

GEISTERBÜCHER

Josef Schneiders Geisterbücher, die gesammelten Aufzeichnungen über Rudis Séancen, waren ein wichtiges Beweisstück, als die Schneiders einmal des Betrugs bezichtigt wurden. Zwei Wiener Professoren, Stefan Meyer und Karl Przibram, die einer Séance beigewohnt hatten, behaupteten später, der Kontrolleur habe die Sitzung manipuliert. Vater Schneider konnte die Integrität seines Sohnes beweisen, und zwar durch eben jenes Blatt (rechts), auf dem die beiden Professoren das Protokoll der Sitzung unterzeichnet und einer noch ergänzend angemerkt hatte: „Die Kontrolle war einwandfrei." Die Anschuldigungen der Professoren waren nicht stichhaltig.

Systematische Versuche

Im Dezember 1921 begann Schrenck-Notzing seine systematischen Versuche mit dem damals 18jährigen. Sie erstreckten sich über mehrere Jahre und umfaßten insgesamt 124 Séancen mit Willi, deren Ergebnisse 1924 veröffentlicht wurden. 27 Hochschullehrer und 29 weitere Interessierte, darunter Ärzte und Schriftsteller, waren ebenfalls bei diesen Experimenten zugegen. Die Ergebnisse wurden eindeutig positiv eingestuft. Überdies konnten die Erscheinungen im Labor wiederholt werden.

An den Untersuchungen waren auch Dr. E. J. Dingwall und Harry Price beteiligt, die im Mai 1922 gemeinsam nach München reisten. Nicht ohne eine gewisse Süffisanz erteilte Schrenck-Notzing den beiden Engländern die Genehmigung, nach Fall- und Geheimtüren zu suchen. Nachdem sie sich davon überzeugt hatten, daß man den Séanceraum nur durch die vordere Tür betreten konnte, wurde diese für die Dauer der Experimente verschlossen und versiegelt. Desungeachtet produzierte Willi eine Reihe außerordentlicher Erscheinungen, darunter die Levitation eines Tisches, der sich mit solcher Kraft emporhob, daß Dingwall ihn nicht unten halten konnte. Nach einer Reihe von Versuchen sah Dingwall hinreichende Beweise dafür erbracht, daß es sich bei den Phänomenen tatsächlich um das Werk unerklärlicher „übernatürlicher Instanzen" handelte. Die Mutmaßung des gemeinschaftlichen Betrugs schien ihm nicht länger haltbar. Doch blieb

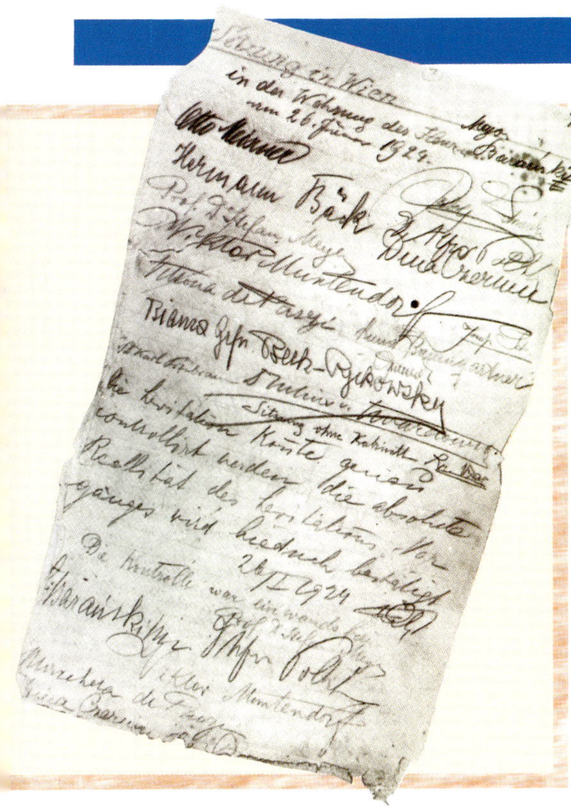

Notizen zu Rudis Fortschritten. Seine langjährige Erfahrung mit Willi hatte ihn gelehrt, wie wichtig es war, die einzelnen Séancen systematisch zu protokollieren.

Geisterbücher

Zu jeder Sitzung notierte er in einem Heft die Namen der Anwesenden, das Datum und den Ort. Anschließend schrieb er oder ein von ihm dazu Ernannter einen Bericht über die Séance. Schließlich wurden die Anwesenden gebeten, den Bericht zu unterschreiben und auf Wunsch mit Anmerkungen zu versehen. Auf diese Weise kamen zwei dicke Hefte, die sogenannten Geisterbücher, zustande, die Herr Schneider bis zu seinem Tode nicht aus der Hand gab.

Inzwischen ist die Schrift verblaßt, und die Hefte fallen auseinander. Doch kann man die Eintragungen noch immer recht gut lesen, und sie stellen eine hochinteressante Lektüre dar. Zusammengenommen enthalten sie Angaben zu 269 Séancen, abgehalten zwischen dem 8. Dezember 1923 und dem 1. Januar 1932, und bilden in ihrer Genauigkeit einen unumstößlichen Beweis für die Echtheit von Rudi Schneiders psychokinetischen Fähigkeiten.

er nicht bei dieser Überzeugung. Vielmehr behauptete er einige Zeit später, Schrenck-Notzing müsse auf irgendeine Weise die Hände im Spiel gehabt haben. Allerdings ist kaum vorstellbar, wie eine Manipulation zu bewerkstelligen gewesen wäre.

Langsam begannen Willis mediale Kräfte zu schwinden. Als er 1924 in London untersucht wurde, waren die Manifestationen, die er hervorbrachte, gelinde gesagt enttäuschend. Zuvor allerdings hatte Olga im Jahre 1919 eine ihrer seltsamsten Äußerungen gemacht. In dem heiseren, haspelnden Flüstern, wie es für den in Trance befindlichen Willi typisch war, erklärte sie eines Abends, daß sie Rudi kontaktieren wolle und daß er sogar ein begabteres Medium als Willi sei. Die Eltern Schneider verwehrten sich dagegen mit dem Einwand, Rudi sei erst elf Jahre alt, müsse um diese Zeit schlafen und würde sich ängstigen. Hartnäckig erwiderte Olga: „Er wird kommen!" Und tatsächlich öffnete sich, während die Schneiders noch mit Olga stritten, die Tür, und Rudi kam ins Zimmer. Seine Augen waren fest geschlossen, und er hielt seine Hände ausgestreckt, als schlafwandle er. In dem Augenblick, als er sich setzte, manifestierten sich schon erste Phänomene.

Ein neuer Stern

Jetzt fiel Rudi in Trance und sprach wie Olga. Willi hingegen schien eine neue Persönlichkeit anzunehmen, die sich als „Mina" vorstellte und mit einer Stimme sprach, die sich von der seiner früheren Trancezustände deutlich unterschied. Olga meldete sich niemals mehr durch Willi zu Wort, und während dessen paranormale Fähigkeiten nachließen, rückte sein Bruder Rudi nun in den Brennpunkt des allgemeinen Interesses.

Sogleich unternahm Schrenck-Notzing die ersten Experimente mit Rudi. Anfangs fanden sie in Braunau statt, später dann in seinem Münchner Labor. Die Fähigkeiten, die der Junge an den Tag legte, glichen denen, die sein Bruder zuvor besessen hatte.

Von Anbeginn an machte Vater Schneider sich

Unten: Der Parapsychologe Harry Price unterzog Rudi im Londoner „National Laboratory of Psychical Research" rigorosen Tests. Die Kosten für die Unterbringung im Hotel übernahm die Gesellschaft. Zusätzlich erhielt Rudi für die Dauer seines Aufenthalts wöchentlich drei Pfund und damit, wie Harry Price feststellte, erheblich mehr, als der Automechanikerlehrling zu Hause in Österreich verdient hätte.

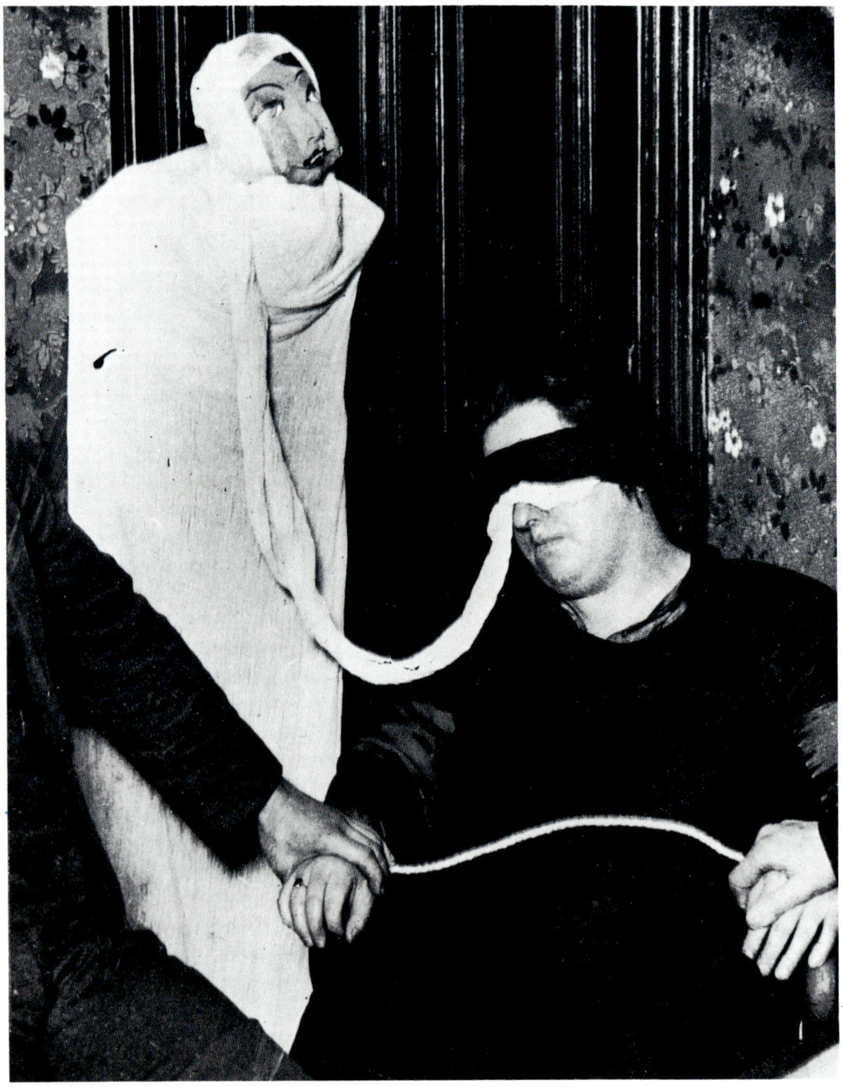

GEISTREICHE VERTEIDIGUNG

Während des Zweiten Weltkriegs löste die gerichtliche Verurteilung eines bekannten Materialisationsmediums einen Sturm der Entrüstung in den spiritistischen Kreisen Englands aus. War Helen Duncan des verschwörerischen Komplotts schuldig – oder nicht?

Die Vorhänge der Kabine in dem abgedunkelten Séancezimmer teilten sich. Eine Frauengestalt trat heraus. Vincent Woodcock erkannte sie sofort: Es war seine verstorbene Frau. 19mal sollte der junge technische Zeichner aus Blackpool den materialisierten Geist seiner Frau bei Séancen des Mediums Helen Duncan noch sehen, doch dieses eine Mal veränderte sein Leben.

Vincent Woodcock hatte die Schwester seiner Frau zu der Séance mitgebracht. Der Geist seiner Frau erschien und bat sie beide aufzustehen. Dann zog sie mühsam den Trauring ihres Mannes ab und streifte ihn über den Ringfinger ihrer Schwester.

„Es ist mein Wunsch, daß dies geschehe zum Wohle meines Schwesterchens", teilte Mrs. Woodcock dem Paar mit. Ein Jahr darauf waren die beiden verheiratet. Bei einer späteren Séance teilte die verstorbene Frau den Frischvermählten mit, wie glücklich sie über die Erfüllung ihres Wunsches sei.

Diese bewegende Geschichte einer wahren Liebe gab Vincent Woodcock vor Gericht zu Protokoll als er in einem aufsehenerregenden Prozeß im Londoner „Old Bailey" als Entlastungszeuge auftrat. Auf der Anklagebank saß das Medium, dessen übernatürliche Kräfte die Rückkehr seiner ersten, verstorbenen Ehefrau ermöglicht hatte: Helen Duncan.

Rückkehr von den Toten

Helen Duncan wurde 1898 in Schottland geboren. Im Alter von zwanzig Jahren heiratete sie. In den dreißiger und vierziger Jahren stießen ihre paranormalen Fähigkeiten auf reges Interesse. Sie bereiste das ganze Land, um Séancen abzuhalten. Sie überzeugte Tausende, daß die Toten in körperlicher Form zurückkehren könnten. Dagegen aber standen Skeptiker, die überzeugt waren, Helen Duncans Materialisationen kämen durch Schwindel zustande. Angeblich hatte sie ein Geistkind namens „Peggy", das bei ihren Séancen eine wichtige Rolle spielte. Bei einer gerichtlichen Verhandlung in Edinburgh im Mai 1933 hieß es, „Peggy" sei nur ein Frauenunterhemd, das eine Polizistin während einer Séance hatte an sich bringen können. Man verurteilte Helen Duncan wegen Betrugs zu einer Geldstrafe von zehn englischen Pfund.

Während des Zweiten Weltkriegs war Mrs. Duncan bei den Angehörigen gefallener Soldaten sehr gefragt, und so hielt sie in Portsmouth, Hampshire, dem Heimathafen der „Royal Navy", zahlreiche Séancen ab. Bei einer dieser Sitzungen, am 19. Januar 1944, führte die Polizei eine Razzia durch. Man griff nach dem Ektoplasma, das von dem Medium ausging, und die Séance endete abrupt in gro-

***Oben und rechts:** Bei einer Séance, die sie 1933 abhielt, bewirkte das Materialisationsmedium Helen Duncan das Erscheinen ihres Kontrollgeists „Peggy". Nach Meinung des Parapsychologen Harry Price handelte es sich um ein Gebilde aus Mull und einer Gummipuppe. Allerdings bestätigten viele Zeugen, so auch der Glasgower Amtsarzt, 1944 beim Prozeß gegen Mrs. Duncan, bei ihren Séancen echte Materialisationen von Geistern gesehen zu haben.*

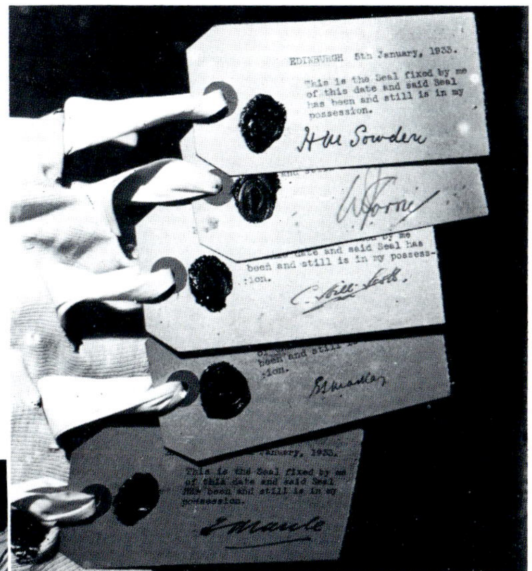

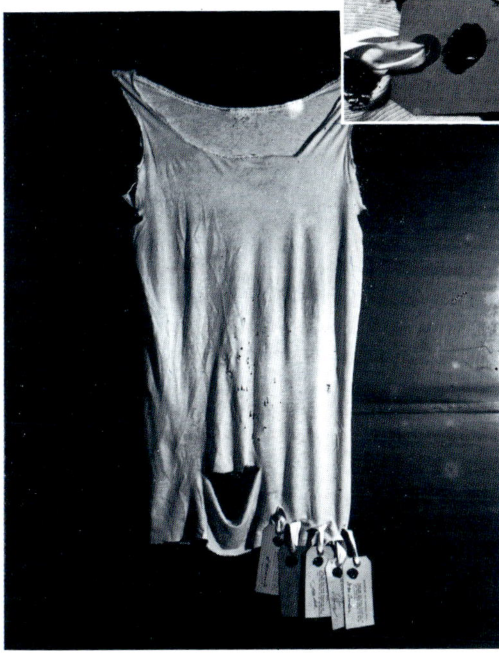

Oben und links: Zeit ihres Lebens hielten die Kontroversen darüber an, ob Helen Duncans ektoplasmatische Materialisationen echt seien oder nicht. Bei einer Gerichtsverhandlung in Edinburgh 1933 wurde behauptet, „Peggy“ sei in Wirklichkeit ein von Mrs. Duncan manipuliertes Frauenunterhemd. Als Beweis legte man ein solches Hemd zusammen mit der Bestätigung von Zeugen vor, die bei der Séance zugegen waren. Im Prozeß von 1944 bestätigte der Journalist Hannen Swaffer (unten), ein überzeugter Spiritist, daß die Geistererscheinungen, die er gesehen habe, tatsächlich aus Ektoplasma und keineswegs aus Mull bestanden.

ßem Aufruhr. Obwohl man nichts Belastendes fand, mußte sich Helen Duncan mit Ernest und Elizabeth Homer und Francis Brown, die die Séancen organisierten, vor dem Amtsgericht von Portsmouth wegen konspirativer Handlungen verantworten.

Bei der ersten Anhörung berichtete Leutnant R. H. Worth von der „Royal Navy“, wie er an Mrs. Duncans Séancen teilgenommen und Verdacht geschöpft habe. Daraufhin kaufte er zwei Eintrittskarten zu je 25 Schilling (£ 1,25) für den Abend des 19. Januar und nahm einen Polizisten mit, den Kriegsreservisten Cross. Dieser griff nach dem Ektoplasma, das er für ein weißes Laken hielt, bekam es jedoch nicht zu fassen. Die Polizisten, die den Sitzungsraum stürmten, konnten kein Laken finden. Nach der Vernehmung verweigerte man Helen Duncan die Freilassung gegen Kaution. Sie blieb vier Tage im Londoner Holloway-Gefängnis inhaftiert, bevor der Fall in Portsmouth wiederaufgenommen wurde.

Die Staatsanwaltschaft schien unschlüssig, wie die Anklage für die vier Beschuldigten lauten sollte. Beim ersten Gerichtstermin in Portsmouth gründete sich diese auf den sogenannten „Vagrancy Act“, das britische Gesetz gegen Landstreicherei und Erregung öffentlichen Ärgernisses von 1824. Dann aber änderte man die Anschuldigung in „verschwörerisches Komplott“ um. Machdem das Verfahren schließlich an den „Old Bailey“, das Zentralstrafgericht von Groß-London, weitergeleitet worden war, zog man den „Witchcraft Act“ heran, ein Gesetz über Hexerei aus dem Jahre 1735.

Die Angeklagten wurden beschuldigt, „eine Art Beschwörung zu betreiben oder einzusetzen, die vorspiegelt, durch die Vermittlung von Helen Duncan Geister Verstorbener erscheinen zu lassen …“ Andere Anklagepunkte stützten sich auf den „Larceny Act“, das Gesetz gegen Diebstahl. Man warf ihnen vor, Geld einzunehmen, „indem sie vortäuschten, das Erscheinen von Geistern Verstorbener herbeiführen zu können“.

In Spiritistenkreisen war man bestürzt darüber, daß in einem Strafverfahren gegen ein so berühmtes Medium der „Witchcraft Act“ zur Anwendung kam. Dadurch konnte Helen Duncan auf jeden Fall für schuldig befunden werden, ob ihre medialen Fähigkeiten nun echt waren oder nicht.

Bei der Verhandlung zog Anklagevertreter John Maude ein langes Stück Mull hervor und kam wiederholt auf die Theorie des Parapsychologen Harry Price zu sprechen, Helen Duncan führe die Erscheinungen durch Verschlucken und anschließendes Auswürgen des Stoffes herbei. Entlastungszeugen schlugen vor, ein ärztliches Gutachten und Röntgenaufnahmen beizubringen, als Beweis dafür, daß der Magen von Helen Duncan völlig normal sei und keine Hilfsmittel verbergen könne. Dies wurde allerdings nicht zugelassen.

Ein einäugiger Geist

Die Verhandlung fand einige Monate vor der Landung der Alliierten in der Normandie statt und dauerte sieben Tage. Mehrere Zeugen gaben an, das 140 kg schwere Medium und ihren großen dünnen Kontrollgeist Albert Stewart gleichzeitig gesehen zu haben. Kathleen McNeill, die Frau eines Hammerschmieds aus Glasgow, berichtete, wie bei einer Séance ihre Schwester erschienen sei, die einige Stunden zuvor nach einer Operation gestorben war, was Mrs. McNeill jedoch noch nicht wissen konnte. Dennoch verkündete Mrs. Duncans Kontrollgeist,

„IN SPIRITISTENKREISEN WAR MAN BESTÜRZT DARÜBER, DASS IN EINEM STRAFVERFAHREN GEGEN EIN SO BERÜHMTES MEDIUM DER „WITCHCRAFT ACT“ ZUR ANWENDUNG KAM. DADURCH KONNTE HELEN DUNCAN AUF JEDEN FALL FÜR SCHULDIG BEFUNDEN WERDEN, OB IHRE MEDIALEN FÄHIGKEITEN NUN ECHT WAREN ODER NICHT. DIE ANKLAGE BETRACHTETE SIE EINDEUTIG ALS BETRÜGERIN UND LIESS SICH AUCH DADURCH NICHT DAVON ABBRINGEN, DASS KEINERLEI HILFSMITTEL NACHGEWIESEN WERDEN KONNTEN.“

daß sie soeben verschieden sei. Bei einer anderen Séance einige Jahre später trat der Vater von Mrs. McNeill aus der Kabine. Sie bezeugte, daß er nur ein Auge besessen habe – genau wie zu Lebzeiten.

Auch Alfred Dodd, ein Gelehrter und Verfasser von Büchern über Shakespeares Sonette, sagte aus, zwischen 1932 und 1940 an Mrs. Duncans Séancen teilgenommen zu haben. Bei einer Gelegenheit war sein Großvater erschienen, ein stattlicher Mann mit braungebranntem Gesicht und einer Hauskappe auf dem Kopf, wie er sie tatsächlich stets getragen hatte. Nachdem er mit seinem Enkel gesprochen hatte, wandte er sich an dessen Freund Tom, der ebenfalls der Séance beiwohnte. „Sieh mir ins Gesicht, sieh mir in die Augen, und du wirst mich wiedererkennen", sagte er. „Laß dir von Alfred mein Porträt zeigen. Es ist derselbe Mann." Dann ging der Geist zurück zu der Kabine, schlug sich dreimal mit der Hand auf den Schenkel und bemerkte: „Er ist echt, Alfred, er ist wirklich echt."

Auch zwei Journalisten, Hannen Swaffer und J. W. Herries, waren von der Verteidigung als Zeugen benannt. Swaffer, eine extravagante Erscheinung, sagte dem Gericht, jeder, der Ektoplasma als Mull beschreibe, „sei ein Kindskopf". Denn im roten Licht eines Séanceraums würde er gelb oder rosa erscheinen, während die Materialisationen eine lebensnahe Blässe zeigten. Herries, Chefreporter der Zeitung *Scotsman* und Friedensrichter, bezeugte, bei einer von Helen Duncans Séancen sei Sir Arthur Conan Doyle erschienen. Er habe ihn an seinen rundlichen Gesichtszügen, dem Schnurrbart und auch an der Stimme erkannt. Der Gedanke, der Geist „Peggy" sei ein Unterhemd, sei lächerlich und die Theorie vom hervorgewürgten Mull absurd.

Zusätzlich zu den Zeugenaussagen bot die Verteidigung den Geschworenen eine Demonstration der medialen Fähigkeiten Helen Duncans an. Kurz vor Beginn der Verhandlung lehnte der Richter den Vorschlag ab und schlug statt dessen vor, Mrs. Duncan in den Zeugenstand zu rufen. Die Verteidigung entgegnete jedoch, Mrs. Duncan sei während der Séancen in Trance und insofern nicht in der Lage, als Zeugin über das Geschehen Auskunft zu geben. Am letzten Tag revidierte der Richter seine Meinung und fragte die Geschworenen, ob sie eine Demonstration wünschten. Diese lehnten ab.

Für schuldig befunden

Die Geschworenen befanden schließlich die Angeklagten der Verabredung zur Verletzung des „Witchcraft Act" für schuldig. Bezüglich der anderen Anklagepunkte wurde von einem Geschworenenurteil abgesehen. Im Anschluß zeichnete der Polizeichef von Portsmouth ein Bild von Mrs. Duncans Vergangenheit. Sie war mit einem Möbeltischler verheiratet und Mutter von sechs Kindern im Alter zwischen 18 und 26 Jahren. 1941 war sie wegen Verstoßes gegen die Sicherheitsgesetze angezeigt

***Unten:** Sogar dann, wenn ihre Hände von Augenzeugen festgehalten und ihre Füße angebunden waren, konnte Helen Duncan anscheinend durch Ektoplasma, das aus ihrer Nase austrat, ihre Trancepersönlichkeit „Peggy" auftreten lassen. Sie hatte auch einen männlichen Kontrollgeist, den schlanken, hochgewachsenen Albert Stewart. Mehrere Zeugen gaben an, Albert und die stattliche Erscheinung Mrs. Duncans gleichzeitig gesehen zu haben.*

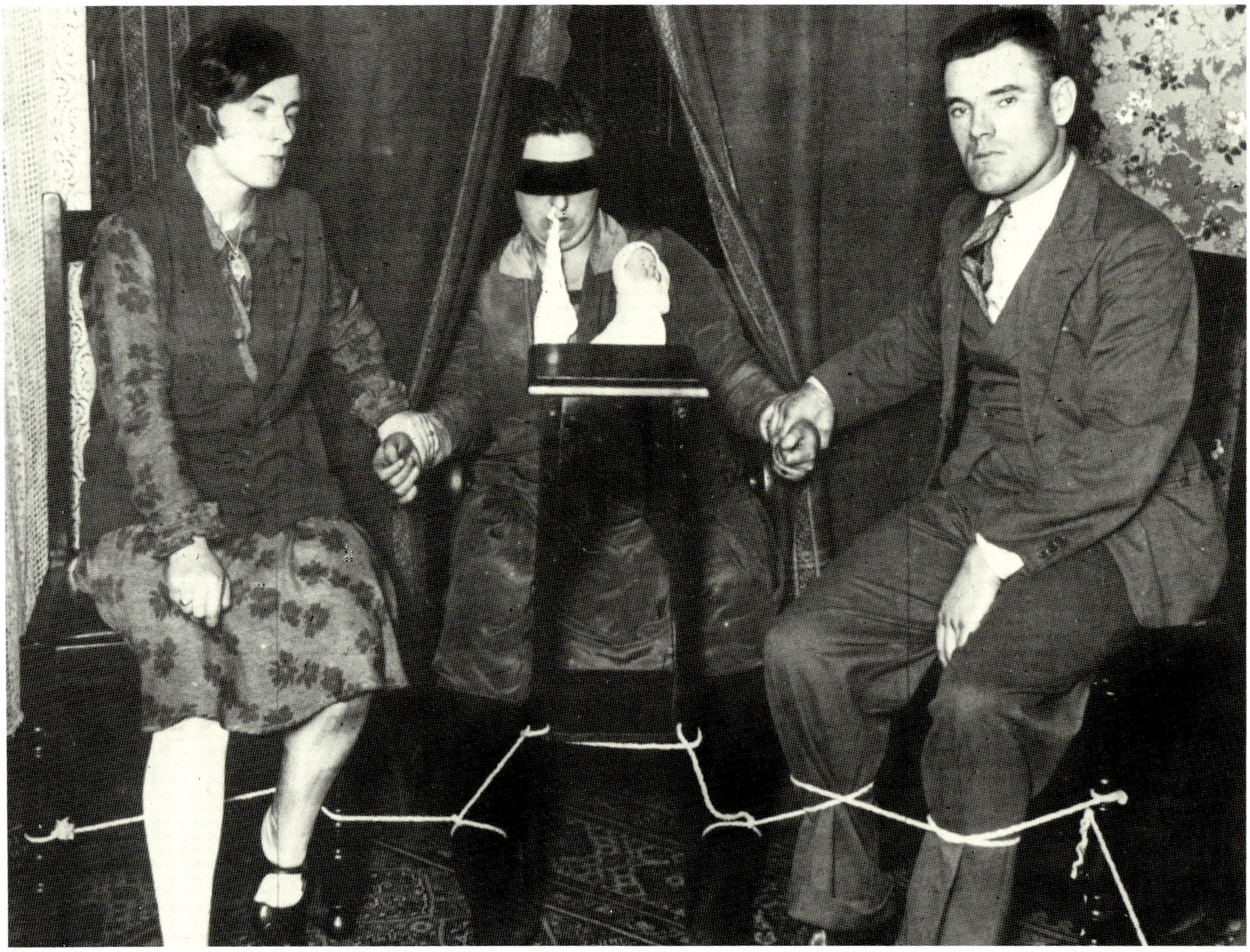

worden, nachdem sie den Verlust eines Schiffes Ihrer Majestät an die Öffentlichkeit getragen hatte, bevor dies von offizieller Seite geschah. „Sie ist eine Schwindlerin und eine Plage", meinte der Richter. Er verschob die Urteilsverkündung. Als Mrs. Duncan die Treppe hinuntergeführt wurde, schluchzte sie in ihrem breiten schottischen Akzent: „Niemals in meinem Leben habe ich so viele Lügen gehört."

Bevor er das Urteil verkündete, erklärte der Richter, es sei dabei unerheblich gewesen, ob „echte Manifestationen dieser Art möglich sind ... Mit derlei abstrakten Fragen hat sich das Gericht nicht zu befassen." Nach Meinung der Geschworenen handelte es sich um einen Fall offenkundiger Unredlichkeit, und so verurteilte das Gericht Helen Duncan zu neun Monaten Haft. Die ebenfalls unter Anklage stehende Francis Brown erhielt eine viermonatige Gefängnisstrafe (sie hatte bereits zwei Vorstrafen wegen Diebstahls). Das Ehepaar Homer wurde mit einer Geldstrafe in Höhe von fünf Pfund Sterling und zwei Jahren auf Bewährung belegt. Ein Einspruch beim „House of Lords" wurde abgelehnt.

Helen Duncan verbüßte ihre Haft im Gefängnis von Holloway. Schockiert über das Urteil, forderte die Spiritistenbewegung eine Gesetzesänderung. Viele von Mrs. Duncans Anhängern glaubten, mit ihrer Verurteilung wolle man das Durchsickern geheimer militärischer Informationen verhindern.

Bei ihrer Entlassung am 22. September 1944 gab Helen Duncan bekannt, daß sie keine Séancen mehr abhalten werde. Nach kurzer Zeit aber änderte sie ihre Meinung und war bald wieder derart aktiv, daß die Spiritisten Anlaß zur Sorge sahen. Die Qualität der Manifestationen in ihren Séancen hatte sich, wie es hieß, verschlechtert, und die „Spiritualists' National Union" entzog ihr sogar das Diplom.

Gesang und Tanz

Andere Berichte indes besagten, daß ihre Kräfte alles andere als geschwächt gewesen seien. So erschien beispielsweise im Haus des Mediums Susie Hughes in Liverpool angeblich Susies Kontrollgeist „Bluebell" zusammen mit „Peggy", der kindlichen Trancepersönlichkeit Mrs. Duncans. Beide tanzten und sangen gemeinsam vor vielen Augenzeugen. Bei einer anderen Sitzung materialisierte sich Susie Hughes' Vater. Er begrüßte seine Frau und drängte sie zur hellsten Stelle des Zimmers, damit sie sich seiner Identität versichern könne. Dann führte er sie zurück zu ihrem Stuhl, umfaßte sie mit ausgestreckten Armen und hob sie hoch über seinen Kopf.

Alan Crossley, Verfasser von *The Story of Helen Duncan,* wohnte 1954 einer Séance mit Mrs. Duncan bei, bei der er das Medium zusammen mit Albert sah. Es erschien auch der Geist eines Mannes, der einige Tage zuvor gestorben war. Die Ehefrau und der Sohn des Verstorbenen waren tief ergriffen, als sie ihn erkannten.

1951 wurde der „Witchcraft Act" von 1735 abgeschafft und durch den „Fraudulent Mediums Act", ein Gesetz über betrügerische Medien, ersetzt. Zweifellos hatte die Verurteilung von Mrs. Duncan diesen Wandel herbeigeführt, doch die Hoffnungen der Spiritisten, daß die polizeilichen Schikanen von Medien damit ein Ende hätten, sollten sich bald zerschlagen. Im November 1956 wurde eine Séance in

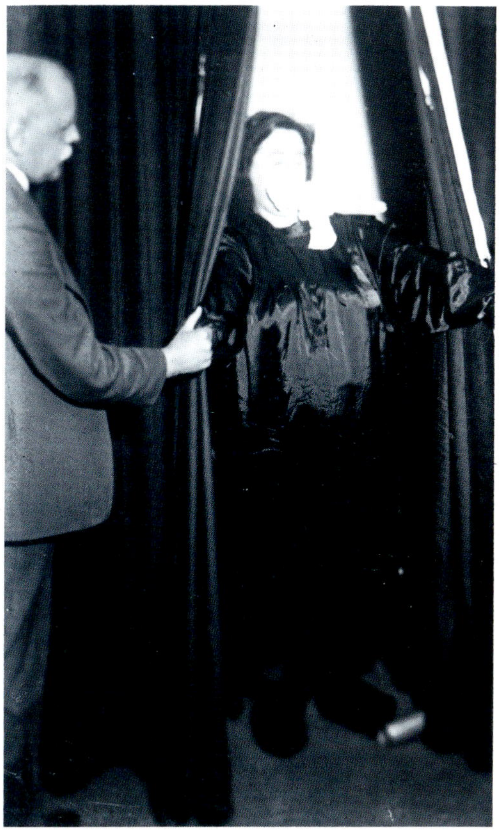

Rechts: Von Kopf bis Fuß in Schwarz gekleidet, materialisierte das Medium Helen Duncan eine Geisterhand, die eine bemerkenswerte Ähnlichkeit mit einem Gummihandschuh aufwies. Über ein Vierteljahrhundert nach ihrem Tod im Jahre 1956 aber sprach Mrs. Duncan mehr als eine Stunde durch die Stimme von Rita Goold (unten) mit ihrer Tochter Gina.

Nottingham durch eine Razzia jäh unterbrochen. Die Polizisten ergriffen das Medium, durchsuchten es und machten Blitzlichtaufnahmen. Dabei verkündeten sie, sie suchten Bärte, Masken und ein Leichentuch. Doch sie fanden nichts. Bei dem Medium handelte es sich um Helen Duncan.

Die Unterbrechung einer Séance mit physikalischen Manifestationen gilt in Spiritistenkreisen als äußerst gefährlich, da das Ektoplasma angeblich zu schnell in den Körper zurückkehrt. In der Tat litt Mrs. Duncan anschließend unter starken Beschwerden. Man rief einen Arzt, der einen Schock diagnostizierte und sie behandelte. Später stellte man zwei Verbrennungen an ihrem Magen fest. Sie war so krank, daß sie zu ihrer Familie nach Schottland zurückkehrte, wo sie in ein Krankenhaus eingeliefert werden mußte. Fünf Wochen nach der Razzia verließ sie die Klinik, und zwei Tage später starb sie.

Der Fall der Helen Duncan ist einer der tragischsten und zugleich bemerkenswertesten in der Geschichte des Spiritismus. Entweder war sie eine brillante Betrügerin und imstande, andere durch die geschickte Manipulation von Gegenständen im Dunkeln sehen zu lassen, was sie sehen wollten, oder aber eines der hervorragendsten Materialisationsmedien aller Zeiten. Ihre Geschichte ist mit ihrem Tod nicht zu Ende. Am 4. September 1982 enthüllte ihre Tochter Gina in *Psychic News,* daß ihre Mutter über eine Stunde durch die Stimme des Mediums Rita Goold aus Leicester zu ihr gesprochen habe.

Das Gespräch war zum größten Teil sehr persönlich, und am Ende der Séance erklärte Gina: „Ja, es ist meine Mutter. Daran besteht kein Zweifel." Offenbar lag es Helen Duncan auch 26 Jahre nach ihrem Tode noch daran zu beweisen, daß das Leben auch jenseits des Grabes weitergehe.

CHIRURG AUS DEM JENSEITS

Ausgelöst wurden Isa Northages mediale Fähigkeiten durch eine persönliche Tragödie. Es begann mit Hellseherei … Schließlich fand die Materialisation eines verstorbenen Chirurgen statt, der Lebende operierte.

Im Jahre 1916 steckte eine junge Engländerin namens Isa Phillips mitten in den Hochzeitsvorbereitungen, als sie in einer lebhaften und schrecklichen Vision sah, wie ihr zukünftiger Ehemann Kit, damals Soldat, erschossen wurde und vom Pferd fiel. Einige Tage später teilte man ihr seinen Tod mit.

Ein Freund brachte Isa die Habe des Toten und beschrieb ihr, wie Kit gestorben war: Ihre Vision bestätigte sich bis ins Detail. Dabei hatte sie auch diesen Mann, Jack Northage, gesehen, der Kit zu Hilfe gekommen war. Die beiden wurden Freunde, und 1919 heirateten sie.

Bald nach diesem ersten Anzeichen ihrer paranormalen Fähigkeiten begann Isa, die Stimme eines Mannes zu hören, die sie in Gefahrenmomenten leitete. Außerdem entwickelte sie hellseherische Kräfte.

Nach dem Krieg gründete Isa ein kleines Orchester. Dann, irgendwann, geschah es, daß sie während der Konzerte vor ihrem Notenständer Gesichter und Personen „sah". Diese „Geister" bedeuteten ihr, daß sie zu ihr sprechen und ihr Melodien eingeben wollten, die für die Angehörigen des Verstorbenen eine besondere Bedeutung hätten.

Schließlich gab das Medium die musikalische Laufbahn auf und widmete sich ganz der Übermittlung von Botschaften Verstorbener an Lebende. Sie tat dies in Spiritistenkirchen und bei öffentlichen Versammlungen. In der frühen Phase ihrer Laufbahn, Ende der dreißiger Jahre, wurde Isa als das „Konzertina-Medium" berühmt.

Häufig empfing sie bei Séancen auf paranormalem Wege Impressionen einer Melodie, die sie dann auf ihrer Konzertina spielte, während sie gleichzeitig den Geist beschrieb, den sie durch Clairvoyance wahrnahm. Oft konnte sie sogar Namen und Details zu der jeweiligen Person angeben und den trauernden Hinterbliebenen eine tröstliche Botschaft übermitteln.

Isa Northage war als Medium sehr gefragt, vor allem, als bekannt wurde, daß sie auch psychokinetische Phänomene hervorrufen konnte. Erstmals

***Oben:** Als ein Kontrollgeist dem Medium Isa Northage riet, sich der Heilung Kranker zu widmen, richtete sie die Heilstätte „Pinewoods" ein.*

***Unten:** Diese Heilstätte, an der von Geisterärzten Operationen durchgeführt wurden, lag in der Nähe der herrlichen Newstedt-Abtei in Nottinghamshire.*

war eine solche Erscheinung im April 1937 in einer hell erleuchteten Halle im englischen Matlock öffentlich zu sehen. Während Isa zum Publikum sprach, stiegen einige Blumen auf einem Tisch in ihrer Nähe langsam aus der Vase empor und schwebten über den Köpfen der Anwesenden. Dann hob sich auch noch der Tisch mit der leeren Vase. Später gestand Isa, selbst von diesem Phänomen überrascht worden zu sein.

Anfangs verwendete Isa als Megaphon für die Geisterstimmen eine Aluminiumtrompete, auf deren Trichterrand ein breiter, leuchtender Ring aufgemalt war. So war die Trompete auch im Dunkeln sichtbar. Isa hatte drei Geisthelfer. Der erste war Chedioack, ein Westafrikaner, der von den Séanceteilnehmern liebevoll Sambo genannt wurde. Er war als 19jähriger infolge eines Fieberanfalls gestorben und hatte sich selbst zu Isas Leibwächtern während ihrer Trancezustände ernannt. Ellen Dawes, eine Engländerin, die ebenfalls 19jährig gestorben war, fungierte als Assistentin. Das dritte Mitglied des Helferteams war Dr. Reynolds, der vor 150 Jahren als Arzt tätig gewesen war. Seine Stimme hatte Isa zu Beginn ihrer Laufbahn als Medium geführt.

***Oben:** Während einer Séance zeigte sich Chedioack, einer von Isa Northages Geisterhelfern, 20 Minuten bei vollem Licht und gab einem der Anwesenden, einem Mr. Ives, die Gelegenheit, ihn zu porträtieren.*

Küsse aus dem Jenseits

Im Juli 1939 veröffentlichte die spiritistische Wochenzeitschrift *Two Worlds* einen Bericht über eine von Isas privaten Séancen, bei der sich ein Papagei materialisiert hatte, im dunklen Zimmer umhergeflogen war und sich auf jemandes Schulter niedergelassen hatte. Erkennbare Stimmen hatten durch die Trompete gesprochen, außerdem war eine Vollmaterialisation, die Ehefrau eines Séancenteilnehmers, erschienen. Sie war deutlich zu sehen und zu hören gewesen, und bevor sie in das mit Vorhängen abgeteilte Kabinett zurückgekehrt war, hatte ihr Ehemann sie auf die Stirn geküßt.

***Unten:** Das Foto zeigt Isa Northage (Mitte) mit einigen ihrer Heiler in Pinewoods.*

In den folgenden 18 Monaten nahmen Isas Fähigkeiten dramatisch zu. Bei einer Séance in einem privaten Haus in Doncaster beispielsweise sahen zehn Anwesende 19 Materialisationen und sprachen darüber hinaus mit Hilfe der drei verwendeten Trompeten mit anderen Geistern.

Die einzelnen Geistformen traten aus dem durch Vorhänge abgeteilten Kabinett und nahmen eine Leuchtplakette in die Hände, die sie vor ihr Gesicht hielten, damit man sie erkennen konnte. Gelegentlich verwendete ein Geist auch eine Taschenlampe mit roter Birne und war so für die Anwesenden deutlicher sichtbar.

Bei einer Séance, über die *Two Worlds* am 15. Dezember 1939 berichtete, forderte Sambo eine Anwesende auf, ihre Hände auf die Knie des Mediums zu legen. „Während ihre Hände noch immer dort lagen", war weiter zu lesen, „materialisierte sich der Geist einer Frau, trat aus dem Kabinett und ging durch den Kreis zu seiner Mutter, zu der er sprach und die er umarmte."

Je stärker Isas mediale Fähigkeiten wurden, desto mehr und auch überzeugendere Formen erschienen bei jeder Sitzung. Im Februar 1941 wurde folgender Bericht eines Séanceteinehmers veröffentlicht:

„Meine Frau und meine Tochter erschienen, und beide sprachen zu mir, küßten und liebkosten mich. Sie brachten eine Blume aus dem Kabinett und gaben sie mir. Dann kam mein Bruder und sprach zu uns durch die Trompete. Ich meinte, es sei schade, daß wir keine Geige bei uns hätten, denn er war ein begabter Violinist gewesen. Er sagte: ‚Bring morgen abend eine mit, dann spiele ich für dich.' Wir liehen uns eine Geige aus, und am folgenden Abend nahm er sie, während sie außerhalb des Kabinetts lag, auf und forderte uns auf, *Auld Lang Syne* zu singen, während er die Melodie spielte."

Nähere Einzelheiten über die Arbeitsweise von Isa Northage veröffentlichte im August des gleichen Jahres G. W. Marshall, ein Journalist des *Grimsby Advertiser*. Marshall war Teilnehmer einer Séance und erhielt die Erlaubnis, den Ort des Geschehens vor und nach der Sitzung genau zu untersuchen. Eine Zimmerdecke in dem Privathaus war auch hier durch

Oben: Mehrere Augenzeugen sahen, wie die materialisierte Gestalt von Dr. Reynolds einem Patienten Gewebe entnahm. Eine anschließende Analyse ergab, daß es sich um Teile eines Zwölffingerdarmgeschwüres handelte. Wäre es nicht entfernt worden, hätte dies tödliche Folgen gehabt.

einen dünnen Trennvorhang zum Kabinett umfunktioniert worden. Die Teilnehmer setzten sich im Kreis, und die Lichter wurden gelöscht. Das Medium betrat den Raum und ging zum Kabinett, wobei eine schwache rote Lampe ihm zur Orientierung diente. Auch diese wurde gelöscht, nachdem das Medium Platz genommen hatte. Die Séance dauerte zweidreiviertel Stunden, und es wurden direkte Stimmen und Materialisationen wahrgenommen. Danach schrieb der Journalist: „Diese Erfahrung werde ich nie im Leben vergessen." Anwesend war auch A. F. Cutforth, Vizepräsident der „Louth Spiritualist Church", der bezeugte, daß die Materialisationen aus dem Kabinett kamen und zwischen den Anwesenden umhergingen, woraufhin „die meisten von ihnen sich durch den Boden gleich vor uns dematerialisierten". Sie sprachen so lange, bis sie fast verschwunden waren. Cutforth berichtete auch von Levitationen zweier Trompeten und erzählte folgende Begebenheit:

„Während ein Geist sich auf der einen Seite des Raumes durch die Trompete unterhielt, sprach eine Vollmaterialisation auf der anderen Seite mit Freunden und Verwandten. Mütter, Söhne, Ehemänner, Ehefrauen, Brüder, Schwestern, Kinder und Leitfiguren erschienen als körperhafte Gestalten, schüttelten unsere Hände und tauschten Küsse mit uns aus."

Über eine Séance im April 1941 erfahren wir, daß ein toter Seemann aus einer „blasigen Ektoplasmamasse" erschien. Der Geist habe gelächelt und sich lange angeregt mit seinen Brüdern und Schwestern, seiner Großmutter und seinen Eltern unterhalten. „Dann schmolz er, mitten im Kreis stehend, langsam dahin. Er ging nicht ins Kabinett, sondern löste sich vor unseren Augen auf."

Eine neue Phase in Isa Northages Laufbahn begann nach 1941, als ihr Kontrollgeist Dr. Reynolds sie aufforderte, die öffentlichen Séancen aufzugeben und sich aufs Heilen zu verlegen. Daraufhin richtete sie auf ihrem Grundstück im englischen Pinewoods, Nottinghamshire, eine Heilstätte mit Operationssaal ein, in dem Geisterärzte wie Dr. Reynolds „übersinnliche Operationen" durchführen sollten.

Ernest Thompson, Herausgeber von *Two Worlds*, war am 21. Mai 1949 selbst Zeuge einer solchen Operation. Acht Personen, unter ihnen Isa Northage, versammelten sich im Operationssaal des hölzernen Gebäudes. Die Tür wurde verschlossen und das Licht

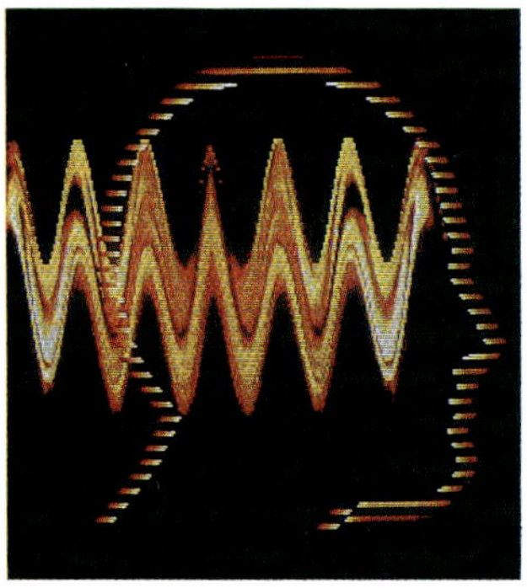

Oben: Wie in dieser Darstellung zu sehen, empfangen Medien wie Isa Northage häufig übersinnliche Eindrücke aus dem Jenseits und können Botschaften Verstorbener an ihre Hinterbliebenen übermitteln.

ausgeschaltet, und man begann die Versammlung mit einem Gebet. Isa saß in ihrem Kabinett, sie war in Trance. Bald stieg eine Trompete in die Luft, und die Stimme der Geisterassistentin Ellen Dawes war zu vernehmen. Dann materialisierte sich Dr. Reynolds, „der sich gegen das rote Licht einer Lampe auf einem Wagen, auf dem zwei Zangen, eine weiße und zwei rote Taschenlampen und zwei Leuchtplaketten lagen, als schwarze Silhouette abzeichnete".

Erfolgreich operiert

Dr. Reynolds nahm eine Taschenlampe, knipste sie an und ging auf den OP-Tisch zu, auf dem ein Patient mit akutem Zwölffingerdarmgeschwür lag. Zwei der Augenzeugen trugen keine Masken und wurden von Dr. Reynolds aufgefordert, welche anzulegen, damit er beginnen könne. Dann legte er Wattetupfer auf den Bauch des Patienten und versicherte ihm, er werde keine Schmerzen spüren. Es wurde keine Betäubung vorgenommen, statt dessen erläuterte Dr. Reynolds, wie er den zu operierenden Bereich „einfrieren" werde. Dann fuhr er mit seiner Hand, die sich dematerialisierte, seitlich in den Körper und entfernte das Geschwür. Während sich seine Hände bewegten, fragte er den Patienten, ob er Schmerzen habe, was dieser offenbar verneinte. Man vernahm ein Gurgeln, und Dr. Reynolds sagte, das Geschwür sei in sehr schlimmem Zustand, es ließe sich nicht im ganzen entfernen, und er befürchte eine Blutung. Doch konnten diese Schwierigkeiten überwunden werden, und durch eine, wie Dr. Reynolds sagte, „vorübergehende Öffnung des Bauchraumes" wurden Teile des Geschwürs zutage gefördert und auf die Wattetupfer gelegt.

Als die Séance beendet war, nahm Thompson das herausoperierte Gewebe und konservierte es in Alkohol, bis es einige Tage später analysiert wurde. Das Ergebnis der Analyse lautete: „Es handelt sich um ein akutes Zwölffingerdarmgeschwür, es enthält Brunnersche Drüsen, und man erkennt, daß es kurz davorstand, den Darm zu durchbrechen, was tödliche Folgen gehabt hätte."

Geschichten wie diese waren in den fünfziger Jahren in den einschlägigen Zeitschriften immer wieder zu lesen. Nach einem Autounfall ließ Isas Fähigkeit, Materialisationen und paranormale Operationen zu bewirken, nach. Trotzdem konnte sie weiterhin den Kranken helfen. Im August 1967 berichtete der schottische *Sunday Express* über einen Busfahrer, der wegen eines Magengeschwürs Pinewoods besuchte. Vor den erstaunten Augenzeugen massierte Isa seinen Magen, der sich „wie eine Rose öffnete", und das Geschwür wurde in zwei Teilen herausgeholt. „Vor der Operation", erzählte der Patient dem Journalisten, „verursachte fast alles, was ich aß, mir Schmerzen. Eine Stunde danach konnte ich schon ein fünfgängiges Essen zu mir nehmen."

„BALD STIEG EINE TROMPETE IN DIE LUFT, UND DIE STIMME DER GEISTER-ASSISTENTIN ELLEN DAWES WAR ZU VERNEHMEN."

DIE KREATUREN DES TODES

Die Angst vor dem Tod ist weit verbreitet auf der Welt, und fast jede Kultur hat ihre Geschichten von gespenstischen Geschöpfen, die ein unglückliches Ende vorhersagen, so wurden z. B. die Todesfee, Zombies und Vampire als tödliche Räuber betrachtet, weil sie wiederbelebt wurden, um sich von Lebenden zu ernähren.

Keltische Vorboten des Todes

Das Wehklagen der Todesfee als Vorbote des Todes ist in den irischen Legenden ein immer wiederkehrendes Motiv. Jüngste Ereignisse scheinen darauf hinzudeuten, daß die Trauernde auch heute noch zu hören ist.

***Rechts:** "I saw the banshee flying wild in the wind of March" – „Ich sah die Todesfee fliegen, wild in des Märzen Wind." Dies ist der Titel der sehr romantischen Interpretation eines Auftritts der irischen Todesfee der englischen Künstlerin Florence Harrison.*

Es war eines Nachts Anfang 1979. Irene McCormack aus Andover, Hampshire, England, lag in ihrem Bett, als sie etwas vernahm, was sie später als das „jämmerlichste Wehklagen" beschrieb, das sie je gehört hatte. Damals war sie allein zu Hause und zutiefst bedrückt, da ihre Mutter im Krankenhaus in Winchester im Sterben lag.

Als sie das Wehklagen vernahm, wäre sie vor Schreck beinahe aus dem Bett gefallen. „Vor Angst bebend, stand ich auf und ging die Treppe hinunter. Der Hund lief winselnd im Wohnzimmer hin und her." Da er sich nicht beruhigen wollte, nahm sie ihn mit nach oben in das Schlafzimmer, wo – nachdem das Wehklagen verklungen war – sie beide bis zum Morgengrauen wach lagen.

Am Morgen klingelte die Polizei bei Mrs. McCormack. Sie wurde gebeten, zu ihrer Mutter an das Krankenbett zu kommen. Als sie das Krankenhaus erreichte, lag ihre Mutter bereits im Koma. Irene McCormack blieb bei ihrer Mutter, bis die alte Frau kurz darauf verstarb. Als die Beisetzung vorüber war und sich das Leben wieder normalisiert hatte, erzählte Mrs. McCormack ihrer Familie von dem Wehklagen, das sie gehört hatte. Ihr irischer Ehemann meinte, sie hätte eine Todesfee gehört. „Damals lachten viele aus meiner Familie darüber", sagte Mrs. McCormack. „Sie dachten wohl, ich schnappe über … aber ich hoffe, daß ich so etwas nie wieder hören muß."

Das englische Wort für Todesfee „Banshee" ist aus dem gälisch-irischen Wort „bean shide" hergeleitet, was soviel wie „Frau aus der Feenwelt" bedeutet. Ihr trauerndes Weinen soll den Tod ankündigen. Nach der irischen Überlieferung hat sie langes rotes Haar, das sie wie eine Meerjungfrau sorgfältig kämmt, wenn sie vor dem Heim der Familie, die bald ein Familienmitglied verlieren wird, wehklagt. Von den zum Sterben Verurteilten wird sie jedoch selten gehört oder gesehen.

Die Todesfee ist tief in der irischen Legende verwurzelt. Sie wehklagte schon für solch alte Helden wie König Connor McNessa, Finn McCool und für den großen Brian Boru, dessen Sieg über die Wikinger im Jahre 1014 deren Macht in Irland brach. In nicht ganz so ferner Vergangenheit behaupteten Einwohner des Dorfes Sam's Cross in der Grafschaft Cork, die schauerliche Stimme der Todesfee gehört zu haben, als Michael Collins, der Oberbefehlshaber der Armee des Irischen Freistaates während des Irischen Bürgerkrieges, 1922 aus dem Hinterhalt ermordet wurde.

Gegen Ende der sechziger Jahre produzierte die Para-Forscherin Sheila St. Clair eine Radiosendung für die BBC über die irische Todesfee, und einige der Berichte klangen durchaus überzeugend. Ein Bäkker aus Kerry erzählte von einer unangenehmen Nacht, die er und seine Gesellen verbracht hatten, während sie Brot für die Morgenlieferung buken.

„Es begann ganz leise, dann schwoll die Lautstär-

***Gegenüberliegende Seite oben rechts:** General Michael Collins, Oberbefehlshaber der Armee des Irischen Freistaates, wurde bei Beal-na-Blath aus dem Hinterhalt getötet – ein Ereignis, von dem die Menschen im irischen Dorf Sam's Cross, Grafschaft Cork, behaupten, daß es durch das Wehklagen der Todesfee angekündigt wurde.*

***Rechts:** Die Ermordung von John F. Kennedy soll einem amerikanischen Geschäftsmann und engen Freund durch das Weinen der Todesfee angekündigt worden sein.*

ke an. Die Stimme hatte eindeutig etwas Menschliches an sich … Die Tür zur Bäckerei, in der ich arbeitete, stand auch offen, und die Männer blieben stehen und lauschten. Na ja, wie ich schon sagte, die Stimme wurde sehr laut, und man konnte beinahe ein paar gälische Wörter erkennen, und dann, langsam, verklang die Stimme. Tja, wir haben uns ein paar Minuten darüber unterhalten, und schließlich, als der Morgen dämmerte, so gegen 5 Uhr, kam einer der Brotausträger herein und sagte zu mir: ‚Ich fürchte, du mußt den Karren herausziehen. Ich habe soeben erfahren, daß eine Tante von mir gestorben ist.' An seinem Karren hatte die Todesfee geklagt."

In der gleichen Radiosendung bemühte sich ein älterer Mann aus der Grafschaft Down, das Todesklagen, das er gehört hatte, näher zu beschreiben. „Es war ein sehr trauriger Ton", sagte er. „Er hätte einen an die alten Hofkatzen auf der Mauer erinnern können. Es waren aber keine Katzen. Das weiß ich ganz genau. Erst dachte ich, es ist vielleicht ein Vogel, der sich quält, oder so etwas Ähnliches … ein trauerndes Weinen war es, und dann ließ es ein klein bißchen nach, dann immer mehr, bis es schließlich ganz verschwand."

Obwohl das englische „bean shide" von der Wortbedeutung her eine feenhafte Frau bezeichnet, gehen die meisten Volkskundler davon aus, daß sie eher ein Geist ist als eine „Fee". Nach der Mythologie jedoch klagt die irische Todesfee auch beim bevorstehenden Tod von Feenkönigen. Einige der älteren irischen Familien – die O'Briens und die O'Neils zum Beispiel – betrachten die Todesfee traditionell fast als einen persönlichen Schutzengel, der stumm über das Schicksal der Familie wacht, ihre Mitglieder vor Gefahr bewahrt und ihnen schließlich den letzten Dienst des „Wehklagens" für ihre scheidenden Seelen erweist.

Ein Mann aus der Grafschaft Antrim berichtete Sheila St. Clair in der gleichen Rundfunksendung über seine Interpretation der Rolle der irischen Todesfee. Er behauptete, daß vor Jahrhunderten einige der gottesfürchtigen Clans mit Schutzgeistern gesegnet waren. Da sich diese himmlischen Wesen nicht selbst in menschlichen Worten ausdrücken konnten, war es ihnen gestattet, ihren tiefen Gefühlen nur dann Ausdruck zu verleihen, wenn einer der ihnen Anvertrauten starb: Das Ergebnis ist das Weinen der Todesfee. Jedoch, schränkte der Mann aus Antrim ein, genießen nur die am meisten gottesfürchtigen Familien das Privileg, daß ihnen heute

noch von einer persönlichen Todesfee ein Todesfall angekündigt wird.

Diese These mag einen Geschäftsmann aus Boston, USA, zufriedenstellen, der vor einigen Jahren behauptet hatte, daß die irische Todesfee, wie auch andere Geschöpfe der europäischen Folklore, den Atlantik überquert hatte. James O'Barry stammt von einer irischen Familie ab, die 1848 nach Massachusetts kam. Er war noch ein ganz kleiner Junge, als er das erste Mal die Todesfee hörte.

„Eines Morgens, ich lag noch im Bett, hörte ich einen unheimlichen Ton, als ob eine wahnsinnige Frau weinte. Es war Frühling. Vor meinem Fenster sangen die Vögel, die Sonne schien, und der Himmel war blau. Für einen Moment dachte ich, Wind wäre aufgekommen, aber ein Blick auf die sich kaum bewegenden Bäume sagte mir, daß das nicht stimmte. Ich ging hinunter zum Frühstück, und da saß mein Vater am Küchentisch mit Tränen in den Augen. Nie zuvor hatte ich ihn weinen sehen. Meine Mutter erzählte mir dann, sie hätten gerade einen Anruf erhalten, daß mein Großvater in New York verstorben war. Obwohl schon ein alter Mann, so war er doch kerngesund gewesen, und sein Tod kam unerwartet."

Es dauerte einige Jahre, bis O'Barry von der Legende der irischen Todesfee hörte. Dann erinnerte er sich an die klagende Stimme beim Tod seines Großvaters. 1946 hörte er sie wieder. Dieses Mal jedoch unter ganz anderen Umständen. Er war als Regierungsbeamter bei der amerikanischen Air Force im Fernen Osten, als er eines Tages um 6 Uhr morgens von einem langgezogenen Heulen geweckt wurde. Er war zu Tode erschrocken.

„Damals wußte ich sofort, worum es sich handelte. Ich saß kerzengerade im Bett, und mir standen die Haare im Nacken zu Berge. Das Geräusch wurde lauter, schwoll an und ab wie bei einer Sirene. Dann verklang es, und ich merkte, daß ich tieftraurig war. Ich wußte ganz genau, mein Vater war gestorben. Ein paar Tage später erhielt ich die Nachricht, daß er wirklich tot war."

17 Jahre später sollte O'Barry diese Stimme noch einmal hören, zu einer Gelegenheit, die er als die bemerkenswerteste von allen bezeichnet. Er hielt sich allein in Kanada, in Toronto, auf und verband eine Geschäftsreise mit einem Urlaub.

„Wieder war ich im Bett – ich las die Morgenzeitung –, als ich diesen furchtbaren Klang vernahm. Ich dachte an meine Frau, meinen kleinen Sohn, meine beiden Brüder und hoffte: ‚O Gott, bitte laß es nicht einen von ihnen sein.' Aus irgendeinem Grund wußte ich aber, daß sie nicht gemeint waren."

Es war der 22. November 1963, kurz nach Mittag, als die irische Todesfee den Tod eines Bekannten von O'Barry beklagte – Präsident John F. Kennedy.

Wenn bei den Iren die Todesfee einen Tod ankündigt, so könnte man doch annehmen, daß ihre engen keltischen Verwandten, die Schotten, auch etwas Ähnliches haben. Dem ist aber nicht so. Obwohl die meisten Clans von Zeit zu Zeit mit Stolz auf die Existenz eines persönlichen Vorboten des Todes verwiesen haben. Die größte Ähnlichkeit mit der irischen Todesfee hat die „Todesfrau", die in der schottischen Folklore an den westwärts strömenden Flüssen an der Westküste Schottlands weilt und die Kleidung derjenigen wäscht, deren Tod bevorsteht. Dann gibt es in den Highlands noch den „roten Fischer", eine Erscheinung mit Gewand und Kapuze, der dasitzt und angelt. Allein ihn zu sehen bedeutet eine Ankündigung des Todes.

Tödliche Wäsche

Die MacLaines von der Insel Mull, Argyllshire, jedoch bewahren eine merkwürdige Legende von ihrem eigenen Todesboten. Im 16. Jahrhundert soll Eoghan a' Chin Bhig (Ewan vom Kleinen Kopf) eine ernsthafte Auseinandersetzung mit seinem Vater, MacLaine of Loch Buie, gehabt haben. Im Jahre 1538 sammelten sich beide Seiten zum Entscheidungskampf. Am Abend vor der Schlacht traf Eoghan beim Spaziergang auf eine alte Frau, die im Fluß ein Bündel blutbefleckter Hemden wusch. Er erkannte in ihr eine Todesfrau und wußte, daß die Hemden denen gehörten, die am Morgen sterben würden. Ziemlich kühn fragte er, ob sein eigenes Hemd auch darunter wäre. Die Antwort lautete: „Ja." Sie erzählte ihm auch, daß er aber weiterleben und siegen würde, wenn ihm seine Frau aus eigener Hand Brot und Käse anbieten würde.

Seine Frau tat dies nicht. Eoghan ritt entmutigt in den Kampf, und auf dem Höhepunkt der Schlacht wurde sein Kopf mit einer Lochaber-Streitaxt glatt von den Schultern getrennt. Sein Pferd galoppierte mit dem kopflosen Reiter im Sattel hinunter zur Glen-More-Schlucht. Die Legende erzählt, daß der tote Eoghan zum Vorboten des Todes für seinen eigenen Clan wurde. Auch heute noch wollen Menschen seinen kopflosen Körper auf dem galoppierenden Pferd kurz vor drei Todesfällen in der Familie gesehen haben. Diese Entscheidung soll ebenfalls schwere Erkrankungen, wann immer sie in der Familie auftreten, ankündigen.

Ein weiterer bekannter schottischer Verkünder des Todes ist der Geistertrommler vom Schloß Cortachy Castle, Tayside, dem Sitz des Grafen von

Oben: Im 16. Jahrhundert erhielt der Häuptling Eoghan (Ewan) a' Chin Bhig als Hochzeitsgeschenk von seinem Vater, der im Schloß Moy Castle (rechts) lebte, das Inselschloß von Loch Sguabain. Eoghan überwarf sich mit seinem Vater und fiel im Kampf. Seitdem soll das Erscheinen des kopflosen Eoghan immer wieder Todesfälle in der Familie angekündigt haben.

Unten: In dieser Illustration aus dem 19. Jahrhundert erscheint einem jungen Mann eine irische Todesfee in einer Rauchwolke.

Airlie. Eine Geschichte erzählt, daß er dem Leslie-Clan angehörte und gekommen war, um sich für einen Waffenstillstand mit den Gegnern seines Clans, den Ogilvys – der Familienname des Grafen von Airlie –, einzusetzen. Er wurde getötet, noch bevor er die Botschaft überbringen konnte. Eine romantischere Version besagt jedoch, daß er im 15. Jahrhundert Trommler in einem Highland Regiment und Liebhaber der Lady Airlie war. Der Graf nahm ihn gefangen und stieß ihn aus einem Turmfenster.

Vier gut belegte Berichte aus dem 19. Jahrhundert deuten darauf hin, daß das Phantom seine Warnungen weiterhin wirksam überbringt. So wurde der Trommler in den vierziger Jahren von Mitgliedern des Haushaltes vor dem Tod der Gräfin von Airlie gehört. Der Graf heiratete kurz darauf erneut und gab im Jahre 1848 ein Fest, zu dem auch Miss Margaret Dalrymple geladen war. Während des Essens am ersten Abend machte Miss Dalrymple eine Bemerkung über die merkwürdige Musik, die sie vor ihrem Fenster gehört hatte, während sie sich ankleidete – der Klang einer Querpfeife, gefolgt von Trommeln. Der Gastgeber und seine Frau erbleichten. Nach dem Essen erzählte einer der Gäste die Legende.

Gespenstisches Trommeln

Am folgenden Morgen befand sich Ann Day, das Dienstmädchen von Miss Dalrymple, allein im Schlafgemach und bereitete die Kleidung ihrer Herrin vor. Sie kannte die Legende vom Trommler nicht und war überrascht, als sie hörte, wie unten im Hof ein Wagen vorfuhr und dazu jemand trommelte. Als sie feststellte, daß sich niemand im Hof befand, das Trommeln aber nicht aufhörte, wurde sie von panischer Angst erfaßt. Am darauffolgenden Tag hörte ihre Herrin das Trommeln wieder und entschied, daß es jetzt genug sei. Kurz darauf starb die neue Lady Airlie in Brighton. Sie hinterließ eine Mitteilung, die besagte, daß sie sich sicher wäre, ihr Tod sei vom Trommler angekündigt worden.

1853 vernahmen mehrere Personen, wie sie berichteten, den Trommler kurz vor dem Tod des Grafen, und 1881 erzählten zwei Verwandte, sie hätten diese prophetische Musik während ihres Aufenthaltes auf Schloß Cortachy gehört, als sich der damalige Lord Airlie in Amerika aufhielt. Einige Tage später erreichte sie die Nachricht von seinem Ableben. Was die irische Todesfee und die schottischen Todeswarnungen betrifft, so gibt es in diesen Fällen Dutzende Menschen, die behaupten, diese Unglücksboten gehört oder gesehen zu haben. Gibt es eine rationale Erklärung für diese Erscheinungen?

Oben: Mehrere Berichte bezeugen das Erscheinen des Geistertrommlers von Schloß Cortachy Castle, Tayside, beim bevorstehenden Tod eines Mitglieds der Familie Ogilvy. Zwei Verwandte hörten, wie das Phantom vor dem Ableben von David Ogilvy, dem zehnten Earl of Airlie (oben links), im Jahre 1881 seine Trommel schlug.

„ICH SASS KERZENGERADE IM BETT, UND MIR STANDEN DIE HAARE IM NACKEN ZU BERGE. DAS GERÄUSCH WURDE LAUTER, SCHWOLL AN UND AB WIE BEI EINER SIRENE."

Sheila St. Clair hat hier eine interessante Theorie, die sich eng an das anlehnt, was der Psychologe Carl Gustav Jung als das kollektive Unbewußte bezeichnet – eine vererbte Struktur von Erinnerungen, die von Psyche zu Psyche weitergegeben wird. „Ich würde meinen", sagt sie, „daß genauso, wie wir physische Merkmale erben ... wir ebenfalls Gedächtniszellen erben. Und jene unter uns, mit direkter Stammesherkunft und häufigen Ehen innerhalb des Stammes, besitzen die Todesfee als Bestandteil eines ererbten Gedächtnisses. Die symbolische Erscheinung einer weinenden Frau kann sich in unser Stammesbewußtsein eingeprägt haben ... Ein besonderer Teil unseres Bewußtseins bringt ein symbolisches, vererbtes Muster hervor, das in der Vergangenheit mit Unglücksfällen im Stamm assoziiert wurde. Diese unterbewußte ‚letzte Warnung' soll uns auf das tragische Ereignis vorbereiten." Sollte es wirklich möglich sein, daß es eine kollektive Urerinnerung gibt? Genetiker würden eine solche Vererbungstheorie sicher ausschließen, wer weiß ...?

MEHR TOT ALS LEBENDIG

Können Verstorbene als Zombies, willenlose Sklaven böser Magier, in ein scheinbares Leben zurückgeführt werden? Die Anhänger der Voodoo-Kults glauben fest an die Existenz der Untoten.

Vor ihren Augen umklammerten schwarze Finger krampfhaft ein Weinglas, stießen es um und verschütteten den Inhalt. Das Grauen, das sich in ihr angestaut hatte, brach hervor. Sie ergriff eine Kerze, warf sie vor das eingefallene, gesenkte Gesicht. Der Mann war tot. Sie saß an der Festtafel mit vier Leichen, die steif in ihren Stühlen lehnten ..."

Diese Geschichte eines Voodoo-Hochzeitsmahles aus den zwanziger Jahren wurde William Seabrook, einem amerikanischen Journalisten, von Freunden erzählt. Ein Magier, der Gastgeber des makabren Banketts, hatte die Absicht, die Leichen in Zombies zu verwandeln, untote Wesen, die eine zwielichtige Existenz als seine Sklaven führen sollten. (Wie Seabrook berichtet, wurde sein Plan vereitelt. Er floh, und die Leichen verschwanden.)

Es gibt nur ein Land, in dem solch eine gespenstische Feier stattfinden konnte: Haiti, die Geburtsstätte des Voodoo. Haben Voodoo-Zauberer tatsächlich die Fähigkeit, gerade verstorbene Tote wiederzuerwecken? Oder ist der Zombie eine bloße Selbsttäuschung der Voodoo-Anhänger?

Der Begriff *zumbi* taucht in vielen afrikanischen Sprachen auf. Im Kongo bezeichnet er einen Fetisch, in Dahomey bezieht er sich speziell auf den Python-Gott. Im heutigen Voodoo-Kult wird offenbar eine Schlangengottheit beschworen, wenn ein Zauberer einen Zombie erschaffen will, der ihm danach auf Gedeih und Verderb ausgeliefert ist. Die Voodoo-Riten vereinen afrikanische Magie und Religion mit Elementen des westlichen Okkultismus und des populären Katholizismus.

Der Voodoo-Kult spielte auch im Kampf gegen

***Oben:** Voodoo-Anhänger in Zombie-Kostümen: Die weiß gefärbten Gesichter und leichentuchartigen Hüllen verleihen ihnen das Aussehen von gerade Verstorbenen.*

***Unten:** Die Aufbauten auf den haitianischen Gräbern sollen die Toten vor den Zugriffen von bösen Zauberern schützen. Sogar die Ärmsten geben viel Geld aus, um die Gräber ihrer Angehörigen derart zu befestigen.*

die französische Oberherrschaft eine Rolle. Im August 1791 tobte in Frankreich die Revolution. König und Königin waren Gefangene, Adel und Klerus entmachtet, und es galt die Parole Freiheit, Gleichheit und Brüderlichkeit.

In Santo Domingo, im Westen der Karibikinsel Hispaniola gelegen, dem strahlendsten Juwel des französischen Kolonialreiches, war von Freiheitsbestrebungen zunächst wenig zu spüren. 40 000 Franzosen beherrschten eine halbe Million schwarze Sklaven und 30 000 Mulatten, die für ihre Kolonialherren Baumwolle, Zucker, Kaffee und Indigo anbauten. Die Umwälzungen in Frankreich kamen anfänglich nur den Mulatten zugute, und die schwarze Bevölkerung Haitis wurde bald unruhig. Sie fand die Unterstützung eines geheimnisvollen Priester-Zauberers namens Boukman, der von der britischen Kolonie Jamaica nach Santo Domingo gekommen war. Am 14. August 1791 rief Boukman alle seine Anhänger zu einer Versammlung in den Wäldern auf. Nach zeitgenössischen Berichten stahlen sich Tausende von Sklaven zu dem geheimen Treffen. Es tobte ein gewaltiger Tropensturm.

Blut und Tanz

Boukman führte zunächst ein blutiges Ritual durch. Er opferte ein Schwein und befahl allen, die die Freiheit erlangen wollten, von dem noch warmen Blut zu trinken. Die Zeremonie endete in „göttlicher Trunkenheit", einem wilden Tanz. Die gesamten Vorgänge erinnern stark an die Aktivitäten der Mau-Mau. Dieser Stamm kämpfte in den fünfziger Jahren in Kenia für seine Unabhängigkeit – mit ähnlichen Folgen. In den Tagen darauf wurden die meisten großen Plantagen überfallen und ihre Besitzer getötet. Die französischen Kolonialherren konnten sich zwar noch zwölf Jahre lang behaupten, das Ergebnis jener nächtlichen Versammlung aber war letztendlich die vollständige Niederlage der Franzosen. Unter der Führung von Präsident Toussaint l'Ouverture wurde schließlich die unabhängige schwarze Republik Haiti ausgerufen, die Heimstatt des rätselhaften Voodoo-Kults.

Ganz unten: Ein dunkler Hut und dunkler Anzug, über einem Grabstein drapiert. Sie repräsentieren die Trauerkleidung des Barons Samedi, des Voodoo-Gottes des Todes. Paradoxerweise ist der Baron ein Freund derber Späße und Possen.

Unten: Der Zombie ist auf haitianischen Festen allgegenwärtig. Häufig tragen die Zombies kostbare Kleider und sind geschminkt.

Der Zombie ist Sklave eines bösen Zauberers, auch *bokor* genannt, der den soeben Verstorbenen aus seinem Grab holt und ihm mit Hilfe seiner magischen Kräfte ein dumpfes neues Leben verleiht. Der Zombie kann zwar atmen, essen, hören und sogar sprechen, sich aber weder an sein vorhergehendes Leben erinnern noch seine neue Daseinsform verstehen.

Ein Haitianer erkennt einen Zombie an bestimmten Merkmalen. So schwankt ein Untoter zum Beispiel beim Gehen hin und her, bewegt sich sehr mechanisch, hat glasige, orientierungslose Augen und eine nasale Stimme. Letzteres wird im Volkstum Haitis generell mit dem Tod in Verbindung gebracht, vielleicht weil es dort Sitte ist, die Nasenlöcher eines Verstorbenen mit Baumwolle zu verstopfen. Die *guédé*, die finsteren und lüsternen Todesgötter im Voodoo-Pantheon, zeichnen sich durch diese Sprechweise aus. Ist ein Voodoo-Gläubiger von einem Guédégott besessen, so klingt seine Stimme fortan stark nasal. Die enge Verbindung zwischen Todesgöttern und Zombies wird ferner durch die Tatsache unterstrichen, daß einer der bedeutendsten Vertreter dieser Gottheiten, Captain Guédé, oft auch den Namen „Captain Zombie" erhält.

Auch heute noch fürchten sich fast alle Einwohner Haitis davor, daß ihre Verstorbenen in wandelnde Leichname verzaubert werden könnten. Man stößt auf mancherlei vorbeugende Maßnahmen, die dies verhindern sollen. Selbst die Ärmsten leihen sich Geld, um die Gräber ihrer Angehörigen mit schweren Steinplatten abzudecken. In den ländlichen Gebieten werden die Toten möglichst dicht an belebten Straßen oder Fußpfaden begraben, damit die Zauberer aus Angst vor neugierigen Zuschauern ihrer schändlichen Arbeit nicht nachgehen können. Manchmal wacht die betroffene Familie Nacht

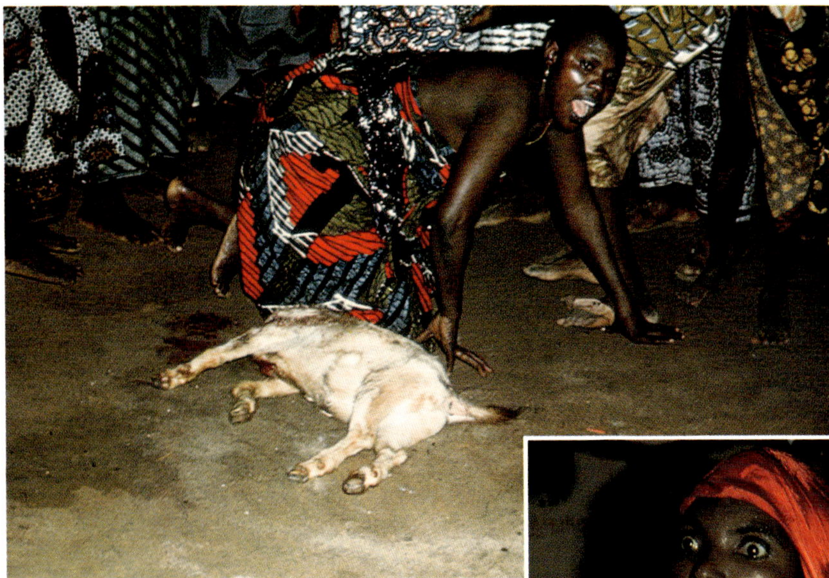

für Nacht am Grab ihres Angehörigen, bis sie sicher ist, daß der Leichnam für die Zwecke eines *bokor* bereits zu sehr verwest ist.

Manche Angehörige greifen sogar zu noch extremeren Vorsichtsmaßnahmen. Sie injizieren den Leichen Gift, verstümmeln sie mit einem Messer oder schießen auf sie, um so für einen „doppelten Tod" zu sorgen.

Nadeln und Samen

Eine weniger drastische Methode besteht darin, dem Toten Nadeln ohne Ösen und Garnknäuel sowie Tausende von Sesamkörnern mit ins Grab zu geben. Man glaubt, der Geist des Verstorbenen sei dann mit der unlösbaren Aufgabe, die Nadeln einzufädeln und den Samen zu zählen, so sehr beschäftigt, daß er die lockende Stimme eines Zauberers überhört. In anderen Fällen drückt man dem Verstorbenen ein Messer in die Hand, damit er sich verteidigen kann.

Manchmal herrschen die Zauberer über ganze Trupps von Zombies, die auch als Arbeiter vermietet werden. Wie William Seabrook berichtet, setzte die haitianisch-amerikanische Zuckergesellschaft Hasco während der Rekordernte von 1918 eine Prämie für diejenigen aus, die sich auf ihren riesigen Plantagen anstellen ließen. Bald fanden sich kleine Gruppen von Dorfbewohnern, zum Teil ganze Familien, im Personalbüro des Unternehmens ein. Auf dem Lande war es üblich, als Kollektiv zu arbeiten. Der Gesamtlohn wurde einem Vorarbeiter ausgezahlt, der ihn dann unter seinen Leuten verteilte.

Eines Morgens kamen Ti Joseph, ein altgedienter Vorarbeiter, und seine Frau Croyance mit neun völlig zerlumpten Männern in das Büro von Hasco. Es handelte sich, erklärte Joseph, um rückständige, ungebildete Bergbauern aus dem unwegsamen Grenzgebiet zur Dominikanischen Republik. Sie sprächen einen sonderbaren Dialekt und verständen weder Französisch noch Kreolisch, seien jedoch ausgezeichnete Arbeiter.

Der Verwalter von Hasco stellte die Männer ein und stimmte Ti Josephs Vorschlag zu, die Bauern in einiger Entfernung von den anderen arbeiten zu lassen. Wie Ti Joseph behauptete, seien sie derart primitiv, daß sie sonst scheu und verwirrt würden. Tatsächlich fürchtete er, daß einer der Männer von Verwandten oder Freunden wiedererkannt werden könnte. Alle neun Bergbauern waren Zombies.

Ti Josephs seltsamer Trupp arbeitete den ganzen Tag lang ohne Unterbrechung. Erst bei Einbruch der Dunkelheit machten die Männer eine Pause, um ungesalzenen Hirsebrei zu essen. (Ißt ein Zombie Fleisch oder Salz, so wird er sich dem Voodoo-Glauben entsprechend seiner wahren Existenz bewußt und kehrt bitterlich weinend in sein angestammtes Grab zurück.)

An einem Sonntagmorgen ließ Ti Joseph seine Frau Croyance mit den Zombies allein. Croyance ging mit ihnen in die nahe gelegene Stadt, wo ein Kirchenfest stattfinden sollte. Sie glaubte offenbar, die Zombies könnten an einer solchen Prozession Gefallen finden. Sie blieben von dem Schauspiel jedoch ebenso unbeeindruckt wie von allem, was um sie herum geschah. Sie starrten abgestumpft und geistesabwesend ins Leere.

Da Croyance Mitleid mit ihnen hatte und ihnen eine Freude machen wollte, kaufte sie Süßigkeiten aus braunem Zucker, Koriander und Erdnüssen und

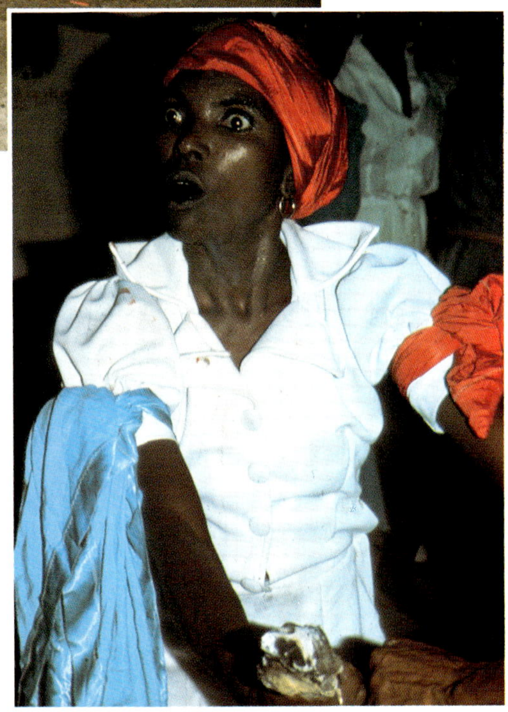

***Oben links:** Diese geköpfte Opferziege auf dem Boden einer Hütte in Benin zeigt die afrikanischen Wurzeln des Voodoo. Die junge Frau ist vom Geist der Ziege besessen und imitiert das Tier, indem sie auf allen vieren geht. Dieselben Rituale gibt es auch auf Haiti.*

***Links:** Der starre Blick der Voodoo-Priesterin verrät ihre religiöse Ekstase. Sie hat kurz zuvor einem Huhn den Kopf abgebissen; ihr Kleid ist mit Blut befleckt.*

***Unten links:** Der amerikanische Autor William Seabrook posiert mit Machete und haitianischer Fahne für ein Foto, das in den zwanziger Jahren anläßlich einer Feier zu seinen Ehren aufgenommen wurde.*

„DIE AUGEN WAREN DAS SCHRECKLICHSTE. ICH HABE MIR DAS NICHT EINGEBILDET. SIE WIRKTEN WIE DIE EINES TOTEN MANNES, NICHT BLIND, SONDERN ZIELLOS INS LEERE STARREND. DAS GANZE GESICHT ... WAR ZU KEINERLEI AUSDRUCK FÄHIG."

steckte jedem der Zombies ein Stück in den Mund. Als die Zombies die gesalzenen Erdnüsse kauten, erkannten sie urplötzlich ihr tragisches Schicksal, daß sie nicht in die sonnenbeschienene Welt Haitis, sondern in ihr dunkles Grab gehörten.

Mit einem Entsetzensschrei sprangen sie auf und schlurften aus der Stadt in die Wälder. Ihr Ziel war das Heimatdorf in den Bergen. Als sie schließlich dort eintrafen, wurden sie von ihren Verwandten und Freunden erkannt, die sie selbst einige Monate zuvor bestattet hatten. Die Untoten begaben sich zum Friedhof, jeder zu seinem Grab. Sie scharrten Steine und Erde zur Seite und fielen als vollständig verweste Körper in die Grube. Ti Josephs Zauberkraft, die sie vor dem Verfall bewahrt hatte, war ein für allemal gebrochen.

Die Dorfbewohner wollten sich an Ti Joseph rächen und beauftragten einen Magier, ihn mit einem Fluch zu belegen. Noch bevor dessen Zaubersprüche ihre Wirkung zeitigten, hatten einige der Männer Ti Joseph bereits aus dem Hinterhalt überfallen und ihm den Kopf abgeschlagen.

***Oben:** In den Kirchen auf Haiti sind die Altäre mit christlichen Symbolen geschmückt, wie Bildnissen der Jungfrau Maria, Kruzifix und den Zehn Geboten. Hinzu kommen Trommeln, Schwerter und rituelle Trinkgefäße; Utensilien, die bei den Zeremonien des Voodoo-Kults verwendet werden.*

Die leeren Augen starren ziellos ...

Seabrook hörte diese Geschichte von Constant Polynice, einem haitianischen Bauern, der behauptete, den Voodoo-Aberglauben seiner Landsleute nicht zu teilen. Die Zombies jedoch, erklärte er, existierten tatsächlich. Er zeigte Seabrook drei Männer, die seiner Meinung nach Zombies waren. Seabrook blickte einem der Männer ins Gesicht und bekannte später:

„Was ich sah, stimmte mit dem überein, was ich zuvor gehört hatte. Trotzdem traf es mich wie ein Schlag. Die Augen waren das Schrecklichste. Sie wirkten wie die eines toten Mannes, nicht blind, sondern ziellos ins Leere starrend. Das ganze Gesicht dieser Menschen war zu keinerlei Ausdruck fähig."

***Links:** Diese Frau führte angeblich 29 Jahre lang ein Dasein als Zombie. Zwei Verwandte erkannten in ihr Felicia Felix-Mentor wieder, die bereits im Jahr 1907 gestorben war. Sie wurde später in einem Krankenhaus versorgt, wo die Journalistin Zora Hurston diese Aufnahme von ihr machte.*

Seabrook beruhigte sich damit, daß diese Gestalten „arme Schwachsinnige" seien, „Idioten, die sich auf den Feldern abrackern mußten". Sein haitianischer Freund Polynice aber war sich dessen nicht so sicher.

Der französische Anthropologe Alfred Metraux sammelte in den fünfziger Jahren eine Reihe von Beweisen für und gegen die Existenz von Zombies. Als man ihm eines Tages dann tatsächlich eine angebliche Zombie-Frau zeigte, war er freilich sicher, lediglich eine „elende Geistesgestörte" vor sich zu haben. In den darauffolgenden Tagen stellte sich heraus, daß es sich in der Tat um ein geistig behindertes Mädchen handelte, das aus ihrem Zimmer entflohen war.

Die amerikanische Autorin Zora Hurston stand dem Voodoo-Kult skeptischer gegenüber als William Seabrook. Sie begegnete einer jungen Frau, die angeblich bereits 29 Jahre lang als Zombie gelebt hatte und fotografierte sie. Felicia Felix-Mentor war 1907 an einer plötzlichen Krankheit gestorben und von ihrem Mann und ihrem Bruder begraben worden. Im Jahre 1936 sah man eine in einen dünnen, zerrissenen Baumwollkittel gekleidete junge Frau in der Nähe des Bauernhofs ihres Bruders umherwandeln. Es schien, als habe sie die Sprache verloren. Felicias Vater und Bruder identifizierten sie beide als ihre seit langem verstorbene Angehörige. Die Frau wurde umgehend in ein Krankenhaus gebracht. Jedesmal, wenn sich jemand näherte, duckte sich die Frau ängstlich, als befürchte sie körperliche Züchtigung. Zora Hurston machte im Krankenzimmer eine Aufnahme von der leichenähnlichen Frau und versuchte, mit ihr zu sprechen. Später beschrieb sie das unvergeßliche Erlebnis:

„Es war ein schrecklicher Anblick. Dieses leere Gesicht mit dem toten Blick. Die Lider und die Augen waren weiß, als hätte man sie mit Säure verätzt. Es gab nichts, was man zu ihr sprechen oder aus ihr herausbekommen konnte. Der Anblick dieses menschlichen Wracks ließ sich nicht lange ertragen."

War die junge Frau, die man gefunden hatte, nur eine umherirrende Geistesgestörte? Die Haitianer glauben fest daran, daß man Verwandte und geliebte Freunde nach ihrem Begräbnis als seelenlose Zombies hat weiterleben sehen.

VAMPIRE – MYTHOS ODER REALITÄT

Graf Dracula hält trotz aller Widerlegungsversuche die Menschen bis heute in einem Zustand gruseligen Halbwissens.

Als 1924 der Vorhang nach der ersten Vorstellung des Stückes *Dracula* fiel, trat der Schauspieler und Regisseur Hamilton Deane, der die Rolle des Van Helsing gespielt hatte, vor sein Publikum mit den beschwichtigenden Worten:

„Meine Damen und Herren, schenken Sie mir noch kurz ihr Gehör, bevor Sie gehen. Wir möchten Ihnen mit unserem Stück über Dracula keine Alpträume bescheren und Sie daher beruhigen. Wenn Sie heute abend nach Hause kommen, alles dunkel ist, Sie Angst haben, hinter die Gardinen zu schauen und sich vor Gesichtern fürchten, die am Fenster erscheinen könnten – dann reißen Sie sich zusammen! Denken Sie einfach daran, daß es solche Dinge wirklich gibt!"

Es war der perfekte Abgang. Aus diversen Büchern über Vampire hatte das Publikum genügend Hintergrundwissen mitgebracht und den Nervenkitzel der packenden Geschichte vom „größten Vampir aller Zeiten", Graf Dracula, genossen. Der Theatermanager Bram Stoker, der die Figur erschaffen hatte, ahnte instinktiv, daß seine Geschichte tief im kollektiven Unterbewußtsein seines Publikums eine Saite zum Klingen bringen würde.

***Oben:** Auf diesem Standfoto aus dem Film* **Dracula AD** *von 1972 attackiert Christopher Lee als Graf Dracula ein unschuldiges Opfer – eine typische Filmversion der Vampir-Legende. Die sadomasochistische Färbung der Geschichte, in der der sexuell unwiderstehliche Angreifer ein williges Opfer findet, trägt sicher dazu bei, daß sie eine solche Faszination ausübt.*

***Gegenüberliegende Seite oben:** Die drei Brahmanen auf dieser Darstellung führen in Anwesenheit von Vampiren eine Beschwörung durch, wie es in Sir Richard Burtons* **Tales of Hindu Devilry** *(Hinduistische Teufelskulte) beschrieben wurde. Diese Geschichten wurden angeblich von indischen Vampiren, den „Baitals", überliefert.*

***Gegenüberliegende Seite unten:** Diese Darstellung sieht in dem Befreiungskampf aus dem Sarg ein Symbol für den Tag des Jüngsten Gerichts. Früher geschah es häufig, daß Menschen lebendig begraben wurden.*

Der Schauspieler Christopher Lee erklärte den Erfolg von Dracula zum Teil damit, daß es sich um ein übermenschliches Wesen handle, einen Unsterblichen, dessen gruselige Existenz auch einen sexuellen Reiz ausübe. Die Psychologen unterscheiden hier deutlich zwischen dem sadistischen, dominierenden Vampir und dem masochistischen, unterwürfigen Opfer. Aber welche Fachsprache man auch bemüht – Graf Dracula fasziniert uns mehr als der atavistische Werwolf (der immerhin halb Tier und mitnichten ein Aristokrat ist) oder irgendein schemenhafter Geist.

Auch von den „Wesen aus der schwarzen Lagune" oder Dr. Whos Feinden, den Daleks, unterscheidet sich der Vampir erheblich. Während man diese Wesen als reine, wenn auch furchteinflößende Phantasiefiguren abtun kann, die man nach der Vorführung gleich wieder vergißt, sind Vampire schon ernster zu nehmen. Es sind ganze Berge von Schriften aus dem Osteuropa des 18. Jahrhunderts über diese „lebenden Leichname" überliefert. Muß man daraus schließen, daß es so etwas wirklich gibt?

Wie bei vielen anderen Bereichen des Paranormalen muß man zunächst einmal alle nur denkbaren rationalen Erklärungen ausschöpfen, bevor man das „Übernatürliche" bemüht. Im Falle des

„Vampir-Booms“, der vor 200 Jahren ausbrach, stehen gleich etliche rationale Erklärungsmöglichkeiten zur Wahl.

Der bekannte Okkultist Dennis Wheatley wies darauf hin, daß sich in den damaligen Zeiten der Armut Bettler oft auf Friedhöfe schlichen, um am Tag im Schutze von Mausoleen zu schlafen und sich nachts auf die Suche nach etwas Eßbarem zu machen. Kein Wunder, daß man sie oft für die sagenumwobenen, schauerlichen Vampire hielt, wenn sie in der Dunkelheit bleich und abgemagert unter Grabmalen hervorkrochen.

Die Verwechslung mit zerlumpten, menschlichen Gestalten auf Nahrungssuche leuchtet ein, erklärt aber nicht, warum man manche Leichen beim Öffnen des Sarges unverwest vorfindet. Dieses Phänomen ist selten, aber keineswegs unbekannt, und man versuchte es auf „natürliche“ Weise zu erklären. Zum Beispiel kann die Art der Erde, in der eine Leiche begraben liegt, den Verwesungsprozeß erstaunlich beeinflussen. So fand man auf der griechischen Vulkaninsel Santorin Leichname, die auch nach vielen Jahren noch fast unversehrt waren. Bei den Einwohnern kursierte daher sogar die Redewendung: „Einen Vampir nach Santorin tragen“ im Sinne von „Eulen nach Athen tragen“.

Die überzeugendste Erklärung bietet jedoch ein Begräbnis bei lebendigem Leibe. Nicht alle Kataleptiker hatten so viel Glück wie der irische Soldat, der Anfang des 19. Jahrhunderts „wieder zum Leben erwachte“, als man ihn kurz vor seiner Bestattung etwas grob anfaßte. Selbst heute bleiben todesähnliche Zustände wie Koma oder Katalepsie (Starrkrampf) weitgehend unbegreiflich, um so mehr waren sie es für die abergläubischen Bauern aus dem „Land jenseits der großen Wälder“ in früherer Zeit.

Wer weiß, wie viele unglückliche Menschen damals aus ihrem vorübergehenden Starrkrampf erwachten und sich unter einer dicken Schicht Erde, in einem Sarg begraben, wiederfanden. Wer sich aus dem Sarg befreien konnte, blieb vielleicht in der Familiengruft gefangen und ging vor Durst, Hunger und Panik elend zugrunde.

Das Grauen nach dem Tode

In früheren Jahrhunderten kam es in der Tat relativ häufig vor, daß Menschen lebendig begraben wurden. Als in England ein Friedhof aus dem 18. Jahrhundert einem Parkplatz weichen mußte, ließ, wie es heißt, ein Drittel der Leichen, die der Bulldozer ans Tageslicht brachte, Anzeichen dafür erkennen, daß diese Menschen sich aus ihrem Sarg hatten befreien wollen. Einige hatten im Todeskampf am Sargdeckel gekratzt und sich dabei die Finger gebrochen, andere die Hände aus dem Sarg gestreckt. Manche Leichengewänder waren blutverschmiert, da sich die Totgeglaubten aus Atemnot oder dem Wahnsinn nahe ins eigene Fleisch gebissen hatten. Blutflecken an einer Leiche galten damals aber meist als eindeutiger Beweis für die Annahme, daß es sich um einen Vampir handelte.

Ging jedoch das Gerücht um, der frisch Verstorbene sei ein Vampir (vielleicht, weil aus seinem Grab schwache Laute drangen), dann griffen die entsetzten „Zeugen“ zu althergebrachten Maßnahmen. Sollte gar das Herz der „Leiche“ noch schlagen, fühlten sie sich verpflichtet, einen angespitzten Pfahl hineinzurammen.

Charlotte Stoker, die Mutter des erwähnten Theatermanagers Bram Stoker, erzählte dem jungen Bram immer eine gruselige Gutenachtgeschichte, wie eine Einheimische an der Cholera starb. Sie wurde für tot erklärt und in eine verlassene Kalkgrube zu den übrigen Leichnamen geworfen. Der untröstliche Ehemann holte seine Frau heimlich heraus, um ihr ein würdiges Begräbnis zu geben, und bemerkte, daß sie noch atmete. Sie lebte nach diesem grauenhaften Erlebnis noch viele Jahre weiter. Wäre sie nun zu sich gekommen und selbst aus der Grube gewankt, hätte man sie leicht für einen dieser „lebenden Leichname“ halten können!

Auch heute liest man manchmal von Menschen, die offiziell für tot erklärt wurden und auf dem Marmortisch in der Leichenhalle oder während der Bestattungsvorbereitungen wieder „auferstehen“. Im Zeitalter der Organtransplantationen ist die Frage,

Oben: Desmodus rotundus, der „Große Blutsauger", lebt in Mexiko und Südamerika. Diese Tiere werden etwa 8 Zentimeter groß und ernähren sich unbemerkt vom Blut schlafender Tiere.

wann genau der Tod eintritt und welche Kriterien hierfür gelten, umstrittener als je zuvor. Im Viktorianischen Zeitalter jedenfalls wußten die Menschen bereits von der Möglichkeit, lebendig begraben zu werden, und manche waren von panischer Angst davor geradezu besessen. So ranken sich einige Geschichten von Edgar Allen Poe um dieses Thema. Und sowohl in England wie in den USA wurden Särge patentiert, die mit Alarmglocken und Notfallvorrichtungen für Atemluftzufuhr ausgestattet sind.

Vielleicht wurde auch des öfteren ein Mensch lebendig begraben, weil man die verschiedenen Stadien des „Rigor mortis", der Totenstarre, falsch auslegte. Etwa eineinhalb Stunden nach Eintritt des Todes, je nach der Umgebungstemperatur auch früher oder später, beginnen sich die Muskeln zu versteifen, zunächst im Gesicht und im Nacken. Nach etwa 36 Stunden löst sich diese Totenstarre – die Muskeln erschlaffen wieder, und der Körper wird relativ biegsam. Damit läßt sich wahrscheinlich erklären, was 1974 im Tal von Curtea de Arges in Rumänien passierte. Mit Hilfe eines Dolmetschers erzählte eine junge Zigeunerin, welchen Schock ihre Familie bekam, als sie den Leichnam ihres Vaters für die Bestattung vorbereiteten: Seine Arme und Beine waren schlaff, nicht wie sonst bei einer Leiche steif. Diese Geschichte verbreitete sich im Dorf wie ein Lauffeuer, und für alle gab es nur eine Erklärung: Der alte Mann hatte sich in einen Vampir verwandelt! Man stieß ihm also einen hölzernen Pfahl durchs Herz, und die Dorfbewohner konnten beruhigt nach Hause gehen. Vielleicht aber – sollte die Totenstarre in diesem Fall nicht zufällig zu früh abgeklungen sein – lebte der arme Mann noch.

Auch für den weitverbreiteten Brauch, Vampire mit Knoblauch abzuwehren, gibt es eine logische Erklärung. Zur damaligen Zeit wurde die Pest häufig durch Ungeziefer übertragen, und man hatte festgestellt, daß man die Tiere mit frischem Knoblauch fernhalten konnte. Mit Zauberei hatte das nichts zu tun, denn Knoblauchknollen verströmen ätherische Duftstoffe, die beispielsweise für Fliegen und andere Insekten unerträglich sind. Im rohen Zustand verzehrt, wirkt Knoblauch angeblich infektionshemmend und reinigt das Blut.

> „DIE GESCHICHTE VERBREITETE SICH IM DORF WIE EIN LAUFFEUER: DER ALTE MANN HATTE SICH IN EINEN VAMPIR VERWANDELT!"

Dämonische Blutsauger

In den meisten Fällen von angeblichem Vampirismus gibt es eine logische und banale Erklärung. Einige Fälle bleiben für die Forscher jedoch rätselhaft. Lange Zeit glaubten die Okkultisten an die Existenz dämonischer, blutsaugender Materialisationen. Die Schriftstellerin Dion Fortune (ihr wirklicher Name war Violet Firth) glaubte, daß der „Astralleib" aus dem Körper eines Lebenden entweichen und sich in anderer Form wieder materialisieren kann – als Vogel, als ein anderes Tier oder als Vampir.

Dion Fortune war es, die den Fall der verstorbenen ungarischen Soldaten beschrieb, die im Ersten Weltkrieg angeblich zu Vampiren wurden und sich im „ätherischen Doppel" aufhielten – halb in diesem, halb in einem nächsten Leben, oder aber „erdgebunden", indem sie Verwundeten das Blut aussaugten. Vampirismus soll zudem ansteckend sein, das heißt, ein Biß macht das Opfer selbst zum Vampir. Seines Lebenssaftes beraubt, ist es von da an nur noch ein „psychisches Vakuum", das nun auch anderen die „Lebenskraft" entziehen kann.

Die Parapsychologie befaßt sich allerdings nicht mit dem, was einer glaubt, sondern mit beobachteten Tatsachen. Zu den Phänomenen, die die „Society for Psychical Research" am häufigsten untersucht, gehören beispielsweise Poltergeistererscheinungen. Im Jahre 1926 zeigten sich auf dem Gesicht des Poltergeistopfers Eleonore Zugun aus Rumänien heftige Kratzspuren, 1960 wurde ein gewisser Jimmy de Bruin, ein 20jähriger Farmarbeiter in Südafrika, von einer wahren Flut von Poltergeistern heimgesucht. Einmal hörte ihn ein Untersuchungsbeamter in Todesangst aufschreien, als auf seinen Beinen und auf der Brust plötzlich blutige Einschnitte erschienen.

Zu weiteren paranormalen Erscheinungen gehören spontane Wunden oder Blutungen, wie blutende Bilder oder Wundmale Christi. Während diese jedoch allgemein als „heilige" Phänomene akzeptiert werden, gilt der Vampirismus gemeinhin als „dämonisch". Andere Vampirismustheorien gehen davon aus, daß Vampire gar keine Blutsauger sind, sondern ihre Opfer nach und nach ihrer Lebensenergie berauben. Den Klassiker *Graf Dracula* halten die Vertreter dieser Ansichten für ein reines Phantasieprodukt. Vielleicht verkörpern diese Erscheinungen die beiden Kehrseiten ein und derselben Medaille – die eine gut, die andere böse. Oder aber all diese rätselhaften Phänomene haben einen gemeinsamen Ursprung, der, losgelöst von allem Moralismus, einfach nur ungewöhnlich ist. Solange wir keine Lösung kennen, sollten wir uns getrost bei den neuesten Vampirgeschichten gruseln und darüber spekulieren, wie sie entstanden sind.

DER VAMPIR VON CROGLIN GRANGE

Die makabre Geschichte einer verschrumpelten, knochendürren Gestalt, die nachts eine junge Frau angriff, deutet darauf hin, daß im Viktorianischen England ein Vampir sein Unwesen trieb.

Mit Ausnahme einiger Vampirlegenden aus dem Mittelalter waren die Britischen Inseln von dieser Plage auffallend verschont geblieben – das heißt bis zum Jahre 1900, als Augustus Hares Vampirerzählung erstmals veröffentlicht wurde. Viele Autoren haben sie zitiert, aber nur wenige versuchten, der Sache auf den Grund zu gehen. Allerdings ist die von Hare hinterlassene Spur auch nicht einfach zu verfolgen.

Der Vampir von Croglin Grange erscheint im vierten Band von Hares Autobiographie *The Story of My Life* (Die Geschichte meines Lebens). Dieses Werk ist eine lose Sammlung von Anekdoten, unglaublichen Geschichten und Auszügen aus seinen Tagebüchern. Die Vampirgeschichte stammt offensichtlich von einem Captain Fisher, der berichtete, daß seine Vorfahren einst einen Besitz in Cumberland (heute Cumbria) – Croglin Grange – gehabt hätten. Als sie wegzogen, verpachteten sie das Land an zwei Brüder und ihre Schwester.

Die Pacht war für sieben Jahre vereinbart. Die drei freundeten sich schnell mit ihren Nachbarn an und verbrachten einen glücklichen ersten Winter in Croglin. In dem folgenden heißen und stickigen Sommer konnte die junge Frau oft nicht einschlafen, lag stundenlang im Bett und starrte auf den vom Mondschein erleuchteten Rasen vor dem Fenster. Eines Nachts bemerkte sie, wie ein Wesen aus dem Schatten hervorsprang und einen Augenblick später an ihrer Fensterscheibe kratzte. Das Fenster war fest verschlossen, doch die Gestalt begann, das Blei der Verstrebungen wegzukratzen. Eine Scheibe löste sich und fiel in das Zimmer. Ein langer, kno-

Unten und ganz unten: Croglin Low Hall in Cumbria soll das ursprüngliche Croglin Grange in Captain Fishers Vampirgeschichte gewesen sein. Seine Beschreibung des Hauses mit der Veranda, dem Rasen und den gepflegten Bäumen scheint nicht zu dem wenig reizvollen Granitbau von Croglin Low Hall zu passen und nicht zur öden Landschaft, die es umgibt.

chiger Finger öffnete den Riegel, und plötzlich stand das Wesen im Zimmer, griff mit seinem verschrumpelten Finger in ihr Haar, zerrte sie zu sich heran und biß in ihre Kehle.

Die Schreie alarmierten die Brüder, die den Vampir über den Rasen und die benachbarte Friedhofsmauer jagten. Obwohl die Wunde mit der Zeit verheilte, drängte der Arzt auf einen Ortswechsel, und so entschieden sich die drei für einen Urlaub in der Schweiz. Nachdem sich die junge Frau wieder erholt hatte, kehrte das Trio nach Croglin zurück. Der Winter verlief ohne Zwischenfälle. Dann, eines Nachts im März, wurde die Frau wieder von einem Kratzen am Fenster geweckt. Es war dieselbe Gestalt. Dieses Mal kamen die Brüder auf die Schreie hin mit Pistolen bewaffnet. Im Kampf wurde das Wesen am Bein getroffen, trotzdem gelang ihm die Flucht. Die Männer sahen jedoch, wohin es verschwand – in eine alte Familiengruft des Friedhofs. Am folgenden Tag öffneten Bewohner des Dorfes die Gruft und stießen auf zerbrochene Särge mit verstümmelten Leichen. Lediglich ein Sarg war unbeschädigt. Man stemmte den Deckel auf, und „dort – braun, verschrumpelt, mumifiziert, doch vollständig erhalten – lag die gleiche schreckliche Gestalt, die durch die Fenster von Croglin Grange geschaut hatte; man konnte noch die Schußwunde im Bein erkennen. Sie taten das einzige, was einen Vampir zur Strecke bringen kann: Sie verbrannten ihn." So beschloß Augustus Hare seinen Bericht von der Erzählung des Captain Fisher. England hatte seinen ersten echten Vampir, und die Geschichte wurde bald Bestandteil der britischen Spuksammlungen.

***Oben:** Diese verstümmelten Leichen in zerbrochenen Särgen vermitteln einen ähnlichen Anblick, wie er sich den Dorfbewohnern geboten haben muß, als sie die Gruft öffneten, in die der Vampir geflohen war.*

Partygeschichten

Augustus Hare und Captain Edward Fisher hatten sich im Juni 1874 kennengelernt. Es war der Vorabend von Fishers Hochzeit mit Hares Cousine, Lady Victoria Liddel. Beim Essen erzählte Hare – ein allseits beliebter Unterhalter – schreckliche Geistergeschichten, die er während seiner ausgiebigen Reisen in Europa gesammelt hatte, so daß sich Fisher gezwungen fühlte, auch etwas zum besten zu geben. Und es folgte die Vampirgeschichte, die er im wesentlichen so schilderte, wie sie Hares dann in seiner Autobiographie aufgeschrieben hat – reich an Details und überaus anschaulich.

Über Fisher selbst ist nur wenig bekannt. Nach seiner Hochzeit im Juli des Jahres bewohnte er den eleganten Landsitz Thorncombe. Hare schilderte ihn als „einen der nettesten, fröhlichsten, angenehmsten Menschen, die je in die Familie aufgenommen wurden". Fisher, dessen voller Name und Titel „Edward Rowe Fisher-Rowe, Late Captain of the 4th Dragoon Guards" lautete, starb am 8. November 1909, an seinem 77. Geburtstag, in Thorncombe. Seine Frau starb 1935.

Wie steht es aber um Fishers Vorfahren? Gehörte jenes Croglin Grange, wo sich die Vampirgeschichte zugetragen haben soll, wirklich zu ihrem Besitz? Es wurden Nachforschungen angestellt; ein Landhaus mit Namen Croglin Grange fand man in der angegebenen Region von Cumberland allerdings nicht. Da gab es lediglich ein paar vereinzelte, einsame Bauernhäuser, von denen Croglin Low Hall am ehesten in Frage kommt. Kirchenverzeichnisse und Grabsteininschriften belegen, daß die Fishers mit Sicherheit spätestens ab 1730 als Grundbesitzer und Bauern ansässig gewesen waren. Es ist möglich, daß Captain Fisher der Enkel von Edward Fisher (1762–1833) und seiner Frau Deborah gewesen ist, deren Grabsteine auf einem Friedhof in der Nähe von Croglin Low Hall zu finden sind.

***Unten:** Augustus Hare veröffentlichte im vierten Band seiner Autobiographie als erster die Geschichte vom Vampir von Croglin.*

Zumindest war die Familie also einmal in der Gegend beheimatet gewesen. Problematisch ist Fishers Beschreibung der Veranda, des Rasens und der gepflegten Bäume von Croglin Grange. Man stellt sich dabei eher einen hübschen Landsitz in anmutiger Gegend vor als die massiven Granitmauern von Croglin Low Hall und die öde Landschaft, die es umgibt.

Eine weitere Fehlinterpretation betrifft den Friedhof, in den sich der Vampir aus der Geschichte geflüchtet haben soll. Es gibt zwar eine Kirche bei Croglin, aber sie befindet sich fast drei Kilometer von Croglin Low Hall entfernt, hoch oben auf einem Hügel über dem Fluß Croglin Water – selbst für einen energiegeladenen Vampir eine ansehnliche Strecke. Wohl oder übel muß man sich den Tatsachen stellen: Das Croglin Grange aus der von Hare nacherzählten Geschichte ist möglicherweise nicht das Croglin in Cumberland. Vielleicht hat Hare die Einzelheiten erfunden, um Fishers magere Beschreibung aufzuwerten. Oder Fisher wollte nicht, daß man seine Herkunft aus einer bescheidenen Bauernfamilie herausfand. Wir müssen uns auch die Situation vor Augen führen, in der die Geschichte erzählt wurde. Man saß in angenehmer, fröhlicher Gesellschaft zusammen und unterhielt sich angeregt. Gut vorstellbar, daß dabei das eine oder andere farbige Detail erfunden wurde. Interessant ist auch, daß jener Landsitz aus der Geschichte in vielem Fishers Heim Thorncombe glich, in das er mit seiner jungen Frau zog.

Wie steht es aber um den Kern der Geschichte? Hat es in irgendeinem Landsitz eine junge Frau gegeben, die von einem unheimlichen, blutrünstigen

Wesen heimgesucht wurde? Mit anderen Worten: Wo fand Fisher seinen Vampir?

Eine romantische Erfindung

Möglicherweise braucht man sich nur einmal das Werk von James Malcolm Rymer (1804–1882), einem Schreiber von außerordentlich erfolgreichen „Schauerromanen“, anzusehen. 1847 erschien erstmals sein *Varney the Vampire* (Varney der Vampir), ein phantastischer Roman in 220 Kapiteln, mit dem Untertitel *Feast of Blood* (Blutorgie). Sechs Jahre später wurden die insgesamt 868 Seiten in „Groschenheften“ neu aufgelegt. Sie regten die Phantasie der Menschen an, und es entstanden nicht nur Balladen, sondern auch zahlreiche theatralische Melodramen.

Varney war nicht der erste literarische Vampir Englands. Schon 1816 hatte John Polidori die Erzählung *The Vampyre* (Der Vampir) geschrieben, die drei Jahre später veröffentlicht wurde. Sie scheint – ebenso wie Mary Shelleys *Frankenstein* von 1818 – aus jener anregenden wie auch düsteren Atmosphäre heraus entstanden zu sein, die sich beim Erzählen schauerlicher Begebenheiten im Freundeskreis ergab. Es war die Zeit der Romantik, und die Menschen zeigten einen recht deutlichen Hang zu den dunklen Seiten des Daseins. Wie so viele Geschichten geriet *Varney the Vampire* in Vergessenheit, bis er 1974 in Amerika neu veröffentlicht wurde. Vergleichen wir Rymers *Varney* und den Vampir von Croglin Grange, und wir werden einige interessante Parallelen entdecken.

Fisher legt die Handlung in das Schlafzimmer im Erdgeschoß eines Landhauses, während einer heißen Sommernacht. Bei Rymer ist es eine mittelalterliche Kammer in einer Stadt während eines Hagelsturms. In beiden Räumen sind die großen Fenster verriegelt. Fishers Heldin ist wach und beobachtet eine schemenhafte Gestalt auf dem Rasen. Bei Rymer schläft das Mädchen während des Sturms und erwacht durch das Geräusch von Fingernägeln, die an das Fenster trommeln. Sie hält dies für das Geräusch der Hagelkörner, bis sie eine Gestalt auf ihrem Fenstersims erkennt. Das Mädchen bei Fisher wird durch das Kratzen an ihrem Fenster in Angst und Schrecken versetzt. Varney zerbricht eine kleine Glasscheibe, und der Vampir von Croglin schabt das Blei um eine kleine Scheibe heraus.

Beide Vampire lösen die Fensterriegel mit ihren knöchernen Fingern. Fishers Vampir greift mit seinen langen, knöchernen Händen in das Haar des Mädchens und zerrt es gewaltsam zur Bettkante, damit er besser in ihre Kehle beißen kann. Und was hat Varney gemacht? Lesen Sie diese Version: „... die Gestalt ergreift die langen Locken ihres Haares, wickelt sie um seine knochigen Hände und ... zieht ihren Kopf zur Bettkante. Das lange Haar immer noch fest in seinem Griff, reißt er ihn zurück. Ein Sprung, und seine langen, spitzen Zähne graben sich in ihren Hals. Das Blut strömt, und man hört ein abscheuliches, saugendes Geräusch.“ Sind die Ähnlichkeiten nicht verblüffend?

Bereits 1929 führte Montague Summers beide Texte in seinem Buch *The Vampire in Europa* (Der Vampir in Europa) an, versäumte jedoch, die merkwürdigen Übereinstimmungen zu kommentieren. Vielleicht hat er sie bemerkt, es jedoch vorgezogen, Fishers Geschichte nicht anzurühren und den Vampir von Croglin nicht „zur Strecke zu bringen“.

Spätere Besitzer von Croglin Low Hall erwähnten das Gespenst eines Schweins auf ihrem Grundstück, lehnen jedoch die Vampirgeschichte energisch ab. Auch wenn es herzlos ist, den Engländern ihren einzigen Vampir zu nehmen, so scheint es doch, als ob er nicht aus Cumberland, sondern aus James Rymers faszinierendem Buch stammt.

***Oben:** Grabinschriften auf einem Friedhof in der Nähe von Croglin Low Hall belegen, daß die Fishers ab etwa 1730 in dem Gebiet wohnten.*

***Unten:** Eine 1847 veröffentlichte Illustration zu James Rymers Erzählung über den Vampir Varney.*

GHULS UND GEISTER

(Anm.:Ghuls sind Wesen mit schaurigen Gelüsten)

Einige Geister sind nicht von normalen Menschen zu unterscheiden, ausgenommen durch eine bestimmte Nichtkörperhaftigkeit; andere erscheinen in zeitgenössischen Kostümen, grauenhaft verstümmelt oder in nicht menschlichen Formen. Sie können einzeln, isoliert erscheinen - oder sie quälen eine Örtlichkeit oder ein einzelnes Haus jahrelang oder manchmal sogar jahrhundertelang.

BORLEY: EINE SPUKGESCHICHTE

War der Pfarrhof von Borley wirklich das „schlimmste Spukhaus in England" – oder gründete sich dieser Ruf auf einen Reklametrick des Geisterjägers Harry Price? War Price nur ein notorischer Betrüger?

Die Gemeindekirche von Borley steht auf einem Hügel über dem Tal des Flusses Stour, der die Grenze zwischen den englischen Grafschaften Essex und Suffolk bildet. Die etwa 100 Einwohner von Borley, vor allem Landarbeiter und Besitzer von Wochenendhäusern, führen ein ruhiges, abgeschiedenes Leben; immerhin ist die nächste Stadt etwa 40 Kilometer entfernt. Doch im Jahre 1940 machte ein Buch mit dem Titel *The Most Haunted House in England* (Das größte Spukhaus Englands) diese Gemeinde mit einem Schlag berühmt. 1946 erschien dann ein weiteres Buch, *The End of Borley Rectory* (Das Ende des Pfarrhofes von Borley), und festigte den Ruhm endgültig. Beide Werke wurden von dem Geisterjäger Harry Price geschrieben, der die parapsychologische Forschung damals in die Schlagzeilen brachte. In den beiden Büchern wird behauptet, daß das Pfarrhaus von Borley – ein düsteres Gebäude aus dem 19. Jahrhundert, das 1939 niederbrannte – zum Schauplatz bemerkenswerter übersinnlicher Erscheinungen geworden war. Zu diesen zählten eine Phantomkutsche, ein kopfloser Mönche, eine geisterhafte Nonne (die möglicherweise die Geliebte des Mönches war), der Geist eines ehemaligen Pfarrers, schaurige Lichter, Wasser, das zu Tinte wurde, geheimnisvolle Glocken und eine Vielzahl von „Dingen, die nachts Krach machen."

„Eines der Ereignisse des Jahres 1940", so begrüßte die Zeitung *Time and Tide* das Erscheinen des ersten Buches in einer überschwenglichen Besprechung, und die Kirchenzeitung *Church Times* schrieb, daß es „immer einer der bemerkenswertesten Beiträge zur Erforschung des Übersinnlichen bleiben werde". Price, der nach eigenen Angaben zehn Jahre lang die Geister von Borley erforscht hatte, beschäftigte sich bis zu seinem Tod am 29. März 1948 in Vorträgen, Radiosendungen und

Unten: Die Kirche von Borley. Harry Price, der berühmte Geisterjäger, Paraforscher und Autor, machte die kleine englische Gemeinde Borley bekannt, indem er zwei Bücher über den Spuk im Pfarrhof schrieb.

Artikeln weiter mit diesem Thema. Einen Tag nach seinem Ableben würdigte ihn die Zeitung *The Times* als einen Paraforscher mit „einer einzigartigen aufrechten und deutlichen Sicht zu einem Thema, das sich durch seinen Charakter für Tricks und Schwindel anbietet".

Allerdings kann nicht jeder diesem sehr positiven Zeugnis zustimmen. Einige Monate nach Prices Tod veröffentlichte Charles Sutton vom *Daily Mail* einen Artikel über seinen Besuch in Borley im Jahre 1929, als Prices erste Untersuchungen in vollem Gange waren. Sutton meinte entdeckt zu haben, daß Price betrog. Nachdem ein großer Kieselstein Sutton am Kopf getroffen hatte, fiel ihm auf, daß Price Kieselsteine in seinen Taschen trug.

Schwerer Verdacht

Bei einer genaueren Überprüfung gestanden zwei Mitglieder der „Society for Psychical Research" (Gesellschaft für Parapsychologische Forschung, SPR) – Lord Charles Hope und Major Henry Douglas-Home –, daß sie ernsthafte Zweifel hinsichtlich bestimmter Phänomene hegten, die sie in den späten 20er Jahren erlebt hatten. Beide gaben ihre Aussagen bei der SPR zu Protokoll. Douglas-Home ging soweit, daß er Price beschuldigte, „die Wahrheit in dieser Angelegenheit vollkommen mißachtet zu haben". Einmal habe er Price in der Dunkelheit bei einem Rundgang um die Pfarrei begleitet, als er ein Knistern hörte, das ihn an Zellophan erinnerte. Später habe er im Koffer von Price eine Zellophanrolle mit einem abgerissenen Ende entdeckt.

Aufgrund dieser Zeugenaussagen forderte die SPR drei ihrer Mitglieder – Dr. Eric J. Dingwall, Mrs. K. M. Goldney und Mr. Trevor H. Hall – auf, eine erneute Beweissammlung vorzunehmen. Der Nachlaßverwalter Dr. Paul Tabori gewährte ihnen Zugang zu den privaten Papieren und Korrespondenzen von Price. Außerdem erhielten sie Einsicht in jene Dokumente und Bücher, die Harry Price der Universität von London 1938 als Dauerleihgabe überreicht hatte. Die Sammlung der Beweise nahm fünf Jahre in Anspruch und wurde 1956 unter dem Titel *The Haunting of Borley Rectory* (Der Spuk der Pfarrei von Borley) veröffentlicht.

***Oben:** Harry Price meldet sich 1936 über Radio aus einem Spukhaus in Meopham, Kent.*

***Unten:** Bei einem viel beachteten Experiment im Harz versuchte Price zusammen mit C. E. M. Joad, eine magische Szene auf dem Brocken zu rekonstruieren.*

Die Kritik begrüßte dieses Buch genauso enthusiastisch, wie sie es in den 40er Jahren mit den beiden Büchern von Price getan hatte – allerdings aus völlig entgegengesetzten Gründen. Die *Sunday Times* schrieb, daß der Mythos von Borley „mit klinischer Gründlichkeit und aseptischer Objektivität" zerstört worden wäre, und Professor A. G. N. Flew hob im *Spectator* die Beweiskraft dieses „umwerfenden und faszinierenden Dokuments" hervor, wonach Borley „ein Kartenhaus war, das der verstorbene Harry Price aus wenig mehr als einem Haufen Lügen erbaut hatte".

Darauf hätte man die Angelegenheit eigentlich beruhen lassen können. Das geschah allerdings nicht. Der Hauptgrund mag darin bestanden haben, daß Borley über ein Vierteljahrhundert in der Weltpresse für Sensationen gesorgt hatte, und selbst der objektivste Reporter sieht es nicht gerne, wenn eine so gute Quelle versiegt.

Die Medien vertuschten die Beweise von Dingwall, Goldney und Hall. Ein Artikel bezeichnete sie als „die Spötter, die Harry Price, den größten Geisterjäger, beschuldigten, die ganze Legende aufgebaut zu haben". Und wieder behauptete man, die von Price beschriebenen Ereignisse wären „rätselhaft, angsteinflößend und unerklärlich". Peter Underwood, Präsident des „Geisterklubs", und der mittlerweile verstorbene Dr. Tabori verteidigten Harry Price in ihrem 1973 veröffentlichten Buch *The Ghosts of Borley: Annals of the Haunted Rectory* (Die Gespenster von Borley: Die Historie des

Spuks). Sie widmeten dieses Buch dem „Gedenken an Harry Price, dem Mann, der Borley bekannt machte".

Colin Wilson gibt in seinem Buch *Das Okkulte* eine gerechte und äußerst objektive Zusammenfassung der Beweise für und gegen Borley. Er schlußfolgerte, daß man „einhundert ähnliche Fälle (aus den Archiven der SPR) holen könnte ... Solange niemand ein Buch schreibt, in dem bewiesen wird, daß Price ein pathologischer Lügner mit einem Hang nach Publizität war, muß man sich eines Urteils enthalten".

Daraufhin machte sich der Ermittler der SPR, Trevor H. Hall, 1978 daran, Prices Machenschaften endgültig aufzudecken. Der Titel seines Buches Search for Harry Price (Auf der Suche nach Harry Price) ist eine Anspielung auf Prices Autobiographie *Search for Truth* (Auf der Suche nach der Wahrheit). Wenn der Autor nicht so sorgfältig recherchiert hätte, würde man glauben, er suche nur nach Skandalen. Denn dieses Buch deckt zahlreiche Unstimmigkeiten auf. Zum Beispiel erfahren wir, daß der Vater von Price, ein Londoner Lebensmittelhändler, die Mutter von Price mit 14 Jahren verführt und geheiratet hatte, als er über 40 war. Price selbst hatte in seiner Autobiographie vorgegeben, der Sohn eines wohlhabenden Papierfabrikanten zu sein, der aus einer „alten Shropshire-Familie" stammte.

Price behauptete außerdem, seine Kindheit in dem reichen Londoner Vorort Brockley und auf dem Landsitz der Familie in Shropshire verbracht zu haben, und vermittelte den Eindruck, Schüler eines Internats gewesen zu sein. Halls Nachforschungen ergaben eindeutig, daß die Familie in dem weit weniger angenehmen New Cross ihr Heim hatte und Price die örtliche Oberschule besuchte, eine durchaus respektable Einrichtung der unteren Mittelklasse, jedoch keine Internatsschule. Die einzige Verbindung mit Shropshire bestand darin, daß Prices Großvater dort Gastwirt gewesen war.

***Oben:** Peter Underwood war Präsident des „Geisterklubs", der sich in der Auseinandersetzung um die Glaubwürdigkeit von Price auf dessen Seite schlug.*

***Unten:** Die Ruinen des Pfarrhofs von Borley, vier Jahre nach der Zerstörung durch ein geheimnisvolles Feuer. Doch die Spekulationen über den Spuk waren damit nicht beendet.*

Price zufolge übernahm er nach der Schule einen Direktorenposten in der Papierfabrik seines Vaters und verbrachte in den folgenden zehn Jahren bis zu seiner Heirat im Jahre 1908 seine Freizeit als Münzsammler und Archäologe. Hall hält dagegen, daß Price sich seinen Lebensunterhalt in New Cross mit einer Reihe von Gelegenheitsjobs verdiente. So fotografierte er Geschäfte für Reklamezwecke, verlieh ein tragbares Grammophon und Schallplatten für Tanzveranstaltungen und Partys, führte Zaubertricks vor – ein Talent, das ihm später während seiner Borley-Forschungen vorgehalten wurde – und ging mit Leim, Paste und einem Heilmittel für die Fußfäule bei Schafen in der Grafschaft Kent von Tür zu Tür. Harry Price besaß aber sicherlich eine schriftstellerische Begabung, wie die beeindruckenden Verkaufszahlen seiner Bücher – insgesamt 17 an der Zahl – beweisen.

Übertriebene Behauptungen

Im Jahre 1902 verfaßte Price einen Artikel für seine alte Schulzeitschrift über die Ausgrabung einer römischen Villa im Greenwich Park und gab als Quelle ein Buch an, dessen Autor der Leiter des Projekts war. Vierzig Jahre später behauptete er in seiner Autobiographie, selbst bei den Ausgrabungen dabeigewesen zu sein. Auch die Angaben zum anderen Hobby des angeblich so begüterten jungen Price hielten der Überprüfung nicht stand. Zwar hatte er tatsächlich einige Artikel über Münzen veröffentlicht, doch Reverend Charles Ellison, Archidia-

Links: Nachweislich hat der junge Price diese Schule in London besucht und nicht, wie er in seiner Autobiographie glauben macht, eines der berühmten englischen Internate.

Unten: Price vermachte der Universität von London seine hervorragende Sammlung von Tausenden von Büchern zu Magie und Okkultismus. Er bemühte sich jedoch vergebens um den Aufbau einer parapsychologischen Forschungsabteilung. Manche sagen, die Universität wurde von seiner extravaganten Haltung zur parapsychologischen Forschung abgeschreckt.

kon von Leeds und eine Autorität auf dem Gebiet der Numismatik, fand heraus, daß diese ganz einfach von zwei obskuren Werken zu diesem Thema abgeschrieben waren. Er urteilte schroff: „Man kann sich sicher auf keine Erklärung verlassen, die Harry Price gemacht hat und die nicht von unabhängiger Seite bestätigt worden ist." War Price wirklich ein notorischer Lügner, oder entsprangen diese im Grunde harmlosen Unwahrheiten dem verständlichen Wunsch eines berühmten Mannes, eine armselige Kindheit und Jugend zu vertuschen?

Hall berichtete, daß Price durch seine Hochzeit mit Constance Knight finanziell unabhängig wurde. Ihr Reichtum gestattete es ihm, das Hausieren zu vergessen und eine Laufbahn als Paraforscher und Büchersammler einzuschlagen. Die Zusammenstellung einer Bibliothek okkulter und magischer Bücher, die sich auf mehrere tausend Bände beläuft, war nach Halls Meinung „Prices nützlichste Leistung während seines ganzen Lebens".

Doch selbst in diesem Bereich erwies er sich als Schwindler. Hall fand in dieser Bibliothek mehrere wertvolle Bücher, die eindeutig mit dem Stempel der SPR gekennzeichnet waren: Price hatte sie als seine eigenen katalogisiert, sogar seine eigenen Exlibris eingesetzt.

Diese Exlibris-Zeichen waren für Hall eine Quelle der Belustigung wie auch ein weiteres Beispiel für die Verlogenheit von Harry Price. Price verwendete zwei mit Helmbüschen verzierte Exlibris-Zeichen. Auf dem einen war ein aufgerichteter Löwe zu sehen; bei der Überprüfung erwies es sich als das Familienwappen von Sir Charles Rugge-Price von Richmond, mit dem Harry Price nicht verwandt war. Das andere, mit Helmbusch und Wappenschild, trug den Namen „Robert Ditcher-Price" und die Adresse „Norton Manor, Radnor". Halls Nachforschungen erbrachten, daß der Helmbusch und der Schild zu Parr, Lancashire, gehörten und daß Norton Manor Eigentum von Sir Robert Green-Price, Baronet, war, dessen Familie dort seit dem 17. Jahrhundert lebte. Ein Brief von Lady Jean Green-Price machte eindeutig klar, daß sie niemals von Roberet Ditcher-Price gehört hatte und „sich recht sicher war, daß er niemals in Norton Manor wohnte".

In sein erstes Buch über die Pfarrei Borley nahm Price die Version einer „Nonnenerzählung" auf, die von der Familie Glanville stammte. Bei einer Séance mit einer Alphabettafel brachte Helen Glanville die Information zutage, daß eine Nonne in Borley ermordet worden war. Sie war eine Französin mit Namen Marie Lairre gewesen. Zum Thema dieser und folgender Séancen gab Sydney Glanville den Forschern der SPR Dingwall, Goldney und Hall gegenüber beinahe reumütig zu, daß die Suggestion eine Rolle gespielt hatte. Alle drei Glanvilles hatten die Geschichte des Spuks von Borley studiert. Die Geisternonne war also keine Erfindung von Price, sondern eine Figur, die in den Legenden um Borley immer wieder auftauchte.

Nach der Veröffentlichung dieser Geschichte erhielt Price von Dr. W. J. Phythian-Adams, Kanoniker von Carlisle, eine Nachricht des Inhalts, daß Marie Lairre ihr Kloster zu verlassen hatte, um einen ansässigen Grundbesitzer zu heiraten. Später hat ihr Mann sie erwürgt und ihre Leiche in einem Brunnen auf dem Gelände des Pfarrhofs versenkt. Der Kano-

Oben: Drei der Exlibris-Zeichen von Harry Price. Die Überprüfung durch Hall ergab, daß er sich auch in diesem Bereich mit fremden Federn schmückte. Offensichtlich hat er die Wappen vornehmer Familien mit Namen Price übernommen, mit denen er allerdings nicht verwandt war. Tatsächlich stammte er aus einfachsten Verhältnissen.

niker deutete zudem an, daß die Geisternonne im 19. Jahrhundert von den Bewohnern des Pfarrhofs ein französisch-englisches Wörterbuch stahl, damit sie ihr Englisch auffrischen konnte, um mit ihnen Kontakt aufzunehmen.

Price griff diese Geschichte mit großem Eifer auf und fabrizierte, wenn wir Hall Glauben schenken, sogar Beweise, um sie zu stützen. Zu diesen „Beweisen" zählen zwei französische Medaillen, die Price während seines ersten Besuches in der Pfarrei im Jahre 1929 als Apporte erschienen sein sollen. Die eine war eine katholische Firmungsmedaille, die andere ein Abzeichen oder eine Erkennungsmarke für die Mitglieder der Nationalversammlung nach der Französischen Revolution. Vorher hatte Price allerdings behauptet, es gäbe nur eine Apport-Medaille, wie sein ihm treu ergebener Sekretär auch bestätigte.

Rätselhafte Funde

Ein weiterer „Beweis" für den Nonnenspuk war jener „Brunnen", den Price 1943 angeblich freigegraben hatte. Er behauptete überdies, in der weichen Erde einen menschlichen Kieferknochen entdeckt zu haben. Der Brunnen erwies sich jedoch als modernes Betonbecken, und beim Abriß der Ruinen fand man Drähte und einen Schalter im Keller, obwohl das Haus nie eine Stromversorgung besessen hatte. In seinem Untersuchungsbericht unterstellt Hall, daß Price diese Gerätschaften womöglich benutzte, um die Kellerräume zu erleuchten, als er den Kieferknochen heimlich vergrub, um ihn dann später zu „entdecken". Immer wieder zeigte sich, daß Prices Berichte über parapsychologische Forschungsprojekte Fehler enthielten, fast vollständig erfunden waren oder im Laufe der Jahre in verschiedenen Versionen mit sich widersprechenden Details wiedergegeben wurden. Halls Buch über Harry Price zeigt ihn als notorischen Lügner.

Aber bedeutet die Entlarvung von Prices Charakter auch, daß der Spuk von Borley ein Betrug war? Vom Bau des Pfarrhofs im Jahre 1863 bis 1929, als Price sich erstmals dafür interessierte, erzählte man sich bereits Geschichten, die auf eine Reihe paranormaler Zwischenfälle an diesem Ort hindeuteten. Außerdem besuchte Price Borley von 1930 bis 1937 lediglich einmal, und trotzdem verzeichnete man dort während dieser Zeit mehr als 2000 angeblich paranormale Ereignisse.

1937/38 hatte Price die leere Pfarrei für zwölf Monate gemietet. Über eine Annonce in der Zeitung *The Times* fand er eine Gruppe unabhängiger Zeugen, die dort mit ihm einzog und mehrere Zwischenfälle, selbst in Prices Abwesenheit, miterlebte.

„… ALS DAS ‚LIFE MAGAZINE' EIN FOTO VON EINEM ZIEGELSTEIN BRACHTE, DER ANGEBLICH DURCH TELEPORTATION BEI BORLEY DURCH DIE LUFT FLOG, WARUM ‚VERGASS' PRICE DA, DASS ABRISSARBEITEN IM GANGE WAREN UND DER ZIEGEL IN WIRKLICHKEIT VON EINEM ARBEITER GEWORFEN WURDE, DEN DIE KAMERA NICHT ERFASSTE?"

John Farley und Simon Welfare, Arthur C. Clarke's World of Strange Powers, (Arthur C. Clarke's Welt der seltsamen Kräfte)

Die große, wenig einladend wirkende Pfarrei von Borley schien für Spukgeschichten wie geschaffen. Mit der Ankunft des Geisterjägers Harry Price begann es dort vor übersinnlichen Erscheinungen nur so zu wimmeln. Half da vielleicht jemand nach?

Gegenüber der Kirche von Borley, die aus dem 12. Jahrhundert stammt und inmitten von alten Grabsteinen an der Straße von Sudbury stand, befand sich die Pfarrei. Sie war als das „größte Spukhaus Englands" bekannt und brannte aus ungeklärten Gründen im Winter 1939 nieder. Durch die hohen Bäume, die das zweistöckige, rote Ziegelgebäude umgaben, war es in einem Großteil der 23 Zimmer dunkel und düster. Die Pfarrei war 1863 von Reverend Henry D. E. Bull, der Grundbesitzer und Pfarrer der Kirche von Borley war, für seine Frau und die 14 Kinder gebaut worden.

Direkt hinter dem Haus lag ein Gutshof mit Landhaus, Stallungen und anderen Gebäuden. Als man 1875 einen neuen Seitenflügel anbaute, entstand ein kleiner Innenhof. Im Kamin des Eßzimmers waren Mönchsfiguren eingeschnitzt; diese Dekoration läßt darauf schließen, daß Reverend Bull einer alten Dorflegende Glauben schenkte, derzufolge sich im 13. Jahrhundert an diesem Ort ein Kloster befand. Einer der Mönche war angeblich in die erste Geistergeschichte verwickelt. Er soll mit einer Nonne aus dem 13 Kilometer entfernten Nonnenkloster von Bures durchgebrannt sein: Das Paar wurde jedoch gefangen und hingerichtet, er geköpft und sie im Nonnenkloster eingemauert. Ihre Geister, so wird erzählt, spuken seitdem an diesem Ort. Der Geschichte wurde jedoch 1938 die Grundlage entzogen, als die englische „Archäologische Gesell-

***Oben:** Reverend Harry Bull – hier mit dem Chor der Kirche von Borley – trug wie vor ihm sein Vater zur Verbreitung der Spukgeschichten von der Geisternonne in der Pfarrei bei.*

***Unten:** Die düstere Pfarrei mit ihren 23 Zimmern, vom Kirchturm aus aufgenommen.*

BORLEY: DIE SPANNUNG STEIGT

schaft von Essex" ein Schreiben an Sydney Glanville richtete, der zu den gewissenhaftesten und ehrbarsten freiwilligen Forschern des Geisterjägers und Autors Harry Price zählte. Darin wurde festgestellt, daß die beiden Kloster nie existiert hatten.

Es gibt allerdings Belege dafür, daß Reverend Henry Bull und auch sein Sohn und Nachfolger Reverend Harry Bull die Legende gerne zum besten gaben. Sie war besonders unter den Schülern der Sonntagsschule verbreitet, von denen viele sie wahrscheinlich für bare Münze nahmen.

Bevor die erste „Nonnengeschichte" durch eine spätere Version ersetzt wurde, kamen Berichte auf, daß die Familie Bull, davon wahrscheinlich die beiden Schwestern Millie und Ethel, in dem länglichen Garten der Pfarrei eine schemenhafte Gestalt über den „Nonnenweg", wie er später genannt wurde, huschen sahen. Dieser Weg führte an einem unterirdischen Strom entlang, über dem an warmen Sommerabenden Mückenschwärme schwebten. Die beiden Schwestern erzählten Price, daß sie die Nonne im Juli 1900 gesehen hätten, und fügten hinzu, daß es „Abend" und „sonnig" gewesen sei; es kann also nicht mit Sicherheit ausgeschlossen werden, daß ihnen lediglich ein Schwarm Mücken „erschienen" war. Der Nachfolger, Reverend G. Eric Smith, erzählte, daß ihn eine „weiße Gestalt" erschreckt habe, die sich aber als Rauch eines Feuers herausstellte. Der Reporter des *Daily Mirror,* V. C. Wall, hatte eine ähnliche Erscheinung, die sich jedoch als das Hausmädchen erwies.

Die Familie Bull lebte fast 65 Jahre lang ohne jeden Komfort in der Pfarrei: Es gab weder Gas, Strom noch einen Wasseranschluß. Mit dem Tode seines Vaters 1892 übernahm Harry das Amt des Pfarrers und bewohnte mit seinen zahlreichen Geschwistern weiterhin das Haus. Mindestens drei Familienglieder wohnten dort bis zu Harrys Tod im Juni 1927, er selbst zog jedoch nach seiner Hochzeit im Jahr 1911 auf die andere Straßenseite nach Borley Place und kehrte erst 1920, vermutlich nach dem Tod seiner Frau, in die Pfarrei zurück.

***Oben:** Harry Bull schlief häufig in der Gartenlaube. Er behauptete, die Geisternonne und andere Erscheinungen von dort aus gesehen zu haben.*

***Unten:** An diesem Fleck soll der Geist der Nonne nach seinem Rundgang durch den Garten der Pfarrei verschwunden sein.*

Merkwürdige Akustik

Trotz der architektonischen Düsterheit ihrer Umgebung waren die Kinder der Familie Bull ausgesprochen lebhaft gewesen, so bezeugten es jedenfalls Ende der 40er und Anfang der 50er Jahre Freunde und Bekannte den Forschern gegenüber. Das Haus besaß eine merkwürdige Akustik und bot sich so für viele Streiche an. Wie Major Henry Douglas-Home von der „Gesellschaft für Parapsychologische Forschung" äußerte, seien Schritte im Hof hinter dem Haus und Stimmen im angrenzenden Landhaus in der Pfarrei deutlich vernehmbar gewesen. Dazu sei noch das ständige Plumpsen und Ächzen der Handpumpe im Stallhof gekommen. Ein anderer Zeuge berichtete den Forschern, daß die jungen Schwestern sich einen Spaß daraus machten, den Dienstmädchen zu erzählen, daß es im Haus „spuke", und eine alte Bedienstete erwähnte, daß sie, nachdem sie auf diese Art von Edith Bull eingestimmt worden sei, vor ihrem Zimmer „schlurfende" Geräusche gehört habe.

Als Harry älter wurde, trug auch er zu den Gerüchten im Dorf bei. Vermutlich litt er unter der Krankheit Narkolepsie, bei der der Patient fast ständig schläfrig ist, und verschlief so den Großteil des Tages in der Gartenlaube. Nach seinen Nickerchen will er oftmals die Nonne gesehen und die Phantomkutsche gehört haben, mit der sie und der Mönch auf der Flucht waren. Außerdem habe er mit dem ehemaligen Familienmitglied Amos gesprochen, der vor Jahren verstorben war, 1927, als Bull starb und die Familie schließlich die Pfarrei verließ, hatte die Pfarrei bereits den Ruf eines „Spukhauses", der sich noch verstärkte, nachdem das Haus über ein Jahr lang leer gestanden hatte und zusehends verfiel.

Im Oktober 1928 kam der neue Pfarrer von Borley an. Reverend G. Eric Smith hatte die ersten Jahre seiner Ehe in Indien verbracht. Als seine Frau jedoch schwer erkrankte, entschied er sich, heimzukehren, die Weihen zu empfangen und Pfründe zu erbitten. Nachdem er die Pfarrei Borley zugewiesen bekommen hatte, waren er und seine Frau entsetzt, als sie entdeckten, in welchem Zustand sie sich befand. Zu allem Ärger erfuhren sie im ersten Winter auch noch, daß es in dem Haus „spuke". Die „Gespenster" selbst traten allerdings nie in Erscheinung. Wie Mrs. Smith in einem Brief an die Kirchenzeitschrift *Church Times* schrieb, sei der Spuk in dem alten Haus lediglich „den Ratten und dem örtlichen Aberglauben" zuzuschreiben.

Smith Hauptsorge galt den ängstlichen Gemeindemitgliedern, die abends nicht in die Pfarrei kommen wollten. Als es ihm nicht gelang, ihnen die Ängste auszureden, unternahm er den möglicherweise fatalen Schritt, den Redakteur des *Daily Mirror* um die Adresse einer parapsychologischen Gesellschaft zu bitten. Er hoffte, erfahrene Ermittler könnten das Geheimnis durch Vernunft lösen und den Einwohnern ihre Ängste nehmen. Statt dessen sandte der Redakteur den Reporter V. C. Wall, und am Montag, dem 10. Juni 1929, erschien der erste Sensationsbericht über die Pfarrei von Borley. Er sprach von „geisterhaften Gestalten kopfloser Kutscher und einer Nonne, einer altertümlichen, von zwei Pferden gezogenen Kutsche, die geheimnisvoll erscheint und wieder verschwindet, und von schlurfenden Schritten in leeren Räumen ..."

Der Redakteur des *Mirror* telefonierte auch mit Harry Price, der zwei Tage danach das erste Mal nach Borley kam. Bei seiner Ankunft gab es erstmals „objektive Erscheinungen". Kaum hatte er seinen Fuß auf das Gelände gesetzt, zerschlug ein Stein ein Fenster, ein Ornament fiel im Flur in Stücke, und unzählige Apporte – Kiesel, Münzen, eine Medaille und Schiefer – rasselten die Haupttreppe herunter. Die Dienerglocken läuteten von selbst, und Schlüssel fielen aus den Schlössern. Während einer Séance in einem Schlafzimmer mit Ausblick auf den Garten und den „Nonnenweg", genannt Blauer Raum, hörten Price, Wall, die Smiths und zwei der Schwestern, die auf Besuch in der Pfarrei waren, Klopfgeräusche an einem Wandspiegel, die angeblich von dem verstorbenen Harry Bull stammten.

Price suchte das Haus in den folgenden Wochen mehrere Male auf und erlebte jedesmal seltsame Erscheinungen, die Wall ausführlich im *Daily Mirror* schilderte. Das Ergebnis überraschte nicht: Anstatt die Ängste seiner Gemeindemitglieder zu lindern, hatte Reverend Smith sie nicht nur unbeabsichtigt vergrößert, sondern seinen Kümmernissen noch ein weiteres hinzugefügt, denn der Bezirk wurde jetzt Tag und Nacht von Schaulustigen überschwemmt. Unternehmen organisierten Busausflüge, und die Smiths sahen sich bald einer regelrech-

Unten: Der Geist der Nonne und die Phantomkutsche spukten angeblich in der Pfarrei von Borley. Manche Versionen der Geschichte erwähnen kopflose Kutscher, weshalb den Gestalten auf dieser Zeichnung die Köpfe fehlen.

Ganz unten: Die Frau zeigt auf den Ort, an dem die Erscheinung der Kutsche verschwindet.

„ZU DEN ÜBER EINEN LANGEN ZEITRAUM HINWEG BEOBACHTETEN PHÄNOMENEN IN DER PFARREI VON BORLEY ZÄHLTEN MATERIALISATIONEN DER NONNE ... GLOCKENLÄUTEN, SCHRITTE, KLOPFEN ... OHRFEIGEN ... DIESE UND ANDERE AKTIVITÄTEN WURDEN VON MINDESTENS ACHTZIG ZEUGEN BERICHTET."

Peter Underwood, Exorcism! (Exorzismus)

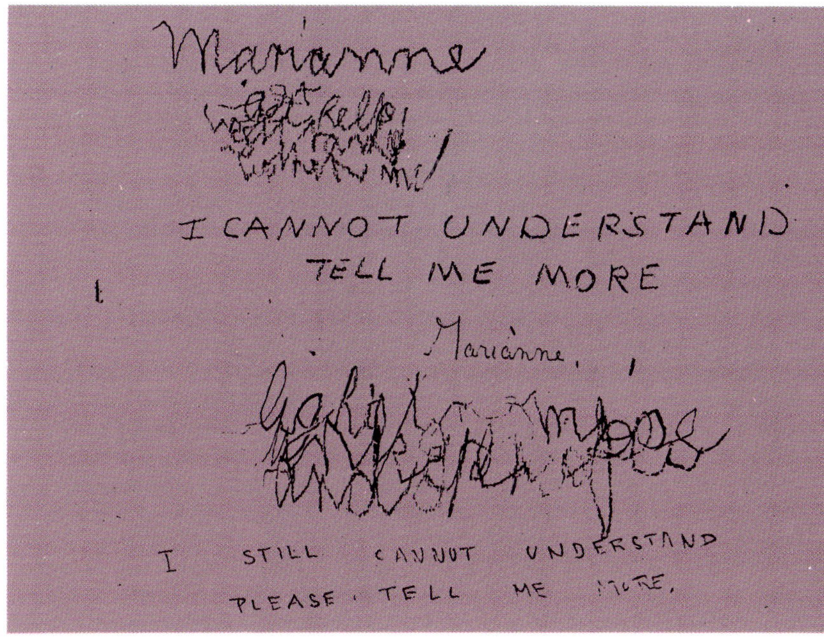

ten Belagerung ausgesetzt. Am 14. Juli zogen sie nach Long Melford, und Smith leitete die Gemeinde von dort, bevor er im April 1930 in Norfolk eine andere Pfründe annahm.

Bei mindestens zwei Gelegenheiten muß sich Price in Borley extrem unwohl gefühlt haben. Einmal „materialisierten“ sich ein paar Münzen und ein römisch-katholisches Medaillon mit dem Bildnis des heiligen Ignatius von Loyola. Danach fielen sie zu Boden, während gleichzeitig einige Zuckerwürfel durch die Luft flogen. Mrs. Smith erinnerte sich, daß sie sich beim Aufheben warm angefühlt hatten, so als ob ein Mensch sie in der Hand gehalten hätte. Ihr Dienstmädchen Mary Pearson, die für ihre Streiche bekannt war, hatte die Lösung parat: „Der Mann warf diese Münze“, erklärte sie, „also habe ich ein bißchen Zucker geworfen.“ Ein noch absurderer Zwischenfall ereignete sich bei einer weiteren Séance im Blauen Raum. Man hörte draußen schwere Schritte und schlagende Fensterläden. Darauf folgte vollkommene Stille, und Price fragte laut, ob dort der Geist von Reverend Harry Bull sei. Eine heisere Stimme, die eindeutig zu einem Helfer aus dem Ort gehörte, antwortete: „Er ist tot, und Sie sind dämlich.“ Mrs. Smith sagte später, Ratten seien am Läuten der Glocken schuld. (Der Glockenzug verlief an dem Balken unter dem Dach entlang.) Was das geheimnisvolle Licht angeht, das in einem Fenster des Obergeschosses „erschien“, so war im Ort bekannt, daß es sich um Lichtreflexionen der Eisenbahnwagen handelte, die durch das Tal fuhren.

Nachdem die Smiths die Gemeinde von Borley verlassen hatten, stand die Pfarrei sechs Monate lang leer. Dann, am 16. Oktober 1930, zog Harry Bulls Cousin, Reverend Lionel A. Foyster, als neuer Pfarrer ein. Reverend Foyster war Anfang 50 und kam von einem Pfarramt im neuschottischen Sackville zurück, das er zwischen 1928 und 1930 innehatte. Er litt an Rheuma, war aber trotz der schmerzhaften Krankheit ein freundlicher und gerngesehener Mann. Er liebte seine attraktive, etwa 20 Jahre jüngere Frau Marianne und ihre zweieinhalbjährige Adoptivtochter Adelaide innig.

Ganz oben: Als die Foysters in die Pfarrei zogen, kam es ausgesprochen häufig zu übersinnlichen Erscheinungen, einschließlich derartiger Geisterschriften.

Oben: Die Untersuchung des Spuks von Borley zählt zu den umstrittensten Punkten im Leben von Harry Price, der hier in seinem Labor zu sehen ist.

Links: Die verschiedensten Gegenstände, einschließlich Münzen und Kiesel, fielen kurz nach Harry Prices Ankunft die Haupttreppe der Pfarrei hinunter.

In den fünf Jahren, die die Foysters in Borley wohnten, soll es zu etwa 2000 „Zwischenfällen“ gekommen sein, von denen sich die meisten in einem Zeitraum von ungefähr 14 Monaten ereigneten. Dazu zählten Stimmen, Schritte, geworfene Gegenstände, Apparitionen und Botschaften, die auf Mauern geschrieben standen. Wahrscheinlich kann mit einer möglichen Ausnahme keine dieser Erscheinungen Harry Price zugeschrieben werden, der die Pfarrei nur einmal besuchte, während die Foysters dort lebten. Am Tag nach diesem Aufenthalt, dem 15. Oktober 1931, machte er in einem Schreiben an einen Kollegen eine eindeutige Bemerkung zum Geheimnis von Borley: „Obwohl der Fall psychologisch von großem Wert ist, scheint dort in parapsychologischer Hinsicht nichts los zu sein.“

In den sechs Monaten zwischen der Abreise der Smiths und der Ankunft von Foyster verwahrloste die Pfarrei mehr denn je. Den Bulls zufolge hatte Mrs. Foyster den Ort von Anfang an gehaßt. Sie freundete sich dort mit niemandem an, und abgesehen von Lionel wurde sie nur mit dem Freund der Familie, dem Französisch-Kanadier François D'Arles, gesehen, der auch ihrem Alter eher entsprach. Er mietete das Landhaus hinter dem Haus, und Ermittler der „Gesellschaft für Parapsychologische Forschung“ hatten den Eindruck, daß er im Haus dominierte. 1932 hatten Marianne Foyster und D'Arles zusammen einen Blumenladen in London eröffnet und kamen nur zu den Wochenenden nach Borley, was auf ein Verhältnis hindeutete. Mrs. Foyster benahm sich oft merkwürdig, wenn nicht hysterisch, und fiel einfach in Ohnmacht, wenn ihr etwas mißfiel oder sie deprimiert war. Einmal sank sie vor den versammelten Ermittlern auf die Knie und betete zum heiligen Antonius um „Rechtfertigung“ dafür, daß keine Manifestationen kamen. Es war, als ob sie meinte, diese Pänomene hervorrufen zu können. Und als der „Spuk“ von Borley kurz nach Ankunft der Foysters wieder einsetzte, gingen Dorfbewohner sogar so weit, Marianne Foyster ins Gesicht zu sagen, daß sie dahintersteckte.

Schriften an der Wand, Glockengeläute, Geistererscheinungen und spontane Brände – derlei Spuk war im alten Pfarrhaus von Borley an der Tagesordnung. Sollten all diese Phänomene nur auf Betrug beruhen?

Im Jahre 1878 wurde eine junge Frau namens Esther Cox im Haus ihrer Schwester in Amherst, Kanada, von heute auf morgen das Zentrum „mysteriöser Manifestationen". Esther sah Gespenster, Gegenstände flogen umher, Möbel wurden verrückt, im Haus brachen überall kleine Feuer aus, und an den Wänden erschienen seltsame Botschaften. Diesen Spuk beschrieb Walter Hubbell in einem Buch, das zu einem wahren Bestseller wurde. 1919 brachte die „American Society for Psychical Research" (Amerikanische Gesellschaft für Parapsychologie) eine kritische Untersuchung heraus, in der Dr. Walter F. Prince Zweifel anmeldete, daß es sich in Amherst um Poltergeister gehandelt hatte. Esther Cox, so Prince, litt unter einer ausgeprägten Konversionshysterie und hatte im Zustand der Verwirrung geschickte Tricks angewandt.

***Oben:** Der Spuk im Pfarrhaus von Borley erreichte seinen Höhepunkt, als Marianne Foyster dort einzog. Ob sie die Phänomene selbst inszenierte, ist bis heute ein ungelöstes Rätsel.*

***Unten:** Dieses Anwesen gehörte einst zum Pfarrhaus von Borley.*

Jahrzehnte waren vergangen, als sich in der Nähe Pfarrer Foyster und seine Frau Marianne niederließen. Und ebendieser Foyster schrieb später, während eines Aufenthaltes in Borley, einen Bericht über den Borley-Spuk, der auffallende Ähnlichkeiten mit den Vorkommnissen in Amherst zeigt. Wir dürfen davon ausgehen, daß Foyster die Geschichten aus Amherst bis ins Detail kannte. Inwieweit auch seine Frau über diesen Fall und seine mysteriösen Aspekte Bescheid wußte, ist nicht vollständig geklärt. Doch höchstwahrscheinlich war sie mit diesem Phänomen vertraut; ob sich das allerdings auf ihr Verhalten auswirkte – bewußt oder unbewußt –, bleibt offen.

SPUK IM PFARRHAUS

Die Ähnlichkeit zwischen den beiden Fällen in Kanada und England ist in der Tat verblüffend. Die Borley-Untersuchungskommission deckte nicht weniger als 19 Übereinstimmungen auf – wie Glokkenläuten, herumfliegende Objekte, kleine Brände und geheimnisvolle Wandbotschaften.

Marianne Foyster hatte bei ihrem Aufenthalt in Borley von Anfang an ein unheimliches Gefühl, und schon bald sah sie seltsame Dinge, die sonst niemand wahrnahm. Dann setzten die gleichen Phänomene ein wie in Amherst. Die Dorfbewohner bezichtigten sie der Betrügerei, während sich ihr Mann sehr loyal zeigte und beteuerte, daß er diese Dinge nur deshalb nicht sähe, weil er „nicht übersinnlich begabt" sei. Er hielt die Vorfälle „zu ihrer Verteidigung" schriftlich fest – viele davon allerdings, wie er einmal zugab, erst viel später.

Im Oktober 1931 nahm der Geisterjäger Harry Price auf Bitten der Bull-Schwestern das Pfarrhaus von Borley erneut unter die Lupe. Was hinter ihrem Ansinnen steckte, läßt sich nur vermuten. Vielleicht wußten sie ja, worauf diese trickreichen Streiche beruhten, und wollten nun erfahren, auf welche Weise sich der Spuk trotz ihrer Abwesenheit weiterhin manifestierte ... Harry Price dachte wohl ähnlich, denn nach seiner Untersuchung war er davon überzeugt, daß Frau Foyster die Phänomene vorsätzlich inszenierte.

Die Geisterforscher Dingwall, Goldney und Hall analysierten die Vorfälle, die Foyster in seinen ursprünglichen Aufzeichnungen festgehalten – und später überarbeitet – hatte. So trat das Glockenläuten 103mal auf, wovon man in 99 Fällen ausschließlich auf Frau Foysters Aussage angewiesen war. Für drei Fälle fand sich eine natürliche Erklärung, und nur einmal blieb die Sache „unerklärlich".

Besonders verdächtig waren die Botschaften, die an die Wand gekritzelt standen. Die meisten richteten sich an Marianne und baten um „Licht, Messe, Gebete". Einmal stand „Adelaide" an der Wand – so hieß die Adoptivtochter der Foysters. Es handelte sich jedesmal um eine kindliche Kritzelschrift, und es kam der Verdacht auf, daß die kleine Adelaide nicht nur die Botschaften geschrieben, sondern auch die merkwürdigen Brände in der Wohnung gelegt hatte: Immerhin wurde sie einmal dabei ertappt, als sie ihr Bettlaken anzündete.

1933 verreisten die Foysters für sechs Monate, und Kanonikus H. Lawton hütete das Haus. Während seiner Anwesenheit ereignete sich nichts Außergewöhnliches, obwohl ihm auffiel, daß im Hause selbst und ringsherum eine sehr seltsame Akustik herrschte. Frau Foyster verbrachte nun die meiste Zeit über in London, wo sie zusammen mit einem Freund ein Blumengeschäft hatte. Nach ihrer Abreise führte eine spiritistische Gruppe im Pfarrhof exorzistische Zeremonien durch, worauf die Poltergeister nicht mehr auftauchten. Oder lag das vielleicht eher daran, daß Frau Foyster nicht mehr im Hause weilte? Im Oktober 1935 zogen die Foysters aus dem Pfarrhaus aus. Als fünf Monate später A. C. Henning als Geistlicher berufen wurde, zog er es vor, sich anderswo niederzulassen. Seither wohnen die Pfarrer von Borley in Nachbargemeinden.

Unten: Auf diesem Foto sieht man den Geisterjäger Harry Price (links), Mrs. K. M. Goldney (rechts), Mitglied der britischen „Gesellschaft für Parapsychologie", sowie die Familie Foyster vor dem Pfarrhaus von Borley. Im Vordergrund ihre Adoptivtochter Adelaide und eine namentlich unbekannte Spielkameradin.

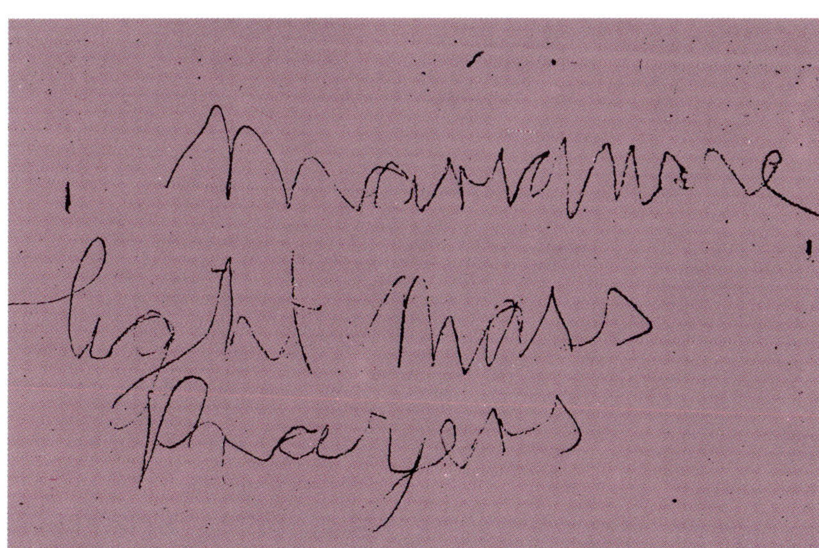

Ganz unten: Eine der vielen Botschaften, die von unsichtbarer Hand an die Wände gekritzelt wurden. Sie wiesen kindliche Schriftzüge auf und wandten sich meist an Marianne Foyster.

Oben: Einer von Harry Prices 48 freiwilligen Mitarbeitern nach Erledigung seiner täglichen Routinebeobachtungen. Price hatte das Pfarrhaus gemietet und mittels einer Zeitungsannonce ein Team von Beobachtern angeworben. Erfahrung mit parapsychologischen Dingen war nicht erforderlich, allerdings sollten seine Mitarbeiter über genügend Zeit und Intelligenz verfügen und ebenso unerschrocken wie unvoreingenommen sein.

Das heruntergekommene alte Haus hatte noch vier Jahre vor sich. Am 19. Mai 1937 mietete sich Harry Price dort ein und suchte eine Woche später per Annonce in *The Times* „verantwortungsbewußte, intelligente Personen – unerschrocken, kritisch, unvoreingenommen und über ausreichend Zeit verfügend", die bereit waren, als Beobachter im Pfarrhaus zu wohnen. „Je weniger sie über Parapsychologie wissen, desto besser."

Im November 1938 ging das Haus in den Besitz von Captain William Hart Gregson über. Ob Price und Frau Foyster den Spuk aus irgendwelchen persönlichen Motiven inszeniert hatten oder nicht – der neue Besitzer war jedenfalls auf finanzielle Vorteile aus. Er organisierte Busreisen nach Borley und ließ über Rundfunk verbreiten, daß in der Pfarrei mehrere kleinere Phänomene aufgetreten waren. Sein Touristenprogramm fand jedoch ein jähes Ende, als am 27. Februar 1939 ein Feuer ausbrach und den berühmt-berüchtigten Pfarrhof bis auf die Grundmauern zerstörte.

Sidney Glanville, einer von Prices freiwilligen Mitarbeitern und ein Mann von untadeligem Ruf, berichtete später von einem Wesen namens „Sunex Amures", das während einer Séance erschienen war und damit gedroht hatte, die Borley-Pfarrei niederzubrennen. Die wahre Brandursache schrieb Sir William Crocker, ein angesehener Anwalt, in seiner Autobiographie jedoch anderen „Kräften" zu. Er war von der Versicherungsgesellschaft beauftragt worden, Gregsons Schadenersatzansprüche zu überprüfen. „Wir wiesen dessen unverschämten Anspruch auf ‚Schadenersatz aufgrund Brandunfall' zurück ...", so Crocker, „und führten an, daß er diesen Brand vorsätzlich gelegt hatte."

Hokuspokus

Im Frühjahr 1944 wurden die Ruinen des Pfarrhauses abgerissen und das Grundstück eingeebnet. Heute befinden sich darauf drei moderne Einfamilienhäuser und ein Obstgarten. Während der Abrißarbeiten kam Price mit einem Fotografen der Zeitschrift *LIFE* und der Parapsychologin Cynthia Ledsham nach Borley. Rein zufällig schoß der Fotograf ein Bild von einem Ziegelstein, der, wie von unsichtbaren Kräften gehalten, in der Luft schwebte. In Wirklichkeit hatte ihn gerade ein Bauarbeiter seinem Kollegen zugeworfen. *LIFE* veröffentlichte dieses Foto mit einer scherzhaften Bemerkung. Doch Price bezeichnete diesen Vorfall als das „letzte übernatürliche Phänomen" von Borley. Cynthia Ledsham war darüber sehr indigniert und nannte es „den unverfrorensten Hokuspokus, den ... sich Harry Price jemals geleistet hatte".

Der Borley-Spuk war von vorne bis hinten ein Humbug, und Harry Price nutzte das aus, um sein Bedürfnis nach öffentlicher Aufmerksamkeit zu befriedigen. Nach seinem Tode sollte sich herausstellen, daß seine seichten Betrugsmanöver einer ernsthaften Untersuchung nicht standhalten konnten.

1938 hatte er an C. G. Glover folgendes geschrieben: „Was Ihre mannigfaltigen Kritiken anbelangt, so steht und fällt der Spuk in dem Pfarrhaus nicht mit den Protokollen unserer Untersucher, sondern mit den außergewöhnlichen Ereignissen, die hier seit immerhin 50 Jahren stattfinden."

1946 bezog sich Price in einem Brief an Dr. Dingwall auf den Vorfall, bei dem ein Glas Wasser in Wein „verwandelt" wurde: „Ich gebe zu, Frau Foysters Weintrick war ziemlich durchschaubar, aber selbst wenn man sich die Foysters, die Smiths und die Bulls und all die anderen wegdenkt, bleibt immer noch etwas zurück."

Obwohl Harry Prices freche Lügengeschichten widerlegt wurden, haben andere Geisterjäger in der Umgebung des Pfarrhauses bis in die 70er Jahre hinein Untersuchungen angestellt. Und möglicherweise sind sie dabei über etwas gestolpert – allerdings nicht im Pfarrhaus selbst, sondern in der Kirche von Borley.

„BESONDERS VERDÄCHTIG WAREN DIE BOTSCHAFTEN, DIE AN DIE WAND GEKRITZELT STANDEN ... ES HANDELTE SICH JEDESMAL UM EINE KINDLICHE KRITZELSCHRIFT, UND ES KAM DER VERDACHT AUF, DASS DIE KLEINE ADELAIDE NICHT NUR DIE BOTSCHAFTEN GESCHRIEBEN, SONDERN AUCH DIE MERKWÜRDIGEN BRÄNDE IN DER WOHNUNG GELEGT HATTE ..."

BLICK IN DIE VERGANGENHEIT?

Ray Alan, einer der größten Entertainer und bekanntesten Bauchredner Großbritanniens, berichtet von einem wundersamen Zeitsprung – vielleicht sogar in eine frühere Inkarnation –, den er auf einer Tournee erlebte.

Es geschah Mitte der sechziger Jahre. Ich hatte einen Auftritt in einer Show in Chesterfield zugesagt – es war mein erster Besuch in dieser Stadt. Wenn ich mich recht entsinne, war es ein Sonntag, an dem ich mich zusammen mit Patrick O'Heagan, dem irischen, nach Australien übergesiedelten Tenor, und dem damaligen Musikdirektor Hal Stead per Zug auf den Weg von London nach Chesterfield machte.

In unserem Abteil saß ein weiterer Entertainer, Les Cassidy, bekannt als „The Cowboy from Wigan", weil er jedem hier und in den USA, wo er regelmäßig in Roy Rogers Fernsehsendung auftrat, den Bären aufband, er sei ein waschechter Cowboy, während er tatsächlich aus Nordengland stammte.

Les rauchte eine Zigarettenmarke namens Bristol. Während der Fahrt gingen ihm die Zigaretten aus, und im Zug gab es keine Möglichkeit, neue zu besorgen. Andere Marken aber schmeckten ihm einfach nicht. Ich erinnere mich, wie ich zu ihm sagte: „Mach dir deine Sorgen, Les. Sobald wir in Chesterfield sind, kannst du dir welche kaufen. Da gibt es einen Laden, der den ganzen Sonntag geöffnet hat." In dem Augenblick, als ich die Äußerung tat, war ich darüber im stillen sehr erstaunt, denn ich war ja niemals zuvor in Chesterfield gewesen. Aber ich machte mir keine weiteren Gedanken darüber und hatte die Sache bald vergessen.

Als wir schließlich ankamen, gingen Pat O'Heagan und Hal Stead los, um einen Gepäckträger zu holen. Wir hatten Zimmer im Bahnhofshotel, nur einen Katzensprung vom Bahnhof entfernt, gebucht.

Ich sagte, ich würde Les inzwischen zum Tabakgeschäft bringen. Wir gingen den Hügel beim Bahnhof hinunter und bogen links um die Ecke. Und da war dieser kleine Eckladen mit einer sympathischen alten Dame als Verkäuferin. Ich sehe sie noch immer vor mir. Würde die Polizei mich heute auffordern, sie für ein Fahndungsfoto zu beschreiben, so hätte ich damit keine Probleme, obwohl das Erlebnis nun schon beinahe 30 Jahre vergangen ist.

Die Frau hatte schönes, silbergraues Haar und war sehr klein und rundlich, sah ziemlich skandinavisch aus und trug eine Nickelbrille. Sie war etwa Mitte bis Ende Siebzig – eben eine von jenen reizenden alten Damen, der Inbegriff der liebenswerten Tante.

Wir betraten den Laden, und Les, der inzwischen nach einer Zigarette lechzte, bekam, was er wollte. Während er bezahlte, stieg in mir das Gefühl auf, daß ich diese Frau von irgendwoher kannte. Auch sie schien mich zu kennen. Sie nannte mich sogar „mein Sohn" – und dies war einige Zeit, bevor ich mir einen Namen gemacht hatte und man mein Gesicht vom Fernseher her gekannt hätte. Ja, sie schien absolut erfreut, mich zu sehen. Irgendwie war mir auch der Laden vertraut, als sei ich als Kunde regelmäßig dort ein und aus gegangen.

Wie dem auch sei, wir hielten uns nicht lange auf und gingen gleich um die Ecke zurück zu unserem Hotel. Nun, da er seine Zigaretten hatte, fühlte Les sich wieder besser. Als wir die Hotelhalle betraten, wandte er sich plötzlich zu mir um und sagte: „Ich dachte, du wärest noch nie in Chesterfield gewesen, Ray." „Bin ich auch nicht", erwiderte ich. In diesem Augenblick begriff ich erst so richtig. Wie konnte ich wissen, wo das Tabakgeschäft war, wenn ich die Stadt überhaupt nicht kannte?

„Aber du mußt schon einmal hier gewesen sein, Ray", sagte Les mit leisem Zweifel in der Stimme.

> „WIR FANDEN DEN LADEN TATSÄCHLICH ... AM VORTAG WAR ER IN EINEM ANNEHMBAREN ZUSTAND GEWESEN, UND JETZT SCHIEN ER VÖLLIG HERUNTERGEKOMMEN ..."

„Moment mal", rief ich, „ich schwöre, daß ich in meinem Leben noch nicht in Chesterfield war", woraufhin Pat entgegnete: „Aber du hast Les schnurstracks zum Tabakladen geführt! Anscheinend wußtest du genau, wo er war. Und außerdem wußtest du, daß er sonntags nachmittags geöffnet war." Jetzt begann ich, mir ernsthaft Gedanken zu machen.

Am nächsten Morgen mußten wir alle zu einer Orchesterprobe. Sie lief ganz gut, doch war ich innerlich noch immer mit dem Vorkommnis vom Vortag beschäftigt. Daher gingen Les und ich anschließend zurück ins Hotel und schlugen dann

Oben: Entertainer Ray Alan zeigt auf einer Karte von Chesterfield den Tabakladen, in dem er und ein Kollege möglicherweise einen Zeitsprung erlebten.

den Weg zu dem Laden ein, in dem wir unserer feten Überzeugung nach die Zigaretten gekauft hatten. Ich wollte die alte Dame noch einmal sehen und herausfinden, ob wir uns wirklich schon einmal begegnet waren. Wir fanden den Laden tatsächlich, doch zu unserer Überraschung war er mit Brettern vernagelt. Am Vortag war er in einem annehmbaren Zustand gewesen, und jetzt schien er völlig heruntergekommen, als sei er seit längerem schon verlassen.

Nun war ich endgültig völlig durcheinander. Les hatte seine Zigaretten – sie waren nicht von der Hand zu weisen –, so daß wir sicher sein konnten, daß es nicht meine Phantasie war, die mir einen Streich spielte. Und wir waren zusammengewesen, hatten uns also gegenseitig als Zeugen. Mein erster Gedanke war, daß wir uns am falschen Ort befanden, obwohl dieser vernagelte Laden dem vom Vortag absolut glich. Vielleicht aber war unser Tabakladen ja um die Ecke. Wir schauten uns in der Umgebung um, konnten aber keinen zweiten Laden wie den unsrigen finden. Wir konnten doch nicht gleichzeitig eine Halluzination gehabt haben!

Dann lief uns ein Eisenbahner über den Weg. Wir fragten ihn, ob er die Gegend kenne. „Und ob", meinte er, „ich arbeite schon mein ganzes Leben hier." Ich erzählte ihm, daß wir am Sonntag in einem Tabakladen bei einer alten Dame mit einer Nickelbrille Zigaretten gekauft hatten und diesen Laden wiederfinden wollten. Daraufhin schaute der Mann uns ziemlich verwundert an und sagte, es gebe in der Gegend nur einen einzigen Laden, auf dessen Besitzerin diese Beschreibung passe, und zeigte dabei auf den vernagelten Eingang.

„Aber Sie können unmöglich gestern dort Zigaretten gekauft haben", fügte er hinzu. „Die liebenswerte Besitzerin ist vor Jahren gestorben, und seither hat sich keine Seele mehr um den Laden gekümmert."

DER FLUCH VON FYVIE CASTLE

Ein uralter Fluch soll noch heute auf dem herrlichen schottischen Schloß lasten. Welche grausame Wahrheit bergen die mächtigen Mauern von Fyvie?

Im Jahre 1889 kaufte Alexander Forbes-Leith das Schloß Fyvie und erwarb gleichzeitig einen Fluch und möglicherweise das einzige Gespenst, das jemals seinen Namen für spätere Generationen in Stein geschrieben hat.

Das Schloß, das sich etwa 50 Kilometer nordwestlich von Aberdeen befindet, wird als „die Krönung der schottischen Prunkarchitektur" bezeichnet. Der Grundstein wurde bereits vor der normannischen Eroberung im Jahre 1066 gelegt, und seit dem 14. Jahrhundert wohnten fünf bedeutende Familien darin.

Wie viele andere Flüche, die auf alten schottischen Familien lasten, geht auch der „Fluch von Fyvie" auf den allgegenwärtigen Thomas the Rhymer (Thomas der Reimeschmied) zurück. Wahrscheinlich ist die legendenumwobene Gestalt identisch mit Thomas of Erceldoune, der nachweislich gelebt hat. Er wurde 1220 geboren und gegen 1240 als Zeuge bei einem Vertrag der Abtei von Melrose erwähnt. In einer Chronik aus dem frühen 14. Jahrhundert wird er als Dichter bezeichnet. Zu seiner Zeit wurde Thomas the Rhymer häufig als Liebhaber der „Königin vom Elfenland" beschrieben. Sie soll ihm die Macht der Prophezeiung gegeben haben, und als er verschwand, nahm man an, daß sie ihn mit sich fortgetragen hatte. Realistischer ist jedoch, daß er in ein Kloster eingetreten ist oder, wie Sir Walter Scott glaubte, von Räubern ermordet wurde.

***Oben:** Die beeindruckende Südfront des mittelalterlichen schottischen Fyvie Castle stammt aus dem 16. Jahrhundert. Die Legende besagt, daß drei unheilbringende „Trauersteine" in den alten Mauern von Fyvie Castle enthalten sind.*

***Rechts:** Nach den ehrgeizigen Plänen von Alexander Seton, Lord Fyvie, wurde aus der trutzigen Burg ein mächtiges Schloß.*

Über seine Reisen wird sowohl in der mündlichen Überlieferung als auch in zeitgenössischen Dokumenten berichtet. Er kann aber kein gerngesehener Gast gewesen sein, denn in seinen Prophezeiungen sagte er fast ausschließlich Unglück, Blutvergießen und Zerstörung voraus. Dennoch wagten nur wenige Gutsherren, Thomas the Rhymer wegzuschicken, da sie sonst Schlimmeres zu befürchten hatten.

Laut James Murray, der im 19. Jahrhundert die fünf alten Handschriften mit der Geschichte des „Reimeschmieds“ herausgegeben hat, standen die Tore von Fyvie Castle in Erwartung seiner unausbleiblichen Ankunft sieben Jahre und einen Tag lang offen. Als er endlich kam, war er wie üblich kaum zu übersehen. „Er erschien plötzlich vor dem schönen Gebäude, begleitet von einem fürchterlichen Sturm aus Wind und Regen, der die Blätter von den Bäumen in der Umgebung riß und die Tore des Schlosses laut zuschlug. Doch obwohl der Sturm überall tobte, sah man, daß dort, wo Tammes [Thomas] stand, der Wind nicht einmal einen Grashalm oder ein Haar in seinem Bart bewegte.“ Natürlich war Thomas sehr ungehalten darüber, daß die Tore des Schlosses vor seiner Nase zuschlugen. In seiner Wut murmelte er die grauenhafte Prophezeiung: Schloß Fyvie werde nicht erblühen, solange dort drei bestimmte Steine wären, einer im alten Turm, einer im Frauengemach und einer im Schleusentor – drei Steine, an die man nie gelangen könne.

Diese etwas obskure Ankündigung sollte bedeuten, daß drei Steine, die man später als die „Trauersteine“ bezeichnete, so lange Unglück bringen würden, wie sie Teil des Schlosses blieben. Nur einer dieser Steine ist bisher gefunden worden, und damit bleibt der Fluch bestehen. Heute befindet sich dieser Stein in einer hölzernen Schüssel im Urkundenraum. Manchmal ist er knochentrocken, und manchmal sieht man „genug Wasser austreten, um die Schüssel zu füllen“. Der Stein, der sich unter dem „Schleusentor“ befinden soll, wurde nie gefunden, und der dritte könnte beim Bau des Turmes, der heute als Preston Tower bekannt ist, verwendet worden sein. Obwohl Thomas the Rhymer in seinem Fluch sehr vage blieb, wurde er dahingehend interpretiert, daß in diesem Schloß kein Erbe geboren würde. Deshalb würde das Schloß niemals von einem Vater auf seinen ältesten Sohn übergehen – was sich bewahrheitet hat. Zumindest von der Forbes-Leith-Familie, den letzten Privateigentümern des Schlosses, wissen wir, daß kein Erstgeborener lange genug lebte, um das Erbe antreten zu können. Vielleicht wird das auch nie der Fall sein, denn 1984 wurde Fyvie Castle vom schottischen Amt für Denkmalspflege übernommen.

Ganz rechts: Auch der Seton Tower über dem Haupttor wurde von Lord Fyvie errichtet. Nach einer Trauerzeit von nur sechs Monaten heiratete der legendenumwobene Lord im Jahr 1601 zum zweiten Mal. Da die neuen Gemächer noch nicht fertiggestellt waren, verbrachte das junge Paar die Hochzeitsnacht in einem Zimmer im älteren Teil von Fyvie Castle.

Oben: Der getäfelte Urkundenraum mit den Mondsicheln, Fünfblattrosetten und Familienwappen geht ebenfalls auf Lord Seton zurück. Ein Sandstein, angeblich einer der drei mysteriösen „Trauersteine“, wird hier in einer hölzernen Schale aufbewahrt. Doch solange die beiden anderen „Trauersteine“ nicht gefunden sind, soll der Fluch bestehen bleiben.

Es rankt sich noch ein weiteres Geheimnis um Schloß Fyvie Castle, wiederum geht es um einen Stein. Dieser befindet sich über dem sogenannten Urkundenraum an der Außenfassade. Das Rätsel der Nacht des 27. Oktober 1601 hat sich bisher jeder Klärung entzogen. Damals war das Schloß im Besitz von Alexander Seton, Lord Fyvie, dem späteren ersten Earl of Dunfermline.

1592 heiratete er Dame Drummond, die Tochter von Lord Patrick Drummond, der mit dem Herrscherhaus der Stuarts verbunden war. Dame Lilies war eine hübsche, fröhliche Frau, und neun Jahre lang verlebte das Paar eine glückliche Zeit. Fünf Töchter kamen zur Welt, von denen vier einflußreiche Adlige heirateten. Lilies war jedoch nicht so kräftig, wie sie zu sein schien, und am 8. Mai 1601 starb sie im Haus ihres Ehemannes in Fife, wo sie auch begraben wurde.

Sie war nicht ganz 30 Jahre alt. Den historischen Aufzeichnungen zufolge scheint Seton ihren Tod sehr betrauert zu haben. Mündliche Überlieferungen verweisen allerdings auf etwas anderes: Seton war es müde gewesen, auf den Sohn und Erben zu warten, der niemals kam, und hatte eine Affäre mit der wunderschönen Lady Grizel Leslie, Tochter des

Links: In diesen steinernen Fenstersims wurde der Name der ersten Frau von Lord Fyvie, D. LILIES DRUMMOND, in fast sieben Zentimeter großen Buchstaben eingemeißelt. Im sogenannten „Drummond-Raum" soll Lord Fyvie im Jahre 1601 die Hochzeitsnacht mit seiner zweiten Frau verbracht haben. In dieser Nacht vernahm das Paar tiefe Seufzer – und entdeckte am Morgen den Namen der Dame Lilies außen am Fenster.

Master of Rothes, die 32 Kilometer von Fyvie entfernt lebte. Die Legende weiß zu berichten, daß Dame Lilies an gebrochenem Herzen starb.

Obwohl die Chronik und die mündlichen Überlieferungen anscheinend unterschiedliche Aussagen machen, verlor Seton zweifellos wenig Zeit. Schon nach sechs Monaten war er mit Lady Grizel Leslie verheiratet.

In der Nacht vom 27. Oktober 1601 zogen sie sich in ihr zeitweiliges Schlafgemach zurück, ein kleiner Raum am Ende der Wendeltreppe im älteren Teil des Schlosses, da ihre neuen Gemächer – im heutigen Seton Tower – noch nicht fertig waren.

In jener Nacht vernahmen beide tiefe Seufzer, die von draußen kamen. Doch als Seton nachschaute, sah er niemanden. Am Morgen danach entdeckte man einen erschreckenden Hinweis: Jemand hatte in sieben Zentimeter großen Buchstaben den Namen D. LILIES DRUMMOND verkehrt herum in den Fenstersims eingemeißelt. Noch heute ist der Name deutlich zu erkennen – in 15 Meter Höhe in der alten Schutzmauer des Schlosses, die mit Absicht ohne jegliche Fußstützen gebaut war.

Über die Herkunft dieser Buchstaben hat es schon viele Spekulationen gegeben. Doch keine schien schlüssig zu sein. Die Exaktheit der Ausführung und die Deutlichkeit der Schrift beweisen das große handwerkliche Können der „Geisterhand". Seton oder ein Bediensteter kommen deshalb als Urheber wohl nicht in Frage. Das größte Rätsel stellt die Tatsache dar, daß der Name – vom Zimmer aus gesehen – auf dem Kopf steht. Der geheimnisvolle „Steinmetz" mußte also von der Fassade aus gearbeitet haben.

Seton war der Erbauer von Fyvie, wie es heute zu sehen ist, und zur Zeit seiner zweiten Hochzeit sollen die Arbeiten noch angedauert haben. Man hat vermutet, daß einer der Steinmetze den Namen aus Respekt vor der toten Herrin eingemeißelt hat. Doch warum hat er das gerade an dieser schwer zugänglichen Stelle getan, der kaum jemand seine Aufmerksamkeit schenkt? Gedenktafeln mit Initialen

SYMPTOME EINES ZAUBERS

Schon seit undenklichen Zeiten werden Menschen mit Zaubersprüchen belegt. Obwohl der moderne Mensch dies lediglich als abergläubischen Unsinn abtun wird, hört man auch heute immer wieder von Flüchen und ihrer Macht: Sie können nicht nur Angst einflößen, sondern sogar töten. Die Androhung des Todes ist wohl der stärkste Zauberspruch. Bei dem sogenannten „Voodoo-Tod" erleidet das Opfer extreme Angstanfälle, die anscheinend seinen Sympathikus beeinflussen, einen lebenswichtigen Teil des vegetativen Nervensystems. Das Herz schlägt zu schnell und gerät in einen Zustand der permanenten Kontraktion. Einige Opfer werden starr vor Angst, ihre Lunge kann nicht weiterarbeiten und liefert dem Körper nicht mehr genügend Sauerstoff. Dies sind die physischen Auswirkungen eines Zaubers. Hervorgerufen werden sie durch die tiefe Überzeugung des Opfers, daß der Tod unausweichlich ist.

Rechts: Dieses Frauenporträt aus dem Schloß soll der „Grünen Lady" ähneln. Es trägt die Jahreszahl 1676 und ist somit 75 Jahre nach Dame Lillies' Tod entstanden.

Unten: Zu den prächtigen Umbauten, die Lord Fyvie am Schloß vornahm, gehört diese steinerne Wendeltreppe. Hier zeigt sich seit Jahrhunderten die „Grüne Lady", der Geist der unglücklichen Dame Lilies. Sie trägt ein grün schimmerndes Gewand und gilt auch als Todesbotin.

und Wappen werden ja gewöhnlich in Stein gehauen und dann für jedermann sichtbar in die Wand eingelassen. Und der betreffende Raum wurde normalerweise gar nicht benutzt, er befand sich tatsächlich weit entfernt von den Wohngemächern, die Seton damals bauen ließ, und wurde erst im allerletzten Augenblick als Hochzeitsgemach ausgewählt. Um an den Fenstersims zu gelangen, hätte

man ein Gerüst aufbauen müssen, was sehr zeitaufwendig gewesen wäre. Dann hätte der Steinmetz das Gerüst hochklettern müssen, um mit geräuschvollen Hammerschlägen die tiefen Buchstaben einmeißeln zu können. Doch alles, was das jungvermählte Paar hörte, waren „tiefe Seufzer".

Die „Grüne Lady"

Ob natürlichen oder übernatürlichen Ursprungs, die geheimnisvolle Inschrift kennzeichnet den Beginn des Spuks auf der Wendeltreppe und den anschließenden Gängen: die leuchtende „Grüne Lady", in einem Dokument aus dem 17. Jh. genannt. Natürlich nahm man an, daß sie Dame Lilies war, obwohl ein Porträt von 1676, das in dem Schloß hängt und angeblich das Gespenst zeigt, nur wenig Ähnlichkeit mit dem Porträt von Setons erster Frau aufweist. Das Gespenst trägt ein blaugrünes Kleid und scheint ein leichtes Schillern auszustrahlen.

Jahrelang bemerkte man die „Grüne Lady" auf ihren nächtlichen Wanderungen auf der großen Wendeltreppe, und jeder Bericht erwähnt das grünliche Leuchten, das sie umgab. Gelegentlich wurde sie jedoch nur als ein Lichtflackern am Ende eines dunklen Korridors erblickt. Colonel Cosmo Gordon, 5. Laird of Gordon of Fyvie, der das Schloß von 1847 bis 1879 besaß, erzählte, daß er bei einer Gelegenheit von unsichtbaren Händen aus dem Bett geschüttelt wurde, während sich in einer anderen Nacht im Schloß ein Wind erhob – draußen war alles ruhig – und ihm und seinen Gästen das Bettzeug wegblies. Vermutlich befand sich Dame Lilies damals in sehr ausgelassener Stimmung.

1733 kamen die Gordons nach Fyvie, und sie erblickten die Erscheinung so häufig, daß sie die „Grüne Lady" schließlich als ihr persönliches Gespenst ansahen. Eine von Colonel Cosmo Gordon erzählte Geschichte scheint dies zu belegen. Einmal verbrachte eine Freundin mit ihrem Dienstmädchen Thompson das Wochenende im Schloß. Beim Frühstück merkte die Besucherin an, daß ihr Dienstmädchen eine unbekannte Lady gesehen hätte, die in einem grünen Kleid die Haupttreppe hinaufging.

„Das muß die Grüne Lady gewesen sein", sagte der Colonel und fügte eifersüchtig hinzu, „obwohl sie sich eigentlich nur einem Gordon zeigt."

„Oh", rief die Besucherin aus, „ich nenne alle meine Dienstmädchen immer Thompson. Ihr wirklicher Name *ist* Gordon!"

Kurz vor seinem Tod erblickte Cosmo Gordon eine Gestalt, die ihm aus dem Schatten eines Raumes heraus zuwinkte. Er nahm dies als ein Omen für seinen baldigen Tod. Wenige Tage später sah sein jüngerer Bruder die „Grüne Lady" im fahlen Dezemberlicht, das durch das beschriftete Fenster fiel, auf sich zuschreiten. Als sie bei ihm ankam, machte sie einen Knicks. Am nächsten Morgen starb Cosmo.

Strahlende Bilder

Im Ersten Weltkrieg hinterließ ein kanadischer Armeeoffizier einen Bericht über seinen Zusammenstoß mit übernatürlichen Kräften auf Schloß Fyvie. Dieses Schriftstück zählt zu den eindrucksvollsten Schilderungen in den Annalen des Schlosses. Der Offizier war von Beruf Bergwerksingenieur und immer ein Skeptiker gewesen: „Wenn jemand vorher gesagt hätte, daß es solche Dinge wie Geister oder etwas Übernatürliches gibt, hätte ich den Mann als einen kompletten Dummkopf angesehen."

In der ersten Nacht seines Aufenthaltes auf dem Schloß erwachte er nach einiger Zeit und merkte, daß das Licht brannte. So glaubte er jedenfalls, und stand auf, um es auszuschalten: „Dabei stellte ich zu meinem Erstaunen fest, daß ich es angeschaltet hatte. Ich schaltete das Licht noch einmal aus, doch es wurde nicht dunkel. Der Raum war durch irgend etwas anderes erhellt, und wie ich sah, wurde das Licht allmählich immer heller. Es war, als ob kleine Flammen die Bilder umspielten, und ich konnte die Farben auf den Bildern ganz deutlich erkennen."

Bis zum Ende seines Aufenthaltes trat Nacht für Nacht das gleiche Phänomen auf. Und obwohl er einzig das seltsame Licht sah, hatte der Kanadier doch das Gefühl, als ob „jemand oder irgend etwas in dem Raum war, etwas, das mich schlagen wollte".

Lord Leith of Fyvie, der das Schloß 1889 kaufte und 1925 verstarb, hat das gleiche Phänomen nicht nur gesehen, sondern auch wissenschaftlich untersucht. Gleichzeitig hatte er den einzigen bekannten „Trauerstein" überprüft, der sich als poröser Sandstein erwies, der ganz natürlich Feuchtigkeit aufnahm und wieder abgab. Für den Namen in dem Fenstersims, das Umherwandern der „Grünen Lady" und ihr Leuchten fand sich jedoch keine „wissenschaftliche" Erklärung. Seit dem Tod von Lord Leith ist die „Grüne Lady" nur dann und wann von Besuchern erblickt worden, die rätselhafte Inschrift des Namens ist dennoch für alle sichtbar geblieben. Was immer den Geschichten von Fyvie Castle zugrunde liegt, Lord Leith hatte eine sehr vernünftige Einstellung zu dieser Frage: „Kämpfe nie mit dem Übernatürlichen", erzählte er einem Geist. „Begegne ihm ohne Angst, und es wird dich in Ruhe lassen."

SPUK IN DER BORLEY-KIRCHE

Jagten Harry Price, seine Feinde und Verteidiger die Geister am falschen Ort? Nicht im Pfarrhaus von Borley, sondern in der Kirche selbst scheint es zu spuken. Der Borley-Fall gibt auch heute noch Rätsel auf.

In all seinen Untersuchungen und Schriften zum Fall Borley widmete Harry Price der auf das 12. Jahrhundert datierten Kirche nur wenig Aufmerksamkeit. Zwar hatte Ethel Bull ihm 1929 erzählt, daß sich die Särge, die sich in der Familiengruft der Waldegrave unter der Kirche befanden, irgendwann im 19. Jahrhundert auf mysteriöse Weise bewegt hatten, doch ging er der Angelegenheit nicht weiter nach. Möglicherweise verpaßte er damit die Chance seines Lebens. Denn seit Anfang der 70er Jahre ereigneten sich in der Kirche und um sie herum unerklärliche Dinge, die weit erstaunlicher waren als alles, was zu Prices Zeiten in dem alten Pfarrhaus geschehen war.

Das Herrenhaus *Barlea,* dessen angelsächsischer Name Eberweide bedeutet, ist schon im englischen Reichsgrundbuch *Domesday Book* aus dem Jahr 1085/86 erwähnt. Damals stand hier eine hölzerne Kirche, und in der Südwand des heutigen Baus finden sich noch Flint- und Geröllreste der im 12. Jahrhundert an dieser Stelle erbauten Kirche. Der Altarraum, die Nordwand des Schiffes und der Westturm wurden im 15. Jahrhundert ergänzt, 100 Jahre später folgte der südliche Vorbau aus rotem Ziegelwerk.

Auf dem kleinen Kirchhof, der von beschnittenen Eiben und Roßkastanien umgeben ist, liegen die Gräber der Familie Bull. Rowdys haben das Stein-

Unten: Die Kirche von Borley stammt zum größten Teil aus dem 15. Jahrhundert. Hätten sich die zahlreichen Forscher, die dem Spuk im Pfarrhaus nachgingen, besser auf sie konzentrieren sollen?

kreuz auf dem Grab von Reverend Harry Bull zerbrochen, der zur Zeit der Königin Viktoria das Amt des Pfarrherrn innehatte. Er verbrachte seine letzten Tage in dem Sommerhaus und behauptete, dort die Phantome einer Nonne und einer Kutsche gesehen zu haben. Der Leiter einer kleinen parapsychologischen Forschungsgruppe in Harlow im Kreis Essex nahm aufgrund seiner Untersuchungen an, daß der Pfarrherr 1927 an Syphilis gestorben war. Im fortgeschrittenen Stadium bewirkt diese Krankheit ständige Bewußtseinstrübungen und daraus resultierende Halluzinationen. Damit ließen sich die „Visionen" des Pfarrers plausibel erklären, hätten nicht auch Croom-Hollingsworth und sein Assistent Roy Potter das Phantom der Nonne beobachtet.

Croom-Hollingsworth stieß 1960 auf den Borley-Fall und entschloß sich dazu, ihn genauer zu untersuchen. So hielt er mit seiner Gruppe auf dem Anwesen über mehrere Jahre hinweg von Zeit zu Zeit Nachtwachen ab. Unabhängig von den Witterungsbedingungen und der Jahreszeit hörten sie jeweils verschiedene Geräusche wie Klopfen, schweres Atmen und das Verrücken von Möbeln. Bei einer Nachtwache im Obstgarten sichteten sie einmal etwas, das sie an ein großes, dunkles Tier erinnerte.

In einer anderen Nacht hörte die Gruppe gegen drei Uhr fröhliches Gelächter, das über die Straße, die zur Borley-Kirche führte, näher zu kommen schien. Es war zwar neblig in jener Nacht, aber hell genug, um zu erkennen, daß die Straße menschenleer war. Da sie annahmen, daß die Stimmen von einigen Nachtschwärmern stammten, aber die Richtung, aus der der Lärm kam, nicht bestimmen konnten, stieg Roy Potter in seinen Wagen und rollte mit abgeschaltetem Motor die Straße zum benachbarten Long Melford hinunter. Dabei begegnete ihm niemand. Unterwegs rief er an mehreren Stellen und fragte mit einem Funkgerät bei Croom-Hollingsworth an, ob seine Rufe auf dem Kirchhof zu hören seien, was dieser aber verneinte. In der Hoffnung, solch eigenartige Geräusche aufzeichnen zu können, installierten sie im Vorbau der Kirche einen Kassettenrecorder und postierten sich in einiger Entfernung. Obwohl niemand beim Betreten des Vorraumes gesehen worden war, hörten die Beobachter ein lautes Krachen. Wie sie dann feststellten, waren der Kassettenrecorder zerstört und das Band herausgerissen worden.

Oben rechts: Das Grab von Reverend Harry Bull auf dem Kirchhof von Borley fiel der Zerstörungswut von Rowdys zum Opfer.

Gegenüberliegende Seite oben und rechts: Die „Enfield Parapsychical Research Group" vor der Borley-Kirche. Ronald R. Russell, ein Gründungsmitglied der Forschungsgruppe, neigte in der Diskussion über den Spuk von Borley zu den Ansichten von Harry Price. Die übrigen Mitglieder der Gruppe aber befanden die Kirche für interessanter und führten dort mit Kameras und Kassettenrecordern zahlreiche Versuche durch (rechts).

Der Anblick der Geisternonne jedoch überzeugte die Forschergruppe davon, daß in Borley tatsächlich Seltsames vor sich ging. In einer klaren Nacht stand Croom-Hollingsworth im Obstgarten und schaute zum „Nonnenweg":

„Plötzlich sah ich sie ganz deutlich in einem grauen Habit mit Kapuze durch den Garten und dann durch eine Hecke gehen. ‚Hält mich da jemand zum Narren?' fragte ich mich. Ich rief nach Roy, der draußen auf der Straße war. Die Gestalt war in einer Garage verschwunden, und ich dachte, damit sei die Sache beendet. Als aber Roy bei mir ankam, sahen wir beide, wie die Nonne auf der anderen Seite der Garage heraustrat. Sie näherte sich uns bis auf etwa drei Meter, und wir sahen beide ihr Gesicht, das einer älteren, vielleicht 60jährigen Frau. Wir folgten ihr, während sie über einen ausgetrockneten Graben zu schweben schien, als sei er nicht vorhanden. Dann verschwand sie in einem Haufen

Bauziegel. Dabei hatten wir keine Angst. Es war ein seltsames Erlebnis, aber friedlich und ruhig."

Daß Croom-Hollingsworth den Kritikern, die auf Ungereimtheiten in Prices Bericht hinwiesen, nicht viel Beachtung schenkte, ist angesichts seiner Erlebnisse nur verständlich. Andererseits aber sagte er:

„Es kümmert mich nicht, ob Price Dinge erfunden hat oder nicht. Die entscheidende Frage lautet: Spukt es an diesem Ort? Und Sie können mir glauben, daß das zutrifft. Ich habe nichts erfunden. Roy und ich haben die Nonne etwa zwölf Minuten lang ziemlich deutlich gesehen ..."

Croom-Hollingsworths Unbeirrbarkeit beeindruckte auch den Filmregisseur und Kameramann Denny Densham. 1974 erhielt er die Erlaubnis, mit Kassettenrecordern in der Kirche Experimente durchzuführen. Die Ergebnisse, die der BBC später als Grundlage für eine Fernsehsendung dienten, waren laut Densham „recht erstaunlich".

Nachdem die Kirche gründlich inspiziert worden war, wurde ein Kassettenrecorder neben dem Altar aufgestellt, und die Forscher warteten am anderen Ende der Kirche. Anschließend waren auf dem Band einige Schläge und Klopfgeräusche zu hören. Als nächstes wurden je ein Gerät neben dem Altar und ungefähr auf halber Strecke im Mittelgang installiert und in die Kirche eingeschlossen. Beide zeichneten unverkennbar Geräusche auf, wie sie entstehen, wenn eine schwere Tür geöffnet und wieder zugeschlagen wird. Man hörte sogar das Quietschen des Riegels. Weder die Tür des Vorbaues noch die kleinere des Altarraumes waren jedoch geöffnet worden, was die außerhalb wartenden Forscher bestätigen konnten. Überdies ergab eine Überprüfung, daß der Riegel der Tür zum Altarraum nicht quietschte.

Nachtwache in der Kirche

In der folgenden Woche begannen Densham und sein Team ihre Nachtwache um 0.30 Uhr. Sie instal-

„WIR FÜHLTEN UNS ALLE BEOBACHTET UND VERSPÜRTEN EIN SONDERBARES KRIBBELN. ERSTAUNLICHERWEISE SCHIENEN DIE GERÄTE IN DIESEM AUGENBLICK EINE STARKE ATMOSPHÄRISCHE AUFLADUNG ZU REGISTRIEREN. AUF DEN BÄNDERN HÖRTEN WIR SPÄTER VERHALTENE SCHRITTE NEBEN DEM ALTAR, DAS GERÄUSCH EINER SICH SCHLIESSENDEN TÜR, EIN KRACHEN, ALS SEI ETWAS UMGESTOSSEN WORDEN, UND DANN SCHWERE, HALLENDE SCHRITTE ..."

***Oben:** Das Waldegrave-Grab erinnert an eine alte und einflußreiche Familie aus Borley. Gerüchte besagen, daß die Särge in der Gruft unter der Kirche im 19. Jahrhundert auf mysteriöse Weise bewegt worden seien.*

***Rechts:** Eines der Buntglasfenster der Kirche von Borley ist dem Reverend Harry Bull gewidmet, der eigenen Aussagen zufolge in der Pfarrei von Borley das Phantom einer Nonne gesehen hat und damit die Gerüchte über einen Spuk verstärkte.*

lierten ein Stereo-Aufnahmegerät mit zwei Mikrophonen neben dem Altar und auf halber Höhe des Mittelganges. Ein weiterer Kassettenrecorder wurde vor den Altar gestellt. Dann ließ sich die Hälfte des Teams in der Kirche einschließen, während die übrigen Forscher ihre Beobachtungsposten auf dem Hof einnahmen.

„Plötzlich veränderte sich die Stimmung auf seltsame Weise", erzählte Densham. „Einer aus der Gruppe hatte das Gefühl, beobachtet zu werden, und uns allen war sehr kalt." Einige Minuten später nahmen die Geräte ein klapperndes Geräusch auf, das klang, als sei etwas den Mittelgang entlanggeworfen worden. Auch hörte man Klopfen, Schläge, das Geräusch einer sich öffnenden Tür (beide Türen blieben jedoch verschlossen) und ein schauerliches menschliches Seufzen. Später stellte man fest, daß es im kleinen Kassettenrecorder zu einem Bandsalat gekommen und die Kassette herausgenommen worden war.

Als im Juli wieder eine Nachtwache abgehalten wurde, änderte sich die Atmosphäre um 1.45 Uhr spürbar. „Wir hatten das Gefühl, beobachtet zu werden, und spürten ein sonderbares Kribbeln. Erstaunlicherweise schienen die Geräte in diesem Augenblick eine starke atmosphärische Aufladung zu registrieren. Auf den Bändern hörten wir später verhaltene Schritte neben dem Altar, das Geräusch einer sich schließenden Tür, ein Krachen, als sei etwas umgestoßen worden, und dann schwere, hallende Schritte, als gehe eine sehr schwere Person am Altargeländer vorbei. Wir konnten diese Geräusche nicht reproduzieren, da der Fußboden an dieser Stelle aus Stein besteht und mit dicken Teppichen belegt ist." Anschließend sahen die Beobachter einen Lichtschein neben der Tür des Altarraumes und vernahmen dann ein eigenartiges Ächzen. Außerdem bemerkten sie kleine Lichter in den Vorhängen neben einer der Türen und hörten ein lautes Krachen. Densham meinte dazu:

„Offen gestanden kann ich nicht sagen, was in Borley vor sich geht. Wir haben alles getan, um sicherzugehen, daß niemand uns zum Narren hielt und die Bänder neu und nicht präpariert waren. Keine meiner Theorien scheint haltbar. Wir haben Papier und Bleistift in der Kirche bereitgelegt, wir haben das Etwas aufgefordert zu klopfen, doch scheint es nicht mit uns kommunizieren zu wollen, es sei denn, man interpretiert die Beschädigung der Bänder ... als Bekundung des Mißfallens über unsere Anwesenheit. Man möchte meinen, daß das, was die Phänomene hervorruft, die Beobachter ignoriert oder sie vielleicht nicht wahrnimmt."

Nach dem Sommer des Jahres 1974 nahm sich der Berufsfotograf Ronald R. Russell, Mitglied der „Enfield Parapsychical Research Group", des Falles an. Meist arbeitete er dabei mit dem Elektroingenieur Frank Parry und dem Maschinenbauingenieur John Fay zusammen. Russel fotografierte mit einer Kamera vom Typ Agfa CC21, bei der der Film in einer Kassette liegt und im Agfa-Labor entwickelt wird. Die Ergebnisse waren erstaunlich.

„Zwischen völlig normalen Aufnahmen hatten wir Bilder mit Ektoplasma auf dem Kirchhof, Schatten, wo keine sein sollten, und ein schwaches Licht beim Nordportal. Mit einem Konstruktionsfehler der Kamera oder einem Fehler beim Entwickeln des Films kann ich mir das nicht erklären."

***Oben:** 1974 wurden neben dem Altar in der Kirche von Borley mit einem Kassettenrecorder seltsame Geräusche aufgenommen, unter anderem Klopfen, Scheppern und mysteriöse Schritte.*

Frank Parry arbeitete mit einem graphischen Analysator, einem Acht-Kanal-Aufzeichnungsgerät mit Schiebereglern, mit denen sich Tonhöhe und Pegel aussteuern, Störgeräusche unterdrücken und Geräusche exakt anpeilen lassen.

„Wir haben", sagte Ronald R. Russell, „Hunderte ungewöhnlicher Geräusche, wie Schritte, Krachen und so weiter, aufgenommen. Einmal haben wir neben der Waldegrave-Gruft eine Störquelle entdeckt. Sie war fühlbar, wie eine wirbelnde Energiesäule. Wenn man die Hand hindurchbewegte, spürte man ein Knistern wie bei einer statischen Aufladung. Ein anderes Mal hörten wir eine tiefe, ächzende Stimme, die mich unweigerlich an Lee Marvin und sein Lied *Wandering Star* erinnerte."

Die kirchlichen Behörden vermeiden eine eindeutige Stellungnahme zu diesem Thema. Im Gemeindeblatt findet sich jedoch unter dem Stichwort „Geister" folgende Anmerkung:

„Natürlich wird hier und da behauptet, in der Kirche selbst spuke es. In vielen alte Kirchen und Bauten gibt es Geräusche und kühle Ecken, die manchen gespenstisch anmuten. Diejenigen aber, die lange genug in der Gemeinde gelebt haben, und wir, die wir in der Kirche Gottesdienste abhalten, haben nichts erlebt, das für solche Gedanken spräche ... Besucher mögen bitte darauf achten, daß dies ein Haus Gottes ist, und sich der gebührenden Ehrfurcht befleißigen."

„... ES SCHEINT EINE ART VON KRAFT IN DER KIRCHE SELBST KONZENTRIERT ZU SEIN ... WENN MAN MIT DER WÜNSCHELRUTE IN DER KIRCHE UMHERGEHT, DREHT SICH EINEM DIE RUTE FÖRMLICH AUS DEN HÄNDEN ... ICH GLAUBE, DASS DIE KRAFT DURCH DIE ANWESENHEIT VON BEOBACHTERN VERSTÄRKT WIRD ..."

Eine brisante Mischung aus Mord, Verstrickung und einem Hauch von Geheimnis umgibt so manches englische Pub. Was hat es mit Ächzen, Stöhnen und grauenerregenden Erscheinungen oder sich auf mysteriöse Weise ereignenden Todesfällen auf sich? Wir sind einigen dieser alten Spukgeschichten einmal nachgegangen.

SPUK-GASTHÄUSER

Oben und rechts: Der berühmt-berüchtigte Oberrichter Jeffreys (rechts) wurde auf den Old Wapping Stairs gefangengenommen – der Steintreppe hinter dem Wirtshaus Town of Ramsgate. Damit war seine geplante Flucht 1688 nach Frankreich mißglückt. Er starb im Kerker, noch bevor sein Prozeß begann, aber sein Geist soll bis heute auf der Treppe spuken.

Gegenüberliegende Seite unten: Da, wo heute das Marsden Grotto Pub steht, ereilte einen Schmuggler im 18. Jahrhundert ein grausiges Schicksal – das Todesröcheln des Opfers soll man bis zum heutigen Tag vernehmen.

Das englische Pub ist nicht nur eine typische Errungenschaft des „British Way of Life", sondern auch einer der Orte, um den sich die meisten Spukgeschichten ranken. Michael Jackson und Frank Smyth, die Verfasser des Buches *The English Pub* (Das englische Pub), führten Mitte der 70er Jahre unter sechs großen Bierkonzernen und etwa zwei Dutzend Privatbrauereien, denen die etwa 70 000 Gaststätten des Landes gehören, eine Umfrage durch. Die Antworten auf die Frage, in wie vielen Pubs es seit jeher spukt, fielen recht verblüffend aus: Ausnahmslos jede Brauerei behauptete, daß in ihren Pubs Gespenster umgingen. Ein unabhängiger Brauereibetrieb aus dem Norden des Landes brüstete sich zum Beispiel mit drei Spukkneipen, während die mächtige Bass-Charrington-Brauerei meinte, daß sie ihre Gespenster schon „gar nicht mehr zähle". Jede Brauerei schien insgeheim stolz darauf zu sein, denn immerhin haben Gespenster in England Tradition und sind meist auch gut fürs Geschäft.

Pubs (Abkürzung für „public house") gibt es nur in England, Wales und einigen Teilen Schottlands. Sie haben nicht das geringste mit den im übrigen Schottland und in Irland verbreiteten Bars oder gar den in Amerika oder Europa üblichen Trinkstätten gemein. Ältere Pubs sind ebenso geschichtsträchtig wie die Kirchen, mit denen sie oft beinahe Wand an Wand stehen (wobei sie sich aber zweifelsohne größerer Beliebtheit erfreuen). Andererseits darf man natürlich nicht jede Spukgeschichte, die am Tresen die Runde macht, für bare Münze nehmen.

Da gibt es zum Beispiel die Story von Madge Gill, einer Malerin aus dem Londoner East End, die in den 60er Jahren verstarb. Nach eigener Aussage saß sie einmal in einem Pub in Whitechapel, als ihr plötzlich ein Gespenst erschien. Es nannte sich „Mirinarest", und unter seiner Führung brachte sie Hunderte von Zeichnungen voller skurriler Muster und verzerrter Gesichter zu Papier. Nach ihrem Tode brachte eine Londoner Galerie sogar eine Ausstellung dieser „Geisterbilder".

Einer ihrer früheren Trinkgenossen versicherte allerdings einmal, daß der „Gin das einzige Geistige war, was sie zu irgend etwas bewegte".

Der Alkohol und die schummrigen Lichtverhältnisse, die früher in den Pubs geherrscht haben, gaben sicherlich Anlaß zu so mancher düsteren Legende; noch ein paar historische Fakten dazuge-

mischt, und fertig war die Gespenstergeschichte. Ein schönes Beispiel hierfür ist das Marsden Grotto Pub an der Nordostküste Englands.

Ächzen und Stöhnen

Im Jahre 1782 soll ein Bergarbeiter namens Jack the Blaster die Höhlen in den 30 Meter hohen Steinklippen gegenüber vom Marsden Grotto Pub als Lagerplatz für Schmugglerware benutzt haben. Als ihm ein Komplize namens John mit Verrat drohte, steckte Jack ihn in eine Wanne, die er mit einem Flaschenzug ganz oben auf die Klippen hochseilte. Dort blieb der arme Mann gefangen, und nur von Zeit zu Zeit ließ er ihn herab und gab ihm etwas zu essen. Anscheinend wollte er auf diese Weise einen Mord an dem potentiellen Verräter umgehen. Wie dem auch sei, er starb trotzdem. Im Jahre 1850 erkannte ein geschäftstüchtiger Förster, daß man in den ehemaligen Schmugglerhöhlen hervorragend Bier lagern konnte, und er errichtete darüber ein Pub. Allerdings wurde das Trinkvergnügen seiner Gäste durch unheimliche Geräusche gestört, die aus den Höhlen empordrangen, meistens spät in der Nacht. Man hört sie angeblich bis heute und schreibt sie dem bedauernswerten John zu, der „im Todeskampf vor sich hin stöhnte". Nun ja, vielleicht haben auch die Wellen, die gegen die zerklüfteten Klippen donnern, etwas damit zu tun – oder auch das gute dunkle Bier.

Landschenken, die den Lebensmittelpunkt ganzer Generationen darstellen, sind natürlich eine wahre Fundgrube für Legenden. Geschichten werden erzählt, wiedererzählt und dabei immer weiter ausgeschmückt – wie zum Beispiel die Geschichte einer Schenke in Dartmoor in der Grafschaft Devon.

Ende der 60er Jahre mietete der Schriftsteller Gordon Williams in Dartmoor ein Cottage, um sich in Ruhe einem Roman zu widmen. Seine Stammkneipe war das Warren House Inn, hoch über dem Moor zwischen Widecombe-in-the-Moor und Moretonhampstead.

In dieser Kneipe, so erzählte man ihm, hatte es einst gespukt, aber seit die „Leichentransporte" eingestellt wurden, gab es keine Gespenster mehr. Früher nämlich gab es in Widecombe noch keinen Friedhof, und die Verstorbenen wurden quer über das Moor zum Kirchfriedhof von Moretonhampstead gebracht. Im Winter gab es im Moor jedoch bisweilen heftige Schneefälle, und wenn die Leichenträger dadurch aufgehalten wurden, ließen sie die in Salzwasser eingelegten Leichen in alten Fässern im Keller der Schenke, wo sie bis zum Frühling aufbewahrt wurden. Ein alter Mann erzählt Williams, daß der Wirt „ziemlich viel Ärger mit Gespenstern hatte", bis man in Widecombe einen Friedhof anlegte. Williams war von dieser Geschichte fasziniert und forschte im Britischen Museum nach. Und in der Tat hatte sich alles so zugetragen.

Außer Alkohol und Legenden gibt es sicherlich noch andere wichtige Gründe, warum es gerade in Pubs so häufig spukt. Wenn sich ein ruheloser Geist nach den Wonnen des irdischen Lebens zurücksehnt, ist eine Schenke sicherlich der rechte Ort. Oft gelten Gespenster auch als übernatürliche „Nachwehen" schlimmer Ereignisse, und man kann mit Fug und Recht behaupten, daß gerade eine Kneipe in Verlauf vieler Jahre zum Schauplatz menschlicher Tragödien verschiedenster Art wird. Nicht selten geht es dabei um unglückselige Verstrickungen und sogar Mord. Über zwei von Londons berühmtesten Pubs, das Grenadier und das Town of Ramsgate, läßt sich da so mancherlei erzählen.

Die unsichtbare Hand

Das Grenadier befindet sich im Old Barrack Yard im Stadtteil Belgravia und diente im 18. Jahrhundert als Offiziersmesse. Anfang des 19. Jahrhunderts wurde ein junger Unteroffizier, der beim Kartenspielen gemogelt hatte, zur Strafe mehrmals so heftig ausgepeitscht, daß er daran starb. Obwohl die Aufzeichnungen über diesen Vorfall nur teilweise erhalten sind, besteht Grund zu der Annahme, daß er sich im Jahre 1820 ereignete; in welchem Monat dieser Mord geschah, läßt sich jedoch nicht mehr feststellen. Laut der Überlieferungen, die bis 1880 zurückdatieren, traten im Grenadier jedoch stets im September seltsame Phänomene auf: Im Keller breitete sich dann plötzlich eisige Kälte aus, Umstehende wurden von einem Unsichtbaren heftig angerempelt, und man hörte die seltsamsten Geräusche. Anfang der 70er Jahre fiel einem Barkeeper ein antiker Militärhelm auf den Kopf, der an der Wand befestigt gewesen war, und ein andermal wurde der Kellermeister von einer unsichtbaren Hand gepackt und rückwärts die Treppe hinuntergezogen. Die Geschäftsführer des Grenadier leugnen ihr Gespenst zwar nicht ab, aber sie werben auch nicht damit – vielleicht aus der Befürchtung heraus, daß sie dann keine Angestellten mehr finden.

Das Town of Ramsgate liegt direkt an der Themse. Dort, in der Wapping High Street, soll der Geist

Links und rechts: Im Warren House Inn in Dartmoor gingen früher angeblich die Seelen Verstorbener um. Wenn das Wetter zu schlecht war, um die kürzlich Verstorbenen quer durchs Moor zum Kirchfriedhof von Moretonhampstead (rechts) zu schaffen, wurden sie hier bis zum nächsten Frühjahr in einer Salzlösung aufbewahrt.

des berüchtigten Oberrichters George Jeffreys umgehen, der 1685 die Londoner Blutgerichtstage leitete. Damals wurden Hunderte von Menschen, die an dem Aufstand des Herzogs von Monmouth gegen König James II. teilgenommen hatten, hingerichtet oder als Sklaven verschifft. Die heutige Fassade des Pubs stammt aus den 30er Jahren, aber das Hauptgebäude, der Landungssteg und die Wapping Old Stairs – die Treppe, die zum Fluß hinunterführt – sind mindestens 300 Jahre alt.

Als James II. 1688 aus England floh, versuchte auch Richter Jeffreys, als Seemann verkleidet, zu entkommen. Er wurde jedoch erkannt, auf den Wapping Old Stairs verhaftet und in den Tower of London geworfen, wo er ein Jahr später starb. Seither wollen ihn viele Augenzeugen auf den Stufen der Wapping Old Stairs gesehen haben. Manche haben ihn auf zeitgenössischen Darstellungen wiedererkannt, andere berichten von einem Reiter in samtenen Kniebundhosen mit Perücke, wieder andere von einem grauhaarigen alten Mann in einem langen weißen Nachthemd. Jedenfalls haben über viele Jahre hinweg zahllose Menschen (darunter auch Wasserschutzpolizisten der Themse) auf den Wapping Old Stairs etwas Ungewöhnliches wahrgenommen und so die Legende eines Geistes fleißig genährt.

Unten: Im Grenadier in Belgravia, London, wurde angeblich einmal ein junger Unteroffizier zu Tode gepeitscht, weil er beim Kartenspiel gemogelt hatte. Seitdem macht er sich als unsichtbare Spukgestalt durch Anrempeln, Geräusche und eisige Kälte bemerkbar.

Verhexter Stuhl

Während das Gespenst im Grenadier den Zechern nur den einen oder anderen blauen Fleck verpaßte, ereilte die Gäste eines Pubs in dem Dorf Kirby Wiske im Norden von Yorkshire ein weit weniger harmloses Schicksal. Im 18. Jahrhundert wurde das Busby Stoop Inn von einem gewissen Busby betrieben, der einen gemütlichen Lehnstuhl besaß. Der übelbeleumdete Wirt scheint seinen Lebensunterhalt aus Münzfälscherei, Diebstählen und Hehlerei bestritten zu haben und wurde schließlich wegen Mordes an einer Verwandten zum Tode verurteilt. Als man ihn aus seiner Kneipe herausschleppte, stieß er einen Fluch aus: Jeder, der sich auf seinen Lehnstuhl setze, möge einen ebenso raschen wie gewaltsamen Tod erleiden wie er. Simon Theakston, in dessen Besitz sich das Pub bis 1978 befand, sagte dazu einmal: „Die Legende mag wohl zweifelhaft klingen, aber seit etwa 200 Jahren ist durch Aufzeichnungen belegt, daß jeder, der sich auf diesen Stuhl setzte, kurze Zeit darauf verstarb – mancher innerhalb von Tagen, viele sogar nach wenigen Stunden." Schließlich wurde der unheilvolle Stuhl entfernt.

Hier muß man allerdings hinzufügen, daß – zumindest in den letzten Jahrzehnten – die Opfer die-

Oben links und rechts: Der ausgestopfte Kopf eines ehemals blutrünstigen Bullterriers ziert die Theke im Star Inn in Ingatestone, Essex. Den Hund segnete im Jahre 1914 das Zeitliche, und seitdem soll er des Nachts im Wirtshaus spuken.

ses Fluches auf die eine oder andere Weise von vornherein gefährdet waren: So gab es da einen Piloten der britischen Luftwaffe (der am folgenden Tag abstürzte), einen Motorradfahrer (der kurz nach Verlassen des Pubs überfahren wurde) und einen Anhalter (der zwei Tage später erschlagen aufgefunden wurde). Statistisch betrachtet ist die Wahrscheinlichkeit, daß Menschen, die auf einem bestimmten Stuhl gesessen haben, kurz darauf sterben, so gering, daß man ihr Ableben nicht mehr als bloßen Zufall abtun kann.

In parapsychologischen Forschungsberichten wird oft hervorgehoben, daß auch Tiere auf Spukphänomene empfindlich reagieren. Im Star Inn bei Ingatestone in der Grafschaft Essex soll zum Beispiel ein kampflustiger Bullterrier spuken, der von 1900 bis 1914 dem Wirt des Gasthauses gehört hatte und nur von anderen Hunden wahrgenommen wird. Er hatte mehrere Nachbarhunde totgebissen, und als er an Altersschwäche starb, hängte man seinen ausgestopften Kopf im Wirtshaus auf. Seitdem geistert er dort herum. Ein früherer Pächter des Pubs erzählte einmal folgendes: „Kaum hatte meine Hündin die Pfote über die Schwelle gesetzt, fing sie an zu knurren, wurde stocksteif, und ihr Fell sträubte sich. Das war aber keine Drohgebärde – im Gegenteil, sie selbst war zu Tode erschrocken."

Links: Auf diesem Lehnstuhl, der ehemals im Busby Stoop Inn in Nord-Yorkshire stand, lastet ein schlimmer Fluch. Viele Menschen kamen ums Leben, kurz nachdem sie sich auf ihn gesetzt hatten – bis ihn der Wirt schließlich aus dem Weg schaffte.

Der Geisterhund versetzt aber nicht nur seinesgleichen in Panik, sondern hat auch eine Schutzfunktion: Obwohl Wirtshäuser auf dem Lande ein bevorzugtes Ziel von Einbrechern sind, wurde das Star Inn noch nie von Gaunern heimgesucht.

Die bizarrste Gruselgeschichte ereignete sich jedoch in einer ehemaligen Kutscherkneipe namens The Bull in Long Melford, Grafschaft Sussex – nur wenige Kilometer von dem berüchtigten Borley-Pfarrhaus und seinen Poltergeistern entfernt. In jenem Wirtshaus aus dem 17. Jahrhundert wohnte seinerzeit der Geisterjäger Harry Price, als er die Borley-Spukphänomene untersuchte. 1977 diente es einem Team von Parapsychologen aus Enfield als Unterkunft, die in der Kirche von Borley Tonbandaufnahmen machten. „Eines Abends", so erinnert sich einer der Forscher, „standen wir an der Bar, und ich machte eine Bemerkung darüber, wie wenig sich doch seit Prices Zeiten verändert hatte. In dem Moment fiel ein Cocktailshaker vom Regal geräuschvoll zu Boden. Das Barmädchen seufzte, hob ihn auf und meinte zu mir: ‚Sehen Sie bloß, was Sie angestellt haben.' Anscheinend treten hier ziemlich regelmäßig psychokinetische Phänomene auf. Vielleicht ist Harry immer noch ungehalten darüber, daß man ihn damals als Betrüger entlarvt hat!"

GEISTER SCHIFFE

Oben: Dieser Stich von 1876 gibt die erste englische Inszenierung von Richard Wagners Opfer **Der Fliegende Holländer** *wieder. Sie basiert auf der bekannten Legende eines holländischen Schiffskapitäns, der dazu verdammt ist, auf ewig die Meere zu durchsegeln – in einem Geisterschiff, das all jenen Unglück bringt, die ihm begegnen. In Wagners Fassung könnte der Kapitän durch die Liebe einer treuen Frau errettet werden – tragischerweise endet die Oper aber mit dem Tod der beiden.*

Rechts: Diese Zeichnung entstand nach einem Original von Hermann Hendrich und zeigt das Geisterschiff, wie es einer Gruppe Schiffbrüchiger erscheint.

Ein Schiff kommt in einen furchtbaren Sturm. Die Passagiere geraten in Panik und flehen den Kapitän um Rettung an. Aber anstatt einen sicheren Hafen anzusteuern, stellt sich der dem Wahnsinn verfallene Seemann den Naturgewalten. Von Stund an ist er auf ewig dazu verdammt, über die Meere zu segeln – so lautet die Legende vom Fliegenden Holländer.

Die Legende vom *Fliegenden Holländer* ist wohl die bekannteste und eine der ältesten Seemannssagen. Seit mindestens 500 Jahren taucht sie immer wieder auf – vielleicht stammt sie sogar noch aus vorchristlichen Zeiten. Es ist die warnende Erzählung von einem skrupellosen holländischen Schiffskapitän (die Bezeichnung „Fliegender Holländer“ bezieht sich also auf eine Person, nicht auf das Schiff), der Gottes Zorn herausforderte und deshalb auf alle Ewigkeit dazu verdammt ist, ruhelos die Meere zu durchsegeln und jeden ins Unglück zu stürzen, der seinem Geisterschiff begegnet. Die Sage wurde zwar von zahllosen Dichtern gebührend ausgeschmückt, aber es kann sich hier nicht nur um reines Seemannsgarn handeln, mit dem sich gutgläubigen Landratten angst machen läßt: Immerhin wurde das Schiff bis ins 20. Jahrhundert hinein immer wieder gesichtet.

Manche Forscher behaupten, daß die Legende vom *Fliegenden Holländer* auf ein wahres Ereignis zurückgeht – aber es herrscht wenig Einigkeit darüber, was damals wirklich passiert sein soll. Um die Verwirrung komplett zu machen, taucht der Kapitän des Geisterschiffes auch noch unter den verschiedensten Namen auf – unter anderem als Vanderdecken, Van Demien oder Van Straaten.

Die bekannteste Version berichtet von einem Kapitän Vanderdecken, der das Kap der Guten Hoffnung umsegelte, als sein Schiff in einen heftigen Sturm geriet. Unter den Passagieren brach Panik aus, und sie flehten den Kapitän an, einen sicheren Hafen anzusteuern. Aber der wahnsinnige Seemann lachte sie nur aus, fesselte sich ans Steuerrad und begann, gotteslästerliche Lieder zu singen.

Nun bekamen es auch die Matrosen mit der Angst zu tun, und sie versuchten, die Kontrolle über das Schiff zu übernehmen. Vanderdecken jedoch schleuderte den Anführer der Meuterer kurzerhand über Bord, so daß Besatzung und Passagiere fortan der Gnade Gottes ausgeliefert waren. Als Antwort

Rechts: 1881 wurde das Geisterschiff des Fliegenden Holländers von Prinz Georg (dem späteren König Georg V.) und dessen Bruder Prinz Albert Victor, dem Herzog von Clarence, gesichtet. Laut der Tagebücher, Briefe und Notizen der beiden soll am 11. Juni um vier Uhr früh ein seltsames, geisterhaftes Schiff aufgetaucht sein, das rötlich phosphoreszierte. 13 weitere Besatzungsmitglieder sollen es gesehen haben – und auch die Passagiere der beiden Schwesterschiffe.

auf ihre Gebete teilten sich die düsteren Sturmwolken, und das Vorderdeck wurde in gleißende Helligkeit getaucht. Dann erschien eine wunderbare Lichtgestalt, die manche für den Heiligen Geist, andere für Gott höchstpersönlich hielten.

Sie wandte sich an Vanderdecken und verdammte ihn dazu, bis zum Tag des Jüngsten Gerichts die Meere zu durchsegeln, immer von tobenden Stürmen begleitet, und allen, die ihn sahen, Unheil zu bringen – als Strafe dafür, daß er die Stirn gehabt hatte, sich an den Qualen anderer zu ergötzen. Er dürfe sich nur noch von rotglühendem Eisen und von Gallensaft ernähren, und sein einziger Begleiter sei der Kajütenjunge. Auf dessen Kopf jedoch würden Hörner wachsen, auch würde er Kiefer, so stark wie die eines Tigers, und eine Haut, so rauh wie die eines Hundehaies, bekommen. Nach diesen Worten verschwand die Lichtgestalt – und mit ihr alle Passagiere und die gesamte Besatzung. Kapitän Vanderdecken und der unglückselige Kajütenjunge waren von nun an ihrem Schicksal ausgeliefert.

So jedenfalls lautet die Legende vom *Fliegenden Holländer.* Möglicherweise geht sie auf die altnordische Sage von dem Wikinger Stote zurück, der den Göttern einen Ring gestohlen hatte und später auf dem Hauptmast eines pechschwarzen Geisterschiffes als Skelett inmitten lodernder Flammen aufgefunden wurde. Andere datieren die Entstehung dieser Sage auf das Jahr 1487/88 zurück, als der Portugiese Bartholomëu Diaz das Kap der Guten Hoffnung umsegelte. Dessen ans Übermenschliche grenzende Tapferkeit war von dem Biographen Luis de Camois gebührend hervorgehoben worden.

Gegenüberliegende Seite unten: Die Schiffe des portugiesischen Forschers Bartholomëu Diaz, der 1487/88 als erster das Kap der Guten Hoffnung umsegelte. Viele führen die Legende vom Fliegenden Holländer *auf Diaz' abenteuerliche Reisen zurück, dessen herausragende Fähigkeiten und Ruf nahezu unwirkliche Dimensionen angenommen hatten.*

Pakt mit dem Teufel

Andere Forscher stießen auf die Geschichte von zwei holländischen Handelskapitänen, deren Besatzung im 15. Jahrhundert ein Schiffswrack sichteten, das einst im Pazifik verschwunden sein soll. Daraus hätte sich durchaus die Sage vom *Fliegenden Holländer* entspinnen können. Vielleicht ist sie aber auch auf die Legende eines Deutschen namens von Felkenberg zurückzuführen, der mit dem Teufel um seine Seele würfelte – und verlor. Eine ähnliche Geschichte kursiert über einen gewissen Kapitän van Straaten.

Doch es gibt noch haufenweise andere Theorien. So gab es einmal einen Kapitän namens Bernard Fokke, der dafür bekannt war, daß er sein Schiff, die *Libera Nos,* besonders schnell und wendig zu steuern vermochte. Einige waren wohl neidisch auf diese Fähigkeit und setzten das Gerücht in Umlauf, er stünde mit dem Teufel im Pakt. Da Fokke als abgrundtief häßlich und sehr jähzornig galt, wurde das auch bereitwillig geglaubt. Eines Tages kehrte er dann von einer Fahrt nicht zurück – und man flüsterte sich zu, daß der Teufel wohl endlich seinen Tribut gefordert hatte.

Es ist nicht ausgeschlossen, daß die Sage vom *Fliegenden Holländer* auf einem tatsächlichen Vorfall beruht, wobei dieser wohl eher irdischer Natur war und weniger mit Teufelspakten und dergleichen zu tun hatte. Es kam nämlich durchaus vor, daß eine Besatzung ihr beschädigtes Schiff verließ in dem irrtümlichen Glauben, daß es bald sinken würde – und dieses Wrack dann Wochen, Monate oder gar Jahre herrenlos umhertrieb. Das berühmteste Schiff dieser Art ist die *Mary Celeste*, die 1872, von Mann und Maus verlassen, im Nordatlantik gesichtet wurde. Ähnlich erging es dem Frachter *Marlborough,* der 1890 zwischen Australien und England spurlos verschwand und angeblich 23 Jahre später vor der Küste vor Chile gesichtet wurde. Man kann sich vorstellen, wie es den abergläubischen Seeleuten, die zudem in unbekannten Gewässern unterwegs waren, wohl zumute war, wenn vor ihnen aus dem dichten Nebel plötzlich ein verlassenes Schiffswrack auftauchte.

Die Legende vom *Fliegenden Holländer* bot auch Stoff für so manchen Roman. Die bekannteste Version der Geschichte findet sich wohl in August Jals

„11. Juni 1881 – Um vier Uhr morgens kreuzte der ‚Fliegende Holländer' vor unserem Bug. Das Geisterschiff glühte wie von innen heraus in einem gespenstischen Rot; inmitten dieses Lichtes waren die Masten, Sparren und Segel aus 180 Meter Entfernung deutlich zu erkennen, als sie sich uns backbord voraus näherten.

Der wachhabende Offizier auf der Brücke sah sie ebenso wie der Leutnant vom Achterdeck, der sofort aufs Vorderdeck beordert wurde. Als er dort ankam, war jedoch keine Spur oder irgendein Zeichen von einem Schiff mehr zu entdecken – weder in der Nähe noch fern am Horizont, obwohl die Nacht klar und die See ruhig war. Insgesamt haben 13 Personen das Geisterschiff wahrgenommen – aber ob es van Demien vom ‚Fliegenden Holländer' gewesen war, oder wer auch immer, werden wir wohl niemals erfahren können.

Die *Tourmaline* und die *Cleopatra*, die uns steuerbord folgten, sendeten uns Signale und fragten an, ob auch wir das rotglühende Licht bemerkt hatten.

Um 10.45 Uhr stürzte der Matrose, der das Gei-

Scénes de la Vie Maritime (Szenen aus dem Leben der Seefahrer). Selbst Heinrich Heine ließ sich – möglicherweise von Fitzball – von diesem Thema anregen, denn auch in den *Memoiren des Herrn von Schabelwopski* ist von einem Geisterschiff die Rede. Heines Roman lieferte dann zweifellos Richard Wagner die Inspiration zu seiner spannenden Oper *Der Fliegende Holländer.* In dieser Fassung durfte Vanderdecken allerdings alle sieben Jahre an Land, um eine Frau zu finden, deren Liebe ihn von seinem Fluch befreien würde.

Hochachtbare Augenzeugen

Im Laufe der Jahrhunderte soll das Geisterschiff des *Fliegenden Holländers* immer wieder gesichtet worden sein. Die früheste Aufzeichnung stammt aus der *Magnalia Christi Americana,* einer Kirchengeschichte von Neuengland, die Cotton Mather im Jahre 1702 verfaßte. Viele andere Beobachtungen lassen sich jedoch, wenn überhaupt, nur schwer belegen und müssen daher als Halluzination, Luftspiegelungen oder Visionen abgehakt werden, die höchstwahrscheinlich auf den Einfluß übermäßigen Alkoholgenusses zurückzuführen sind. Ein Augenzeugenbericht jedoch verdient besondere Aufmerksamkeit. 1881 wollen Prinz Georg, der spätere König Georg V., und dessen älterer Bruder, Herzog Albert Victor von Clarence (der heute allgemein für den berüchtigten Jack the Ripper gehalten wird), das Schiff des *Fliegenden Holländers* gesichtet haben.

Angeblich soll dieser Vorfall im Logbuch der HMS Baccante verzeichnet sein – was aber mitnichten der Fall ist. Der Bericht stammt vielmehr aus dem Werk *The Cruise of Her Majesty' Ship Baccante* (Die Fahrten der Baccante, Schiff Ihrer Majestät), das John H. Dalton anhand der privaten Tagebücher, Briefe und Notizen der Prinzen verfaßte. Zum Zeitpunkt der Logbucheintragung befanden sich die beiden Augenzeugen an Bord der *HMS Inconstant,* da die *Baccante* Ruderschaden hatte. Es wurde folgendes vermerkt:

Ganz oben und oben: Die Geschichte vom **Fliegenden Holländer** ***ist eine der berühmtesten Seemannssagen und hat über die Jahrhunderte hinweg nichts von ihrer Faszination eingebüßt. 1951 entstand der Film*** **Pandora und der Fliegende Holländer** ***– ganz oben ein Szenenfoto mit James Mason als der skrupellose Holländer und Ava Gardner als die Frau, die er liebte, bevor er dazu verdammt wurde, auf ewig über die Meere zu geistern. 1975 wurde die traditionsreiche Legende erneut verfilmt – diesmal mit Norman Bailey (oben).***

sterschiff als erster gesichtet hatte, vom Mast. Er konnte nur noch tot geborgen werden. Um 16.15 Uhr wurde er nach Seemannsart im Meer bestattet. Er war einer der vielversprechendsten Jungmatrosen der königlichen Marine, und jeder bedauerte seinen Tod. Als wir am nächsten Hafen anlegten, kam auch der Admiral ums Leben."

Etwa 13 Menschen auf der *Inconstant* und eine unbekannte Zahl von Augenzeugen auf den beiden Schwesterschiffen hatten das Geisterschiff wahrgenommen, aber worum es sich dabei tatsächlich gehandelt hatte, ist bis heute unbekannt. Sicher ist jedenfalls, daß es danach Todesfälle gegeben hat – wie es die Legende vom *Fliegenden Holländer* voraussagt.

Erstaunlicherweise will auch Karl Dönitz, Großadmiral und Kommandant der deutschen Reichs-

Links: Das Geisterschiff des **Fliegenden Holländers** *Seite an Seite mit einem „echten" Schiff – hier auf einer Zeichnung, die Gregory Robinson für Rudyard Kiplings Gedicht* **Seven Seas** *(Die sieben Meere) anfertigte. Die Legende vom* **Fliegenden Holländer** *hat viele Schriftsteller und Dichter inspiriert, darunter Henry Longfellow und Heinrich Heine.*

armee und kurzzeitig Hitlers Nachfolger, dieses Geisterschiff gesichtet haben, und zwar auf einer Erkundungsfahrt östlich von Suez. Er soll später berichtet haben, daß seine Männer es lieber mit der gesamten Flotte der Alliierten aufgenommen hätten, als diesem furchterregenden Geisterschiff nochmals zu begegnen.

Das Schiff des *Fliegenden Holländers* ist jedoch nicht das einzige Geisterschiff, das die Meere unsicher macht. 1949 soll an der Nordostküste der USA von „zuverlässigen Augenzeugen" mindestens hundertmal ein merkwürdiges Schiff gesichtet worden sein.

Blutrote Flammen

Amerikas wohl berühmtestes Geisterschiff ist die *Palatine*. Der Legende zufolge soll sie 1752 in einen Sturm geraten und vor Block Island auf ein Felsenriff gelaufen sein. Später wurde das Wrack von Fischern geplündert und in Brand gesetzt, wobei eine Frau elend den Flammen zum Opfer fiel. Seitdem ist die *Palatine* unzählige Male in den dortigen Gewässern gesichtet worden.

Es läßt sich nicht abstreiten, daß vor der Küste immer wieder ein merkwürdiger, roter Lichtschein wahrgenommen wurde. Nachforschungen haben aber ergeben, daß vor Block Island nie ein Schiff des Namens *Palatine* aufgelaufen war. 1738, also 14 Jahre zuvor, war allerdings die *Princess Augusta* mit 350 Deutschen aus der Ober- und Unterpfalz (englisch: *Palatinate*) an der Nordküste von Block Island gestrandet – unter ähnlichen Umständen wie in der Legende der *Palatine,* die wahrscheinlich hier ihren Ursprung hat. Es gibt jedoch einen Unterschied zwischen den beiden Schiffen – die *Princess Augusta* wurde nie in Brand gesetzt. Wenn also das Geisterschiff an der Küste vor Block Island das Phantom der *Princess Augusta* sein soll – warum steht sie dann in Flammen?

Ein weiteres, recht bekanntes Geisterschiff ist die *Goblin,* die von vielen Augenzeugen in Porthcurno Cove an der Südwestküste Englands in Cornwall gesichtet wurde. Verschiedene Küstenbewohner haben davon berichtet, wie sie das Schiff mit großer Geschwindigkeit auf das Land zurasen sahen. Ohne sein Tempo im geringsten zu drosseln, sei es danach über das Land geglitten. Schließlich habe es sich völlig in Luft aufgelöst und keinerlei Spuren hinterlassen.

Was mag nun hinter all diesen Geschichten von Geisterschiffen stecken, die bis in die jüngste Vergangenheit von zahlreichen Augenzeugen gesichtet wurden? Jedenfalls geben sie ebenso vielen Fragen, Spekulationen und Theorien Nahrung wie jede andere Gespenstererscheinung. Der *Fliegende Holländer* bildet hier allerdings eine Ausnahme, denn er wurde so viele Male und in so verschiedenen Teilen der Welt gesichtet, daß man ihn keinesfalls mehr als pures Seemannsgarn und Hirngespinst abtun kann. Wenn sein Geisterschiff nicht existiert – was sollen die Prinzen an Bord der *Inconstant* dann gesehen haben? Da eine Begegnung mit dem *Fliegenden Holländer* immer nur Tod und Unglück mit sich bringen soll, wäre es jedoch vielleicht ratsam, dem Rätsel nicht allzutief auf den Grund zu gehen.

Oben: In den vergangenen Jahrhunderten wurden zweifellos häufiger Geisterschiffe gesichtet als heutzutage. Allerdings gab es noch 1949 über 100 Augenzeugen, die an der Ostküste der USA Geisterschiffe gesehen haben wollen.

„DU WIRST DIR NIEMALS TRÄUMEN LASSEN, NOCH WISSEN, WER ICH BIN! ABER AUF ALLEN MEEREN UND UNTER ALLEN SEEFAHRERN DIESER WELT IST DIESES SCHIFF WOHLBEKANNT UND GILT ALS DER SCHRECKEN DER GOTTESFÜRCHTIGEN. MAN NENNT MICH DEN FLIEGENDEN HOLLÄNDER."

Richard Wagner, aus:
Der Fliegende Holländer

DAS GEISTERFOTO

Die Bilder, die George Todd während seines Urlaubs aufnahm, sind schöne Erinnerungen – bis auf eines. Es zeigt Todd und seine Freunde bei ihrer ausgelassenen Feier am letzten Urlaubstag. Mitten in der Runde aber ist eine Frau zu sehen, die der Feier gar nicht beiwohnte.

Oben: Das Foto, das George Todd am letzten Abend seines Urlaubes mit Selbstauslöser aufgenommen hat, zeigt in der Mitte der Gruppe eine unbekannte Frau, die bei der Feier aber gar nicht anwesend war.

Im Frühjahr 1988 machten meine Frau Ella und ich in Österreich Ferien und verbrachten auch ein paar Tage in Maurach, einer kleinen Stadt nordöstlich von Innsbruck. Ich hatte meine Canon T50 dabei, eine kleine automatische Kamera, mit der ich während unserer Reise eine Menge Bilder schoß. Wieder daheim, brachten wir die Bilder sofort zum Entwickeln. Die Fotos waren alle gut und schöne Erinnerungen an die großartige Berglandschaft und die malerischen Alpendörfer. Eines der Bilder allerdings machte mich stutzig. Es zeigt Ella und mich, unsere Freunde Carol und David Agnes, und sieben andere Urlauber, mit denen wir in der Hotelbar unseren Abschiedsabend feierten. In dem schmalen Spalt zwischen unseren beiden Tischen erkennt man eine weitere Person, eine unbekannte Frau mit dunklen, schulterlangen Locken, dunklen Augen und offenem Mund, als wolle sie gleich etwas sagen. Sie hatte ganz gewiß nicht zu unserer Gruppe gehört, aber ich hielt es einfach für eine Doppelbelichtung und dachte nicht weiter darüber nach.

Etwa drei Monate später kam Carol Agnew zu Besuch und schaute sich unsere Urlaubsfotos an. Beim Foto von unserer Abschiedsfeier erstarrte sie und meinte, auf diesem Foto wäre ein Geist abgebildet. Ich war völlig verblüfft. Ich erinnerte mich gut an diesen Abend: Es war eine Menge los – eine Tanzgruppe und Musikanten aus Tirol waren aufgeboten, und wir hatten Glück gehabt, so viele Plätze nebeneinander zu finden. Neben uns war gerade ein Paar gegangen, und ich benutzte den Tisch als Unterlage für meine Kamera. Ich stellte den Blitz und den Selbstauslöser ein. Dann drückte ich auf den Auslöser und setzte mich rasch zu den anderen hinzu.

Zwar funktionierte der Selbstauslöser, aber es kam kein Blitz. Alle lachten, und Ella meinte, ich hätte wohl vergessen, den Blitz einzustellen, aber ich verneinte. Ich stellte also alles noch mal ein, und diesmal klappte es. Komischerweise war die „Geisterfrau" auf dem ersten Bild zu sehen, bei dem es nicht geblitzt hatte.

Carol meinte, dieses Foto müßte unbedingt untersucht werden, und nahm es mit heim nach Leicester. Dort nahm sie mit Maurice Grosse Kontakt auf, dem Vorsitzenden der Abteilung „Spontane Phänomene" der „Society for Psychical Research" in London. Die schickten das Foto zur Untersuchung an Vernon Harrison, einen angesehenen Fotografen, der dafür keine Erklärung hatte.

Nach seiner Überzeugung handelte es sich zweifelsfrei um eine Person, also nicht um verschwommene Hell-Dunkel-Kontraste, die man oft als „Geister" deutet. Auch auf einer Vergrößerung war die Frau noch deutlich zu sehen. Sie war außerdem „opak", das heißt, sie verdeckt teilweise die rechts und links von ihr sitzenden Personen. Ihr Körper wird zwar von der Tischkante unterbrochen, aber unter dem Tisch erkennt man ihr Kleid.

Auch von den Proportionen her hat die „Geisterfrau" die richtige Größe, allerdings scheint sie zu hocken, um die Leute hinter ihr nicht zu verdecken. Laut dem Bericht wurde an dem Negativ nicht herummanipuliert. Und was eine mögliche Doppelbelichtung anbelangt – bei meiner Kamera ist das, wie bei den meisten modernen Apparaten, gar nicht möglich: Der Verschluß funktioniert nur dann, wenn der Film ordnungsgemäß weitertransportiert wurde. Eine Fotomontage ist ausgeschlossen, da man den Geist auch durch die halbleeren Gläser auf dem Tisch hindurch erkennen kann.

Alle anderen Erklärungsmöglichkeiten – ein Ausschnitt, eine Puppe oder selbst eine wirkliche Person – wurden ausgeschlossen. Das Bild sieht einfach zu echt aus. Und eine Verschwörung hätte niemand so lange durchgehalten, spätestens jetzt wären meine Freunde sicher mit ihrem Trick herausgeplatzt! Eine Manipulation ließ sich also mit an Sicherheit grenzender Wahrscheinlichkeit ausschließen. Wie war das Phänomen aber dann befriedigend zu erklären?

Im nächsten Jahr reisten Ella und ich wieder nach Maurach und zeigten das Bild den Eigentümern unseres Hotels „Vier Jahreszeiten". Sie vermochten sich jedoch nicht zu erinnern, daß es bei ihnen jemals gespukt hatte, und kannten auch die Frau nicht.

Einige unserer Freunde meinen, die Frau sähe irgendwie aus wie Ella – vielleicht war es ihre Doppelgängerin, die an der fröhlichen Runde teilhaben wollte? Oder vielleicht ihr Schutzengel? (In den achtziger Jahren war Ella an Krebs erkrankt, und man gab ihr nur noch kurze Zeit zu leben, aber wunderbarerweise besiegte sie den Krebs und wurde wieder gesund.)

Maurice Grosser meinte, daß es sich bei der Fremden um eine Erscheinung handelt, die sich für die Kamera, aus irgendwelchen Gründen, sichtbar machte. Harrison, der das Bild fachmännisch analysiert hatte, sträubte sich gegen eine paranormale Ursache. Allerdings müßte man wohl, wenn alle anderen Erklärungsmöglichkeiten versagen, in Erwägung ziehen, daß Filme durch Einwirkung unbekannter „Kräfte" beeinflußt werden können. Unsere „Geisterfrau" wird wohl weiterhin ein ungelöstes Rätsel bleiben.